MÉMOIRE DE SINGE
ET
PAROLES D'HOMME

Du même auteur

Le visage : sens et contresens (sous la direction de), Eshel, 1988.
Sous le signe du lien. Une histoire naturelle de l'attachement, Hachette Littératures, 1989, rééd., coll. « Pluriel », 1997.
Les Nourritures affectives, Odile Jacob, 1993.
De l'inceste (avec Françoise Héritier, Aldo Naouri), Odile Jacob, coll. « Opus », 1994.
De la parole comme d'une molécule, Le Seuil, coll. « Points », 1995.
La Naissance du sens, Hachette Littératures, 1995, rééd., coll. « Pluriel », 1998.
L'Ensorcellement du monde, Odile Jacob, 1997.

BORIS CYRULNIK

MÉMOIRE DE SINGE ET PAROLES D'HOMME

HACHETTE
Littératures

Neurologue, psychiatre, Boris Cyrulnik est responsable d'un groupe de recherche en éthologie clinique à l'hôpital de Toulon. Il enseigne l'éthologie humaine à l'université du Var.

© Hachette Littératures, 1983
74, rue Bonaparte, 75006 Paris

Sommaire

INTRODUCTION 13

— LÀ —

Où l'on apprend que l'observateur participe inconsciemment à la création du « fait » qu'il observe 25
Où l'on voit qu'un delirium tremens des villes est plus grave qu'un delirium des champs 26
Où l'expérimentation animale nous permet de démontrer comment les plaisirs non conscients de l'humain observateur et de l'animal observé deviennent coauteurs de l'observation scientifique 29
A propos des observations comparatives animales et humaines : nécessité et perversion. Le cerf dans son parc, le singe dans sa cage et l'humain dans un café................... 31
Bénéfice adaptatif du délire 35
Où la communication verbale consciente s'ajoute à la communication non verbale non consciente pour y ajouter du sens : la femelle tupaye qui mange son enfant, et la mère humaine qui le laisse mourir............................... 40
Comment le simple fait de nommer la chose en modifie la perception et le sens 41
Où les animaux, par la notion de déclencheur de comportement, nous permettent de comprendre pourquoi les schizophrènes en ville sont mieux tolérés que les jeunes gens mal élevés 43
Où la manière de poser la question induit la réponse scientifique 46
Un têtard devenant grenouille nous démontre à quel point notre perception du monde est un acte de création. Comment les humains atteints de psychose maniaco-dépressive confirment cette hypothèse. Comment le sens vient aux objets ? .. 47

Un chien enterrant son os répond à cette question 50
Où les animaux nous apprennent simplement à formuler d'autres questions, ouvrir d'autres trésors à hypothèses, inventer d'autres procédures expérimentales. Ne jamais extrapoler : le modèle n'est pas l'œuvre d'art 52
Le rêve chez les animaux et chez les humains 55
Où les informations animales nous démontrent nos insuffisances de langage 58
Le veau adopté et l'enfant adopté 59
Les privations sensorielles chez l'homme et l'animal. Comment observer la folie chez les animaux en milieu naturel et dans les zoos 61
Comment notre morale et notre idéologie peuvent modifier notre appareil à percevoir le monde 64
A propos du faux comportement sexuel d'un restaurateur de Moustiers, traumatisé du crâne, et du faux viol d'une jolie psychotique 65
Comment les animaux nous démontrent que l'évidence n'est pas évidente.. 68

— ÇA —

Comment la biochimie s'associe aux mathématiques pour nous offrir de magnifiques découvertes scientifiques qui alimenteront les pires idéologies : histoire de Lyssenko et des trois chromosomes de la mouche du vinaigre.................. 70
Où l'enfant « cire vierge » et un chien qui n'apprendra jamais à chanter *La Tosca* nous permettent d'évaluer la part de l'inné à 100 p. 100 et celle de l'acquis à 100 p. 100 elle aussi... 73
Où l'on voit que les désirs inconscients des chercheurs pourraient prendre la forme de James Bond pour les techniciens sadiques et de Tarzan pour les rousseauistes masochiques 74
Quelques fantasmes physicochimiques 75
Souris blanches et coups de sifflet : problème de l'hérédité des comportements, de l'hérédité des tempéraments 77
A propos des mongoliens, du chromosome du crime et de quelques autres anomalies chromosomiques humaines. Comment les souris, les chiens et autres animaux nous permettent d'aborder le problème de la mondanisation ... 79
Comment un enfant aux chromosomes ratés, une fillette aux métabolismes toxiques et des chiens bassets privés de milieu inventent chacun un monde différent et s'adaptent à leurs propres inventions................................ 84

Sommaire 7

Histoire d'Emile, enfant abandonné, élevé par les mules de Seyne-les-Alpes 86
Chromosomes et cultures : où la psychochimie d'un individu rencontre une organisation sociale pour s'y marier avec un bonheur variable 88
Quel est notre goût du monde quand on parle ? Histoire d'une jeune fille horrifiée par le mot « utérus ». Comment un viol, phénomène en soi, peut véhiculer mille fantasmes différents 91
Histoire de Cinda, femelle chacal froussarde, et de M. R..., haltérophile dopé aux hormones mâles 94
Comment le sel de lithium peut modifier un métabolisme codé dans les chromosomes et échapper ainsi aux variations climatiques 95
Comment l'espace vient aux animaux triomphants et le refuge aux humains stressés 97
Où les goélands, babouins et autres militaires nous montrent comment l'espace participe à nos comportements de hiérarchie 100
Où la graisse des lapins nous permet de comprendre que l'alphabet biochimique des chromosomes est à l'être vivant ce que les touches de piano sont à la symphonie 103

— JE —

Préhistoire de l'individu. Comment un capital génétique peut se constituer pour des raisons psychologiques ou sociales. Comment on peut prétendre qu'il y a au moins six participants à l'acte sexuel le plus intime 105
Toilette et attachement 108
Où l'on voit un écureuil construire, sans jamais l'avoir appris, un garde-manger très compliqué. Où le poussin à lunettes nous interroge sur le savoir inné. Où le bébé humain confirme la question du poussin à lunettes et la théorie de la relativité d'Einstein 112
Où l'histoire naturelle du rire chez les singes et les bébés humains nous démontre comment un contresens relationnel peut engager une aventure affective bien réelle et bien épanouissante. De l'influence du sexe sur la manière de sourire 115
Préparation à l'accouchement chez les animaux. Comment la queue des singes lémurs permet aux étudiants de comprendre à quel point notre observation du monde est déjà une interprétation autobiographique 119
Comment la situation sociale du mari influe sur la manière dont les mères regardent leurs enfants. Où les bébés bochimans nous

conseillent de ne pas confondre le réel et l'imaginaire, même s'il y a entre ces deux registres une relation très signifiante. Où l'on expérimente que les bébés humains, dès leur naissance, sont déjà des petites personnes, tout à fait capables de provoquer des relations humaines et d'y réagir. Ce qui permet de se demander dans quelle mesure ce n'est pas le bébé qui transforme sa mère en « mère de schizophrène » 121

L'enfant privé de mère, parce qu'il n'a pas de mère, ou parce qu'il n'a pas de cerveau pour la percevoir, ou parce que la privation de mère l'a privé de cerveau 125

Familiarité et étrangeté : ou comment le corps de la mère peut servir de base tranquillisante pour partir à la conquête du monde 128

Le « cas Pupuce » : où un chien bâtard et agrégé en poubelles nous démontre comment fonctionne un champ de forces affectives et significatives 130

Comment on peut chronométrer à quel point les mères se leurrent sur leur propre comportement maternel. Où l'on voit les enfants participer à l'éducation de leur mère 132

De l'empreinte à l'attachement ; comment l'histoire rencontre la biologie pour créer une aptitude relationnelle 133

Comment un poussin, dont on a séparé les deux hémisphères cérébraux, nous démontre qu'il est possible d'aimer quelqu'un de l'œil droit et de s'en détacher de l'œil gauche 137

De l'excès d'empreintes à l'absence d'empreinte : anorexie mentale et enfants sauvages 139

Le mot-chose. Comment le langage vient aux chimpanzés. Faudra-t-il scolariser les orangs-outangs ? 142

Où les chimpanzés nous proposent une méthode pour préparer notre machine à fabriquer les mots 144

Canetons, psychotiques, bébés japonais et mélancoliques nous inspirent quelques réflexions sur l'empreinte chez les humains 146

Où le grand paon de nuit nous démontre que notre probabilité d'existence est voisine de zéro : la vie est un phénomène tout à fait invraisemblable 151

— TU —

Même si l'autre est un leurre, il est suffisant pour stimuler notre existence : le poussin dans sa boîte, le poisson dans son aquarium, le chimpanzé face au miroir, nous font comprendre que « je » n'existe que si « tu » existe 153

Le jeu dans la formation du « je » chez les oiseaux, les mammi-

fères et les petits enfants. Comment le chimpanzé halluciné, le cheval obsessionnel et le chien confus nous proposent que l'invention du jeu donne accès au symbole, à la liberté et à la folie 159
Où la notion de réalité du monde extérieur diffère et ne prend son sens que pour chaque espèce considérée 161
L'espace connaît les langues. Psychophysiologie de l'être-seul et de l'être-avec. Conséquences biochimiques du symbole 163
La limitation des naissances chez les animaux. Comment la surpopulation rend les rats impuissants et fait avorter les lapines 167
Comment les mollusques, les aigles et les enfants privés de privations nous apprennent à raisonner en termes de systèmes 169
Amour et haine entre gens qui se ressemblent et espèces différentes. Comment les macaques, crotales, antilopes sabres et autres animaux éprouvent devant leur « même » la joie du miroir et la haine du semblable 172
Biologie et nécessité du leurre chez les chimpanzés, les humains et les araignées. Du poil blanc à la Légion d'honneur . 173
Grande efficacité de l'illusion psychothérapique chez le macaque rhésus. Comment un bébé humain invente son leurre tranquillisant 174
Réalité et fonction du leurre olfactif chez les enfants préverbaux 177
Comment le nom qu'on donne aux choses sexuelles en dit plus long sur l'inconscient du parleur que sur la chose parlée. Où les animaux nous enseignent que le sexe n'existe pas. Comment une observation défantasmée pourrait nous apprendre que l'être vivant le plus sexué n'est pas le gorille, malgré son os pénien, mais le bébé humain. Où le ver de mer propose que chaque sexe crée l'autre 180
Du sexisme chez les animaux à l'investissement parental. Différence de comportement éducateur selon le sexe de l'enfant chez les macaques et les petits Italiens. Conséquences biologiques : le sexe, le cerveau et la culture 183
Où l'empreinte œdipienne et l'onanisme chez les éléphants nous posent une question de sémantique : histoire de l'étalon masochique et du dindon fétichiste 193
Comment l'effet tranquillisant de la tendresse s'oppose à l'effet désiré de la sexualité angoissante. Diverses fonctions du sexe chez l'homme et les animaux 197
De la grossesse nerveuse chez les chiennes trop aimées. Comment l'inhibition de l'inceste chez les animaux remet en cause nos concepts de nature et culture 201

10 *Mémoire de singe et paroles d'homme*

Ne pas confondre attachement et érotisme 204

— NOUS —

Comment les criquets savent passer de la psychochimie aux rituels sociaux 212
Où les silences ne sont pas des ruptures de communication. Je vous défie de rester plus de cinq minutes sans toucher à votre corps 215
Comment les femmes et les babouins masquent leurs émois sexuels. Où l'on voit la musculature faciale des mammifères participer à leurs discours pour en trahir ou en modifier le sens 216
Comment font les enfants préverbaux pour se présenter. Quoi de plus naturel qu'un rituel culturel ? Où la terrible histoire de la fourchette nous éclaire sur la fonction des rituels sociaux. A table, on se nourrit bien plus de symboles que d'aliments 219
L'animal déritualisé dans la cage de zoo, le schizophrène déritualisé dans son hôpital psychiatrique et l'antipsychiatrie 223
Salutations, insignes et vêtements : prothèses symboliques pour identités fragiles. Bénéfice adaptatif des rituels archaïques. Le grand renfermement scolaire 224
Gesture, écriture et lecture ; comment le corps transparent communique quand même. Proust chez les débiles 227
Le double lien chez les marmottes et les schizophrènes. Comment l'hypnose des vanneaux huppés vint aux hystériques. Où l'on voit que l'hypnose, très utile aux petits enfants, peut se pervertir dans les manifestations de masse 230
Sadomasochisme et attachement. Il faut parfois être fou pour désirer guérir : à propos de l'épilepsie d'un chien trop aimé et d'une appendicite qui n'était qu'une demande d'amour 234
L'école chez les animaux. Pressions des pairs et des pères. Où les petits chacals apprennent combien l'école buissonnière est dangereuse. Sens moral chez les animaux. Eloge de la fessée en milieu naturel 238
La torture à l'école : exemple des schizophrènes et de futurs mélancoliques 239
Comment la psychochimie permet la psychothérapie et modifie nos aptitudes relationnelles. Comment les événements existentiels modifient eux aussi nos aptitudes relationnelles ... 242
Alchimie des inconscients mêlés : comment les rates entrouvrent leur vagin dès qu'elles côtoient un rat mâle, un vrai. Homéostasie des couples et des femelles humaines. Sémantique et sociobiologie 244

Sommaire

— ON —

Victor Hugo, Engels et la sociobiologie : valeur et danger des raisonnements analogiques 249
Vêtements, sourires et cérémonies d'accueil ; comment se faire hospitaliser dans un asile psychiatrique. Où le langage du corps d'une infirmière brise les rituels d'interaction du corps social des infirmières 252
Histoire de Rodolphe, bébé chacal dominant. Comment quatre-vingt-sept petits enfants préverbaux apprennent à se constituer en groupe hiérarchisé. Hormones et société. Hormones et histoire des parents. Hormone et histoire individuelle 255
La mort, seule loi vraiment naturelle. Urbanisme et schizophrénie. Comment la peur guérit l'angoisse. Utilisation du sexe dans la hiérarchisation du groupe. Odeur et société chez les rats. Comment l'ennemi commun assure la cohésion du groupe 260
Où l'on voit comment un symbole peut aider à prendre le pouvoir chez les chimpanzés. Pressions écologiques de la banquise sur la formation des familles phoques. Comment, chez les singes tropicaux, le groupe vaincu sacrifie un bouc émissaire . 261
L'irrésistible ascension vers la prise de pouvoir dans une crèche. Comment séduire le vainqueur. La victime émissaire et les jeux du groupe. Où l'on voit une mélancolique postuler au rôle de victime émissaire. Comment des poules dans un poulailler pourraient éclairer le bénéfice social de ce sacrifice individuel. L'inquiétante étrangeté des victimes émissaires 265
Comment l'humain profite de ce sacrifice et sait en avoir honte. Où l'on voit qu'un changement de victime émissaire peut racheter l'illusion d'une bonne conscience. Erotisation de l'échec chez les chimpanzés 266
Familiarité tranquillisante, étrangeté de l'étranger : comment nos informations sensorielles participent à ce couple d'opposés. Etre raciste il y a trente ans, c'était bien ; maintenant, c'est mal ! 269
Comment la stupide attitude à la soumission permet l'intégration épanouissante dans un groupe. Où l'individualité nécessaire s'oppose à la grégarité, nécessaire elle aussi. Associations politiques chez les babouins d'Ethiopie. La lutte des classes chez les chimpanzés, ou comment la monnaie de singe a pu modifier l'aventure sociale de ces singes 271
Comment l'architecture d'un appartement peut modifier la structure sociale et les comportements individuels des rats qui

y habitent. Comment l'architecture des tours d'habitation peut modifier les rituels sociaux et les comportements des humains qui y habitent 274
Structure vivante, structure changeante, structure ouverte : où la grève des P.T.T. apaise les conflits des hystériques ; où la guerre décore un déséquilibre psychopathique que la paix met en prison ; où l'intérêt économique peut provoquer de graves troubles psychiques. A propos d'équilibre pathologique. Moments psychiatriques et guérisons suffisantes 277
Du poisson-chat à la pensée de Mao. Pourquoi sacrifier les poissons-chats porteurs de mauvaises nouvelles. Où le thermomètre donne la fièvre ! Comment les castors d'Europe nous apprennent à craindre ces raisonnements en termes de causalités linéaires 280
Evolution culturelle chez les macaques japonais. Comment une femelle géniale peut changer les rituels d'un groupe. Comment une décision politique peut déritualiser une culture 282
A propos de l'anorexie mentale, des délires napoléoniens et de l'introduction de la technologie dans les hallucinations modernes. Comment la folie de la culture en se mariant avec la culture de la folie peut nous offrir un très pertinent marqueur culturel 285

— DONC —

Tout ce qui est écrit dans ce livre est faux, comme sont vraies les vérités scientifiques, c'est-à-dire momentanément ... 289
Bibliographie 298

INTRODUCTION

Le vent paraît toujours plus violent quand le ciel devient sombre. Le soir il a forci. La mer s'est creusée et le noir du ciel a noirci son reflet. La coque noire du bateau tapait dans les vagues pour ouvrir sa route. Salomé a mis ses lunettes noires et fermé son balluchon. Elle a enjambé la filière et déclaré : « J'en ai assez de vos histoires. Le ciel est noir, le bateau est noir, tout est noir ici. Moi, j'ai compris vos manigances. Alors je rentre à l'hôpital psychiatrique. »

Jusqu'à ce jour, nous avions laissé Salomé délirer tranquillement. A Porquerolles, en se promenant sur la place du village, elle s'était tordu le pied. Elle avait alors insulté un groupe de touristes : « C'est ma mère qui vous a payés pour me faire tordre les pieds. »

Au Lavandou, elle avait reproché à un garçon de café de lui envoyer des ondes magnétiques dans le vagin. Le serveur, très poliment, avait assuré son innocence. Salomé lui avait fait la morale : « Ce n'est pas bien de m'envoyer des excitations génitales. Comment savez-vous que je suis la plus grande actrice du monde ? Vous êtes malheureux de ne pouvoir faire l'amour avec moi. Alors vous en profitez électriquement. C'est ma mère qui vous a appris ça. » Salomé remettait ses lunettes noires.

Ces situations saugrenues nous amusaient beaucoup ; mais ce soir-là, par un vent de force 6, par un grain qui s'annonçait, par 4 miles au large, nous ne pouvions plus permettre à Salomé de concrétiser son délire.

Depuis huit jours nous naviguions. *Noa-Noa*, un ketch de dix-sept mètres, avait embarqué quinze personnes : le skipper et sa femme, deux infirmiers, quatre médecins et sept patients, des schizophrènes.

L'éthologie offrait l'alibi scientifique de cette croisière. Personne ne savait de quoi il s'agissait. Les marins ignoraient le curieux statut psychosocial de cet équipage. Je n'ai donné les consignes du protocole expérimental aux observateurs que quelques minutes avant l'embarquement : « L'observation n'aura lieu qu'au moment des repas. Nous dessinerons sur une fiche la disposition que prennent les convives. Nous représenterons chaque échange de regard par une flèche. Si Gisèle regarde Salomé nous tracerons une ligne de Gisèle à Salomé. Si Gisèle regarde autour d'elle, nous tracerons un cercle autour de son nom. Si Gisèle regarde Raphaël en lui adressant la parole, nous dessinerons la direction de son regard sous forme de pointillé. S'il y a un échange d'objets nous dessinerons des croix. Nous obtiendrons ainsi au jour le jour l'éthogramme des regards de chaque patient. » En moins d'un quart d'heure, chacun connaissait les autres consignes de son travail. Jamais ce matin-là je n'aurais pensé qu'un protocole expérimental aussi naïf allait provoquer un tel scandale.

Il faisait beau. Nous avons monté les voiles.

Quand je pense que tous, nous tentions l'aventure, marins, infirmiers, médecins et schizophrènes, à cause de quelques chimpanzés !

Quelques années auparavant, un travail presque scientifique nous avait donné pour consigne de regarder fixement des chimpanzés dans les yeux. Nous avions ensuite noté leurs réponses comportementales. De cette expérience de haut niveau scientifique nous avions conclu que le fait de regarder fixement un chimpanzé dans les yeux déclenchait 47 p. 100 d'attaque, 29 p. 100 de comportement de menace et un nombre non signifiant de fuite, de soumission et d'indifférence.

Par la suite, cette méthode devait se perfectionner. M.R. Chance, professeur à l'université de Birmingham, décrivait la structure attentive des regards dans les groupes de primates infrahumains. Il soulignait leur importance dans la cohésion sociale du groupe et la physiologie des individus.

Quelques électrodes collées sur le cuir chevelu d'un chimpanzé permettaient de recueillir et d'analyser à distance l'électroencéphalogramme de l'animal, c'est-à-dire la forme que dessine l'électricité sécrétée par son cerveau. Sans aucune difficulté, on peut voir et mesurer la manière dont se modifie le tracé de cette électricité cérébrale. Dès que l'animal se sent regardé, son électroencéphalogramme se désynchronise, la belle régularité de son rythme alpha disparaît, et le tracé enregistre une alerte cérébrale.

Un simple regard possédait donc une fonction d'interpellation silencieuse, la capacité de modifier à distance le fonctionnement du cerveau d'un autre être vivant !

Cette manière d'aborder l'existence nous entraînait bien loin de la psychologie de l'homme seul, bien loin du verbe. On pouvait concevoir une psychologie très proche de l'émotif, une psychologie de l'acte, à l'émergence du biologique, circulant d'un sujet à l'autre, dans une sorte de psychologie croisée.

Plus tard, on a pu suivre en milieu naturel un singe macaque rhésus atteint de paralysie faciale. Cette maladie, souvent virale, en paralysant les muscles de la face, en supprime les expressions. Après quelques semaines, l'observateur notait une détérioration des relations sociales de l'animal. Ses congénères l'épouillaient moins et l'évitaient. Le nombre des agressions quotidiennes augmentait. L'animal devenait hargneux et pourtant soumis. Il dégringolait dans la hiérarchie du groupe ; il se nourrissait moins bien, dormait moins bien, et son état général finissait par s'altérer.

Les observations animales s'accumulaient, toutes plus stimulantes les unes que les autres. Mais l'humain, qu'en était-il chez l'humain ?

Ritournellement on nous disait : « Ce n'est même pas la peine d'essayer, car l'homme n'est pas un animal. »

Nous avons essayé.

Je me suis rappelé ces conflits d'enfants où le petit regardé sentait monter en lui une tension agressive qu'il exprimait par les mots : « Tu veux ma photo ? » Peut-être ces mots-là ne faisaient-ils qu'exprimer, que donner une forme verbale à l'orage électrique cérébral provoqué par le regard de l'autre !

L'intervention du regard pouvait-elle, comme chez le singe à la face paralysée, modifier d'une manière non consciente nos relations sociales ?

Pour répondre à cette question, Ellsworth a demandé à une étudiante de s'accroupir dans le métro en faisant semblant de chercher quelque chose. Si l'étudiante s'affaire sans regarder autour d'elle, elle n'obtiendra l'aide que de 25 p. 100 des passants. Mais si l'expérimentateur lui demande d'effectuer le même comportement en regardant les passants, elle provoquera 85 p. 100 d'aide.

Quelque chose de non verbal a donc modifié les comportements réels mais inconscients des passants.

J'ai pensé à la phrase de Freud dans le cas Dora : « Celui dont les lèvres se taisent bavarde par le bout des doigts. » Nous avons un inconscient sous les yeux et ne savons pas le voir. Nous vivons dans un monde de signaux intensément émis, intensément perçus, que nous laissons rarement parvenir à notre conscience. Ces signaux structurent nos communications et nos échanges affectifs. Ils participent à la création de nos discours verbaux et non verbaux : on ne sait pas les décrire.

Chaque canal sensoriel peut participer à cette communication :

la coloration de notre peau, la chaleur qu'elle émet, l'odeur qui nous échappe, la sonorité de notre voix, la forme de nos gestes, la disposition de nos corps dans l'espace.

Mais l'hypertrophie triomphante du Verbe a repoussé dans l'ombre ces voies d'échange. Elles fonctionnent pourtant, intensément. Si la voie royale d'accès à l'inconscient reste encore le rêve et la symbolisation qu'il engendre, il n'est pas impensable que le geste nous offre une voie d'accès secondaire à une autre forme d'inconscient, plus archaïque, plus proche du biologique.

A moins que, pour certains, l'écran du Verbe ne constitue un dernier rempart anthropocentrique, un lieu privilégié pour recevoir encore une blessure narcissique : car nous venons d'apprendre que les singes ont accès au langage et les oiseaux au symbole !

Que de blessures narcissiques pour payer nos progrès ! Copernic nous apprend que la Terre n'est pas le centre de l'univers ; Darwin découvre que l'homme, fils de Dieu, participe au monde animal ; Freud nous fait comprendre que notre esprit rationnel est géré par notre inconscient irrationnel ; et maintenant voilà qu'on découvre le psychisme animal, son accès au social, au langage et au symbole.

Ceux qui ne supporteront pas cette connaissance se voileront l'esprit. Ils retourneront aux croyances antérieures, plus gratifiantes pour leur narcissisme. Les autres tenteront peut-être cette aventure scientifique qui permet de poser quelques étonnantes questions venues du monde animal.

Une nouvelle manière de poser les questions : je crois qu'on appelle ça une révolution. Mais dans l'histoire des sciences les révolutions sont discrètes, elles sont artisanales. Au Moyen Âge, les Sorbonnicards se disputaient pour savoir ce qui faisait geler l'huile. L'un, s'appuyant sur les textes de Platon, prétendait qu'il n'y avait pas de différence entre les huiles. Elles gelaient toutes parce qu'elles possédaient en elles une force gelante qui les faisait geler. Un autre, s'appuyant sur les textes sacrés, citations à l'appui que personne ne savait contredire, expliquait que l'huile gelait parce que c'était écrit. D'autres, plus nombreux, influencés par Aristote, soutenaient que le gel de l'huile résultait d'un mouvement de la matière vers la forme.

Jusqu'au jour où un ignorant a pris une bouteille d'huile, l'a posée sur la fenêtre et a mesuré la température ambiante. Cet artisan-là possédait l'esprit scientifique. « Rendre géométrique la représentation, dessiner les phénomènes, ordonner en série les événements d'une expérience, voilà où s'appuie l'esprit scientifique », écrivait Bachelard.

Ce réalisme naïf ne m'ennuie pas. Aucune théorie ne m'a

autant bouleversé que mon papier et mon crayon, le soir où *Noa-Noa* mouillait dans la baie de Port-Man. Ce soir-là sur mon dessin, j'ai vu se modifier l'éthogramme des regards de Gisèle. Jusqu'alors chaque éthogramme avait dessiné des ronds autour de son nom. Ce soir-là, Gisèle a regardé Raphaël. Plusieurs fois. Par cette méthode prodigieusement naïve, par cet artisanat superficiel et imprécis, nous avions pu donner une forme à ce petit changement dans le monde de Gisèle. Le lendemain, elle adressait la parole à Raphaël. On m'a souvent demandé quel bénéfice il y avait à donner une forme à un phénomène aussi banal. J'imagine qu'on a dû poser la même question à celui qui avait mis l'huile sur la fenêtre.

La relation humaine si banale, si naïve. Quoi de plus superficiel que ce contact quotidien ? Et pourtant, quoi de plus merveilleux pour Gisèle qui n'avait plus communiqué de cette manière depuis plusieurs mois ?

La position préférée de Firmin incarnait l'accablement : il s'asseyait, posait les coudes sur ses genoux et croisait ses mains derrière sa nuque. Cette attitude lui permettait de ne communiquer ni par le geste ni par la parole. Il s'excluait du monde et se balançait indéfiniment. L'éthogramme de ses regards autocentrés exprimait un vide rationnel presque total. Un soir, dans le cockpit où nous commentions les événements de la journée, il a décroisé ses mains, levé la tête et a déclaré : « Logiquement, on devrait demander aux nains de parler à voix basse, et envoyer les bossus dans des maisons de redressement. » Nous avons éclaté de rire. Ce soir-là, Firmin nous racontait son enfance corse, ses vagabondages dans la forêt, ses braconnages et ses baignades dans les torrents glacés. Le lendemain il participait à la navigation, apprenait à barrer, à faire le point. Il partageait aussi les corvées ménagères, incessantes sur un bateau. Sa manière de parler respirait l'équilibre ; ses comportements manifestaient à chaque rencontre sa gentillesse attentive, son intention de ne pas envahir les autres de sa présence. Nous évoquions sa guérison. Jusqu'au jour où, par la porte de sa cabine entrouverte, je l'ai vu se raser. La violence de ses coups de rasoir sur sa peau savonnée m'a interloqué. Après sa toilette il saignait par quatre ou cinq courtes balafres. Il est redevenu gentil et attentionné. L'éthogramme de ses regards ne différait presque plus de celui des témoins : ouvert au monde, plus social et plein d'échanges.

A la fin de la croisière, il a plu. Le skipper a mis *Noa-Noa* à l'abri dans le port de Bormes-les-Mimosas. La camionnette de l'hôpital est venue nous y chercher. Firmin a aidé au chargement.

Il s'est assis près de la portière. Il a posé les coudes sur ses genoux. Il a croisé ses mains derrière sa tête et recommencé à se balancer. En quelques minutes, en quelques gestes, nous venions de voir le monde glacé de sa schizophrénie, la forteresse vide de son autisme se renfermer sur lui.

Nous avions pu observer *comment* se manifestait ce drame interne. Mais nous ne savions pas *pourquoi*. Seule l'histoire de sa vie aurait pu nous éclairer sur le sens qu'il donnait à ces événements, sur la charge affective qu'il ajoutait à ces rencontres, sur la signification que ça prenait pour lui.

Nous avions entendu ses jeux de mots et nous en avions ri. Mais pourquoi cet humour infirme ? Un nain qui parle à voix basse, un bossu dans une maison de redressement. Pourquoi cette logique dérisoire de la souffrance ? L'observation éthologique nous avait permis de comprendre comment ça parlait. Mais nous n'avions pas eu accès au « pourquoi ça dit ça ». Le contenu sémantique nous échappait et surtout sa signification. Un psychanalyste, lui, aurait pu en dévoiler le sens. Nous, nous pouvions en décrire la forme et la fonction. Cette méthode nous permettait de dessiner l'ouverture au monde de Firmin. En quelques coups de crayon nous avions pu quantifier son désir nouveau d'entrer en relation, puis sa fermeture.

Ce n'est pas rien de comprendre comment ça parle. Ce n'est pas rien de comprendre que quand ça parle comme ça, ça révèle quelque chose de notre monde intérieur. On pourrait même se demander comment cette manière de parler participe à la construction du sens de nos discours.

Quelques jours après notre retour à l'hôpital, nous avons comparé nos éthogrammes : ils dessinaient tous des formes superposables. Nous pensions que cette méthode allait nous permettre d'extorquer au réel un événement psychologique. Nous pouvions désormais décider de quoi nous allions parler et parler un langage commun : « Trouver des lois de la Nature dont la forme reste identique ; trouver une image du monde qui soit indépendante de l'observateur. » Einstein qui a pensé cette phrase aurait aimé l'éthologie.

L'éthologie nous offre des hypothèses de recherche inspirées par le monde animal. Des zoologues ont mis au point de rigoureuses méthodes d'observation éprouvées par de nombreuses vérifications. Cette manière de procéder permet des manipulations expérimentales, en milieu naturel et en laboratoire. Mais comment faudra-t-il en rendre compte ? Dans quel langage ? D'après quelle théorie de référence ?

J'ai souvent montré des photos de Firmin, coudes sur les

genoux, tête dans les mains. Les béotiens ont commenté la posture par un « ça va pas bien » qui révélait un niveau théorique assez faible mais une perception correcte de la manifestation psychique.

Les cliniciens ont presque tous évoqué la position fœtale. Le choix de cette expression, pour décrire ce fait, révélait que l'observateur se référait à la théorie de la régression comportementale où le sujet agressé retourne à la position archaïque qu'il avait dans l'utérus de sa mère.

Les psychanalystes m'ont expliqué que Firmin, par cette posture, protégeait son phallus, manifestant ainsi son angoisse de la castration.

Chacun en somme percevait correctement le fait et, croyant l'expliquer, ne faisait que le raconter dans les termes de son propre mythe.

Tout se passait mal quand les observateurs percevaient le même événement ; il n'y avait donc pas de raison pour que ça se passe mieux quand les observateurs ne percevraient pas du tout l'événement. Ce qui n'empêchait pas cette manifestation invisible d'opérer quand même. Elle influençait le plus inconsciemment du monde les esprits et les comportements des participants.

La deuxième croisière n'avait pas eu le même esprit magique que la première. Nous avons observé peu de phénomènes de changement. L'équipe soignante était différente. Les explications allaient bon train. Elles ne faisaient que donner une forme verbale à nos désirs inconscients. « L'infirmier qui accompagne la deuxième croisière a un moins bon contact », disaient ceux qui préféraient le contact du premier accompagnateur. Les misogynes expliquaient le rythme plus alangui de la deuxième croisière par le plus grand nombre de femmes. Les révoltés chroniques, voués à la déception chronique, prétendaient que les pouvoirs publics nous avaient écœurés par leurs critiques.

Jusqu'au jour où, en observant pour la dixième fois les diapositives des repas sur le pont du bateau, une forme m'est apparue : les malades, constitués en groupes de malades, s'étaient approprié le fond du cockpit pour y partager leurs repas. Alors que les soignants, constitués en groupes de non-malades, s'étaient approprié les espaces en hauteur : la chaise du barreur, le toit du roof et les passavants.

Chaque groupe, inconsciemment constitué, s'était exclu de l'autre en s'appropriant un espace différent. Ce langage spatial exprimait le contraire du langage de nos mots qui, lui, continuait à réciter nos bonnes intentions !

Dès l'instant où j'ai pu désigner le phénomène et le nommer, tout le monde aussitôt a su le voir. Mais cette frontière psychique, cette exclusion spatiale mutuelle n'ont pu apparaître à ma conscience que parce que l'observation animale m'avait formé le regard. J'avais appris à observer comment un animal s'approprie un territoire, à le pister, à reporter sur une carte géographique ses laissées quotidiennes et à voir ainsi apparaître, lentement, parcours après parcours, trace après trace, la forme du territoire où il se sent chez lui, en sécurité.

Il avait fallu un œil éthologique pour prendre conscience et savoir décrire ce phénomène psychospatial.

Une anthropologie issue du monde naturel, une étude humaine suscitée par les animaux : quel paradoxe !

Ce n'est pas la première fois dans l'histoire des sciences humaines que les animaux participent à un virage épistémologique. Hippocrate dans l'Antiquité part à la recherche de la bile. Il sacrifie des chiens, des singes et des cochons, mais ne découvre que leur foie, leur cœur et leur cerveau. En échouant dans sa recherche des mauvaises humeurs, il fonde l'anatomie, première des sciences humaines.

Quand, plus tard, Henri II, au cours d'un tournoi, reçoit un bout de lance dans l'œil, on appelle Ambroise Paré en consultation. Il tue un mouton puis lui enfonce dans l'œil un morceau de bois équivalent au bout de lance brisée. A l'autopsie quand il constate que le bout de bois a détruit le cerveau du mouton, il déclare que le roi ne survivra pas car son cerveau est détruit. Les proches du roi, scandalisés, proposent de condamner Ambroise Paré qui a osé comparer le cerveau du roi à celui d'un mouton !

En fait, le mouton d'Ambroise Paré nous pose deux questions épistémologiques : celle de l'analogie et celle de la réduction.

Il ne faut pas confondre analogie et méthode comparative. Jamais un éthologue ne pourra penser qu'un comportement observé chez un pingouin ou un chevalier gambette est de même nature qu'un comportement humain. Au contraire même, les êtres vivants sont spécifiés ; c'est-à-dire que l'éthologue étudie le répertoire comportemental qui caractérise l'espèce et sa manière de vivre dans un milieu donné. Cette attitude nous interdit d'extrapoler de la grenouille rainette au crapaud-buffle. A plus forte raison le psychologue inspiré par les animaux ne pourra pas passer de la grenouille rainette à l'humain.

Ce qui n'empêche que le « Oui » ne prend son sens que par rapport au « Non », le Bien par rapport au Mal, le Plus par rapport aux Moins. Notre esprit est ainsi fait qu'il a besoin d'un contrepoint pour que la chose advienne à sa conscience. Le corps se corrèle à l'esprit, l'individu au groupe, la nature à la culture, l'inné à l'acquis, le yin au yang, etc.

La clinique médicale ne fonctionne pas autrement : Laennec n'a pu prendre conscience du son sourd et mat d'un poumon (symptôme qui oriente vers la pneumonie), qu'en comparant ce poumon malade avec l'autre, encore sonore et sain.

La méthode comparative permet de dépasser la contrainte dualiste imposée par les limites de notre appareil psychique.

Les animaux nous offrent cet artifice comparatif qui favorise la prise de conscience. Ce modèle comparatif est précieux puisqu'on ne peut se penser soi-même en termes scientifiques. Essayez un peu de vous dire : « Je suis triste ce soir parce que la sécrétion de mes catécholamines s'est un peu abaissée », ou bien : « Je ne peux concevoir cette manière de vivre à cause de la réduction de mes champs synaptiques. » Impossible. En revanche on a beaucoup de mal à ne pas se penser en termes mythiques.

Je suis toujours frappé quand j'examine un malade en neurologie par l'impériosité des réponses en termes d'histoire ou de relations humaines. « Depuis quand avez-vous des vertiges ? — Depuis que ma femme est partie. — Mais depuis combien de temps votre femme est-elle partie ? — Après l'échec au bac de mon fils. » Jamais un chiffre ou une date. Essentiellement des événements.

On ne peut se penser soi-même en termes de circuits cérébraux ou de sécrétion de neuromédiateurs. Mais on possède une grande aptitude à se penser en termes d'histoires, d'événements vécus. C'est-à-dire que nous nous posons en tant que sujets de mythes, mais absolument pas en tant qu'objets de sciences. D'où la nécessité d'une méthode comparative pour aborder l'humain de manière scientifique.

L'ennui des approches scientifiques, c'est qu'elles sont réductrices. Comme celui qui posait son flacon d'huile sur le rebord de la fenêtre pour savoir à quelle température elle gelait. Ce préscientifique n'envisageait de l'huile ni son goût, ni sa couleur, ni ses préparations culinaires, ni l'histoire de sa fabrication. Il ne connaissait rien de l'huile totale, réelle, existante. Simplement, sa méthode de réalisme naïf lui avait permis de savoir à quelle température elle gelait. Il avait donc réduit sa connaissance sur l'huile à un seul de ses éléments, et grâce à cette restriction il devenait scientifique.

L'effet pervers de cette connaissance commence avec celui qui prétend réduire l'huile à son gel. Cette démarche caractérise le scientisme qui n'a rien de scientifique.

Actuellement le développement pléthorique des sciences et des philosophies submerge ceux qui cherchent à comprendre. A force de connaissances, le sujet connaissant va perdre connaissance. Bien des intellectuels sont déboussolés par cette pléthore. Alors pour retrouver le nord, ils découvrent les charmes de la démission, les délices de la certitude. Ils dépoussièrent quelque vieille croyance ou s'engagent sous une bannière idéologique.

Reviennent les animaux. Nous osons les observer d'un œil neuf. Nous retrouvons pour eux le regard naïf de celui qui mettait l'huile sur la fenêtre. Ils nous permettent de poser quelques questions simples.

Mais le drame des questions simples, c'est qu'elles sont fondamentales, donc polluées par nos désirs inconscients et les pressions de notre culture.

La psychanalyse permet parfois un cheminement vers l'authenticité. Comme je me suis donné cette formation, je vais pouvoir maintenant, après ce beau discours, avouer les raisons irrationnelles de ces raisonnements trop rationnels... J'ai toujours eu peur des discours trop cohérents.

L'esprit scientifique aussi possède son inconscient.

Quand je remonte dans ma mémoire, je me rappelle, à quatorze ans, l'importance ressentie en regardant un film sur la vie de Jean-Henri Fabre, le naturaliste, observateur du monde des insectes. Je me rappelle aussi le poids de l'habituel livre de psychologie animale qui pesait dans ma poche quand je marchais. Poids d'une promesse de plaisir à lire et à réfléchir. Plus loin encore, je me rappelle les jours passés en compagnie d'une portée de chiots. Un petit dominé s'était laissé exclure de la portée. Le vétérinaire avait prescrit un stimulant et le petit dominé, redevenu combatif, s'était réinséré dans la famille. Je crois que je m'étais identifié à ce petit dominé.

C'était pendant la guerre. Les adultes de cette époque tenaient des discours logiques terrifiants : « Sachant qu'un enfant fou, malformé, bête et dangereux, coûte à la société 200 francs par jour ; sachant que pour le même prix, on pourrait offrir à un jeune couple un magnifique logement ; sachant qu'il y a en France huit cent mille enfants fous, calculer le nombre de jeunes gens sacrifiés pour l'entretien de ces enfants fous. » Logique, non ? Et mathématique en plus.

Quelques rares adultes refusaient de poser le problème en ces termes. J'avais bien conscience de leur infime minorité. Mais j'espérais en eux, pour des raisons irrationnelles, malgré la logique du discours des autres.

Ces résistants ont gagné la guerre. A la Libération, j'avais sept ans. On m'avait chargé, en compagnie d'une vigoureuse petite blonde de cinq ans, d'offrir des fleurs au maréchal Leclerc. Pendant la nuit, un milicien a été surpris dans les couloirs de l'Hôtel de la Comédie à Bordeaux. J'ai vu les libérateurs tenir le même discours que les Allemands quelques jours plus tôt : ils ont frappé le milicien et, lentement, à petits coups, ils l'ont tué.

Comme j'observais sa mort, on m'a expliqué que les miliciens étaient bêtes et dangereux. Ils étaient tellement fous qu'ils empêchaient la belle jeunesse de vivre sainement. Il fallait donc en tuer quelques-uns. Logique, non ? J'ai vu mourir l'homme. Il pleurait et bavait dans le sang qui coulait de son visage blessé. Ce jour-là, j'ai senti que la parole constituait un mode de communication très défectueux. On ne pouvait pas croire les adultes. Pour leur garder visage humain, il fallait trouver la faille de leurs discours trop cohérents, jusqu'à l'inhumanité. La vie déjà venait de m'enseigner une attitude éthologique : quand les adultes parlent, il faut chercher à comprendre ce qu'ils communiquent malgré leurs belles paroles.

Je connais bien la part d'irrationnel qu'il y a dans cet argument. Pendant quinze années de pratique psychothérapique, mes patients m'ont appris que souvent notre représentation du monde s'oriente autour d'un mythe de ce genre. Nous passons le reste de notre vie à chercher dans le réel les événements et les faits qui nous permettront d'étayer cette mise en scène à l'origine de notre personnalité et de notre biographie.

Pour ces raisons irrationnelles, je me suis donc trouvé à l'aise chaque fois que je pouvais souligner la faille d'une théorie trop cohérente, cohérente jusqu'au délire. J'aime les gens qui doutent : ils me rassurent. C'est peut-être la raison émotive de mon attirance pour l'éthologie. Les animaux nous posent des questions tellement déroutantes qu'ils nous obligent à remettre en cause nos plus belles certitudes.

Ils nous enseignent comment notre histoire s'articule à notre biologie pour créer des aptitudes relationnelles ; comment notre équipement génétique participe à nos constructions sociales ; comment le sens qu'on donne aux choses peut modifier nos métabolismes, et bien d'autres questions folles que je voudrais raconter.

LÀ : dans le premier chapitre, je dirai comment les animaux nous apprennent que l'évidence n'est pas évidente. Le phénomène que nous observons nécessite l'étude et le perfectionnement de notre appareil à observer le monde. L'observation deviendra scientifique au même titre que l'expérimentation. Car une observation sans méthode ne constitue qu'une croyance fondée sur les désirs de l'observateur.

ÇA : l'hérédité se conjugue avec l'hérité, comme l'oxygène avec le poumon. L'un sans l'autre ne peut mener à vivre. Les animaux nous racontent d'innombrables histoires sur l'hérédité des aptitudes. Mais cette fonction ne peut s'exprimer sans milieu ni sans culture qui lui donnent sa forme, son épanouissement et ses multiples expressions.

JE : puisque les animaux n'ont pas d'âme, le dualisme n'aura pas cours dans ce livre. Dès l'heure de sa naissance, l'enfant s'exprime comme une petite personne, déjà constitué par sa préhistoire et son début d'histoire. A peine tombé dans le monde, il va agir sur le milieu dont il recevra les empreintes. Cette manière circulaire de poser la question permettra de soutenir à la fin du livre exactement le contraire de ce qui aura été dit dans ce chapitre.

TU : l'être seul n'est pas un être. Je ne peux vivre que si tu existes. L'individu est une notion bien relative. Je ne peux qu'être-avec, être-dans, nous disent les animaux grégaires qui meurent dès qu'on les isole.

NOUS : la mère, la famille, le groupe et ses valeurs constituent un environnement vivant, un carcan qui nous structure, un modèle qui nous organise en nous limitant, une prison qui nous libère en permettant nos expressions.

ON : les mondes écologiques, sociaux et culturels dessinent un champ de forces qui participent à notre biologie, une forme qui privilégie un type d'individu. Ce héros sécrété par le groupe sert de modèle au groupe. C'est dire que changer de milieu, c'est changer de surhomme.

Les explorateurs du réel y découvrent des trésors de poésie, bien plus que dans l'imaginaire, tellement stéréotypé. Bien sûr, il faut des mots pour parler entre humains. Ce discours-là, cette anthropologie naturelle, cette psychologie de la forme et pourtant pleine de sens, les animaux nous les proposent.

Là

J'ai vu un jour des gazelles de Thomson suivre une lionne. La femelle, repue, marchait lourdement vers le troupeau. Les gazelles se sont à peine écartées sur son passage. Puis, comme fascinées, oreilles pointées, frémissantes mais sans jamais manifester le moindre mouvement de fuite, elles ont suivi la lionne.

L'ambivalence est bien au cœur de la nature. Pourquoi les gazelles n'éprouveraient-elles pas un grand plaisir à admirer leur bourreau ? Certes la psychanalyse des gazelles n'est pas encore très avancée. Ce genre de raisonnement prête aux animaux nos propres émotions. L'animal n'y est pas étudié. Nous en faisons l'écran de nos projections, le support de nos désirs, de nos pseudo-raisonnements.

Cependant, je ne peux m'empêcher de faire un rapprochement entre mon intérêt pour la folie et la fascination des gazelles pour les lionnes. Peut-être ai-je été fou dans mon enfance, comme les gazelles ont été attaquées par des lionnes ? La folie ou la lionne représenteraient alors l'agresseur, la merveilleuse catastrophe naturelle à mieux observer, à mieux comprendre pour mieux lui échapper ?

Est-ce là l'origine de ma double vocation pour la psychiatrie et la psychologie animale ?

Une première leçon me fut donnée par les infirmiers de l'hôpital psychiatrique de Digne.

Un petit château bas-alpin avait été transformé en internat avec grande salle, cheminée et escaliers de bois tourné. J'y habitais seul avec Tibia, un gros chien jaune qui, la nuit précédente, était entré dans ma chambre sans se présenter. Par le mouvement des ombres, j'avais compris que la porte s'ouvrait ; par le craquement du plancher, j'avais entendu qu'on avançait vers le lit et j'avais pensé : c'est un schizophrène !

La veille, j'avais essayé de lire quelques revues spécialisées et livres aux titres bizarres : il m'avait fallu plusieurs heures pour traduire quelques lignes. Chaque ligne contenait plusieurs mots que je devais chercher dans le *Manuel alphabétique des termes psychiatriques*. Et quand j'avais fini la traduction, les mots s'accumulaient dans une phrase sans sens.

C'est donc avec ce bagage psychiatrique que j'attendais le coup de téléphone de ma première urgence.

Vers onze heures, le chef de pavillon m'a appelé.

Les nuits sont limpides et glacées dans les Alpes de Haute-Provence. J'ai reconnu l'ambiance des hôpitaux la nuit. Le silence est bizarre, les lumières tristes, les longs couloirs de malades ronflants, l'odeur particulière de l'éther et des pieds. Au loin, la rumeur rassurante des infirmiers parlant.

Dans une pièce nue, un homme, debout sur le lit, grattait le mur. Il râlait doucement et j'ai compris qu'il gémissait de terreur. Son visage rouge, trempé de sueur, sale, les lèvres croûteuses du sang qui avait coulé de son arcade ouverte et séché sur sa bouche, son cou et ses vêtements déchirés.

Trois infirmiers tout propres et souriants bavardaient en m'attendant. Ils se sont présentés. J'ai été surpris par la simplicité et la chaleur de leur accueil. En fait, ce qui m'a surpris c'est que ces hommes n'avaient pas hésité à se nommer dans des rapports professionnels. Dans les services universitaires d'où je venais, les infirmières ne se nommaient jamais. On les considérait comme des annexes de tubulures ou de seringues. Des outils.

On s'est donc serré la main, congratulé, pendant que sur le lit, l'homme torturé d'horreur cherchait à arracher les araignées géantes qui pénétraient dans sa bouche, à éviter les serpents qui ruisselaient du mur, à piétiner les rats qui grimpaient sur le lit.

Le diagnostic était facile : alcoolique connu, il souffrait d'une bronchite. L'infection, la privation d'alcool avaient déclenché le delirium. Il avait tiré plusieurs coups de fusil en direction de ses enfants et s'était blessé au cours de ses combats imaginaires en donnant des coups de tête dans une armoire. Sa femme avait appelé l'hôpital et les infirmiers, en vieux routiers de la psychiatrie, avaient subtilisé le fusil et convaincu le patient de se faire soigner.

Il s'agissait là d'un des aspects médicaux, quotidiens, de la psychiatrie d'hôpital. Je connaissais bien l'affaire. Ou plutôt, je croyais bien la connaître. Je venais de passer une année d'internat dans un service parisien de neurochirurgie, où les delirium ne manquaient pas. J'avais pu voir de quelle manière l'extrême pointe de la science pouvait bénéficier aux malades.

En quelques heures, les murs de leur chambre se tapissaient de feuilles, de courbes, de tracés rouges, bleus, verts du plus bel effet scientifique. Je crois même avoir éprouvé une petite émotion esthétique. Il fallait attacher le malade, pour brancher toutes ces perfusions, pour faire tous ces prélèvements, aggravant ainsi ses angoisses et ses hallucinations. Il ne pouvait plus se défendre contre les bêtes immondes qui l'escaladaient. Il hurlait de terreur et s'agitait quand il voyait les seringues, les flacons, les boîtes nickelées, les pinces et les ciseaux.

Beaucoup plus tard seulement, j'ai compris que ce laboratoire si perfectionné et ces courbes si savantes n'avaient fait que doser les troubles métaboliques provoqués par notre carence humaine. Ce sont les infirmiers de l'hôpital psychiatrique de Digne qui me l'ont appris.

Après avoir diagnostiqué le delirium, j'ai réussi à placer un stéthoscope sur les poumons du malade malgré le vent frais de son poing qui a frôlé mon nez, j'ai même réussi à recoudre son arcade. Puis j'ai demandé un ionogramme, un pH sanguin et quelques broutilles de laboratoire pour faire mon scientifique. Les infirmiers ont cessé de sourire.

— « Un quoi !
— Un pH.
— À cette heure-ci ?
— Ben, oui.
— Faudra le demander à Marseille.
— On ne va tout de même pas envoyer un delirium à Marseille.
— Alors, il faudra vous débrouiller autrement. On n'a pas ça ici. On est à Digne, pas à Paris. »

J'ai eu un moment de désarroi, où l'étonnement, l'angoisse, l'irritation s'opposaient à mon désir de ne pas entrer en conflit avec ces hommes que j'allais devoir côtoyer pendant plusieurs années.

« Bon, on va se débrouiller. »

Un infirmier a préparé un pot d'eau, dans lequel il a ajouté un peu de menthe, des antibiotiques et quelques gouttes d'halopéridol. Il est entré dans la pièce, où le malade, épuisé par sa lutte incessante contre ces monstres imaginaires, continuait à s'agiter malgré un début de coma.

« Bé, vé, Loulle, comme tu t'es mis minable. »

Dans sa brume, le patient a reconnu une voix familière. Le malade et l'infirmier avaient été à l'école ensemble. La folie n'est pas effrayante quand on connaît la personne. Dans une grande ville, l'autre est toujours un étranger. Si, en plus, il est fou, son message aberrant aggrave en nous l'angoisse de la rencontre avec un inconnu. Pour couronner le tout, la morale et la science justifient nos comportements, alors, on n'hésite plus à l'attacher, à le piquer, à le doser, le mesurer, le quantifier le plus techniquement du monde. Il est bien plus difficile de quantifier un ami d'enfance dont on a courtisé la sœur.

La tranquillité de l'infirmier a imprégné le malade. Il s'est assis, a bu lentement une gorgée. Une brusque bouffée d'angoisse persécutive a fait voler le broc contre le mur.

« Vous voulez m'empoisonner, bande de salauds. »

Un deuxième broc a été préparé. Lentement, patiemment, pendant toute la nuit, il a été bu.

Le lendemain, la fièvre était tombée. Le patient, moins déshydraté, n'hallucinait plus. Deux jours après, il vacillait comme un convalescent, mais je pouvais déjà rechercher avec lui les causes de son comportement alcoolique.

« Bé, vé, Loulle, comme tu t'es mis minable » fut la première phrase psychothérapique de ma jeune carrière de psychiatre.

Quel que soit l'environnement, l'agression du cerveau par l'alcool est identique. Mais l'homme malade est différent. Un delirium parisien n'est pas un delirium bas-alpin ; un alcoolisme mondain n'a pas les mêmes effets sociaux qu'un alcoolisme de H.L.M.

Dans une petite ville, un homme reconnu personnellement sera mieux toléré, mieux compris, non seulement parce que le soignant connaît son nom, mais qu'il peut aussi rencontrer parmi les malades son oncle, son frère ou sa voisine. Dans les petits hôpitaux, on connaît moins que dans les grandes villes le drame des grands entassements de fous.

Cet environnement, éloigné des relations techniques inhumaines, modifie le pronostic des delirium. En quatre ans à Digne, je n'ai vu qu'un seul décès par delirium. À la même époque, dans les services des grandes villes, on en recensait 40 p.100. Actuellement, grâce à la conduite codifiée des anesthésistes et des psychiatres, à l'association de la réhydratation et des neuroleptiques, ces malades sont de plus en plus souvent soignés à domicile par le médecin généraliste.

Lorsque autour de moi, j'ai fait part de cette observation, j'ai rencontré une aimable indifférence. Les psychiatres, à l'époque, se regroupaient en deux tendances : ceux que la révolution psychochimique fascinait et ceux qui ne pratiquaient que le langage psychanalytique. Seuls, quelques vieux infirmiers ou administratifs m'ont raconté, pour confirmer mon hypothèse, les étonnantes modifications de personnalité de certains malades pendant la guerre.

Cette observation banale n'était qu'une opinion parmi d'autres, un point de vue, une information. Elle n'avait pas de pouvoir de démonstration. Mais elle n'était pas sans me rappeler une expérience de R. Thomson et R. Melzack de l'Institut MacGill, à Montréal.

Ces deux chercheurs avaient élevé des scottish-terriers en « Gaspar Hauser ». Les scottish-terriers sont des chiens au psychisme rude, capables de résister à bien des agressions. Mais le Gaspar Hauser est une agression dont aucun être vivant ne sort indemne : il s'agit d'élever des animaux dans des cages spécialement aménagées pour ne recevoir aucune information. On ravitaille les animaux par des trappes coulissantes pendant qu'ils dorment et on nettoie la cage pendant qu'ils mangent. Par ailleurs, toutes les conditions matérielles d'un bon élevage sont réunies : la température est douce, la nourriture excellente, l'espace confortable. L'animal vit totalement seul, dans un hôtel parfaitement bien tenu.

Le nom de ce type d'expérience vient de la légende de Gaspar Hauser, ce jeune Allemand qui, en 1828, avait soudain surgi, découvrant la société d'un œil neuf après une éducation totalement solitaire. Cette expérience animale paraît cruelle. La clinique humaine l'est souvent plus : j'ai rencontré ce père paranoïaque qui avait élevé son fils jusqu'à trente ans dans une salle de bains pour lui éviter tout contact social, ou cette femme qui avait emmuré son fils et l'avait nourri par une lucarne, jusqu'à l'âge de quarante-deux ans. Les troubles provoqués par ces situations sont tellement massifs qu'ils deviennent difficilement analysables. Il faut des expériences contrôlées pour tenter une réduction ponctuelle et l'observation d'un comportement repérable.

Les scottish-terriers après des mois de Gaspar Hauser furent libérés et comparés à des chiens de même race et de même âge élevés par leur mère. Les chiens isolés manifestaient un comportement exploratoire frénétique. Notamment, lorsqu'un Humain apparaissait, les chiens se précipitaient sur lui pour le fêter violemment. Lorsqu'on faisait varier les situations, les chiens normaux analysaient tranquillement les informations nouvelles et s'y adaptaient. Alors que les chiens isolés continuaient leurs violentes explorations. Lorsqu'on les a de nouveau isolés, les chiens normaux ont manifesté une véritable dépression : ils se sont couchés, ont refusé de boire et de manger, alors que les chiens isolés se blessaient sur les parois de la cage à force de s'y cogner en les explorant.

La même expérience, réalisée par d'autres chercheurs sur des bassets, a donné des résultats totalement différents. Le basset, plus sensible, plus timide, réagissait au Gaspar Hauser par des mouvements stéréotypés : il piétinait d'une patte sur l'autre ou courait inlassablement après sa queue.

Dans les deux cas, pour une même agression, les réactions étaient très pathologiques. Mais la forme que prenait l'expression de cette pathologie dépendait non seulement de la situation qui en modifiait l'expression mais encore de l'équipement génétique, c'est-à-dire de la nature différente des deux races de chien.

J'ai retenu de cette expérience, la petite phrase d'un visiteur : « Les chiens normaux paraissaient si endormis, et les chiens élevés en Gaspar Hauser nous faisaient une telle fête que nous avons tous cru que les chiens normaux étaient les malades et inversement. »

Le plaisir donné à l'observateur par le chien malade avait donc induit dans l'esprit du témoin un préjugé favorable. Il paraît difficile d'obtenir, en psychologie, une information objective, puisque l'esprit de l'observateur peut modifier le sens de la chose observée. L'observateur et l'observé sont coauteurs de l'événement psychique.

Il faut donc une méthode simplement pour observer, sous peine de se laisser piéger par nos propres désirs.

Ce n'est pas sans raison que j'ai mis en parallèle l'histoire du delirium et celle des scottish-terriers. Dans les deux cas, il y a une agression objective : l'alcool agresse les cerveaux, comme l'isolement social abîme les développements de personnalités.

Selon leur équipement génétique, certains individus résistent mieux à l'agression éthylique comme certains chiens se défendent mieux contre l'isolement. Une même souffrance peut s'exprimer différemment selon l'organisation de l'environnement : un delirium parisien, isolé dans sa banlieue, agressé par l'excès de compétition sociale exprimera très vite sa violence et se laissera plus difficilement soigner. Un scottish-terrier, aliéné par le Gaspar Hauser, paraîtra plus normal en situation sociale, puisqu'en faisant la fête à l'humain, il s'en fera mieux accepter. Mais il paraîtra plus aliéné en situation d'isolement, où ses explorations frénétiques et stéréotypées provoqueront son épuisement et ses blessures.

Un même trouble psychique peut donc, selon l'environnement, prendre un relief pathologique, une aliénation aux apparences extrêmement différentes.

De plus, l'observateur ne peut pas s'empêcher de donner un sens à la chose observée, de l'interpréter, et, par là même, de la modifier. Le fait de connaître personnellement l'homme souffrant de delirium avait rassuré le soignant, banalisé la folie de l'autre et, en conséquence, apaisé l'homme. Le plaisir de recevoir l'affection du chien carencé avait modifié le témoignage et le comportement du visiteur : le chien élevé en isolement avait reçu les caresses du visiteur flatté, et ces caresses avaient été thérapeutiques puisqu'elles avaient fourni à l'animal l'échange affectif dont il avait tant besoin.

Lorsque je fais des conférences d'éthologie, les discussions qui suivent sont souvent passionnantes car l'attitude naturaliste possède une tradition bien particulière : les chercheurs sont autonomes. Ce sont des hommes de terrain qui ont personnellement vécu les situations dont ils parlent. Ils possèdent une expérience authentique et ne récitent pas les théories à la mode.

Mais il se trouve toujours un naturaliste ou un praticien de la chose psy pour faire remarquer qu'il y a différence entre l'homme et l'animal. Quelle évidence ! Il ne s'agit pas du tout d'extrapoler de l'animal à l'homme. Il n'est pas question de soutenir que le comportement social de la marmotte révèle le comportement social des humains. Il s'agit même de suivre la démarche contraire.

Jusqu'à maintenant, la psychologie expérimentale avait manipulé les animaux en les obligeant à résoudre des problèmes fondamentalement humains concernant des facultés mentales comme la volonté ou la mémoire. L'éthologue s'intéresse plutôt à des comportements globaux qui caractérisent l'animal. Il s'agit d'aller sur le terrain, d'observer l'animal dans sa vie spontanée et de se laisser imprégner par la vie naturelle jusqu'à ce qu'apparaisse une forme, un comportement qui questionnera l'homme.

Une observation animale n'est pas transposable à l'humain. Cette méthode d'observation animale appliquée à l'humain donne des résultats parfois identiques, parfois opposés. L'important c'est l'astuce technique. La méthode expérimentale n'est composée que de « trucs » et cette première aventure de delirium m'a permis de comprendre à quel point l'observation humaine est un dialogue où l'observateur marque son influence dans la chose observée.

L'éthologie doit pouvoir nous fournir ces « trucs » expérimentaux nécessaires pour approcher une forme d'objectivité.

Les animaux nous ont permis de mieux appréhender l'animalité qui reste en nous et de souligner ainsi l'importance de la dimension humaine. En observant les animaux, j'ai compris à quel point le langage, la symbolique, le social nous permettaient de fonctionner ensemble. La technique est une des armes les plus puissantes de l'évolution humaine, mais lorsque cette technique s'hypertrophie au point de prendre la place de relations humaines fondamentales, naturelles, il devient urgent de prendre conscience de cette part d'animalité qui reste en nous. Il faudra décrire cette animalité et mieux l'accepter pour respecter nos équilibres écosystémiques.

L'éthologie peut s'attaquer à ce problème. Elle ne prétend ni à un dogme, ni à une philosophie, ni à une doctrine psychologique supplémentaire. Simplement, c'est une attitude mentale face à la chose psy, une manière comparative de la percevoir.

Il ne s'agit plus d'envisager la psychologie de l'homme seul, comme au XIXe siècle, mais de chercher à comprendre les interactions de l'homme dans son milieu et son histoire. En étudiant l'homme en relation, fonctionnant dans un ensemble, l'éthologie participe au mouvement écologique.

La méthode scientifique exige un esprit contestataire pour aussitôt critiquer ce qu'on vient de construire. C'est dire qu'après avoir défendu la méthode analogique, il convient aussitôt d'en préciser les limites.

La surpopulation chez les animaux provoque toujours un mécanisme régulateur qui va permettre au groupe de retrouver sa densité optimale. Chez les rats mâles, la surpopulation va épuiser les glandes surrénales et provoquer leur impuissance. Les femelles perdront leur cycle hormonal et rapidement, par arrêt de la sexualité, la population va cesser de croître et retrouver sa densité qui lui permet de fonctionner au mieux des possibilités du biotope, du lieu où les biologies doivent s'adapter. Dans une surpopulation de lapins, les femelles gravides vont résorber leur fœtus et le dissoudre en elles.

La nature s'est dotée, semble-t-il, d'une sorte de régulation des naissances.

Chez les humains, on constate plutôt l'effet contraire : c'est dans les pays surpeuplés que les femmes font le plus grand nombre d'enfants et c'est dans les grandes villes, dans les sociétés en surnombre que l'érotisation est exacerbée.

L'explication de la régulation des naissances chez les animaux est d'ordre psychophysiologique. J.-J. Christian a mesuré les sécrétions neuroendocriniennes et montré que la surpopulation fournit un excès de stimulations sensorielles, d'informations sonores, tactiles, visuelles, olfactives. À la base du cerveau, le diencéphale reçoit ces informations et sécrète des substances neurohormonales qui vont exciter les glandes endocriniennes. Rapidement, les glandes surrénales trop stimulées épuisent leurs réserves, et ne synthétisent plus les hormones qui participent au fonctionnement des gonades (glandes sexuelles). Bien vite, l'animal cesse toute activité génitale.

Chez les humains, au contraire, certaines tensions émotives ne peuvent s'apaiser que par la sexualité. Les historiens ont déjà souligné l'hypersexualité des périodes sociales troublées. Et W. Wickler, un chercheur de l'Institut Max Planck, a montré comment l'érotisation des grandes villes permet de supporter l'angoisse qu'elles provoquent. On a soutenu que le développement des méthodes contraceptives et la législation de l'avortement participaient à ce processus naturel de régulation des naissances. Mais les hommes, pour satisfaire ce but naturel, doivent utiliser leur intelligence et leur technique, là où les animaux se contentent de régulations biologiques.

Ces explications opposées, toutes rigoureusement fondées sur des faits objectivement vérifiables, montrent à quel point la réalité est riche et variée. On peut toujours y puiser l'argument qui justifiera nos désirs.

La réalité sert d'alibi à nos fantasmes.

Un analogisme trop systématique peut mener à des assimilations caricaturales. Regardez ce qui se passe en transposant simplement l'observation animale en une vérité humaine.

Les primates non humains établissent dans leurs groupes une hiérarchie rigoureuse. La compétition pour la dominance s'effectue par une série de joutes comportementales où le langage des corps exprime directement la disposition affective des animaux. Les démonstrations de puissance sont, bien vite, les plus spectaculaires. Le mâle qui aspire à la dominance crie le plus fort possible, tape le sol, lance des feuilles et des bouts de bois. Il secoue des branches et court aussi vite qu'il le peut.

Lorsque, pour son bonheur, il parvient à charger en brandissant un objet, il est assuré de la victoire car les femelles effrayées saisissent leurs petits et s'enfuient. Quant aux autres mâles, impressionnés par une telle démonstration de puissance, ils s'appliquent à se faire oublier.

Lorsque plusieurs mâles postulent à la dominance, le combat capital se déroule au cours d'une joute terrible qui consiste à se regarder dans le « blanc des yeux ». Si l'on peut dire, car les singes n'ont pas de blanc des yeux. Les deux mâles s'affrontent du regard et cherchent à y faire passer le plus d'intensité possible. Quelque chose doit se transmettre par cette joute oculaire puisque, rapidement, l'un des deux ne pourra plus soutenir le regard de l'autre et, terrifié, exprimera sa défaite.

Pour signifier sa soumission, le vaincu détourne la tête et expose son arrière-train. Le vainqueur mime une rapide sodomisation en trois ou quatre coups de bassin. Et les deux rivaux désormais apaisés, rassurés par le statut tranquille que leur donne le fait d'accepter une hiérarchie, vont pouvoir coexister en paix.

Cette aventure psychosociale peut s'observer le plus simplement du monde, dans tous les zoos.

Mais l'observateur naïf aura tendance à attribuer aux singes ses propres sensations, il affirmera qu'ils sont libidineux, dégoûtants, pervers, homosexuels : il n'aura fait qu'exprimer sa propre conception du monde, alors que le singe, lui, aura vécu une aventure sociale.

Près de l'enclos des biches, une femme jette des cailloux au cerf en l'insultant : « Laisse-la tranquille, vieux dégoûtant, tu ne penses qu'à ça. » La biche n'a reçu qu'un tendre hommage de la part de son mâle. La femme, elle, vient de raconter, par son comportement, sa propre manière d'envisager ses propres relations sexuelles.

L'éthologue doit prendre garde à l'interprétation abusive. Prenons l'exemple des regards ou de l'exposition de l'anus.

Asseyez-vous dans un café ou dans un train en face d'un humain, soutenez ce regard fixement et, si possible, dramatiquement. Dans l'instant qui suit, l'homme regardé va manifester une élévation brutale de ses indices d'anxiété : sa respiration va s'accélérer, son cœur va battre plus vite, sa tension artérielle s'élever ; le réflexe psychogalvanique, témoin électrique de l'augmentation de sécrétion des catécholamines (l'hormone des émotions), va monter en flèche et le manomètre placé sous la chaise va révéler la grande instabilité musculaire du sujet. Dans un lieu public, le regardé va éviter le conflit oculaire. Il va d'abord fuir du regard, puis fuir du corps en se levant pour partir. S'il ne peut fuir, le regardé, pour apaiser son angoisse, devra adopter un système de défense. Il pourra se cacher derrière un journal, simuler un malaise, ou décider qu'il va agresser le regardeur. La plupart du temps, le regardé se servira de mots pour demander l'explication qui le rassurerait : « Que me voulez-vous ? » Si le regardeur reste au niveau des faits, il répondra : « Je vous regarde, dans le blanc des yeux. » Or, cette constatation n'apaisera pas son angoisse. Pour se calmer, il a besoin de comprendre la signification du comportement. Si vous lui répondez : « Je vous regarde, dans le blanc des yeux, pour voir comment se modifient vos indices d'anxiété, car je suis en train de réaliser une expérience d'éthologie humaine », le regardé aussitôt sera rassuré car il connaîtra la signification du fait. Mais l'expérience sera terminée.

Or Cosnier et Galactéros, poursuivant à Lyon ce type d'expérience (de manière un peu plus rigoureuse), ont constaté que les indices d'anxiété chutaient dès que la parole intervenait, illustrant ainsi de manière graphique et métabolique la fonction tranquillisante du langage. Pour apaiser son angoisse, le regardé n'avait pas eu besoin d'exposer son anus comme un babouin. Il avait parlé ! Et c'est bien dans cette parole que se situe une des spécificités humaines.

Il arrive que cette fonction du langage se développe jusqu'au délire. En clinique psychiatrique, l'angoisse disparaît parfois lorsque apparaît le délire. Cette observation clinique procure un grand plaisir aux théoriciens de la « chose » psy, car elle confirme leurs constructions intellectuelles. Mais dans la pratique quotidienne, on constate souvent le contraire. L'angoisse devient atroce, insoutenable lorsqu'apparaît le délire.

Il existe, en psychologie, toute une série de vérités théoriques que la pratique ne confirme pas, mais qu'on ne peut contester qu'à voix basse, sous peine de disqualification. Il est pourtant vrai que lorsque le langage donne une forme cohérente au monde le sujet s'apaise, même si cette cohérence est délirante.

La réalité, mal perçue, chaotique nous angoisse par l'incertitude de ses formes, la variabilité de ses organisations, l'étonnante diversité de ses perceptions.

Le délire, souvent, donne une représentation du monde trop bien construite, trop claire, coupée des réalités sensibles. Les patients apaisés par leur premier délire nous exposent des situations aberrantes puis s'étonnent de notre surprise. Une phrase arrive souvent dans leur bouche : « Il faut être fou pour ne pas y croire. » Ils s'attachent à leur délire, nous haïssent de remettre en cause ce système si bien construit, dont le démantèlement risque de libérer à nouveau leur angoisse.

C'est ainsi que le délire possède une valeur défensive contre la souffrance psychique. Sur ce point, s'opposent psychologues de terrain et psychologues de salon. Les psychologues mondains soutiennent qu'il faut laisser les gens délirer. En plus de sa valeur tranquillisante, le délire possède parfois un pouvoir libérateur. Après une longue période de contraintes psychiques, de mal à être, de manque à vivre, de désespoir et d'angoisse, ils osent enfin exprimer la personne qu'ils étouffaient en eux. Après une bouffée délirante qui apparaît sous forme de troubles du comportement, d'hallucinations, de conflits avec l'entourage, on les voit s'apaiser spontanément. Une fois revenus à la réalité et à autrui, ils savent vivre mieux qu'avant et respectent enfin leur nature et leurs désirs profonds.

Mme A... a consulté parce qu'elle devenait obèse. Cette femme de soixante-cinq ans paraissait très douce, étonnamment paisible, avec ce regard brillant, trouble et extasié, qu'ont souvent les mystiques tournés vers leur monde intérieur.

En trois mois, elle avait pris trente kilos supplémentaires. Son moral était excellent. Elle vivait seule depuis que son mari et ses deux fils s'étaient tués dans un accident de voiture. Pendant quelques semaines, elle avait horriblement souffert, mais elle avait fini par surmonter sa douleur et reprendre goût à la vie. Jamais sa maison n'avait été aussi soignée, jamais elle n'avait travaillé avec autant de plaisir, jamais elle n'avait manifesté tant de gaieté. Tout le monde admirait son courage. Simplement, elle devenait obèse.

Elle a cessé de souffrir, soudainement, le jour où, en rentrant du cimetière, elle a vu son mari et ses deux garçons, attablés en manifestant une joyeuse fringale. De joie, elle avait fondu en larmes. « Vous n'étiez donc pas morts. Ce n'était qu'un cauchemar. » Folle de bonheur, elle s'était mise à la cuisine, avait préparé un bon repas, décoré la table et servi ses trois hommes. Puis, elle avait avalé les quatre repas. Car la réalité infiltrait encore un horrible doute dans son esprit. Mais le fait d'avoir à laver les quatre assiettes vides lui fournissait la preuve que ses hommes n'étaient pas morts.

Je n'ai pas soigné ce délire dont le bénéfice défensif était flagrant. Lentement, cette patiente a cicatrisé et accepté la mort de sa famille. Elle a maigri sans jamais retrouver sa belle euphorie délirante.

Mais un délirant n'est jamais seul. Il délire dans une situation, dans un groupe, et les conséquences de son délire ne sont pas toujours acceptables. C'est là que les psychologues de terrain rencontrent quelques difficultés.

J'ai dû soigner M. G..., un homme de soixante-cinq ans, dont le délire s'était révélé quelques mois après sa mise à la retraite. La banque qui l'avait employé pendant quarante ans avait particulièrement apprécié cet homme de structure obsessionnelle. En quarante années de travail, il n'était jamais arrivé en retard, n'avait jamais commis la moindre erreur, n'avait jamais souri. Sa présentation parfaitement correcte, ses manières irréprochables, sa vie conjugale sans histoire lui donnaient l'apparence d'un citoyen parfaitement normal. Avec la retraite, les activités sociales qui servaient de prothèse à sa personnalité rigide et fragile se sont effondrées. Pendant quelques mois, avachi dans son fauteuil, perdu dans ses ruminations intérieures, M. G... se tenait la tête en cherchant à comprendre l'origine de son accablement et de ses maux physiques qui l'empêchaient de vivre. Lorsque, soudain, la lumière jaillit : un jeune employé italien, pour lui succéder, avait dû l'empoisonner.

Dès cet instant, tout s'est éclairé. Ses comportements les plus anodins désormais prenaient un sens. Lors du vin d'honneur pour fêter son départ, c'est le jeune Italien qui l'avait servi. Il lui avait même parlé de sa femme, c'était bien la preuve qu'il avait intérêt à l'empoisonner, c'est pour ça qu'il avait mal à l'estomac et à l'anus, c'était l'effet du poison. D'ailleurs, cet employé était d'origine italienne, comme lui, et il est bien connu que les Italiens sont prêts à tout pour réussir.

Progressivement, le délire paranoïaque a envahi sa personnalité. La joie de comprendre, ou plutôt l'espoir de trouver une solution, avait supprimé les angoisses. Sa conscience embrumée devenait claire et la vitalité lui redonnait goût à la vie : il comprenait maintenant les petits sourires de l'employé au directeur, c'était déjà pour l'évincer ; la petite femme qui venait l'attendre après les heures de travail, c'était pour vérifier s'il avait bien travaillé à empoisonner le vieux, en dire du mal, faire rire de lui.

L'euphorie du délire faisait place maintenant à l'indignation. Les interprétations scandaleuses empoisonnaient tous les actes de sa vie quotidienne. Cet employé dangereux allait commettre d'autres crimes ! L'angoisse a ressurgi avec de nouvelles souffrances pseudo-organiques. Mais cette fois-ci, une indignation vigoureuse et saine lui a permis d'envisager une véritable thérapeutique : il fallait tuer le petit Italien.

D'après les psychologues de salon, j'aurais dû ne pas soigner ce patient qui, effectivement, se sentait mieux depuis qu'il délirait. Mais il s'était procuré un revolver et avait suivi son « persécuteur » jusqu'à son domicile. De plus, pendant la guerre, il avait prouvé que lorsque la morale était de son côté, il était capable de satisfaire ses tendances sadiques.

M. G... a accepté de se soigner chez lui. Rien n'avait changé dans sa personnalité, mais il n'a plus déliré. Ou plutôt il délirait à l'imparfait. Il se mit à rire : « Depuis que je me soigne, je ne vois plus les choses de la même manière. Cet homme a voulu m'empoisonner, bien sûr. C'est incroyable une chose pareille. Tout ça pour prendre ma place. Mais je n'y attache plus d'importance. Maintenant, je m'occupe de ma retraite. J'essaye d'apprendre à vivre sans travailler. J'aide ma femme aux travaux du ménage. »

Si les circonstances avaient encouragé ce patient à poursuivre son voyage psychotique, deux solutions se seraient présentées :

il aurait pu tuer le petit Italien et le passage à l'acte l'aurait ramené à la réalité. En effet, dans les hôpitaux psychiatriques, il m'est arrivé de voir des hommes aimables, sensés, corrects, hypernormaux, apaisés par le meurtre qu'ils venaient de commettre. Mais la plupart du temps, l'imminence du passage à l'acte aggrave l'angoisse. Ils ne peuvent s'apaiser qu'en délirant encore plus. Ils délirent pour ne pas agir. Le patient arrive à l'hôpital en pleine confusion délirante, ne sait plus où il est, bredouille des paroles enchevêtrées et cherche souvent à se faire du mal.

Et le petit Italien ? Le fait d'apprendre qu'on voulait le tuer sans raison aurait certainement provoqué une angoisse. Pour s'en protéger, il aurait dû délirer à son tour...

La norme est un abus de pouvoir. Mais le délire peut devenir un abus de liberté.

Ces deux exemples souhaitent simplement illustrer à quel point le langage intervient dans les mécanismes d'équilibration de l'individu. Mais le langage des mots n'est pas tout le langage. Son existence et son importance n'excluent pas le langage du corps, qui lui aussi communique et participe à l'équilibration des individus.

Lorsqu'un babouin expose son arrière-train pour signifier sa soumission, il exprime ainsi la disposition de son humeur. Le langage du corps semble inspiré par celui des femelles, motivées pour la sexualité. En exposant leurs organes génitaux, elles expriment un comportement d'acceptation du mâle incompatible avec l'agressivité. Ce comportement se charge d'une signification qui le dépasse. Il quitte le domaine sexuel pour signifier autre chose. Dérivé de la sexualité, il signifie désormais un désir de non-agressivité.

Chez les mouflons, les vieux mâles sont particulièrement agressifs. À cause de leur ancienneté, ils sont les seuls à connaître les petits sentiers qui, l'hiver, mènent aux bons pâturages. Mais ils ont la corne facile et supportent mal la présence de jeunes mâles auprès de leurs femelles. Dès que la proximité le leur permet, ils les attaquent. Lorsqu'un jeune mâle est chassé du groupe, il meurt de faim ou d'accident. Pour éviter ce drame, ils adoptent une solution presque symbolique. Dès que le vieux mouflon s'approche, ils écartent les cuisses et s'accroupissent légèrement, comme le font les femelles lorsqu'elles acceptent de copuler. Le vieux mouflon, certainement séduit et rassuré par ce geste du corps, cesse aussitôt son agression et tolère les jeunes mâles dans son groupe.

Les gestes traduisent une disposition affective qui sera clairement perçue. Mais il ne peut pas s'agir de n'importe quel geste : on ne pourra jamais exprimer un élan amoureux en brandissant son poing sous le nez de l'être désiré, même si on hurle qu'on l'aime. Il faudra, pour transmettre cette émotion soupirer, sourire, incliner la tête, humidifier son regard, hausser les sourcils : une foule de signaux qu'on n'apprend pas dans les livres et dont l'utilisation est pourtant constante.

Au départ, le corps par un mouvement involontaire mais précis traduit une émotion. En percevant ce geste, on connaîtra l'émotion de l'autre, ses intentions. Pour communiquer son désir, l'animal pourra utiliser ce langage du corps, même si le geste lui sert désormais à signifier autre chose. Le jeune mouflon mâle qui imite la femelle acceptant l'amour n'a pas envie de copuler. Il se sert de ce geste pour signifier son désir de ne pas se battre.

Eibl-Eibesfeldt a couru le monde, caméra au poing, à la recherche des comportements universaux, c'est-à-dire de comportements révélant une même séquence gestuelle, quelle que soit la culture. Il a décrit toute une sémantique corporelle : il a filmé les hochements de tête, qui accompagnent le « oui » et le « non », la manière de sourire ou de se mettre en colère, même lorsque le sujet est sourd et aveugle de naissance : c'est-à-dire qu'il n'a pas eu la possibilité de voir, d'entendre, d'apprendre le sourire ou la colère. Il a filmé dans le monde entier des hommes et des femmes adultes se cachant le visage pour masquer leur trouble sexuel, et des petites filles montrant leurs fesses ou leurs vulves pour exprimer leur effronterie.

Il semble que les humains possèdent un stock de comportements universels fondés sur une émotion corporelle comparable.

L'éthologie d'abord est un acte d'observation.

Le langage du corps et le langage des mots jouent un rôle prépondérant dans l'équilibration et la communication de celui qui s'exprime ; mais l'observateur par le simple fait de nommer la chose observée, la modifie.

Par exemple, on nomme infanticide le fait de tuer un enfant. Lorsqu'une mère primate tue son enfant, elle commet donc un infanticide, un phénomène de même apparence objective qu'une mère humaine qui tue son enfant. Le même fait portera le même nom. S'agit-il d'un phénomène de même nature ?

On peut observer les tupayes, petits singes lémurs qui ressemblent à des écureuils. Lorsque l'environnement devient trop agressif, les femelles subissent une agression hormonale, c'est-à-dire que leur cerveau, épuisé par la surpopulation, le manque d'espace ou le manque d'aliments n'a plus la force de commander aux glandes qui synthétisent les hormones. Normalement, lorsque la femelle toilette ses petits, elle les marque à son odeur, par une glande odoriférante située sur son sternum, entre ses pattes de devant. En cas de dépression hormonale, cette glande, peu gonflée, sera vite épuisée. Si bien que seuls les enfants toilettés les premiers seront marqués à l'odeur de leur mère. Or, c'est par l'odeur que la mère reconnaît ses petits. Ceux qui n'auront pu subir ce marquage olfactif seront donc considérés comme des étrangers et, à la première émotion, seront tués par leur propre mère. Infanticide ?

Mme F... avait trente-quatre ans quand je l'ai connue. Elle portait des bottes par-dessus son pantalon et laissait flotter ses cheveux blonds sur un blouson de cuir noir. Elle est entrée dans mon bureau, s'est assise, et l'angoisse l'a pliée en deux. À vingt-huit ans, elle aimait la vie, la moto. Elle a été heureuse d'être enceinte. Mais lorsque l'enfant est né, il a bien fallu comprendre que, seule, une moitié de son cerveau fonctionnait. L'autre ne servait qu'à provoquer d'incessantes décharges épileptiques. La mère a cessé de vivre pour s'occuper de cet enfant au cerveau cassé. Vers l'âge de six ans, l'enfant, qui n'avait pas accès au langage, alternait les crises graves avec les cris, les coups, les bris d'objets, les morsures. Avec lui, la mère s'est emprisonnée dans son appartement.

Un jour qu'elle lui donnait son bain, l'odeur d'aliments brûlés l'a appelée à la cuisine. Elle a enlevé du feu la casserole noircie. De la salle de bains venait le bruit de l'enfant qui grognait en éclaboussant les murs. Elle a gratté la casserole. L'enfant s'énervait, tapait les parois de la baignoire. La casserole a été longue à nettoyer.

L'enfant s'est calmé. Il a fallu du temps pour remettre de l'ordre dans la cuisine. Quand la mère est revenue dans la salle de bains, le petit corps flottait, noyé. Accident ?

On a parlé d'infanticide. La mère, elle-même, a confirmé l'hypothèse : elle s'était obligée à gratter la casserole quand elle avait entendu l'enfant tomber et se débattre. Rien ne l'obligeait à ranger la cuisine quand les dernières convulsions de l'enfant cognaient encore la baignoire. La mère n'a pas supporté cette interrogation et a tenté de se suicider.

Entre la femelle tupaye qui tue son petit parce qu'elle le considère comme un étranger et la mère humaine culpabilisée

Là 41

par sa complaisance à la mort de son enfant, peut-il s'agir de phénomène de nature identique ?

Dans les deux cas, on a parlé d'infanticide. Dans les deux cas, l'harmonie naturelle a été rompue et a mené à l'élimination du petit mal accepté. Dans les deux cas, la mère n'a pas répondu aux sollicitations de l'enfant. Chez la femelle tupaye, l'environnement lui a refusé la force biologique de marquer son petit à son odeur et d'établir avec lui un lien d'attachement. Chez la mère humaine, la nature lui a refusé l'enfant normal qui aurait déclenché le plaisir du comportement maternel et la formation d'un échange affectif.

Des éléments comparables existent, ils n'excluent pas la dimension humaine. Les conditions humaines et naturelles existent, se coordonnent dans une interaction incessante où chaque dimension modifie l'autre.

La femelle tupaye et la femme avaient mal répondu, dans les deux cas, aux sollicitations mal adaptées des enfants. Ces réponses étaient toxiques, puisque dans les deux cas, les comportements maternels avaient favorisé l'élimination des petits. Mais toute la dimension humaine surgit lorsque la femme prend conscience de ce qu'elle a elle-même nommé son « crime par omission ».

Nommer la chose à observer introduit le regard de l'observateur et modifie la relation.

Prononcez le mot « schizophrénie » : tout le monde s'enfuit ! Et le sujet, solitaire par nature, se retrouve encore plus seul. Il ne lui reste que l'asile. Là, il trouve un refuge, une sociabilité à sa mesure. La chronicité de l'hôpital psychiatrique se fait complice de son désir de démissionner de l'humanité. Guérison tragique : le patient ne délire plus, n'hallucine plus, ne souffre plus. Son esprit, apaisé par l'absence de stimulation de cette institution lourde et sans vie, pourra désormais ronronner à son rythme de cadavre vivant.

La moindre tentative de rappel à la vie réveillera cet esprit endolori et réactivera ses défenses délirantes et hallucinées. La famille, mal informée, effrayée par la réapparition de cette souffrance de vivre, agressera le psychiatre et le rendra responsable de ce qu'elle nomme la rechute. Elle reprendra son enfant, son objet aimé-malade et l'emmènera dans une autre institution, où le jeune patient, enfin, pourra vivre en paix.

À ce moment les intellectuels de dîners mondains, les psychiatres de cinéma hurleront à la mort psychique et rendront cette institution responsable du drame auquel eux-mêmes auront travaillé en aggravant l'abandon du patient et l'étrangeté de la chose ainsi nommée : schizophrénie. Est-il atteint d'une maladie organique ou victime de persécutions culturelles ?

Je me rappelle ce père de psychotique qui m'insultait parce qu'après trois mois de traitement, je n'avais toujours pas trouvé le microbe de la schizophrénie. Et cette mère de schizophrène qui se déchirait le visage en me regardant et exhalait du fond de ses viscères : « Je vous déteste, je vous déteste. » Après trois ans de mutisme et d'immobilité totale, sa fille, enfin, osait parler, c'est-à-dire tomber dans le monde des humains. Mais en parlant, elle avait exprimé sa haine contre sa mère.

Je me rappelle cette agrégée de philosophie, qui écrivait un article contre les médicaments à visée psychique, se nommait elle-même schizophrène, et qui m'interdisait de baisser son traitement de neuroleptiques en m'accusant de vouloir la faire rechuter.

La chose ainsi nommée correspond plus à l'idée qu'on s'en fait qu'à la réalité. Mais dès qu'on l'a nommée, le sens prêté au mot s'ajoute à la réalité pour en modifier le cours.

Le résultat n'est pas toujours tragique. J'ai connu à l'hôpital psychiatrique un homme qui, depuis quatorze ans, refusait de quitter son lit. Il s'indignait parce que les infirmiers et les autres pensionnaires ne prenaient pas au sérieux ses douleurs. Il avait mal à la tête, au dos, au ventre, à la nuque, et surtout aux jambes. Ses souffrances étaient atroces et le patient suffoquait qu'on pût en rire. Son calvaire prenait fin tous les dimanches ; il se toilettait, se décorait, se parfumait et prenait son vélomoteur pour aller danser dans les bals de village. Le lundi matin, ses souffrances reprenaient.

Ce comportement curieux avait reçu de savantes interprétations psychanalytiques. Mais personne ne s'était étonné de ses joues sans barbe, de ses hanches larges et de son début de poitrine féminine. Un examen avait montré un scrotum vide, un tout petit pénis et une totale absence d'odorat. Des examens approfondis avaient confirmé l'existence d'une malformation très rare du bulbe olfactif qui avait entraîné l'absence de synthèse des hormones sexuelles.

Les médecins militaires l'avaient réformé et, dès lors, bouleversé, cet homme avait erré à la recherche de son identité sexuelle. D'abord, il avait tenté de s'affirmer par un donjuanisme frénétique qui ne pouvait qu'aggraver sa frustration. Puis, l'alcool l'a tenté. Autre déception car son manque d'odorat l'empêchait d'apprécier la bouteille. Les services de spécialités médicales ont offert un sens momentané à ses difficultés psychiques : on s'intéressait à lui tant qu'il était malade. Mais bien vite, la sanction tombait : « Monsieur, vous n'avez rien. » Jusqu'au jour où il a découvert l'hôpital psychiatrique. Il a pu s'y réfugier et gémir agressivement pendant quatorze ans.

Quand le diagnostic a été fait, la chose a été nommée : dysplasie olfacto-génitale de de Morsier. D'abord, il y eut un moment d'incrédulité. Certains médecins ont même prétendu qu'on s'amusait avec ce patient. Mais les examens arrivaient. La faculté confirmait le diagnostic.

Nommer la chose a complétement transformé l'attitude des témoins : ce n'était donc pas de la comédie, c'était une vraie maladie. L'entourage étonné a cessé de se moquer. Le patient, reconnu dans sa maladie, a d'abord savouré une juste revanche puis son comportement s'est transformé. Cette maladie lui donnait une identité, un substitut d'être sexuel. Il n'était ni homme, ni femme, il était « dysplasie olfacto-génitale. »

Il a écrit au professeur de Morsier qui lui a répondu une longue et gentille lettre. Dans son enthousiasme, il a même envisagé de fonder une association mondiale des syndromes olfacto-génitaux. Il est redevenu actif, entreprenant, souriant. Deux mois plus tard, il trouvait un travail et quittait l'hôpital psychiatrique.

Guéri par un nom.

La manière dont le sujet exprime ses difficultés peut l'aliéner plus ou moins et modifier le destin de ses troubles réels.

Pendant sept ans, je me suis occupé d'une institution consacrée essentiellement au traitement des schizophrènes. Le règlement prévoyait des portes sûres : nous avions donc commandé de jolies portes en fer forgé, que nous avions transformées en symboles. Non seulement ces portes étaient ouvertes en permanence, mais encore nous les avions condamnées à rester ouvertes en les bloquant avec des bacs à fleurs, d'où grimpaient des liserons et des géraniums entrelacés dans le fer forgé. C'était du plus bel effet esthétique et symbolique, sans oublier le respect du règlement.

Les patientes sortaient librement, se promenaient au village, prenaient le car pour aller en ville, visitaient la rade de Toulon sur les bateaux de tourisme du port. Perdues dans leurs fantasmes, elles ne voyaient pas toujours la beauté du paysage ; leurs hallucinations les préoccupaient parfois plus que les commentaires du guide marin. Mais jamais leurs souffrances n'ont gêné les voisins.

Pourtant les conducteurs de car se plaignaient de nos pensionnaires qui refusaient de payer. Des passagers nous reprochaient de laisser sortir des filles si agressives, et des témoins bien intentionnés ramenaient dans leur voiture les patientes qui titubaient dans la rue, abruties de médicaments. Il ne s'agissait jamais de psychotiques. Sauf celles atteintes de grandes agitations délirantes, rares, que nous ne laissions pas sortir, elles se tenaient toujours parfaitement bien et ne se faisaient jamais remarquer.

Les gamines qui provoquaient tant d'hostilité étaient toujours des « carences éducatives », de simples gosses mal élevées, abandonnées et cahotées d'une institution à l'autre. Elles ne respectaient pas les rituels de notre culture, puisqu'elles n'y étaient pas intégrées. Elles criaient dans le car, s'asseyaient sur les genoux de vieux messieurs, taquinaient le chauffeur. Puis arrivées en ville, après une petite saturnale dans les bas quartiers du port, elles simulaient la folie pour attirer l'affection ou faisaient endosser à un traitement psychiatrique ce qui était imputable à un excès d'alcool. Une fois ramenées dans l'institution par un témoin indigné, elles avaient bien du mal à attendre son départ pour se remettre à rire et à gambader.

Les psychotiques, malgré leurs délires et leurs hallucinations, paraissaient normales et bien élevées. Ces gamines mal élevées semblaient les plus folles aux yeux des Toulonnais qui nous reprochaient indifféremment de ne pas les enfermer ou de leur donner trop de médicaments. Ces témoins se laissaient prendre au même piège d'observation que les visiteurs des expériences sur les scottish-terriers élevés en isolement.

Jamais je n'oublierai cette jeune psychotique de vingt-huit ans, douce, paisible, souriante et profondément respectueuse des autres, comme savent l'être les psychotiques.

Un jour qu'elle participe à la corvée de pluches, son visage s'illumine soudain, elle regarde une amie cuisinière et du plus profond de son bonheur, lui dit :

« Je crois que je vais me marier.
— Mon Dieu, tu es sûre ? Quelle bonne nouvelle ! »

En quelques secondes, toutes ces dames entourent la patiente, l'embrassent, la félicitent.

« Je vais me marier, je vais me marier, dit maintenant la jeune femme.
— Où est ton fiancé ?
— Il m'attend près de l'entrée. Il vient de m'appeler. L'entendez-vous ? Il m'appelle.
— Va vite le rejoindre. »

La patiente quitte en courant la cuisine et, folle de bonheur, répond à la voix de son fiancé.

« Oui, j'arrive. J'arrive. »

Elle court à travers le jardin. La voix maintenant l'appelle du côté de la buanderie. La jeune femme fait demi-tour et s'y précipite. La voix l'appelle du haut d'un arbre. La patiente court en tous sens et hurle : « J'arrive. Attends-moi. Ne t'en va pas. J'arrive. » Elle tombe plusieurs fois, se cogne contre une porte, casse un carreau, se blesse sur un cactus. « J'arrive. Attends. Attends. » Sa voix se déchire en hurlements. Elle sue, saigne et bave, courant n'importe où, n'importe comment, de toutes ses forces.

Une infirmière a compris le drame qui se préparait. Plusieurs fois déjà, la patiente avait hurlé, couru après cette voix qui s'échappait puis, au comble de l'exaspération délirante, avait brisé tout ce qui lui tombait sous la main, avant d'essayer de se suicider. Par la fenêtre de mon bureau, je vois l'infirmière rattraper la patiente qui hurle et se débat. Deux têtes de cuisinières s'encadrent dans une fenêtre. Plusieurs pensionnaires curieuses viennent assister au drame. Je rejoins l'infirmière pour l'aider, et, un bras autour de l'épaule, un autre autour de la taille, nous entraînons la jeune femme vers l'infirmerie.

Là, pendant près d'une heure, j'essaye d'entrer dans son monde, j'essaye de communiquer avec elle. Elle bondit d'abord comme un ressort et me repousse pour rejoindre sa voix. Je la tiens par la main et lui parle sans cesse. Elle finit par m'entendre et peu à peu se calme. Elle s'apaise, très lentement, bredouille de vagues réponses à mes questions. Dix minutes plus tard, c'est elle qui parle sans cesse. Elle m'explique son désir de se marier, sa peur des autres et des hommes, l'interdiction que sa mère lui a faite de s'approcher d'un homme, l'absence de père réel dans sa famille. Puis elle pleure et critique ses voix.

« Cela m'a encore reprise. J'ai encore cru à ces voix. Un jour, j'en mourrai. »

Elle pleure longtemps, parle et se détend. Je suis fier de mes réactions et de celles de l'infirmière, car cet accès délirant a bien été contrôlé, par simple contact, sans drames ni médicaments. La patiente se mouche, se toilette. Le nez rouge et les yeux gonflés, elle retourne à ses pluches.

Peu après, deux cuisinières indignées entrent dans mon bureau et me reprochent vivement d'être intervenu dans la vie sentimentale de la jeune femme.

« De quel droit l'avez-vous empêchée de se marier ? Pourquoi l'avez-vous entraînée brutalement dans l'infirmerie ? Elle était radieuse avant votre intervention ; après la piqûre à l'infirmerie, on l'a vue abattue, triste et bouffie par le désespoir. On l'a vue, de nos yeux vue. »

L'histoire des cuisinières était vraie... comme sont vraies les chimères. Chacun des éléments de l'histoire était vrai, et, pourtant, le sens de l'histoire totale était faux ; comme la chimère, cet animal qui n'existe pas, et dont chacun des éléments qui la composent est authentique.

La psychiatrie baigne dans ces monstres, dans ces histoires chimériques. Ces créations symbolisent très bien le génie créateur de la folie et son perpétuel mal entendu, mal dit, mal vu.

Watzlawick explique que la simple manière de formuler la question peut modifier les conclusions et les conséquences pratiques.

Deux groupes humains observent un arc-en-ciel. L'un des deux est daltonien (la rétine ne restitue presque pas les couleurs rouges). L'autre possède une rétine normale.

Si on formule la question en demandant : « Que voyez-vous ? » les deux groupes répondront : « Nous voyons un arc-en-ciel. » L'observateur scientifique en conclura que les deux groupes voient le même objet.

Mais si on demande : « Combien de couleurs voyez-vous ? », un groupe répondra sept couleurs, alors que les daltoniens soutiendront qu'il n'y en a que cinq. Le scientifique en conclura que les deux groupes ne voient pas le même objet.

Pour un même phénomène observé, par les mêmes personnes dans une même situation, un seul élément aura varié : notre manière de poser la question. Ce qui aura entraîné des réponses et des conclusions opposées.

Où se trouve la part de l'objectivité et celle de la subjectivité dans ces observations ?

Dessinez sur un grand carton l'illusion optique d'un escalier. Posez ensuite un chaton nouveau-né sur cette fausse dénivellation. Le chaton va ramper sur le carton, s'approcher du bord de la marche dessinée. Là, il va s'arrêter et miauler des cris d'appel, sans oser poursuivre sa promenade. Puis, remplacez le chaton par un souriceau nouveau-né. Lui, sans hésiter, va trotter sur le carton sans se soucier du dessin.

En milieu naturel, les chats se méfient du vide parce qu'ils perçoivent d'emblée la sensation de dénivellation. Ils n'ont pas

Là 47

besoin d'apprendre cette perception, alors qu'un souriceau devra chuter deux ou trois fois pour apprendre à traiter cette information. D'ailleurs, toute leur vie, les souris se méfient du vide et ont horreur de sauter, alors que les chats, confiants, se promènent sur les gouttières.

Avant toute expérience sensible du monde, le chaton perçoit la sensation de dénivellation. Il ne peut pas l'avoir apprise puisqu'il a été involontairement séparé de ses congénères, sans modèle possible. Le souriceau, lui, a besoin d'expériences et de modèles pour apprendre à résoudre le même problème.

Le cerveau du chat et celui de la souris ne sont pas équipés du même appareil à percevoir le monde. Chaque espèce animale possède un équipement neurophysiologique très particulier qui lui permet de sélectionner et de percevoir préférentiellement dans le monde, ce qui le stimule le mieux. Le stimulus préférentiel du chat, c'est la différence de vitesse : rien ne l'intéresse plus qu'une main qui se promène lentement sur un fauteuil ou sous une couverture et dont on accélère soudain le mouvement. Le stimulus préférentiel d'une abeille, c'est la couleur, analysée par ses facettes oculaires ; pour une chouette, c'est le son, analysé par ses canaux labyrinthiques ; pour une chauve-souris, l'ultrason, analysé par son radar.

Un sujet perçoit le monde selon la construction de son propre système nerveux. À partir du cerveau sensoriel, la perception du monde est déjà sélective : le sujet choisit les informations qui conviennent le mieux à son équipement biologique. Dès son fondement neurophysiologique, l'observation du monde est déjà un acte de création.

La grenouille confirme cette hypothèse : avant sa mue, le têtard nage comme un poisson et filtre le plancton avec sa bouche. Il ne perçoit dans son monde que les informations élémentaires, nécessaires à sa survie. Après que les glandes sexuelles sont arrivées à maturation, elles vont sécréter une hormone mâle, la testostérone, qui va provoquer la transformation du têtard en grenouille. L'équipement anatomique devenant différent, la grenouille ne pourra plus filtrer le plancton et devra modifier son comportement alimentaire. Après sa mue, la grenouille apprend à happer les mouches. Or, ce qu'elle perçoit préférentiellement dans le monde, à ce moment-là et ce qui la stimule, c'est la forme-petite-et-en-mouvement. Si on fait voleter un bout de feuille près de cette jeune grenouille, elle va se jeter sur elle, bouche ouverte en brassant ses pattes antérieures pour la happer. La même grenouille ne percevra pas une feuille trop grosse, ou restera indifférente devant le même petit bout de feuille immobile. En revanche, rien ne la stimule plus qu'une goutte d'eau miroitante, projetée près d'elle. Par simple sécrétion (ou injection) d'une hormone, le même animal en arrive à percevoir un monde dont la forme et la signification sont totalement différentes.

Chez les humains, on assiste souvent à de tels bouleversements de la perception du monde sous l'influence d'une substance chimique. L'absorption de L.S.D., par exemple, entraîne des distorsions énormes, dès le niveau sensoriel.

Mais il existe en clinique psychiatrique un trouble psychochimique discret, portant sur les échanges de sel à travers les membranes cellulaires, dont les conséquences sont énormes. La psychose maniaco-dépressive entraîne des troubles de l'humeur où le patient alterne des états de folle euphorie avec des accès de noire mélancolie. Pendant ses moments d'agitation saturnale, le malade hurle sa joie, chante, se décore, entreprend des expéditions folles. Il ne mange plus, ne boit plus, ne dort plus. Il s'épuise et épuise l'entourage par son agitation incessante, ses cris, ses jeux insupportables. Certains, amaigris, défigurés de fatigue, déshydratés, continuent de danser malgré un début de conscience comateuse. Quelque temps après, le patient s'apaise, se sent inquiet. Puis il s'assoit, se couche. Plus tard, il rabat son drap sur la tête. Et sa douleur de vivre devient si intense qu'il nous supplie de le piquer, de le tuer comme on tue les chiens.

Mme L... vient d'acheter un petit appartement près du port. Il est ravissant, dit-elle, dans un quartier merveilleusement populaire, donnant sur la halle aux poissons. Elle pourra y voir le petit peuple travailler ; elle invitera les pêcheurs dans son logement si simple, si bien placé qu'elle décorera à ravir.

Quelques jours plus tard s'annonce l'accès mélancolique. Le même appartement devient sale, sordide, la halle aux poissons est bruyante, le petit peuple vulgaire. Ce logement trop sombre, trop cher, trop loin se transforme en symbole de sa difficulté à vivre. La patiente préfère se coucher et réclamer la mort.

Actuellement cette dame est guérie par le lithium. Les témoins refusent de croire qu'elle a été malade. Elle n'aime pas évoquer son passé douloureux, où même ses bacchanales avaient goût de désespoir.

La simple variation d'une molécule de sel à travers les parois de ses cellules nerveuses avait totalement modifié sa manière de ressentir le monde.

La première observation est donc celle de l'équipement neurologique et sensoriel. C'est lui, d'abord, qui sélectionne les informations fondamentales. Mais notre appareil total, c'est notre

Là 49

personnalité avec son expérience, ses désirs et ses modèles conceptuels.

Longtemps, j'ai emprunté les mêmes rues parisiennes pour aller au lycée. Les marchands de journaux composaient mes repères territoriaux, car je lisais à leurs devantures les résultats sportifs. Jusqu'au jour où, dans un livre de décoration, j'ai vu la photo d'une maison Louis XV avec l'explication du style. Le lendemain, je découvrais, sur ce trajet que je suivais depuis des années, une maison Louis XV que je n'avais jamais su voir auparavant. Il m'avait fallu acquérir une connaissance intellectuelle pour modifier ma perception du monde.

L'expérience vécue, la connaissance intellectuelle marquent leur empreinte sur notre appareil à percevoir le monde, au point d'en bouleverser le monde perçu. Notre représentation intellectuelle du monde peut nous gouverner jusqu'à nous rendre aveugles à tout ce qui n'est pas compris dans cette représentation.

Une de mes clientes portugaises souffrait de psychose puerpérale. Pour des raisons à la fois endocriniennes, psychologiques et sociales, elle délirait et hallucinait après son accouchement comme dans le film *Rose Mary's Baby*. Le résultat thérapeutique fut excellent. Plus tard, la femme en s'étonnant, me racontait les drôles d'idées et les visions qui l'avaient torturée.

J'ai expliqué au mari qu'il était vital que sa femme ne fût plus enceinte. Il a éclaté de rire et laissé tomber du haut de son mépris dualiste : « Comment voulez-vous qu'un enfant dans le ventre donne des idées dans la tête ? »

Quelques mois plus tard, sa femme de nouveau était enceinte. Après l'accouchement, elle s'est crue responsable des drames qu'elle voyait aux actualités télévisées et elle a entendu des voix hurler dans des haut-parleurs qu'elle pourrait racheter le monde si elle sautait par la fenêtre. Elle a sauté.

Si son mari n'avait pas été aveuglé par le dualisme, s'il avait admis que des hormones ou des substances chimiques pouvaient modifier le fonctionnement psychique, sa femme aurait pu vivre avec lui et élever ses enfants.

Cette attitude mentale reste encore dominante chez certains intellectuels coupés de la réalité sensible et désireux de donner toute puissance à la pensée. Certains psychologues à formation trop littéraire disent le plus sincèrement du monde : « Comment voulez-vous qu'une substance puisse modifier une idée ? » On se croirait au Moyen Âge où l'on ne pouvait concevoir une âme malade, puisqu'elle était donnée par Dieu et déposée dans un corps. Lorsqu'une âme fonctionnait mal, elle ne pouvait pas être malade, elle ne pouvait qu'être hérétique. La solution de ce problème concernait alors les tribunaux et les bûchers, pas les soigneurs.

Le modèle choisi donne un sens à ce qu'on observe et ajoute une tonalité logique ou délirante au même fait.

Lorenz propose d'observer un chien en train d'enterrer son os dans le jardin : on aura l'impression d'une merveilleuse coordination. Chacun de ses mouvements sera subtilement finalisé, adapté à un but final, une intention. On admirera la sagesse du chien repu qui cherche à mettre son os en réserve. On s'émerveillera de la finesse de son choix, lorsqu'il trouvera un endroit de terre molle. On appréciera l'habileté de ses gestes lorsque, après avoir creusé le trou avec ses pattes postérieures, il recouvrira son os en poussant la terre avec son museau. Quelle cohérence, quelle adaptation !

Observez le même chien à la même époque de sa vie, avec la même personnalité. Non plus dans un jardin mais dans un appartement au sol de marbre. Une fois repu, il va chercher un endroit pour enfouir son os et gratter le marbre, stupidement. Avec son museau, il va pousser la terre qui n'existe pas. Puis une satisfaction débile lui fera abandonner son os.

Ce chien, pour résoudre un même problème, adopte un même comportement. Un seul élément a varié : la situation. Et cette variation a induit en nous, observateurs, une finalité qui modifie complètement le sens de ce qu'on observe, au point de donner au même fait une signification de grande intelligence ou de débilité profonde.

Rien de tel que cette expérience, que ce modèle animal, pour nous permettre de mieux comprendre l'aberrante attitude des dits normaux face à la folie.

Vers onze heures du soir, le téléphone sonne chez moi. Une voix féminine m'insulte. Je comprends mal ce qu'elle dit tant elle est fâchée, mais j'arrive à isoler quelques informations :

« C'est inadmissible d'envoyer des gens comme ça. Si vous ne faites rien, c'est moi qui le ferai. On a déjà assez de problèmes comme ça, sans avoir à régler ceux des fous, en plus. »

J'apaise la personne et finis par comprendre qu'il s'agit d'une infirmière de garde dans une clinique chirurgicale. Elle me demande de venir calmer l'agitation de ma malade. Or, je n'ai envoyé personne en chirurgie et je ne sais pas de qui elle parle. Peut-être l'interne a-t-il fait hospitaliser une urgence chirurgicale, sans avoir eu le temps de me prévenir ? J'avoue mon ignorance, subis les sarcasmes de l'infirmière et appelle l'interne de garde. Lui non plus n'est pas au courant. Le mystère s'épaissit.

Maintenant, c'est l'anesthésiste qui téléphone. Ils sont trois hommes et deux femmes qui ont réussi à encercler la malade. À travers le combiné, j'entends les cris et imagine l'agitation. Si je n'interviens pas tout de suite, ils vont appeler une ambulance pour envoyer de force la patiente à l'hôpital psychiatrique.

Je me sens coupable d'avoir mal suivi une de mes patientes au point de ne pas savoir pourquoi elle est en chirurgie. Arrivé à la clinique, les cris m'indiquent le lieu du drame. Et là, je vois une dame de cinquante ans, en chemise de nuit, échevelée, rouge d'avoir crié et pleuré. Je ne la connais pas ! Ma présence calme les esprits. Chacun à son tour vient m'expliquer. En deux phrases et trois questions, le problème est réglé.

Il s'agissait de la mère d'une infirmière résidant au centre psychothérapique. Elle logeait chez sa fille et devait le lendemain subir une intervention chirurgicale bénigne. Elle avait donc donné pour adresse celle de l'établissement psychiatrique et on l'avait prise pour une malade mentale. L'angoisse de l'intervention du lendemain l'empêchait de dormir, elle avait voulu demander un tranquillisant. L'infirmière de garde, angoissée par l'idée qu'elle se faisait de la folie, l'avait aussitôt agressée. « Vous, commencez pas à vous énerver. Allez vous coucher et restez tranquille. » La future opérée, indignée par ce comportement, s'était fâchée. L'infirmière, encore plus angoissée par le ton qui montait, avait appelé une collègue. À deux, elles avaient envisagé une intervention pour isoler la malade. Celle-ci, affolée, s'était débattue, avait crié. On avait appelé le psychiatre, l'anesthésiste, tout l'hôpital ; on avait envisagé la piqûre, le transfert, le placement d'office. Dans cette panique générale, l'infirmière folle d'angoisse, la malade folle de terreur, avaient pensé à tout, sauf à s'expliquer.

Quand ma présence et mes questions eurent permis à la patiente de parler, un silence, lourd de malaise, s'est installé.

L'absence d'intention organisatrice peut mener à une pensée éclatée, morcelée comme celle des psychotiques.

Les schizophrènes sont souvent de grands philosophes. Fréquemment, ils finissent une phrase en démontrant le contraire de ce qu'ils avaient entrepris au début de la même phrase. Pour lutter contre l'incohérence angoissante de ces contradictions, ils ont tendance à se référer à un modèle exclusif de raisonnement qui devient une véritable tyrannie intellectuelle et les mène à la stéréotypie mentale.

J'ai connu plusieurs schizophrènes, philosophes de grand talent qui, en quelques années, avaient remplacé toute expérience sensible du monde (trop sensible même) par la récitation froide et sans émotion de quelques phrases stéréotypées. Il n'est pas nécessaire d'être schizophrène pour reconnaître cet envahissement de la conscience par un modèle de raisonnement venu de notre inconscient pour empêcher la perception du monde.

Une psychanalyste s'est présentée un jour dans mon service pour valider son stage de maîtrise. Nous étions assis en rond dans l'infirmerie, patients et soignants mêlés. Elle a serré la main des soignants et ignoré les soignés. Je me suis demandé comment elle pourrait ensuite prendre en psychothérapie des gens qu'elle venait ainsi d'humilier par le langage de ses gestes. Pendant plusieurs jours, elle nous a observés d'un air sombre, sans dire un mot. Soudain, lors d'une réunion, elle a explosé et s'est mise à parler ; à parler de Basaglia, qui était un psychiatre italien très intellectuel et très à gauche ; à parler du pouvoir subversif de la schizophrénie qui mène à la révolution sociale ; à parler des malades mentaux qui, en Italie, sont dans la rue et qui sortent là-bas. Son débit était puissant, cadencé : on ne pouvait pas lui prendre la parole tant elle récitait son Basaglia avec autorité. L'ennui c'est qu'aucune infirmière n'a pu lui expliquer qu'il n'était pas nécessaire d'aller en Italie pour voir ce genre d'événement bien banal. Elle a terminé son stage sans jamais avoir su qu'elle avait sous les yeux des schizophrènes qui allaient dans la rue et faisaient du tourisme, le plus gentiment du monde.

L'absence de modèle peut aussi bien mener à l'incohérence intellectuelle qu'à la tyrannie d'un modèle venu de nos désirs. Cette jeune femme ne pouvait plus voir la réalité quotidienne tant elle désirait voir triompher les idées de son idole. Voilà comment le cœur et la raison se font complices de l'inconscient pour chasser la réalité.

Une autre attitude mentale aussi dangereuse en psychiatrie est celle qui consiste à donner tout le pouvoir explicatif à un seul modèle triomphant.

Après la Révolution française, Pinel avait médicalisé la folie. L'avantage de cette attitude, c'est qu'elle faisait passer dans la culture l'image du fou malade, destinée à remplacer celle du fou hérétique. Il fallait désormais soigner les fous et non plus les punir.

Malheureusement, Bayle, en 1823, a confirmé ce modèle médical en faisant une grande découverte : pour la première fois, dans l'histoire de la médecine, il a établi une relation entre un délire assez bien typé et une sorte de crème baveuse qui se répandait sur les méninges. Le délire s'exprimait de manière aisément caractérisable : le sujet euphorique prétendait posséder d'énormes richesses ; il bredouillait tout souriant et tout tremblant, et, lentement, évoluait vers la démence.

Cent ans plus tard, le microscope permettait de découvrir dans cette crème baveuse autour du cerveau le Treponème pâle, bacille de la syphillis.

Ce modèle médical est opérationnel et connaît actuellement un renouveau de faveur depuis le développement des accidents de la route. Lorsque le crâne est trop violemment frappé, une contusion comme un gros « bleu » peut se constituer dans la masse cérébrale, ou saigner dans les méninges. La cicatrice fibreuse provoque très souvent, par la suite, des troubles de l'humeur et des comportements pénibles pour le sujet et pour son entourage.

Le développement de la médecine scientifique a souvent confirmé ce modèle en découvrant des tumeurs, des méningites, des encéphalites, des malformations osseuses ou cérébrales, des défauts de constitution chromosomiques ou enzymatiques, des manifestations psychiatriques de maladies sanguines, endocriniennes ou cellulaires. Depuis quelques années, et pour la première fois dans l'histoire de la psychiatrie, la psychose maniaco-dépressive a permis d'établir une relation entre cette maladie de l'humeur et un trouble psychochimique mal codé dans un chromosome X.

Ce modèle médical concerne actuellement deux millions de Français. Il est donc important de ne pas l'ignorer. Le problème vient plutôt de l'attitude impérialiste de ceux qui possèdent une part de la vérité. Certains médecins, fiers du triomphe de ce modèle, ont réduit toutes les manifestations psychiques à cette optique.

En bâillonnant l'expression des carences affectives, des défauts éducatifs, des troubles relationnels, des insuffisances sociales, en médicalisant à outrance ces défaillances humaines.

Choisir, toujours choisir entre divers modèles n'est-ce pas courir à la réduction de l'esprit humain ? Voilà en quoi l'éthologie sera une discipline carrefour. Certaines expériences prouvent le fondement biochimique de quelques-uns de nos comportements, mais d'autres analyses nous montrent l'origine environnementale de certains troubles métaboliques. Nos comportements se fondent aussi bien sur leur pôle biologique que sur leur pôle socioculturel. Une pulsion hormonale provoque en nous un bouleversement, aussi sûrement qu'un symbole peut nous émouvoir.

Nous n'avons pas à choisir. Je ne peux pas concevoir qu'un

poète parvienne à écrire sans matière cérébrale. Je n'admettrai pas mieux que son fonctionnement neurochimique explique toute sa poésie.

Or c'est en ces termes que la culture nous fournit les mots pour poser les problèmes de l'esprit. Elle nous propose les mots « organogenèse » (d'origine organique) ou « psychogenèse » (d'origine psychologique) comme si l'âme et le corps pouvaient encore se séparer. Elle nous demande de choisir entre l'homme et l'animal, comme s'il n'y avait pas une part d'animalité en nous, et comme si les animaux n'étaient encore que des machines. Elle nous fait croire qu'il faut opposer nature et culture, comme si les animaux ignoraient les rites de coexistence et comme si les hommes n'étaient pas par nature des êtres de culture. Elle nous suggère d'opposer l'individu à son groupe, comme si un homme seul pouvait encore demeurer un homme et comme si un groupe pouvait ignorer les influences des individus qui le composent.

Cette attitude intellectuelle, héritée du XIXe siècle, est une pensée disjonctive, c'est-à-dire séparatrice, isolatrice. Elle consiste à individualiser les courants différents d'un même ensemble pour mieux les étudier. Cette attitude disjonctive, cartésienne a été bénéfique puisqu'elle a permis les spécialisations et leur rentabilité culturelle. Mais l'évolution scientifique, en permettant le perfectionnement de cette attitude, mène actuellement à des perversions intellectuelles : au XXe siècle, elle est devenue pensée exclusive. Il ne s'agit plus de séparer les faisceaux différents d'un même courant, mais d'établir entre eux des rapports de domination où chaque spécialiste cherche à prendre le pouvoir et exclure les autres courants de pensée.

Ainsi, dans les dites sciences humaines, on a vu successivement triompher le modèle organiciste, la grille médicale, la poésie psychanalytique, le feu de paille sociologique. Chacun de ces mouvements, ayant découvert sa part de vérité, a cherché à s'emparer du pouvoir et à refouler l'adversaire. Le comportement intellectuel a introduit dans la psychologie une ambiance hystéro-paranoïaque où toute différence est vécue comme une persécution.

En médecine, à la même époque, les différences étaient vécues comme des enrichissements mutuels : on a vu des biochimistes faire progresser des cliniciens, des physiciens donner des outils aux chirurgiens et des mathématiciens participer à la physiologie.

Pour les maladies organiques, on admet couramment l'étiologie multifactorielle : plusieurs causes peuvent se conjuguer jusqu'à déclencher une maladie. On admet sans peine que pour provoquer un infarctus, il faut multiplier l'hérédité par le terrain hormonal ; ne négliger ni le mode de vie ni l'état des artères. Et c'est le carrefour de ces différentes causes qui déclenchera l'infarctus.

Rien n'est plus enrichissant dans les rencontres d'éthologues que ces communications où un biochimiste explique comment les catécholamines, ces substances qui circulent entre les neurones, des enfants varient en même temps que celles de la mère. Puis un linguiste prend la parole pour disséquer l'anatomie d'un discours, juste avant qu'un éthologue vienne décrire les comportements de table dans les hôpitaux psychiatriques. De cet ensemble, de cette pluralité où le biologique se conjugue avec le culturel s'élabore l'étude du fonctionnement de l'esprit humain.

Il y a mille manières d'être humain, mais j'ignore s'il y a plus de dix manières d'être goéland argenté ou cent manières d'être macaque rhésus. Un goéland selon qu'il est mâle ou femelle connaîtra une biographie par moments différente : ses comportements, ses approbations spatiales seront variables selon son sexe. Un macaque, s'il est fils de femelle dominante, aura de fortes chances de dominer à son tour. S'il est traumatisé, il risquera de devenir dominé. Ses possibilités biographiques sont déjà plus variées que celles des goélands.

En revanche, les possibilités de l'humain sont si variées, l'abondance clinique si grande qu'on peut toujours trouver, dans la réalité quotidienne, les cas qui pourront justifier n'importe quelle théorie.

Une des méthodes éthologiques les plus riches en enseignements, consiste à comparer le même comportement, phylogénétiquement.

Partant du bas de l'échelle animale, elle va suivre l'évolution vers l'humain. Cette attitude comparative permet souvent de retrouver une constante, un comportement identique, de même nature et de même fonction se répétant à travers toutes les espèces animales, y compris l'humain. Les comportements sexuels, alimentaires, éducatifs, agressifs sont des expériences inévitables que, fatalement, tout être vivant doit connaître. Ils se prêtent parfaitement à l'observation et à l'expérimentation éthologique. Cette attitude scientifique permet-elle de passer de la folie animale à la folie humaine ?

Les animaux peuvent halluciner, puisqu'ils rêvent. L'électroencéphalogramme, très bas dans l'échelle animale, enregistre les ondes électriques caractéristiques du rêve. Lorsque le cerveau n'est pas alerté par une émotion, une information ou un désir d'action, les ondes sont lentes et amples. Au moment où il se met à rêver, ses muscles se relâchent, ses globes oculaires s'agitent derrière les paupières fermées et les ondes deviennent paradoxalement rapides, irrégulières, en pleine alerte, alors que le sujet dort profondément.

Lorsqu'on réveille l'homme à ce moment-là, il exprime ses rêves. Si on l'empêche de rêver, il peut manifester, après quelques nuits, de graves troubles psychiques. Les déprimés, en revanche, semblent guérir lorsqu'on les empêche de rêver ! Comme si la fonction, à la fois électrique et imaginaire du rêve, permettait au sujet d'échapper aux pressions du milieu et de réviser la mémoire de son espèce.

Lorsque les circonstances empêchent un humain d'évacuer ses fantasmes par le langage ou par le rêve, il ne lui reste que le délire et l'hallucination pour les exprimer.

Le Pr Dement a enregistré un sujet qui, après avoir été empêché de rêver pendant plusieurs nuits, dormait tout son soûl. Cet homme rattrapait les rêves perdus ! La longueur de ses phases paradoxales était augmentée et, après avoir abondamment rêvé, le sujet a pu retrouver son équilibre perturbé par le manque de rêve.

Chez les animaux, les expériences de privation de rêves ou de privations sensorielles sont fréquentes. Les troubles psychiques ainsi provoqués sont très aliénants.

Une souris est posée sur une toute petite plate-forme dans un bac à eau, une sorte de petite piscine. Quand elle dort sans rêver, ses muscles contractés lui permettent de tenir en équilibre. Mais lorsque l'encéphalogramme montre les ondes de rêve, ses muscles se relâchent et la souris tombe à l'eau. Elle se réveille, grimpe sur sa plate-forme, sèche et se rendort. Mais elle ne peut jamais rêver. En quelques jours, les troubles du comportement sont intenses. Elle cesse de se toiletter, se hérisse, mange mal, agresse ses congénères ou s'enfuit lorsqu'on la remet dans son groupe. Toute information la panique. Elle ne peut plus résoudre le moindre problème.

L'image possède une fonction de protection psychique. L'image du rêve protège autant contre l'agression extérieure que contre les fantasmes venus de l'intérieur. Les animaux sauvages qui rêvent beaucoup moins que les animaux domestiques sont plus maigres, plus nerveux, et vivent moins longtemps.

Une fois mise en boîte, dans notre cerveau, l'information doit se métaboliser et se transformer en image de rêve. Parfois un bruit, comme celui d'une porte claquée, d'un objet qui tombe, d'une voiture qui pétarade, agresse notre cerveau pendant notre sommeil. Cette information devrait nous réveiller, mais le rêve protège notre sommeil en intégrant ce bruit dans une scène cohérente : nous sommes à la chasse, nous venons de voir un beau lièvre et nous avons aussitôt tiré dessus à coup de fusil. Ce bruit réel prend un sens imaginaire cohérent. Tout est dans l'ordre, puisque nous ressentons le plaisir de la chasse. Tout va bien et rien ne doit changer dans notre statut psychophysiologique. Les images du rêve ont protégé notre sommeil. Les images hallucinées nous protègent parfois de manière sensiblement identique, contre une trop grande agression psychique.

Les expériences d'isolement sensoriel total créent un certain type d'agression. Le sujet volontaire s'isole dans une cuve à silence où les seuls bruits entendus sont les battements de son cœur et les craquements des vertèbres de son cou. Après un délai qui varie en fonction de sa résistance, le sujet hallucine et, dès qu'apparaissent les images, il se sent mieux, apaisé, moins seul. L'hallucination comble la carence sensorielle.

Un spéléologue raconte comment, lors d'une expérience de survie, après plusieurs jours de confusion anxieuse, il a retrouvé sa joie de vivre dès qu'il a vu sa mère, faisant son marché, par sept cents mètres sous terre. Il a été fou de bonheur lorsqu'il l'a vue, son sac plein de beaux fruits et de légumes. En surface, les témoins, reliés par téléphone, l'entendaient chanter sa joie et appeler sa mère. Quand il a entrepris de courir après elle pour l'embrasser au risque de tomber dans un gouffre, ils lui ont aussitôt envoyé des informations sensorielles qui, en quelques phrases, ont ramené le spéléologue à sa dure réalité.

Grâce à une bonne relation avec les psychotiques qui acceptent de nous laisser entrer dans leur monde, nous arrivons à supprimer les hallucinations au simple contact psychothérapique. Mais que faire devant le patient, apaisé et accablé qui supplie : « De quel droit me soignez-vous ? De quel droit m'empêchez-vous de délirer ? Envoyez- moi à l'hôpital psychiatrique. Je vous en supplie, fichez-moi la paix ! » Toutefois, le plus souvent, on entend le contraire : « J'ai eu un moment difficile : mon délire devenait épouvantable, le retour à la réalité a été douloureux, mais maintenant, je me sens libéré. Heureusement que vous ne m'avez pas écouté quand je vous demandais de me laisser dans ma folie. »

Les psychotiques me font souvent penser aux grands blessés de la route. Une fois ramassés, lavés, pansés, ils se sentent bien... à condition que rien ne bouge. Lorsqu'il leur propose des soins ou une intervention chirurgicale, le soignant réveille en eux les douleurs et les angoisses. Le blessé supplie qu'on ne le touche pas. Il vaut mieux parfois le laisser mourir sans le torturer, mais souvent, il guérit, malgré lui, et nous remercie de ne pas l'avoir écouté.

Les situations de privations sensorielles sont fréquentes dans certains zoos. L'animal doit pouvoir observer les visiteurs humains. Lorsqu'il en est empêché par une cloison ou une grille trop épaisse, il se retrouve dans la situation du Gaspar Hauser et, rapidement, exprime des comportements stéréotypés : il se balance d'un pied sur l'autre, frotte mécaniquement son museau contre la grille jusqu'à se blesser. À un stade ultérieur de l'isolement, il se recroqueville, s'enroule sur lui-même comme un fœtus, se désintéresse du monde. Soudain, il gémit, sursaute, se dresse, manifeste des signes d'alerte sensorielle que l'on peut interpréter comme des hallucinations, puis, désorienté, surpris par la réalité, il grogne et retourne à son désintérêt.

Certains animaux au cerveau blessé par un traumatisme ou abîmé par une épidémie, manifestent parfois des crises violentes de rage et de sexualité associées. Ils se jettent sur tout être qui passe à leur portée, pour l'agresser ou le violer, parfois même sans tenir compte du sexe.

Ce genre de trouble psychologique chez l'animal peut se transposer à l'humain. Ils sont certainement de même nature.

Un jeune homme de dix-sept ans, depuis quelques mois, souffrait de pulsions sexuelles violentes. Ses désirs soudain se mêlaient d'agressivité et d'une sorte de diminution de sa conscience. Il se jettait sur toute femme qui passait à ce moment-là, quelles que soient les circonstances.

Un jour, en pleine visite cérémoniale du patron, il se précipite sur la digne surveillante des infirmières. Visiblement, il veut la violer. Mais, comme au cours des agressions précédentes, à peine a-t-il saisi la femme qu'il s'apaise et s'endort. Au réveil, ce jeune homme très doux cache sa honte quand ses voisins lui racontent son comportement.

Il s'agit d'un syndrome rare de mauvais fonctionnement des centres qui connectent le rhinencéphale au lobe temporal. Ces centres commandent la sexualité, le sommeil et la perception du déroulement du temps. Le lobe temporal trop stimulé ajoute une note agressive. On se heurte ici à l'insuffisance des mots en psychologie. Le concept d'« agression » désigne aussi bien l'animal qui se mutile parce qu'il a été élevé en isolement total que celui dont le cerveau souffre d'infection ou celui qui, hardiment, pénètre dans le territoire d'un autre. Le mot agressivité désigne indifféremment l'humain qui exprime son amour déçu ou celui qui souffre d'une tumeur temporale, d'un trouble métabolique ou d'un bourrage de crâne idéologique.

Entre l'homme et l'animal, certains faits sont comparables. Mais les mots pour les désigner sont si mal codifiés qu'ils provoquent souvent des contresens.

Ces modèles animaux sont de valeur inégale. L'aspect médical de la psychologie mérite aisément la transposition. Certes, l'épilepsie temporale du chien, la tremblante du mouton, la méningite virale du singe, l'intoxication alcoolique de la souris sont des faits identiques chez l'animal comme chez l'homme. Ils provoquent des troubles psychiques comparables et de même nature. Mais toute la souffrance psychique ne peut se résumer à l'organique. Et certains troubles biologiques sont la conséquence d'une mauvaise relation psychologique.

Regardez, à la campagne, la manière dont le veau va téter la vache qui l'a mis au monde. Il passe d'abord sous le poitrail de sa mère en se frottant contre son fanon. La vache en profite pour largement lécher son petit. Ainsi rassuré par cet échange affectif, le veau s'applique tête-bêche contre le flanc de sa mère et tète abondamment. Le veau confié à une mère adoptive ose à peine se nourrir. Il ne passe pas sous le poitrail de la vache, ne se frotte pas contre elle et se place à la perpendiculaire pour la téter du bout des lèvres. À l'âge adulte, le veau adopté devient craintif, émotif. Dans les relations compétitives, il se laisse facilement dominer. Sur le plan musculaire et viscéral, il est moins bien développé que le veau élevé par sa mère biologique.

Si l'on veut transposer cette observation chez l'humain on remarque que les enfants élevés en carence affective, quel qu'en soit le motif, dorment mal. Ils s'agitent la nuit, crient et parlent pendant leur sommeil. Les enregistrements nocturnes électroencéphalographiques révèlent une étonnante altération des phases du sommeil. L'enfant s'agite, sursaute et se réveille souvent au moment de ses cauchemars. Le processus naturel, déréglé, limite son temps de rêve et le temps des ondes lentes, qui permettent la récupération physique.

Or la fabrication de cette électricité cérébrale particulière lors des ondes lentes de basses fréquences, de haute amplitude, constituent le stimulus idéal pour certains noyaux de la base du cerveau, qui, dans le diencéphale, sécrètent les neurohormones. Ces substances minuscules, composées de quelques acides aminés, attachés entre eux comme une sorte de « molécule de viande », quittent la base du cerveau, suintent vers l'hypophyse et, là, récupérées par la circulation sanguine, irriguent et influencent l'organisme tout entier.

La neurohormone la plus stimulée par l'électricité cérébrale du sommeil, c'est la STH : somatotrophinehormone qui commande au développement des masses musculaires, osseuses et viscérales. L'enfant élevé en carence affective, qui rêve peu et dort mal pour des motifs purement relationnels, stimulera mal la sécrétion de cette neurohormone somatotrope. Sa morphologie sera particulière : hypotrophique, petite tête et longs membres grêles. L'inévitable moment biologique d'un processus psychologique ne servirait que de chaînon entre l'empreinte affective et sa représentation symbolique. Le manque affectif, provoque parfois un mauvais fonctionnement des glandes surrénales, lui-même responsable d'une grande émotivité et d'une diminution de la résistance aux infections. Or, les enfants abandonnés sont particulièrement sujets aux diarrhées émotives, aux angines et bronchites à répétition.

Spitz, psychanaliste américain, a observé en 1965, quatre-vingt-onze enfants abandonnés en orphelinat, entre le sixième et le douzième mois de leur vie. Dix-huit mois plus tard, un enfant sur trois était mort, emporté par un refus d'aliment, une infection grave, un accident stupide. Les survivants avaient un coefficient de maturation retardé de 45 p.100. A l'adolescence, la plupart de ces enfants étaient devenus psychopathes.

Ne poussons pas trop loin ce type d'observation. Les enfants abandonnés mais recueillis avant le sixième mois, n'ont pas plus de troubles organiques et psychiques que les enfants de la population témoin. Les enfants abandonnés vers la deuxième année peuvent déjà posséder un début de personnalité structurée, capable de se défendre. Les crèches et orphelinats ne manquent pas d'employées qui peuvent offrir à l'enfant un substitut maternel valable.

L'expérience d'un modèle animal aidera à résoudre ce problème de clinique humaine. Des animaux transférés à une mère adoptive dès leur naissance se développent normalement. Des petits primates carencés par un isolement social momentané vont souffrir de troubles du comportement : pour un isolement de quelques semaines, ils vont se sucer le pouce, s'auto-étreindre, s'enlacer la tête et se masturber.

Si on replace ces singes au contact de leur propre mère, ils vont manifester un comportement insupportable de compensation affective. Ils ne vont plus cesser de l'épouiller, de la caresser, de la toucher, au point que l'on peut voir de grands mâles adolescents agrippés sous leur petite mère, la faisant crouler sous leur poids. Parfois, ces singes abandonnés-retrouvés mêlent les embrassades et les morsures agressives.

Chez les enfants abandonnés, les défenses compensatrices provoquent une boulimie affective souvent insupportable. L'infirmière, choisie par l'enfant pour servir de substitut maternel, ne peut plus parler à un autre enfant sans provoquer un accès de jalousie. Cet engloutissement affectif se termine souvent par un drame. L'enfant aggrave son abandon, et, s'il n'en meurt pas, il aboutit souvent dans un hôpital, une prison ou une institution anonyme où, enfin, il pourra ne plus souffrir de son énorme et insupportable besoin d'amour.

Lorsque l'isolement du petit primate dure plusieurs mois, il va se balancer d'un pied sur l'autre, tournoyer sur lui-même, inlassablement, s'auto-agresser, se mutiler. Pour un isolement de plusieurs mois, le singe se raidit, se recroqueville, prend la position d'un fœtus et ne bouge plus : la mort psychique a précédé la mort organique.

Dans les hôpitaux psychiatriques, avant l'ère des médicaments psychiques, il était fréquent de voir des psychotiques exprimer les mêmes comportements jusqu'à ce que mort s'ensuive.

Il arrive heureusement que des singes isolés, souffrant de troubles affectifs, soient parfaitement bien soignés par des femelles psychothérapiques. De même, les petits humains peuvent recevoir leur ration affective jusqu'à disparition des troubles. Ces troubles humains ou animaux semblent de même nature. Cependant, le fait d'être humain donne à ces troubles une dimension particulière, accessible seulement à une conscience d'homme.

Le petit primate abandonné ne connaît que deux issues. En milieu naturel, il meurt, éliminé par les lois de la sélection naturelle. Mais lorsque ces troubles ne sont pas trop intenses, il peut guérir. Une fois guéri, il oublie que dans son enfance il a souffert de carence affective : ses comportements désormais ne seront pas obligatoirement différents de ceux des autres primates normaux du groupe.

Le petit humain, lui, peut connaître le même sort que l'animal : mourir ou guérir. Mais lorsqu'il s'en sort, il garde en lui le souvenir de ce manque et cette carence s'infiltre encore dans ses comportements d'adulte pour participer à sa personnalité.

Mlle M... se demandait pourquoi elle était si odieuse avec les gens qui cherchaient à l'aimer. M. B... souffrait de sa totale soumission aux désirs de sa femme. Tous deux avaient réactivé l'ambivalence affective des enfants abandonnés qui les rend si dépendants de ceux qu'ils aiment, et si agressifs en même temps. Mais ce manque qui avait laissé sa trace dans la construction de leur inconscient, cette souffrance qui provoquait encore leurs surprenants comportements d'adultes, trouvaient leur source, en permettant aux souvenirs de participer à la construction de la personnalité, réalise un des piliers de la dimension humaine qu'ignorent les animaux et dont ils n'ont pas à souffrir.

Devons-nous en déduire que la folie est le propre de l'homme, que l'animal ne peut la connaître ?

On a vu des singes dévorer leurs propres pattes parce qu'ils souffraient d'une encéphalite temporale, confirmant ainsi le modèle médical de la folie. On a vu des chiens devenir confus après une trop grande émotion : ils se cognaient sur les obstacles, titubaient, grognaient et se hérissaient devant d'invisibles agresseurs, confirmant ainsi le modèle relationnel de la folie. On a vu des tigres devenir obèses, stéréotypés, indifférents parce qu'on les avait enfermés dans des cages trop petites, confirmant ainsi le modèle environnemental de la folie.

Déduire, expliquer, conclure trop vite, voilà une attitude dont se méfie l'éthologue. L'éthologue doit posséder une qualité fondamentale : la paresse.

Il va vivre un événement, une situation, s'en laisser lentement imprégner, par tous les pores de la communication, jusqu'à ce qu'une forme apparaisse. Le deuxième temps de l'éthologie est expérimental et fait intervenir le film, la photo, le ralenti, le millimétrage, l'ordinateur, la biochimie, le différenciateur sémantique, l'électroencéphalogramme et bien d'autres appareils sophistiqués.

Certaines publications sur les migrations des oiseaux exigent des connaissances si variées qu'on passe sans cesse de la neurophysiologie à l'endocrinologie, à la psychosociologie, aux mathématiques, à la cosmologie, à la géographie. Il faut une équipe pluridisciplinaire pour faire l'observation ; il en faut une autre pour la lire.

Jane Goodall, quant à elle, a réussi à se faire admettre dans une tribu de chimpanzés de Tanzanie. A force de la côtoyer, les simiens avaient fini par lui accorder une sorte de statut de chimpanzé « honoris causa ». Ils acceptaient qu'elle participât aux séances d'épouillage. Elle grattait donc les animaux, ce qui, pour un singe, est un indice de la bonne qualité de ses relations. La présence de l'observatrice modifiait assez peu la vie spontanée du groupe. Elle a pu noter, filmer, enregistrer et, surtout, participer à des événements psychologiques qu'aucune observation de surface n'aurait pu individualiser.

L'une de ses observations pose un problème de fond : la folie est-elle un phénomène naturel ?

Là 63

Parmi les femelles du groupe, quelques-unes connaissaient des biographies tranquilles et épanouies. L'une d'elles, particulièrement, se faisait respecter comme savent le faire certaines femelles dans le monde des simiens. Pourquoi ces femelles s'épanouissent-elles mieux que d'autres dans le groupe ? Elles ne participent pas à la compétition pour la dominance, dédaignent les rapports de domination qui règlent la vie des mâles, et suivent une sorte de biographie hors concours. D'autres femelles, en revanche, sont particulièrement dominées, bousculées, chassées. Les femelles épanouies élèvent bien leurs petits qui deviendront tous des dominants. Les femelles dominées ne savent pas élever leurs enfants dont la biographie sera altérée.

L'une de ces mauvaises mères porte mal son enfant. Longtemps, elle le traîne par une jambe, tête en bas. Un peu plus tard, l'enfant peut s'agripper sous la poitrine de sa mère. Mais très rapidement, celle-ci le jette sur ses épaules parce que c'est plus facile pour elle, elle peut marcher plus librement. Mais l'enfant trop jeune, pas assez musclé pour tenir cette position, tombe souvent et la mère répond mal à ses cris de détresse, l'abandonnant au gré de ses pulsions. Après quelques mois d'existence, les comportements de l'enfant révèlent déjà de nombreuses anomalies : il joue peu, se tient à l'écart du groupe et des autres petits. Il ne quitte pas sa mère des yeux, tout occupée qu'était sa conscience à craindre un nouvel abandon. Il manifeste de nombreux comportements régressifs, centrés sur lui-même, au lieu d'apprendre à conquérir son monde.

Vers la première année, le retard de l'enfant est devenu important, dans l'apprentissage instrumental du monde et des rituels de communication avec les autres. Le petit singe carencé n'a jamais connu assez de tranquillité d'esprit pour oser observer calmement les adultes et imiter leurs techniques : il n'a jamais pu apprendre la pêche aux termites. Il ne sait pas effeuiller les brindilles pour les enfiler dans la termitière. Quand il vole une brindille préparée par un adulte, il l'introduit trop brutalement, la casse ou la sort trop vite, avant que les insectes n'aient eu le temps de s'y accrocher. Au lieu de transformer son échec en expérience, cette aventure provoque sa prostration ou des accès d'agitation coléreuse. Sa précipitation anxieuse l'empêche aussi d'apprendre les rituels de communication des simiens. Quand un mâle en colère menace de charger en secouant les branches ou en tambourinant le sol, le petit singe carencé, au lieu de s'enfuir, se jette sur lui, et se fait rudement bousculer. Désorienté, il mord indifféremment un bébé qui veut jouer ou un dominant en colère.

Il a disparu un jour, après une courte vie d'échecs et de désespoirs, de punitions et d'accidents, probablement victime de la sélection naturelle.

Doit-on en conclure que la folie est un phénomène naturel ? Il serait plus juste de dire que la souffrance psychopathologique existe dans la nature. Mais les conditions de vie sont si sélectives que tout animal dont les comportements ne sont pas parfaitement épanouis s'élimine rapidement.

Le chien qui souffre d'un accès de confusion émotive est rapidement victime d'un accident. Le petit zèbre, mal léché par sa mère, considéré comme un étranger, ne sait pas s'intégrer au troupeau. Il le suit à distance et finit toujours par être mangé par un prédateur.

Selon le philosophe Michel Foucault, la folie est un fait culturel. Ce n'est ni un état mental, ni un objet d'étude pour la science. Que faire alors de tous ces animaux qui, pour des raisons relationnelles ou écologiques, se mutilent, hallucinent, perdent le goût de vivre, s'immobilisent dans une catatonie mortelle ?

Le fait de culture, c'est le statut que les hommes donnent à la folie. Les animaux ont la mort pour seule issue à la maladie mentale.

Poser les problèmes fondamentaux avant toute expérience sensible, voilà une habitude culturelle qui a toujours empêché le développement des sciences. Les chercheurs se sont acharnés sur une démarche d'alchimiste, cherchant la panacée ou la pierre philosophale. Cet échec de la pratique permet le triomphe des idéologies obscures. Un débutant dans les sciences humaines pose toujours des problèmes de fond, auxquels ne savent pas répondre les praticiens. L'attitude philosophique est utilisée par les ignorants pour combler leur manque d'expérience. Mais elle sert aussi aux scientifiques, pour donner une cohérence aux théories où ils vont puiser leurs hypothèses de recherche. Quelle ambivalence !

Est-ce bien utile de poser les problèmes fondamentaux ? Personne ne sait y répondre. Les physiciens ne savent pas ce qu'est la matière. Les biologistes ne savent pas ce qu'est la vie. Les mathématiciens ne savent pas définir le chiffre 1. Pourquoi veut-on que les psychiatres sachent ce qu'est la folie ?

Il n'est pas nécessaire de comprendre pour être opérationnel : je suis vivant, je le sais. Je suis parfaitement incapable de dire comment je fais pour vivre, et pourtant, je ne cesse de vivre. Et l'on peut devenir profond en restant superficiel.

Une infirmière devait passer un diplôme de psychomotricité. J'avais demandé à tous les membres de participer à son travail en leur faisant observer les cheveux des schizophrènes. En quelques jours, les informations affluaient et les infirmières inventaient le « signe du cheveu » : en phase de repli sur soi, les cheveux de la patiente deviennent immobiles et gras, son corps ne communique plus, car son esprit ne parle plus. La démarche est raide, figée. La tête, fixe au-dessus des épaules n'exprime aucun mouvement vers les autres. Les cheveux deviennent gras. La patiente n'a plus la force de les laver parce qu'elle n'a plus le désir de plaire aux autres.

Dès que son état s'améliore, les cheveux redeviennent souples et vivants. Le corps reprend son balancement. La tête s'oriente vers les intérêts du monde extérieur, et les cheveux bougent, ondulent, se désordonnent gaiement. Ils ne sont plus gras car la patiente, en retrouvant son désir de vivre et de plaire, recommence à les laver.

Les infirmières avaient redécouvert, le plus simplement du monde, le principe de la libido narcissique des psychotiques exprimé par Freud : « Ce narcissisme apparaît comme une stase de la libido qu'aucun investissement d'objet ne permet de dépasser. »

En employant ce langage, à qui pouvait-on parler ?

L'observation éthologique constitue une méthode susceptible de parler au plus grand nombre. Et je ne pense pas que le « signe du cheveu » décrit par les infirmières ait véhiculé moins d'informations que le concept de libido narcissique des psychanalystes.

Notre perception du monde se constitue d'abord par un acte de sélection neurosensorielle, indispensable mais très limité. A peine perçue, l'information sera interprétée en fonction de nos désirs, de nos connaissances et de nos attitudes mentales. De plus, notre outil d'observation subit les pressions de notre personnalité, de notre culture, de notre langage. L'observation la plus banale devient un prodigieux travail de création neuro-imaginaire, un dialogue très subjectif.

Jamais ce restaurateur de Moustiers n'aurait dû se retrouver à l'hôpital psychiatrique. Agé de quarante ans, bredouillant, confus, il est perdu dans sa brume psychique. Il ne sait plus utiliser les objets élémentaires, ni ouvrir les portes avant de sortir. A l'heure du repas, devant les touristes affolés, il déambule dans la salle de restaurant, hébété, souriant, à moitié nu. Malheureusement, c'est la moitié inférieure de son corps qu'il a dénudée.

Scandale, indignation, moralisation : le restaurateur, cravaté, souriant, mais sexe à l'air, refuse de s'expliquer et de se rhabiller. On appelle les gendarmes, on décrit l'exhibition en termes très convenables et l'homme se retrouve à l'hôpital psychiatrique.

L'examen clinique est pauvre. L'homme ne peut participer, ni répondre aux questions. Je remarque simplement deux traces bleuâtres, bimastoïdiennes, sous chaque oreille. La radio montre une énorme fracture transversale du crâne, et l'électroencéphalogramme révèle une forte commotion cérébrale. Le service de neurochirurgie n'a aucune raison de le prendre puisqu'il n'y a pas d'indication à opérer. Le service de médecine de l'hôpital général refuse de s'en occuper à cause de son agitation incohérente : il restera donc à l'hôpital psychiatrique.

Quelques semaines plus tard, le restaurateur est guéri. Il s'étonne de se retrouver à l'hôpital psychiatrique. Après enquête et par recoupement, il recompose son aventure. Debout, sur une chaise, il s'était penché au-dessus des fours pour effectuer une petite réparation. Une goutte d'huile bouillante, en lui giclant au visage, l'avait fait sursauter. Déséquilibré, il s'était cogné la tête en tombant sur le coin de la cuisinière. Il avait perdu connaissance et, à son réveil, encore commotionné par ce grave traumatisme crânien, il s'était égaré dans la salle à manger de son restaurant.

Le reste de l'aventure appartenait à la personnalité des observateurs. L'homme avait montré son sexe pendant que les clients déjeunaient. Le sens de ce fait réel avait été créé par le psychisme moralisateur des témoins. Pour les clients, ce dimanche-là, il s'agissait de toute évidence d'un acte d'exhibitionnisme. Montrer son sexe, dans notre culture, est un acte répréhensible. Surtout si on le montre à des gens attablés.

Notre intention idéologique sert de préalable interprétatif à toute perception du monde. Le sens du fait, ajouté par les témoins à l'événement (montrer son sexe), était sans rapport avec la nature du fait. L'hôpital psychiatrique devenait un outil, utilisé par les consommateurs à des fins moralisantes.

Elle a seize ans, de très longs cheveux blonds sur un corps frêle, murée dans son autisme depuis sa naissance.

A peine arrivée à l'institution, une angoisse panique la jette sur le goudron de la route, à quatre pattes. Il faut absolument qu'elle touche à nouveau l'endroit où elle a posé ses pieds avant d'arriver.

Sur cette route les camionneurs perçoivent une prime pour

transporter les blocs de pierre de la carrière du village. La petite route de montagne tourne beaucoup et la charge des engins est si lourde qu'en cas d'obstacle, les camionneurs ne pourraient l'éviter. Une voisine nous a téléphoné pour nous signaler l'enfant à quatre pattes sur la route. Je prends ma voiture pour la rejoindre au plus vite.

Elle me reconnaît et très doucement m'explique qu'elle doit impérativement toucher l'endroit de ses pas pour rétablir la symétrie du monde, remettre les choses en ordre, sous peine de provoquer un cataclysme qui ferait éclater sa personne d'abord, l'univers ensuite.

Un camion arrive. J'ai attrapé le tout petit poignet de la jeune fille et l'ai entraînée de l'autre côté de la route. Le camion est passé, sa cuve débordait de gros blocs de pierre. La petite s'est débattue pour toucher encore le sol. En la retenant, j'ai provoqué une intense angoisse car je suis responsable de la « déflagration de son corps et de l'univers ». Je l'ai accompagnée pour lui parler, tandis qu'elle touchait le sol à nouveau.

Une voiture s'arrête, blanche, décapotable, comme on en voit beaucoup dans le Midi. Le conducteur sportif, lunettes noires, accompagné d'une jeune femme élégante en robe claire, m'interpelle. Au loin, j'entends le bruit de ferraille d'un autre camion. J'attrape le poignet de la petite. Elle se débat. De sa robe bleue, mal fermée, un petit sein est sorti.

Il faut faire vite. Je lui propose une tasse de chocolat. Je tiens son poignet. Elle se débat, gémit doucement. Son petit sein tremblote, parfois voilé de cheveux blonds. « Venez, je vais vous offrir du chocolat. » La robe s'ouvre encore plus. Deux jeunes motards se sont arrêtés. « Venez, j'ai du chocolat. » La fillette crie. Je me sens ridicule et inquiet. Le camion a donné un coup de volant et freiné de toutes les forces de sa mécanique. La fille hurle. Le sportif a claqué la porte de sa voiture. Les deux motards s'approchent, menaçants.

Une voix féminine prononce clairement : « Ah, docteur ! vous êtes arrivé à temps ! » C'était une infirmière qui venait de me rattraper. Pour l'occasion, elle avait passé une blouse blanche. Instantanément, le sportif m'a souri. Le mot « docteur » a changé le sens de ce qu'il observait. Je n'étais donc pas un violeur. L'infirmière a expliqué qu'il s'agissait d'une pensionnaire de la maison de santé, là-haut.

Le sportif est devenu très aimable, mais pas les deux motards, conformément vêtus de l'uniforme anticonformiste : « Qui êtes-vous ? Qui est cette jeune fille ? Ah, vous êtes psychiatre. De quel droit l'empêchez-vous de partir ? » Visiblement, je suis pour eux le vil psychiatre répresseur. J'ai eu beaucoup de mal à me justifier.

Le sens du fait que les témoins observaient avait varié en fonction de leur conception du monde et des informations qu'ils en recevaient. Tout recueil d'information est forcément partiel. Et l'observation morcelée provoque toujours une sensation de mystère et d'étrangeté. Il faut connaître le sens du comportement, sa finalité, son intentionnalité pour le recréer dans sa totalité et le rendre cohérent. Et donner une cohérence au monde, c'est un mécanisme fondamental de tranquillisation. Les délirants l'ont bien compris. Les consommateurs d'idéologies aussi.

Plutôt que de chercher à s'informer, le témoin intègre cette formation réelle dans son système de pensée, dans sa représentation idéologique du monde et, le plus logiquement du monde, en arrive à une conclusion illogique, mais apaisante car conforme à ses désirs.

Lorsque, enfin, laborieusement, on a réussi à créer un acte d'observation neuro-imaginaire, moins déformé, moins éloigné de la réalité, il faut le communiquer à autrui, le faire passer dans la culture. L'observateur-découvreur se heurte alors au principal obstacle : la peur du réel.

L'événement psychique est tellement reconstruit par la personnalité de celui qui le perçoit que, bien souvent, il apporte plus de renseignements sur la structure mentale de celui qui observe que sur la chose observée.

Une méthode d'observation est donc nécessaire pour accéder à une forme possible de réel psychique. Observer l'homme comme on observe une espèce animale inconnue, sans préjugé ni parti pris, sans pollution technocratique ni idéologique.

En ce sens l'éthologie est une démarche naturaliste, mais ce n'est pas un naturalisme démissionnaire, comme celui de Jean-Jacques Rousseau ou de certaines tendances régressives du retour à la nature. C'est un naturalisme inclusif qui cherche à coordonner toutes les sciences de l'âme. Il s'agit autant de considérer la dimension matérielle de notre esprit que d'admettre que cette même matière ne peut fonctionner, s'épanouir et s'exprimer qu'en relation avec l'environnement, présent et passé.

Cet environnement peut être psychochimique, climatique, spatial ou sensoriel : à ce titre, l'humain participe à son propre environnement. Il façonne l'environnement qui le façonne.

A la dimension inévitablement organique de son esprit, s'ajoute une autre dimension supra-organique qui non seulement permet à la matière cérébrale de faire fonctionner le psychisme, mais encore d'y recevoir les empreintes de l'environnement.

Finalement, s'il n'y avait qu'une seule question à sortir de cette longue introduction, ce serait : « Comment fait-on pour observer ? »

A cette question, les animaux nous apportent un premier élément de réponse : « L'évidence, c'est pas évident. »

Çà

Je ne sais guère faire la différence entre l'idéologie de la science, l'idéologie dans la science et l'idéologie des scientifiques. Mais chaque fois qu'une découverte biologique confirme les théories de l'inné, elle est aussitôt récupérée par ceux dont le désir est de confirmer l'inégalité des individus et des races. A l'inverse, dès qu'une expérience montre comment l'environnement parvient à modifier nos métabolismes, les théoriciens du milieu s'en emparent pour consolider leurs systèmes et leurs désirs de manipulation politique.

L'idéologie de l'inné conforte les théories racistes. L'idéologie du milieu permet à ceux qui cherchent un alibi aux échecs individuels d'en rendre responsables les autres, la société. Dans un cas comme dans l'autre, il n'y a plus de liberté.

La pollution idéologique dans la science, c'est la forme que prend un discours lorsqu'il sert à justifier un désir caché. C'est aussi un discours logique lorsqu'il sert d'alibi à un discours affectif, inconscient. A ce titre, le discours scientifique possède une fonction idéologique, en plus et en trop.

La définition crée alors l'objet défini. Un fait de nature, lui, n'a pas besoin d'une définition pour exister. Certes, une définition permet de mieux en prendre conscience et de mieux communiquer. Mais elle permet au fait de mieux exister dans notre conscience et le déforme en l'intellectualisant, en le traduisant, en le trahissant.

L'hypertrophie des théories de l'inné a mené aux conceptions fascistes. Le rôle de l'environnement dans les théories fascistes était à peu près nul. Les races inférieures devaient donc, dans cette logique idéologique, servir et s'asservir aux races supérieures. A moins qu'elles ne fussent éliminées, comme l'avait écrit Darwin, par les lois de la sélection naturelle.

C'est donc le plus logiquement du monde que Goebbels avait demandé la déportation des élans du zoo de Berlin, parce que leur profil était trop sémite.

Goebbels n'est pas le seul à avoir utilisé les animaux pour y projeter ses propres fantasmes. A l'échelon individuel, nous utilisons souvent les animaux pour en faire des symboles vivants. Un point réel de leur anatomie nous sert à ancrer nos fantasmes. Nous décrétons que le chameau est dédaigneux parce qu'il nous regarde en levant la tête, que l'aigle est impérial parce que son arcade orbitale provoque en nous une sensation de puissance infaillible. Sans compter l'archétype du serpent étreignant de nos rêves angoissés ou de la souris bondissante, petit sexe imprévisible qui risque de nous pénétrer par surprise.

Dans la pathologie individuelle, les animaux sont souvent les premières victimes des fantasmes de sadiques. Les oursons en semi-liberté dans les zoos modernes ont souvent la truffe brûlée par les mégots des visiteurs pervers. Les animaux abandonnés après les vacances sont les symptômes précurseurs de ce qui attend la famille de ce maître indigne.

Un commerçant, chaque année, recueillait des chiens avant de partir en vacances. Il les nourrissait très bien, les toilettait, les déguisait et jouait avec eux à des jeux brutaux où le plaisir de leur faire mal n'était pas exclu. A la fin des vacances, il chargeait ses bagages pour rentrer chez lui, puis roulait doucement en observant longtemps dans son rétroviseur le chien abandonné qui s'épuisait à courir derrière la voiture. Un matin de juillet, cet homme a amené son père de quatre-vingts ans à l'hôpital psychiatrique. Le vieillard souffrait d'un léger défaut de fixation de la mémoire immédiate, d'une banale insomnie et, parfois, prétendait entendre des fusillades. Cette pathologie discrète entraînait peu de troubles du comportement : il perdait souvent ses objets familiers, lisait la nuit et se renseignait parfois sur la progression de l'armée allemande. A ce stade, cette pathologie se soigne aisément en ville. J'ai compris ce besoin soudain d'hospitalisation quand j'ai vu la voiture du commerçant alourdie par son départ en vacances. Toute la famille embarquait pour l'Espagne et avait profité du chemin pour déposer, en passant, le grand-père à l'hôpital psychiatrique.

Notre comportement avec les animaux est souvent révélateur de nos conceptions de l'Autre. Bien avant de mettre son père à l'hôpital psychiatrique, le commerçant en abandonnant ses chiens avait révélé son aptitude à se débarrasser de ses proches pour mieux jouir de la vie.

L'attitude de notre culture envers les zoos est peut-être aussi révélatrice de nos conceptions institutionnelles. Il est un fait que certains zoos n'hésitent pas à massacrer des milliers d'animaux pour gagner un peu d'argent, que certains laboratoires pour fabriquer nos vaccins ont choisi de sacrifier les macaques rhésus à une vitesse supérieure à leur reproduction, si bien que, dans quelques années, ils risquent de connaître de graves difficultés en éteignant l'espèce. Dans cette conception, l'attitude envers les animaux révèle notre attitude humaine à privilégier la rentabilité plutôt que les individus.

Dans notre même culture un courant opposé se fait jour : certains parcs zoologiques ouvrent les cages et cherchent à respecter les besoins vitaux des animaux, retrouver leur rythme naturel, leur offrir un espace nécessaire ; de même, certains psychiatres ouvrent les hôpitaux et cherchent à redonner aux patients le minimum vital psychique, comme certains philosophes canalisent les agressions contre toutes les formes d'oppressions ou d'incarcérations.

A force de privilégier l'environnement, les matérialistes en sont arrivés à un véritable déni de matière : « La substance héréditaire est une invention capitaliste pour légitimer l'inégalité des hommes et la lutte des classes », selon Lyssenko.

On sait que la substance héréditaire existe puisque de très nombreux chercheurs ont pu analyser la constitution des gènes, ces anneaux qui forment les chaînes des chromosomes et leurs manifestations. Dans la pratique médicale courante, un banal prélèvement de sang permet de classer et de ranger les chromosomes pour établir des caryotypes qui caractérisent les équipements génétiques de certaines maladies physiques et mentales.

La génétique des comportements est actuellement une des disciplines scientifiques les plus brûlantes. Elle se situe entre la psychologie, la biochimie et les mathématiques. Il faut des connaissances mathématiques pour décomposer la validité des lois de transmission de ce matériel biochimique ; il faut des connaissances psychologiques pour observer un comportement, et savoir à quel ensemble de matériel génétique il correspond.

L'héritabilité est un nombre qui cherche à estimer la part des variations qu'on peut attribuer au génome, c'est-à-dire au support biochimique codé dans les chromosomes.

Le choix des espèces animales destinées à l'analyse génétique des comportements est souvent difficile car il faut connaître le génotype de l'animal, l'ensemble des chaînons constituant les chromosomes. Ensuite, il faudra déterminer un éthogramme, c'est-à-dire choisir des comportements analysables, les décrire et tenter de les quantifier.

Il est facile d'obtenir un chiffre : par exemple, on peut mesurer, chez les souris, le nombre d'excrétions par 24 heures. Puis, on analyse, dans le sang et les urines de l'animal, les sécrétions hormonales dérivées des glandes surrénales. Le génotype de la souris est très bien connu : 251 loci ont été déterminés, c'est-à-dire que les généticiens estiment connaître la structure et la fonction de 251 maillons des chaînes chromosomiques. Les résultats de ce test possèdent une corrélation mathématique très nette avec certains allèles du locus C, c'est-à-dire une association de gènes, dont l'emplacement géographique sur un chromosome est déterminé. Comme les analyses comportementales de ce test donnent un bon reflet de l'émotivité de l'animal, on en conclut que l'émotivité de l'animal est un indice tempéramental, héréditaire, codé sur les allèles du locus C. Le génotype le mieux connu est celui d'une mouche : la drosophile ou mouche du vinaigre, dont 479 loci ont été localisés sur 3 chromosomes. Chez l'humain, on ne connaît que 68 loci hétérochromosomiques.

La critique habituelle de ces expériences consiste à faire remarquer que l'homme n'est pas un rat. Koestler a raison quand il nomme cette attitude, le ratomorphisme. Il s'agit là d'une extrapolation abusive. La principale difficulté est de savoir ce qui représente cette mesure de l'héritabilité. Que l'hérédité biologique existe est un fait indéniable. Cette fois-ci, il s'agit d'une hérédité psychologique qui n'a plus rien à voir avec la psychologie éthérée, désincarnée, vestige de la psychologie des facultés mentales du XIXe siècle, où l'on se représentait l'esprit comme une association de qualités, telles que l'intelligence, la mémoire ou la volonté. Il s'agit plutôt d'une psychologie tempéramentale, c'est-à-dire d'une fonction psychique à l'émergence du biologique, car il faut bien qu'il y ait une jonction. Le tempérament serait une sorte d'aptitude à réagir, une préférence comportementale, une susceptibilité à recevoir, adaptée à une situation, c'est-à-dire finalisée.

L'image classique des théoriciens du milieu consiste à dire que l'esprit de l'enfant humain est une cire vierge où l'environnement inscrit ses empreintes. A quoi les défenseurs de l'inné répondent qu'on ne verra jamais un humain voler de ses propres ailes même s'il est élevé par des oiseaux ; on ne le verra pas plus qu'on a vu un chien chanter *La Tosca*, même s'il a été élevé par des humains très musiciens.

Lorsque j'entends dire que l'intelligence est due pour 65 p. 100 à l'hérédité et pour 35 p. 100 au milieu, je transpose la question dans ma pratique quotidienne. Je me demande si, en médecine, on cherche à savoir quelle est la part du cœur et celle du cerveau dans le fonctionnement d'un organisme. Il est impensable de répondre que 65 p. 100 sont attribuables au cerveau et 35 p. 100 au cœur. Il faut les deux, et bien d'autres choses. Je n'ai jamais vu un organisme fonctionner sans cerveau ni sans cœur, ni sans oxygène, ni sans enzymes, ni sans milieu. L'organisme ne choisit pas, ne répartit pas, il lui faut tout pour fonctionner.

cœur, ni sans oxygène, ni sans enzymes, ni sans milieu. L'organisme ne choisit pas, ne répartit pas, il lui faut tout pour fonctionner.

L'intelligence pourrait-elle fonctionner sans milieu ? Les facultés psychologiques pourraient-elles s'exprimer sans matière ? Les comportements pourraient-ils s'organiser sans but ?

L'ennui, c'est que les chiffres servent souvent de leurres intellectuels. Ils ont toujours cautionné les délires scientifiques. Et lorsque certains généticiens estiment à 65 p. 100 la part d'intelligence fondée sur l'hérédité, ils ne font que chiffrer l'importance de leur désir d'attribuer à leur père leur condition d'être humain.

Lorsque j'ai soumis cette interprétation psychanalytique aux étudiants du séminaire d'éthologie humaine, à la faculté de médecine de Marseille, j'ai provoqué un étonnement général. Tous les étudiants qui privilégiaient l'importance de l'inné avaient d'excellentes relations avec leur père. Les partisans de la prédominance du milieu semblaient plutôt désireux de refuser le pouvoir du père pour le déléguer à l'environnement. La suite du séminaire s'est ensuite orientée sur la nature fantasmée. Non pas la nature telle qu'elle est en elle-même, mais la nature telle que nous la ressentons ou la désirons.

Il nous a semblé que le sadique déteste la nature, source de vie. Comme il déteste l'effusion des relations qu'il refroidit par une politesse excessive, la douceur de l'érotisme qu'il technicise avec des instruments à jouir, la pureté des éléments qu'il aime polluer. Le pouvoir vital échappe à sa domination. Le sadique voudrait mettre au point une idée systématisante, une institution parfaite qui continuerait à détruire après sa propre mort. James Bond pourrait incarner le fantasme sadique antinaturel. Pour lui, la Nature n'existe pas. Seules existent les institutions. La nature ne peut qu'être dominée, maîtrisée ou utilisée par la technique. C'est toujours en appuyant sur un bouton que le volcan explose, en ouvrant une vanne que le raz de marée submerge la ville, en pointant un revolver sur une femme, sa meilleure ennemie, qu'il peut faire l'amour avec elle dans une relation technique, parfaitement égale, où chacun considère l'autre comme l'objet de ses plaisirs... avant de le tuer.

Le masochique serait plutôt du côté de la Nature. Pour Jean-Jacques Rousseau, l'homme naturel est un bon sauvage perverti par l'institution. Tarzan incarne le bon héros naturaliste : il se soumet à une femme qui l'éduque, lui apprend les bonnes manières et le beau langage. Parmi ses fantasmes sexuels, Tarzan, comme Rousseau aurait-il éprouvé son premier orgasme sur les genoux de Jane, en recevant une fessée de la femme qu'il adore ? Le masochique vit dans la nature. Il aime son injustice, se soumet à ses révoltantes inégalités, à ses drames délicieux. Souvent, les naturalistes admettent la soumission aux lois de la Nature. Peut-être, sont-ils satisfaits par cette soumission ? Alors qu'au XIXᵉ siècle, naturalisme signifiait matérialisme, domination des lois de la nature.

Aux prises avec une panthère, le babouin lutte de toutes ses forces, tant qu'il a un espoir. D'abord, il s'enfuit dans un arbre où la panthère est moins habile que lui. Mais elle finit par l'acculer au bout d'une branche qu'elle secoue et dont elle fait tomber le singe comme un fruit trop mûr. Sur le sol, la panthère est plus rapide. Elle rattrape sa proie, la fait bouler d'un croche-pied, et la saisit entre ses griffes. Dès cet instant, le babouin se laisse aller : il s'abandonne dans les pattes qui le serrent, tourne la tête et offre sa gorge que le félin écrase. Cet événement naturel donne existence à un fréquent fantasme masochique : le désir d'être mangé par celui qu'on admire, d'être tué par un merveilleux agresseur, de mourir pour une cause.

L'oppression institutionnelle permet trop souvent la satisfaction des désirs sadiques (« C'est le règlement »), tandis que la soumission aux lois naturelles alimente les fantasmes masochiques (« C'est la vie »). Cette attitude intellectuelle venue de nos fantasmes nous oblige à choisir entre la chose naturelle et la chose sociale.

L'ambivalence est particulièrement nette pour le concept de Nature : elle est à la fois bonne et mauvaise. Et la sensation, formulée par nos fantasmes, prend pour nous une telle évidence que la réalité désinvestie finit par ne plus avoir aucune importance. Du moins, dans notre réalité psychique.

Les lois naturelles, invincibles, sont hors de notre portée ; nous ne pouvons que nous y résigner. Alors que les lois sociales, elles, sont accessibles à notre pouvoir humain. On retrouve le fantasme de la soumission masochique aux lois naturelles et de la maîtrise sadique des lois sociales. Mais cette nature fantasmée n'a rien à voir avec la nature objective des choses. Dans la réalité, dans la pratique quotidienne, il est souvent plus facile pour un médecin de contrôler certaines lois biologiques, que d'influer sur les lois sociales.

La maladie phénylpyruvique vient d'une erreur de codage chromosomique. Le nouveau-né ne peut pas dégrader certaines protéines parce que la synthèse d'une enzyme n'est pas codée dans son répertoire génétique. Il s'ensuivra une augmentation dans l'organisme d'une substance intermédiaire, toxique pour le fonctionnement du système nerveux. Sur le plan anatomique, le cerveau sera normal ; sur le plan physiologique, il fonctionnera bien. Le premier symptôme à apparaître sera un retard de maturation psychologique. Un examen montrera alors l'augmentation dans le sang de l'acide phénylpyruvique. Il s'agit là d'un processus génétique, d'une erreur chromosomique, parfaitement biologique, parfaitement naturel. Si le régime approprié est prescrit avant le dixième mois, l'enfant pourra rattraper son retard et connaîtra une maturation psychologique normale. Sinon, il deviendra débile profond. Voilà l'exemple d'une loi naturelle, puisée aux racines du biologique, dont les conséquences psychologiques sont terribles mais qu'on peut facilement contrôler par un régime diététique. A l'opposé des fantasmes de la mauvaise nature puissante, se répand dans la culture l'autre fantasme, celui de la bonne nature. C'est ce qui fonde les raisonnements du genre : « Tout ce qui est naturel est bon. » Après les années 70, les mouvements de retour à la nature et l'intérêt pour la psychiatrie exprimaient une ambivalence. Notamment, l'attitude envers les médicaments à visée psychique tenait plus du fantasme naturaliste que de la réalité. Je me rappelle avoir lu dans *Le Monde*, le même jour, un article très agressif contre les neuroleptiques et, sur la colonne voisine, un autre très élogieux sur les sels de lithium. A la même époque, la télévision agressait la psychochimie mais offrait une étonnante publicité aux oligo-éléments. Cette ambivalence s'explique par la fantasmatisation à laquelle le produit chimique se prête.

Le neuroleptique est une molécule chimique qui, en matérialisant le triomphe de l'industrie moderne, offre un support objectif aux fantasmes de victoires techniques contre l'esprit, contre l'humanité. C'est un produit institutionnel délégué par le sadisme social. On fait endosser à ces médicaments tous les fantasmes persécutifs d'une culture : on les nomme camisole chimique, on cite le cas de patients abrutis de médicaments. Il importe de savoir que ce sont les psychotropes qui viennent de sonner le glas des hôpitaux psychiatriques. Avant l'ère psychochimique, un patient, qui entrait à l'asile, n'avait que 8 p. 100 de chances d'en ressortir guéri. Depuis 1972, il en ressort dans 75 p. 100 des cas. Actuellement, les asiles se vident d'année en année. Ils ont même été fermés en Italie.

Toutefois les neuroleptiques donnés en excès justifient trop souvent ces fantasmes, et ce n'est certainement pas par hasard si les tentatives de suicide se font si souvent avec des psychotropes. Par bonheur, ces médicaments sont beaucoup moins dangereux que les antibiotiques, les tonicardiaques et les antalgiques. Mais choisir un médicament à visée psychique pour se suicider, c'est révéler la signification et l'intention que le patient prête à ce produit : le sommeil, le renoncement, la paix par abandon, la mort.

Le carbonate de lithium fait figure de produit naturel : c'est un sel, donc c'est bon, c'est le retour aux sources.

Les théories sur l'inné sont particulièrement aptes à ce genre de récupération fantasmatique.

Selon les éthologues, l'environnement marque son empreinte dans la cire de l'esprit. Mais il existe différentes qualités de cire et chacune, par sa constitution chimique, est plus sensible qu'une autre à recevoir une empreinte ou plus apte à exprimer un type de comportement. Cosnier ne cesse de répéter que « ce n'est pas parce qu'un comportement est programmé qu'il exclut l'influence de l'environnement ».

L'hérédité psychologique envisagée sera plutôt de l'ordre de la qualité de la cire, de la pâte à recevoir les empreintes, elle ne concerne ni l'intelligence, ni la volonté, ni l'attention, ni la pensée. Cette psychologie des facultés sera rangée dans un musée des idées mortes. L'émotivité semble un des indices tempéramentaux parmi les plus héritables.

L'avantage des souris blanches c'est qu'elles se reproduisent très vite et qu'on peut isoler des variétés familiales. On peut ainsi fabriquer des familles de souris sélectionnées d'après leur aptitude à réagir à un bruit terrifiant. Il est avantageux de prendre pour stimulus bruyant une sorte de coup de sifflet, parce qu'on pourra en déterminer les composantes physiques objectives : intensité, durée, fréquence.

Par ces deux artifices expérimentaux, on parvient à individualiser deux variétés de souris : une famille qui, lorsqu'on déclenchera un coup de sifflet à 15 000 cycles/seconde, manifestera une sorte de crise convulsive, et une autre famille, qui pour le même stimulus audiogène supportera l'agression et continuera ses occupations avec une indifférence apparente.

Si l'on croise un mâle qui convulse à un stimulus à 15 000 C/s avec une femelle qui ne convulse qu'à 20 000 C/s on constate que les petits hybrides, eux, convulseront vers 18 000 C/s. Mais si l'on confie des enfants de familles résistantes à des mères sensibles, ils deviendront un peu moins résistants. A l'inverse, si on confie des enfants sensibles à des mères résistantes, ils deviendront un peu plus résistants.

Un terrain émotif est donc transmissible selon les lois de l'hérédité, mais ce terrain peut se modifier selon les ambiances éducatives. Les généticiens disent que la comparaison des lignées croisées évoque une transmission multifactorielle. Ce qui signifie que ce trait de comportement émotif ne dépend pas d'un seul gène. C'est la coordination de plusieurs gènes, dans un environnement donné, qui va coder l'expression de cette émotivité auditive.

Les biochimistes ont déterminé que l'un de ces gènes, localisé sur le locus Asp. du chromosome VIII, est associé à un effet enzymatique qui participe au métabolisme du GABA hippocampique. Le GABA est une petite molécule, l'acide gamma-aminobutyrique, qui joue un grand rôle dans la transmission de l'influx nerveux d'un neurone à l'autre. Et l'hippocampe représente la partie profonde du cerveau émotif et viscéral qui insère les deux lobes cérébraux sur l'axe cérébrospinal, comme deux fleurs poussent sur une même tige.

Par la même méthode, les généticiens ont pu individualiser des lignées de rats hypokinétiques, indolents, paisibles, qui possèdent des natures différentes, codées dans leurs chromosomes et se les transmettent selon les lois de l'hérédité.

On a pu définir les scores d'un grand nombre de traits de comportements héréditaires : l'aptitude à tressauter, les activités exploratoires, la timidité sont des traits de tempérament différents d'une lignée à l'autre et dont l'évolution avec l'âge est, elle aussi, programmée.

Thomas, en 1972, a étudié l'intensité du coup de sifflet nécessaire pour faire tressauter des chiens pointers. Il a individualisé une lignée stable et une autre très émotive. En croisant ces deux lignées, il a obtenu des enfants qui tressautaient presque au même seuil que le parent émotif. Ce résultat est donc très différent de celui des rats. Cette expérience réalisée sur un très grand nombre de chiens a permis une analyse statistique. La détermination mathématique est rigoureuse : la transmission héréditaire se fait sur un mode polygénique dominant. Pour ce trait de tempérament émotionnel, l'influence éducative de la mère est totalement nulle.

En clinique humaine, on recueille souvent des informations de ce genre.

Un père, ouvrier de l'arsenal, est venu à ma consultation parce que je devais rencontrer sa fille quelques heures plus tard. « Ma fille a des vomissements très fréquents. Elle maigrit, elle est très fatiguée et ne peut plus continuer ses études. J'ai eu ça jusqu'à l'âge de vingt-quatre ans. A chaque émotion, je vomissais et j'ai dû interrompre mes études. Quand le réveil sonnait, je vomissais, quand on m'interrogeait, je vomissais, quand je risquais d'être en retard, à l'attente d'une lettre, je vomissais. »

Quelques heures plus tard, sa fille de seize ans exprime mot à mot les mêmes doléances. Or, le père ne vomissait plus lorsque sa fille est née. Et il n'avait pas pu lui transmettre par contact son émotivité, puisqu'il avait été en prison dès la naissance de son enfant et n'en était sorti que six ans plus tard. C'est même pour ça qu'il était venu me voir en cachette : pour que personne dans sa famille ne sache qu'en plus de la prison, il avait transmis cette « tare ».

On retrouve la même histoire pour certaines timidités qui s'apaisent en vieillissant et pour certaines instabilités enfantines qui se calment avec la maturation nerveuse. Peut-être en est-il de même pour ces jeunes gens délinquants, instables, marginaux qui s'apaisent avec l'âge et dont la délinquance disparaît presque toujours vers l'âge de trente ans, à condition que leurs aventures personnelles ne les aient pas trop abîmés et que les institutions de répression ne les aient pas trop aliénés.

Barkwin, en recoupant ses informations par les méthodes génétiques, l'étude des jumeaux et celle des enfants adoptés, dont il a retrouvé les parents biologiques, affirme que certains traits sont héritables. La réaction communicative au sourire, le seuil de déclenchement de frayeur, la tendance à l'insomnie, le somnambulisme, l'onichophagie, la vitesse de maturation sphinctérienne sont des traits de tempérament essentiellement héréditaires. Ces traits héritables se situent à l'émergence du biologique. La maturation sphinctérienne, l'irritabilité, l'indolence sont des comportements émotifs et non des facultés. Cette héritabilité n'a rien à voir avec les facultés intellectuelles, les constructions de personnalités, le développement des systèmes de pensée.

Les études sur l'animal permettent de conclure que certains traits de tempérament sont héréditaires, rigoureusement programmés, totalement insensibles à l'action du milieu. D'autres comportements, au contraire, ne dépendent que des pressions environnementales ou des empreintes affectives de la petite enfance.

Le passage à l'humain, sur ce plan-là, se fait sans peine. Normalement, chaque cellule humaine contient 46 chromosomes : 22 paires d'autosomes que l'on trouve chez l'homme comme chez la femme et une paire de gonosomes, chromosomes que l'on dit sexuels parce qu'ils déterminent le sexe. Cette paire sera composée de deux chromosomes identiques chez la femme, et de deux chromosomes différents chez l'homme. Le caryotype ainsi décomposé s'écrira 46 XX chez la femme et 46 XY chez l'homme.

Les chercheurs ont été tentés de pratiquer cet examen sur des individus posant des problèmes d'ordre psychologique.

On estime qu'actuellement, toutes les trente naissances, un enfant vient au monde avec un cerveau qui ne peut pas fonctionner normalement ; et 30 p. 100 de ces cerveaux anormaux sont dus à des anomalies génétiques. Les autres anomalies sont dues à des accidents ou à des maladies. Une fois de plus, l'esprit réductionniste a joué un mauvais tour aux psychologues. Ces cerveaux mal programmés dans leurs chromosomes, cassés par un traumatisme, blessés par une maladie qui abîme leurs cellules, empoisonnés par une substance métabolique qui les empêche de fonctionner, représentent près d'un million d'enfants. On a cherché à les catégorier d'après leur Q.I., on a chiffré leur manière d'utiliser leurs connaissances et leurs aptitudes à résoudre des problèmes, dans une culture donnée, en référence à des valeurs moyennes déterminées statistiquement. Tous ces enfants travaillent mal à l'école et, souvent, n'ont pas accès au langage. Certains grognent, mordent, tapent dès qu'on approche.

Plus tard, les psychologues ont découvert que certains enfants, dont le Q.I. était abaissé, ne souffraient d'aucune affection organique. L'origine de ces troubles se situe dans un manque affectif, dans un blocage anxieux, dans un désespoir relationnel. Au lieu de trouver un autre nom à ces enfants, on les a baptisés débiles eux aussi, ce qui a permis de démontrer, preuves en main, que la débilité d'origine organique n'existait pas.

La même aventure se répète actuellement pour la schizophrénie, et certains grands philosophes n'hésitent pas à l'appliquer envers toute la folie.

Pour analyser les rapports entre l'équipement génétique et la structure mentale, on peut adopter deux stratégies différentes : faire des caryotypes systématiques à toute une population psychiatrique, ou bien analyser la structure mentale des porteurs d'anomalies chromosomiques.

La première stratégie donne parfois des surprises. Ainsi, des sujets baptisés schizophrènes étaient porteurs d'un chromosome X supplémentaire. De vrais mutants, en quelque sorte. On dit que le cerveau serait plus sensible aux excès de chromosomes X qu'aux excès de chromosomes Y : plus il y a de chromosomes X, plus l'arriération du sujet est grande. Or, il n'est pas rare que ceux qu'on appelle schizophrènes soient d'une intelligence exceptionnelle. Le tableau psychiatrique apparent dû à ce chromosome X en excès a provoqué une utilisation abusive du concept de schizophrénie.

Cette stratégie a donné lieu à d'autres excès : on a trouvé parmi les malades mentaux criminels une proportion anormalement élevée de grands chromosomes Y (1 p. 1 000 dans la population générale contre 1 p. 100 dans les prisons). C'est ainsi qu'est né le mythe du chromosome du crime.

Nielsen décrit des hommes grands, chauves, timides et impulsifs. Très fortement motivés pour la sexualité, leurs réalisations sexuelles sont rendues difficiles par une très forte inhibition envers les femmes. Ce conflit de pulsions opposées expliquerait leurs impulsions agressives. Leur caryotype révèle un chromosome Y supplémentaire : 47 XYY. Le problème est de savoir s'il y a une relation entre ce chromosome Y supplémentaire et la fréquence plus élevée de ce type d'équipement biologique dans les prisons.

On a recensé en France actuellement, vingt mille hommes XYY : presque tous sont normaux, adaptés, non criminels. Peut-être, en effet, sont-ils d'une nature psychologique un peu plus caractérisée, un peu plus renfermés, un peu plus timides, contenant un énorme potentiel de jouissance qu'ils savent mal exprimer.

Tous les hommes XYY, retrouvés dans les prisons, avaient été élevés dans un milieu pathogène, psychologiquement toxique. Le fait de posséder un équipement chromosomique particulier, même s'il fonde une nature psychologique caractérisée, n'exclut pas l'importance de l'environnement dans la construction de la personnalité et dans le cheminement ou l'accident criminel. Si le milieu tolère cette structure mentale particulière, le sujet sera dit « normal ». Si l'environnement l'agresse, ou entrave son développement, le sujet exprimera sa souffrance selon sa nature : sa timidité, son agressivité refoulée, sa gentillesse trop contrôlée, ses désirs non exprimés exploseront violemment, sans doute facilités par son chromosome Y supplémentaire.

L'équipement chromosomique du sujet explique peut-être la manière d'exprimer sa souffrance, mais l'origine de la souffrance se situe dans le milieu.

L'autre stratégie génétique consiste à pratiquer un caryotype chez les individus dont la morphologie paraît spéciale. Ainsi, le syndrome de Klinefelter est celui des hommes morphologiquement efféminés. Ils ne se rasent pas, ont les joues douces et aimaient porter les cheveux longs bien avant la mode actuelle. Hanches larges, épaules étroites, un soupçon de poitrine sur un corps d'homme leur donne une morphologie bien particulière. Leur caryotype donne XXY, soit un chromosome X supplémentaire. Dans la population générale, on en recense 0,17 p. 100 et Benezech en dénombre 2 p. 100 dans la population des hôpitaux psychiatriques. Les familles de ces patients ne révèlent rien de particulier et les milieux éducatifs représentent l'échantillon habituel de toute population.

Il semble, finalement, que la délinquance ne soit pas inscrite dans le chromosome Y du crime, pas plus que la folie dans le chromosome X du klinefelter.

En revanche, ce qui est inscrit dans cette constitution génétique déviante, c'est une aptitude particulière à percevoir le monde, à sélectionner les informations, à leur attribuer une charge affective, puis, à partir de ces matériaux psychiques, à construire sa propre représentation du monde. Et si le monde de ces individus divorce de celui du grand nombre, ces sujets, isolés, non intégrés dans le groupe, où ils ne peuvent s'exprimer, inadaptés, dépressifs, se réfugient à l'asile ou se retrouvent en prison.

On pourrait presque imaginer qu'une culture qui valoriserait ces équipements génétiques spéciaux, en glorifiant le style réservé et impulsif des XYY ou la morphologie d'hommes efféminés des XXY, donnerait à ces individus une si bonne conscience d'eux-mêmes, leur permettrait un si bon épanouissement de leur capital génétique, qu'on retrouverait ces déviants à la place des héros et des demi-dieux.

Wenninger, à l'entrée de son laboratoire, avait placé deux cages de rats. Le répertoire comportemental de ces animaux, inscrit dans leur code génétique, était à peu près connu, mais l'expérimentateur avait séparé les petits de leur mère, et, dès le sevrage, les avait placés dans ces deux cages. Les groupes de rats étaient donc de même souche, de même âge, nourris identiquement et placés dans les mêmes conditions spatiales. Une seule condition variait : l'auteur, en entrant dans son laboratoire, dix minutes, chaque matin, caressait soigneusement tous les ratons de l'une des deux cages, puis tapait sur les parois de l'autre cage. Après quelques semaines de ce traitement, il a suffi de peser les animaux caressés pour constater qu'ils étaient beaucoup plus gras que les rats agressés.

Les tests révélaient la grande émotivité des rats frustrés et la tranquillité neurovégétative des rats caressés. On s'attendait à ces différences. Mais le plus invraisemblable, c'est que les aptitudes intellectuelles des rats caressés semblaient supérieures à celles des ratons frustrés : ils apprenaient à résoudre les problèmes beaucoup plus vite. Dans les situations de compétitions sociales, c'est toujours les rats caressés dans leur enfance qui prenaient la dominance, la meilleure place pour dormir, la meilleure part pour manger. Et, pour couronner ces trajectoires biographiques si différentes, une épidémie virale, apportée dans le laboratoire par un laborantin enrhumé, a décimé les rats frustrés mais a épargné la plupart des rats caressés.

Cette expérience, réalisée dans les années 50, a souligné l'importance des manipulations initiales par la mère et a fourni l'hypothèse de départ d'un grand nombre de recherches sur les petits animaux et les petits humains.

Après avoir parlé des natures psychologiques codées dans les gènes, puis des premières empreintes de l'environnement échafaudant un début de structure mentale, Denenberg, en 1964, a essayé de voir comment les rats pouvaient « placer » ce capital neuropsychologique en faisant varier les situations. Il a choisi des rats dans une même lignée, suffisamment bien sélectionnés pour être certain qu'ils possédaient tous un équipement génétique comparable. Un premier lot de rats a été manipulé, tendrement caressé dès sa petite enfance. Quelques semaines plus tard, les rats de ce lot étaient très stables, peu émotifs et parfaitement épanouis. Pour déclencher une diarrhée émotive ou une convulsion chez ces individus, il fallait une forte agression sonore : le seuil de réactivité émotive était très élevé.

L'autre lot avait été élevé en carence environnementale. Les conditions matérielles de l'éducation étaient excellentes, mais les rats étaient privés de stimulations affectives et sociales. Après quelques semaines, le seuil de réactivité émotionnelle de ce lot était extrêmement bas. A la moindre rencontre, ces rats manifestaient une diarrhée, au moindre bruit, ils sursautaient ou convulsaient.

En soumettant ces deux lots à des tests d'apprentissage, l'auteur s'est aperçu que les rats émotifs pouvaient obtenir des résultats bien supérieurs à ceux des rats stables, à condition que la situation d'apprentissage convînt à la structure mentale des sujets et s'adaptât à leurs impératifs émotifs. Dans des conditions d'apprentissage paisibles, les rats émotifs, peu effrayés, obtenaient d'excellents scores, alors que les rats stables s'ennuyaient, devenaient indifférents aux tests et apprenaient mal. A l'inverse, lorsque les tests se passaient dans des conditions trop stimulantes, les rats émotifs paniquaient et devenaient incapables de résoudre le moindre problème alors que les rats rendus paisibles par les caresses de leur enfance avaient besoin d'une situation plus agressante pour s'intéresser au problème et le résoudre mieux.

Bateson en conclut que la nature, la structure et la situation fonctionnent comme un ensemble où chaque niveau ne peut s'exprimer sans la présence de tous les autres. S'il y a de l'esprit et qu'il s'exprime, il ne peut pas plus se situer à l'intérieur qu'à l'extérieur de l'individu. Il résulte de l'interaction entre le sujet et son environnement et c'est l'ensemble qui fonctionne. Le système tout entier doit participer à cette production d'esprit. Et il n'est pas plus concevable d'envisager une psychologie sans nature que la nature d'un sujet sans son environnement.

Dans les espèces simples, au bas de l'échelle animale, où les chromosomes accumulent en code génétique moins riche, la dictature génétique est impérieuse. Tout manquement au code mène très probablement l'animal à la mort. A ce niveau du vivant, la liberté est hors de prix. Plus on monte dans l'échelle animale, et plus l'être vivant peut se permettre des privautés à l'égard du code génétique. La liberté la plus ironique, celle du jeu, consiste à exécuter un comportement volontairement mal adapté. Quelques oiseaux commencent à jouer en faisant rouler leurs œufs ou des pierres, mais cette liberté n'apparaît nettement qu'avec les mammifères.

La condition humaine résiderait dans une tentative d'échapper, en même temps, aux empreintes forcées de la première enfance, aux contraintes excessives du milieu. La liberté consiste à choisir. Mais notre choix n'est pas illimité, nous ne pouvons l'effectuer que parmi notre répertoire des possibles.

Parfois, le biologique prend sa revanche, comme dans le cas des maladies mentales. Mais il arrive aussi qu'un milieu malade entrave le développement des individus pour en faire des psychopathes. Quand la nature malade prend le pouvoir sur le psychisme, elle donne des mongoliens, des psychoses maniaco-dépressives, des erreurs métaboliques. Parfois, la culture malade empêche la respiration psychique des individus, leurs échanges vitaux avec l'environnement, comme dans les camps de déportation où les hommes sains d'esprit devenaient fous par la folie de leurs gardiens, comme dans les cultures de masse où le conformisme dictatorial mène à ressentir toute déviance de comportement, toute différence comme une agression contre le groupe ou comme une maladie mentale.

Dire que l'influence du milieu dans la construction de la personnalité est plus grande chez l'homme que chez l'animal n'empêche pas la nature psychique de redevenir parfois dictatoriale.

Le mongolisme consiste en une absence de disjonction des chromosomes qui, normalement, doivent se séparer lorsque les cellules à 46 chromosomes se divisent en deux pour donner deux cellules sexuelles, les gamètes, à 23 chromosomes. Cette anomalie de division, fréquente surtout chez les femmes enceintes âgées, donne des enfants dont l'apparence physique évoque le type mongol avec sa tête ronde et ses yeux bridés. Sur le plan psychique, ces enfants sont presque toujours très retardés.

Ces petits mongoliens ont une nature psychologique : ils sont étonnamment gentils. Il est frappant dans les services de psychiatrie pour enfants de les voir bavants, langue pendante, parfois profondément débiles, sans cesse caressés, embrassés, bercés dans les bras des infirmières. En arrivant dans le service, ces femmes, séduites par la tendresse de ces enfants à trois chromosomes sur la 21e paire, disent : « Je vais voir mon enfant », et elles vont embrasser le petit malade qu'elles ont « adopté ». La méchanceté, l'agressivité sont rares chez ces enfants.

En revanche, il m'est arrivé d'assister à des crises clastiques chez une jeune fille qui souffrait d'une hyperuricémie congénitale. Un déficit enzymatique l'empêchait de détruire dans son sang l'acide urique qui atteignait d'énormes doses, toxiques pour le cerveau. On sentait la colère bouillonner en elle. Il suffisait de la regarder pour provoquer son agression. Un jour, deux pensionnaires ont éclaté de rire ; elle a sursauté à ce bruit, et violemment explosé en essayant de les frapper avec un lourd cendrier. Comme les deux femmes se sont défendues en immobilisant la petite malade, elle a retourné son agressivité contre elle-même. Puisqu'elle ne pouvait pas l'orienter vers le monde extérieur, de rage, elle s'est sectionné la lèvre inférieure et l'a mâchée.

On pourrait presque dire que les petits mongoliens ont un seuil de tolérance à l'agressivité particulièrement élevé, alors que les hyperuricémiques congénitaux possèdent un seuil si bas que toute information provoque leur agressivité.

Pour expérimenter cette observation chez l'animal, Fuller a choisi d'élever en isolement social un basset et un scottish-terrier. Les deux chiots ont été isolés au même âge, élevés dans les mêmes conditions matérielles et soumis à une même privation sociale : ils ont été élevés solitaires, et pendant une même durée. Les conditions de l'expérience ne leur ont jamais permis d'observer un être vivant.

Lorsqu'on place les deux animaux en situation sociale, le basset manifeste des stéréotypes circulaires : à la moindre émotion, il se met à tourner sur lui-même, au point qu'il ne pourra jamais apprendre à résoudre les problèmes posés par son environnement puisque, à chaque stimulation inhabituelle, il réagit par une activité autocentrée. Au lieu de percevoir et d'analyser le problème, il régresse à des informations connues, celles auxquelles il est habitué parce qu'elles viennent de son propre corps. Or, par les conditions expérimentales, ce basset n'a pu connaître que ce type d'information. Les conditions naturelles lui paraissent inhabituelles et, effrayé, l'animal retourne à ses informations pathologiques, il s'y rassure, parce qu'il y est habitué.

On peut raisonner ainsi sur des observations humaines.

J'ai bien connu Émile, à l'hôpital psychiatrique. Quand il avait seize ans, il avait mis le feu à la ferme de son père et blessé quelques pompiers bénévoles qui essayaient d'éteindre l'incendie. Il pesait cent vingt kilos, rasait son crâne tous les matins et ne se déplaçait jamais sans sa hache pour les menus travaux. Le volume énorme des muscles de son cou donnait l'impression qu'on avait directement posé sa tête sur ses épaules. Quand, pour la première fois, Émile a vu ma fille, alors âgée de huit mois, il a poussé un cri et s'est précipité vers elle. Il l'a prise dans ses bras et, amolli de tendresse, il a regardé la main du bébé enroulée autour du bout de son index : « Que c'est beau un bébé, que c'est beau un bébé. » Fasciné par cette émotion, il ne pouvait que répéter cette phrase pendant que ma fille ravie par son très jeune pouvoir de séduction gloussait des petits cris en essayant de lui mordre le doigt.

Émile avait passé son enfance dans un tout petit village des Alpes de Provence. Il connaissait mieux les mules, dont il avait partagé l'étable et la vie quotidienne, que les humains. Il les avait à peine entrevus, vers douze ans, pour la première fois, à la foire aux mules de Seyne-les-Alpes. Son père apparaissait parfois. Il fallait alors fuir sa violence. Quant à sa mère, elle survivait vaguement de la vente des mules et, surtout, « c'était une fouineuse de bises ». Je n'ai jamais su en quoi consistait la fouine de bises car Émile s'assombrissait quand on le lui demandait et je préférais changer de sujet. C'est donc au contact des mules qu'Émile avait pu entrer en interaction et connaître ses premiers échanges affectifs. Après la phase d'inhibition anxieuse de son enfance où Émile n'avait pas osé approcher les humains, la puberté avait provoqué une modification radicale de son comportement : il devenait d'une sociabilité frénétique. Il envahissait tout le monde de son affection débordante, il parlait sans cesse pour raconter des événements dont l'importance concernait plutôt la philosophie des mules que celle des humains. On se moquait beaucoup de sa débilité, de son inadaptation et on s'en amusait d'autant plus que c'était très émoustillant de taquiner ce jeune monstre de muscle.

A seize ans, le drame. Sa violence désormais le fait chasser de toutes les institutions où on le place. Il étrangle un gendarme, il brise le bras d'un infirmier et mutile plusieurs personnes qui tentent de l'approcher. A l'hôpital psychiatrique d'Avignon, il passe des mois à l'affût pour tenter d'attraper un infirmier et lui tordre un peu le bras ou le cou. Il y arrive parfois.

C'est après cette courte biographie qu'il arrive à l'hôpital de son secteur, à Digne. Présenté au chef de service, il lui dit : « C'est tout ouvert ici, attention, je vais partir », le médecin lui répond : « Je vous en prie, monsieur, vous pouvez partir. Attention je m'en vais, je m'en vais. » Il est parti. Nous avons été terriblement angoissés. Quelques heures plus tard, il revient, tout penaud : « J'ai peur dehors, moi. Il y a trop de monde et que voulez-vous que je fasse, je ne sais pas vivre avec ces gens-là, moi. »

Depuis quatorze ans, il vit à l'asile, parfaitement heureux. Il ne se sépare jamais de sa hache. Il parle sans cesse à tout le monde, aux visiteurs inquiets, aux arbres, aux pensionnaires fatigués, aux infirmiers, aux bébés qui le ravissent.

Émile, élevé en carence sociale humaine, s'est replié sur lui-même. Dans un premier temps, il est terrorisé par les humains, la même entrave environnementale provoquent chez ces animaux une réaction radicalement différente de celle des bassets. A la même agression, alors que les bassets répondent par un repli sur soi et des activités autocentrées, les scottish-terriers, eux, après une courte période d'inhibition anxieuse, manifestent une sociabilité frénétique et des comportements exploratoires épuisants.

Dans les deux cas, les réactions de défense sont pathologiques, mais la forme est différente selon la nature et l'équipement génétique des deux chiens.

Emile, élevé en carence sociale humaine, s'est replié sur lui-même. Dans un premier temps, il est terrorisé par les humains, mais quand le flux pubertaire des hormones modifie son être, il change fondamentalement ses rapports au monde : il devient frénétiquement social comme pour compenser, rattraper le manque de son enfance.

Le fait qu'une nature psychologique existe n'exclut pas la construction d'une structure mentale liée à son évolution biologique, à son engagement psychodynamique, mais aussi aux pressions éducatives. On peut même aller plus loin et constater que, comme pour les expériences des rats savants de Denenberg, Émile investit de manière très différente son même capital neuropsychologique. Le placement de sa nature et de sa structure donne des tableaux très différents selon la situation sociale, selon la manière dont il entre en interaction avec son milieu. Émile exprime une prodigieuse violence lorsque le milieu lui fait violence : il devient timide lorsque le milieu social le méprise ; et, enfin, heureux comme un roi, dès que l'hôpital psychiatrique lui permet de s'exprimer selon sa manière.

La nature psychologique existe. L'équipement génétique d'un mongolien et celui très différent d'un klinefelter donnent à chacun de ces deux types humains une manière d'être au monde radicalement différente.

Les anomalies chromosomiques sont nombreuses et donnent aux porteurs des conduites extrêmement différentes. Souvent, les modifications de comportement sont trop massives pour être analysables. L'observation n'a plus de sens, tant les troubles sont importants. Les généticiens préfèrent des modifications plus ponctuelles : un caractère phénotypique, dont on peut observer l'apparence. La manifestation est étudiée d'une génération à l'autre pour en connaître le mode de transmission. Certains gènes, porteurs d'un effet visible, sont aussi porteurs d'autres effets comportementaux associés, mais plus difficiles à observer. Ces effets visibles sont des marqueurs génétiques. Ainsi, un gène est porteur de l'effet albinos, facile à voir puisque ce gène transmet héréditairement le caractère des poils blancs non pigmentés. Or, il se trouve que ce même gène porte aussi huit autres effets comportementaux, dont l'appétence pour l'alcool et un faible sens de l'orientation spatiale. L'effet albinos, facile à observer, servira de marqueur génétique pour les autres effets associés mais plus difficiles à objectiver.

Ainsi, Cohen, un généticien, a découvert que les humains porteurs du groupe sanguin 0 + fument beaucoup plus que la moyenne, souffrent plus d'ulcère de l'estomac, et que leur psychisme anxieux, crispé, tendu vers l'action et la réussite sociale complète ce tableau, où plusieurs effets apparemment disparates sont en fait codés sur le même complexe de gènes.

Il est difficile de s'imaginer comment un gène pourrait contrôler un comportement. On sait qu'un gène peut provoquer et orienter la synthèse d'une protéine. Cette chaînette de molécules va se diffuser dans l'organisme, l'imprégner et y produire un effet chimique primaire. Cette protéine en imbibant les appareils à traiter les informations va modifier leurs organisations et leurs fonctionnements. Or, les comportements ne sont que des segments anatomo-fonctionnels, des séquences de gestes qui permettent à un organisme de répondre à ces informations traitées. Le gène en influant sur les appareils à traiter les informations modifie les manières dont l'organisme perçoit son monde, organise des perceptions et s'y adapte.

Les psychotropes, ces médicaments à visée psychique, l'alcool, les hormones et bien d'autres produits chimiques agissent comme cette protéine contrôlée par les gènes. Ces substances influent sur l'appareil à percevoir le monde. C'est probablement pour une raison de cet ordre qu'on entend si souvent les patients dire : « Depuis que je prends ce médicament, je vois les choses différemment. » Il n'est pas rare d'entendre cette phrase après un bon repas bien arrosé. D'ailleurs, les gens en hypoglycémie, dont le taux de sucre dans le sang baisse trop, consultent souvent pour une angoisse, une irritation ou une modification soudaine du caractère. Les diabétiques qui prennent trop d'insuline connaissent bien ce malaise diffus, cette restriction du monde due à l'hypoglycémie. Ils soignent eux-mêmes ce malaise existentiel avec un morceau de sucre, une poignée de raisins secs ou une tartine de confiture. La cortisone et certains médicaments antituberculeux provoquent des états très agréables où le sujet intègre toutes ses informations dans une tonalité euphorique. Tout est merveilleux, tout est charmant, tout ira bien.

Cette dimension psychochimique n'exclut pas la dimension psychodynamique : ainsi, certains médicaments anesthésiques donnés aux femmes avant un avortement provoquent, lors de l'endormissement, des hallucinations angoissantes. Le même produit chimique prescrit aux mêmes femmes pour une autre intervention chirurgicale donne un endormissement euphorique. Les drogués connaissent bien ce phénomène puisqu'ils disent que la même drogue pourra les mener à un voyage angoissant ou agréable selon que la relation ou la disponibilité du sujet avec son environnement sera bonne ou mauvaise.

Mme P... a connu un accident psychochimique dont les conséquences ont failli tourner au drame. Elle vit dans un moulin près d'Arles et tente l'aventure artisanale, tandis que son mari, fonctionnaire sérieux et méthodique, assure un bon minimum social. Depuis sa bronchite, elle a perdu le goût des choses : « Je n'ai plus envie de rien. Plus rien ne m'intéresse. » Pour s'en sortir, elle demande une psychothérapie et, tandis qu'elle parle de ses difficultés, elle découvre la grande différence de personnalité entre son mari et elle. Plus elle réfléchit, plus elle souligne leurs divergences de conception et l'incompatibilité de leurs manières de vivre. Quand la solution du divorce lui apparaît, elle comprend, dans le même temps, qu'elle ne peut se passer de la sécurité que lui apporte son mari. Dès cet instant, puisque son angoisse ne peut s'exprimer verbalement sans risquer de provoquer une prise de conscience tragique, elle somatise et exprime son angoisse avec son corps. Elle souffre de vertiges et de syncopes. Au cours d'un de ces malaises, un cardiologue consulté élimine l'organicité des troubles et prescrit un stimulant de l'humeur. Quelques jours plus tard, Mme P... s'étonne d'avoir eu tant d'hostilité envers son mari. Bien sûr, ils sont très différents, mais cette différence les complète, les associe : à lui, la sécurité, la solidité ; à elle, la fantaisie, l'aventure.

La nature psychologique, correspondant à un équipement génétique différent ou à un moment biologique variable, n'intervient que pour donner un goût au monde, pour déterminer notre manière de le ressentir, pour modifier nos appareils à le recevoir, pour attribuer une tonalité affective à nos informations objectives. Cet aspect ne concerne que le pôle biologique de notre personne. Tout le reste de notre aventure psychique vient de l'influence de notre milieu, de la construction de notre imaginaire, de l'acquisition de nos significations.

Ce n'est pas parce que Mme P... a souffert d'une dépression après avoir pris des antibiotiques qu'il faut en conclure que le deuil ne provoque pas la mélancolie, ni l'échec social l'amertume.

Chaque année, dans mon séminaire pour jeunes psychiatres, un étudiant soutient l'idée que « chacune de nos cellules possède un programme génétique différent, XX pour les femmes, XY pour les hommes. Toutes les constantes biologiques diffèrent selon le sexe ; aucun des métabolismes n'est superposable, le dimorphisme sexuel est un des plus flagrants des espèces vivantes ».

Chaque année, il provoque l'hostilité d'une étudiante qui lui répond que « c'est le capitalisme qui donne aux femmes l'envie de pénis », parce que « ce sexe a été valorisé par ce système économique pour mieux rentabiliser les hommes et asservir les femmes ».

Ces deux raisonnements ne s'excluent pas. Ce n'est pas parce qu'une culture asservit les femmes qu'il faut en conclure que les différences de nature n'existent pas.

Puisque la pathologie des chromosomes nous permet de supposer qu'une différence d'équipement génétique donne au sujet une manière différente de goûter son monde et de s'y engager, on peut se demander si la différence d'équipement chromosomique qui détermine le sexe ne donne pas en même temps au sujet un goût du monde différent selon son sexe. La plupart des discussions sur les conditions sexuelles deviennent très vite viscérales, parce qu'au fond, quand on parle de féminisme ou de masculinisme, c'est de soi qu'on parle.

Les étholinguistes ont essayé d'évaluer ce goût du monde des autres. Ils sont partis du principe que chaque mot véhicule une information qu'on peut trouver dans le dictionnaire, ou traduire dans une autre langue : ce qui constitue la dénotation du mot. Mais chaque mot véhicule en même temps une émotion qui n'a rien à voir avec sa définition et qui ne dépend que de notre goût du monde, des émotions qu'on attribue aux faits et aux événements de notre vie : ce qui constitue la connotation du mot.

Cathy, vingt ans, mesure 1,64 m et pèse vingt-six kilos. Extrêmement vive, joyeuse, lumineuse même, tant l'intérêt des choses pétille dans ses yeux, cette jeune fille souffre d'une anorexie mentale qui s'est révélée après la puberté, lorsque est apparu pour elle le risque sexuel. Elle ne peut que bredouiller des mots cassés, dépourvus de sens. Elle patauge dans son urine et répond aux voix qui sortent des briques en tapant mollement contre les murs de sa chambre.

Après un bref traitement psychiatrique, elle a pu accéder à la psychothérapie et comprendre à quel point, en évitant l'horreur des choses sexuelles, elle en est arrivée à l'horreur de la déchéance organique. Elle a pâli de dégoût en m'expliquant que les mots « fœtus, vagin, utérus » lui donnent la nausée. Elle s'étrangle d'angoisse et trouve à peine le filet de voix nécessaire pour me dire le scandale qu'elle éprouve à la différence des sexes et la frayeur putride que provoquent en elle les mots « verge, phallus, érection ».

Un dimanche, elle saute dans l'eau du port, parce qu'un vendeur de cacahuettes a voulu passer son bras autour de ses épaules pour poser devant l'appareil photo d'une amie. Elle avait préféré sauter dans l'eau plutôt que d'avoir à subir un geste si lourd d'obscénité sexuelle.

Le mot « accouchement » possède une connotation très différente selon la fonction sociale de celui qui l'emploie. On peut évaluer l'émotion ressentie par celui qui parle en utilisant le différenciateur sémantique d'Osgood : on propose un mot au sujet observé, puis on lui demande de cocher parmi une série d'adjectifs opposés : (bon - mauvais ; fort - faible ; actif - passif ; etc.) ceux qui lui paraissent le mieux convenir à ce mot. Ainsi, le mot « accouchement » a provoqué chez les soignants, gynécologues et infirmières, une émotion chargée d'« angoisse », d'« activité », d'« épreuve » alors que le même mot chez les futures mères a révélé une émotion connotée par les adjectifs « joyeux », « sérieux », « excitant », « sain », « libérateur ». Pour les techniciens de l'accouchement, ce mot dénote un acte naturel, et connote une sensation d'épreuve angoissante. Pour les futures accouchées, le même mot dénote le même acte naturel, mais connote tout autre chose : on y parle de « mal joli » de l'inconscient populaire, de la joyeuse et douloureuse libération des femmes enceintes.

Par cette méthode, on peut conclure que le vécu, l'émotion attribuée au monde, varie selon le sexe, mais aussi selon le rôle social du sujet et sa représentation des choses. On peut supposer que toute une partie des émotions véhiculées par les mots, les choses, les actes de la vie ne provoquent en nous que l'émotion qui est déjà dans notre imaginaire.

Mme J..., petite brune, vive, trop maquillée, parle comme une mitraillette. Mme P..., grande, lourde, blonde, dégage une étonnante impression d'érotisme tranquille. Le même après-midi, elles ont pris toutes les deux conscience de la manière dont elles se faisaient violer par leurs maris.

Mme J... aime provoquer le désir de son mari. Elle sait se faire prometteuse, langoureuse, amoureuse. Mais dès que son mari s'apprête à profiter de ces promesses, elle refuse, soudain exaspérée et envoie promener son homme. Si par malheur, il ne persiste pas dans ses tentatives, elle lui déclare son mépris : « Tu n'es pas un homme. Un homme véritable se passe de l'avis de sa femme, lui. » Lorsque son mari persévère, elle refuse à nouveau. Habituellement, l'homme exaspéré prend la porte. Jusqu'au jour où il l'a prise de force. Alors, elle s'est mise à pleurer et à reprocher à son mari sa brutalité. Mme P... emploie la même stratégie érotique. Elle n'éprouve de plaisir que lorsque son mari, hors de lui, la prend de force. Cet homme intelligent s'étonne de sa propre brutalité. Il m'explique qu'à ce moment-là, il se comporte comme un « possédé ».

En fait, le même acte, le même déroulement de comportements connote et véhicule des émotions, des significations totalement différentes.

Mme J..., terrorisée par ses propres désirs, prêtait à son mari des violences libidinales encore plus grandes. Elle aurait voulu que, malgré ses incessantes provocations amoureuses, son mari ne la viole pas. Alors, rassurée par la tendresse de son mari, mais déçue par sa sexualité, elle l'aurait aimé et n'aurait pas eu d'orgasme. Elle se comportait un peu comme ces enfants abandonnés qui provoquent l'hostilité des adultes, en espérant obtenir la réponse non violente mais autoritaire qui les rassurerait. Ils provoquent l'autorité pour obtenir l'affection. Beaucoup de jeunes sont considérés comme délinquants alors qu'ils souffrent de carence affective. Malheureusement, le mari de Mme J..., soumis lui aussi aux lois de son propre inconscient, un jour a pris la fuite.

La signification, la charge affective que Mme P... attribuait aux viols qu'elle provoquait correspondaient à des fantasmes d'une tout autre nature. Cette femme, grande, belle, puissante, aimait le pouvoir jusqu'au plaisir physique. Et lorsque son mari disait : « Je perds la tête, je me comporte comme un possédé », il ne se trompait pas. C'était son désir à elle de le posséder. Et lorsque après l'avoir provoqué, puis frustré, elle voyait son doux mari exploser comme une brute en rut, elle jouissait de sa maîtrise sur lui. « Quelle puissance j'ai sur cet homme, puisque j'arrive à provoquer en lui, quand je le veux, un désir qui lui fait perdre la tête, disait-elle. C'est le moment où il me viole que j'éprouve le plus intensément la jouissance de le posséder. »

Forcer une femme, ça dénote un viol. Mais la connotation de ce viol peut véhiculer mille fantasmes différents.

Le fantasme, c'est l'image, la petite histoire, le raisonnement qui donne une forme à nos désirs. Chez l'humain, toute réalité, toute perception est connotée par nos fantasmes. C'est dire à quel point notre goût du monde s'exprime et se révèle par nos fantasmes qui inspirent quelques-uns de nos comportements.

Il est bien difficile de dire si les animaux ont des fantasmes ou non, mais ils peuvent avoir un goût du monde. Ils peuvent associer une émotion à une situation ou à un fait. Jane Goodall, qui a pisté des chacals pendant plusieurs années, raconte comment Jason, le chacal du Ngorongoro, faisait la fête quand il retrouvait une région où il avait été heureux, et comment Cinda, la femelle froussarde enlevée dans son enfance par un vautour qui l'avait laissée s'échapper, manifestait par la suite des rituels de soumission devant toute ombre qui l'effrayait. Les animaux domestiques, les chiens surtout, connotent très facilement certains mots humains et expriment une gestualité de fête pour le mot « promenade » ou un rituel de soumission pour le mot « vilain » ou « sale bête ».

Cette manière de goûter le monde chez les animaux influence aussi leur manière de s'y engager. Les comportements varient beaucoup selon le sexe. Les chiennes s'accroupissent pour uriner, tandis que les mâles lèvent la patte : ils envoient de petites giclées quand ils marquent leur territoire à leur odeur, et de longues mictions lorsqu'ils vident leur vessie. Les femelles primates se battent pour s'arracher le droit de toiletter les enfants, sous l'œil indifférent des mâles. Chez les rats, elles se contentent de chasser l'intrus de leur territoire, alors que les mâles poursuivent leur agression. Les lionnes nourrissent et asservissent un beau mâle qu'elles chasseront quand il ne leur plaira plus. Les pingouines courtisent le mâle de leur choix puis l'obligent à couver leurs œufs.

Le fait qu'une partie de ces connotations vient de notre imaginaire n'exclut pas l'influence possible du biologique.

J'ai soigné un lanceur de poids qui avait reçu des piqûres d'hormones mâles pour devenir plus fort. Il avait pris trente kilos de muscles, et son goût du monde s'était modifié. Il était devenu hardi, entreprenant. Il épuisait son entourage par ses initiatives incessantes, sa fringale de vivre, d'agir, de jouir. La part de hargne qu'on sous-entend quand on parle d'agressivité avait disparu. Au contraire, il était devenu parfaitement serein. Simplement, dans son grand désir de partager ses qualités à vivre et ses aptitudes à jouir, il avait fini par se rendre odieux à sa famille épuisée qu'il voulait sans cesse entraîner dans son ouragan libidinal. Après l'arrêt des hormones mâles, la vie lui a paru tellement fade qu'il a préféré se suicider. Comme l'ont fait plusieurs athlètes olympiques dopés aux anabolisants.

Il n'est pas question d'en conclure que les hormones mâles sont euphorisantes et les hormones femelles déprimantes. On cite souvent l'exemple des femmes qui sont anxieuses, hyperactives ou irritées en périodes pré-menstruelles. Ces cas sont fréquents. Très souvent, ces femmes fuient leur malaise dans l'hyperaction : huit à dix jours par mois, on les voit, chiffon à la main, frotter leurs cuivres, déplacer leurs meubles. Puis après leurs règles, elles se décontractent et redeviennent paisibles. En totalisant les périodes de règles, ces femmes consacrent tout de même six à huit ans de leur vie à subir ces angoisses. D'abord, on en a conclu que l'état hormonal de ces périodes servait de fondement biologique à ces états d'âme puisque la progestérone, hormone féminine, modifie les sécrétions cérébrales. Jusqu'au jour où une étude linguistique et psychodynamique a découvert que ces femmes souffraient de leurs règles parce qu'elles s'identifiaient mal à leurs mères et contestaient leur condition féminine.

Il n'est plus possible d'opposer le biologique et le culturel, il n'est plus question de choisir ; il faudra désormais coordonner ces pôles différents d'une même fonction.

Le fondement psychochimique de la psychose maniaco-dépressive n'empêche absolument pas cet équipement génétique particulier d'entrer en interaction avec son milieu, qu'il soit climatique, affectif ou social.

En 1969, Reich et Winnokur ont prouvé par des études généalogiques que la psychose maniaco-dépressive était une maladie héréditaire. Mendlewicz en 1972 a utilisé la méthode des marqueurs génétiques. Il a suivi l'hérédité facilement observable d'une sorte de daltonisme : la deutéranopie, déficit visuel portant sur le rouge et le vert. Ce déficit est souvent associé au groupe sanguin Xg et à la psychose maniaco-dépressive. Depuis 1976, il est prouvé que cette psychose est liée au sexe par un gène situé sur le bras court du chromosome X. Ce gène, en modifiant la perméabilité des cellules aux électrolytes (sodium et potassium), entraîne des variations de l'éveil cérébral, expliquant les fabuleuses variations cliniques de l'humeur.

Cette perméabilité cellulaire anormale, contrôlée par un gène à plusieurs effets, explique aussi pourquoi seules les psychoses maniaco-dépressives héréditaires sont curables par le lithium qui, étant un sel, franchit les membranes aussi facilement que le sodium et le potassium. Les psychoses maniaco-dépressives non héréditaires ou d'une autre nature sont peu sensibles à ce traitement. C'est la première fois dans l'histoire de la psychiatrie qu'un trouble spécifique de l'humeur peut être rattaché à une erreur de codage chromosomique. Cette erreur est merveilleusement curable puisque le lithium donne 80 p. 100 de succès d'une très grande qualité.

Plusieurs fois déjà, j'ai entendu en réunion de synthèse des infirmières s'étonner de la présence en institution de certaines pensionnaires. Quand on a connu l'alternance incessante des infernales bacchanales maniaques et l'anéantissement douloureux des gouffres mélancoliques, on a du mal à réaliser que la personne devant soi, paisible, active et souriante, parfaitement en harmonie avec elle-même et son entourage, est porteuse d'un gène maniaco-dépressif et qu'elle est simplement venue faire contrôler son taux sanguin de lithium.

Pourtant, même quand la nature a repris le contrôle des variations d'humeur, même quand la psychochimie explique certains comportements, elle n'empêche pas la dimension humaine, affective ou sociale de s'exprimer, elle aussi. L'époque où les accès maniaques dans une même région se déclenchaient tous au même moment n'est pas encore si lointaine. Angst a étudié 10 000 dossiers de cette psychose qui concerne actuellement 1 p. 100 de la population mondiale, quelle que soit la culture. Et il a noté que la plupart des accès se déclenchaient aux équinoxes.

Un des derniers épisodes de ce genre que j'ai dû subir a concerné trois dames dont la plus jeune avait soixante-huit ans. Elles ont « démarré » en même temps en mars. En quelques jours, tous les services psychiatriques du Var étaient submergés par les accès maniaques de la région.

Elles ont entrepris d'aller voir à quelle vitesse les pompiers de Toulon réagissaient à un appel d'urgence : il suffisait d'appuyer sur un bouton spécialement disposé à cet effet, à l'entrée de la caserne. Elles ont applaudi à la première ruée. Les pompiers ont toléré le deuxième appel. Au troisième, un soldat que le réveil rendait peut-être un peu plus nerveux a secoué la dame la plus jeune, celle de soixante-huit ans. Indignées, elles ont filé au commissariat pour déposer une plainte. Quelques minutes plus tard, les gardiens du poste s'énervaient. La dame la plus âgée en profitait pour téléphoner au patron de sa fille pour l'insulter et lui réclamer une augmentation. Chassées du commissariat, elles entreprirent une visite des bas quartiers de Toulon. Les marins américains dont la flotte mouillait en rade n'avaient jamais vu des prostituées de cet âge et de cette vitalité. A six heures du matin, pieds nus, en combinaison à dentelles, les trois dames dansaient le french-cancan sur le pavé du port devant un troupeau engourdi de marins indiens. A huit heures, les commerçants du port téléphonaient à l'hôpital : la dame de soixante-quatorze ans s'était foulé la cheville en sautant d'une table où elle avait essayé de valser. Celle de soixante-douze ans était tombée sur le front et, malgré son arcade ruisselante de sang, chantait et dansait avec un érotisme qui provoquait l'admiration des marins indiens. Quant à celle de soixante-huit ans, tombée dans l'eau du port, où elle s'était fracturé le nez, elle prétendait que le pompier agressif en était responsable et voulait retourner à la caserne pour se venger.

Quelques jours plus tard, les infirmières du centre entraient dans mon bureau, épuisées. Les autres pensionnaires me reprochaient de ne pas donner assez de médicaments à ces dames. Les familles inquiètes colmataient les brèches, payaient les chèques sans provision, écrivaient des lettres d'excuses. Quant aux trois dames, après quelques disputes, elles se calmaient lentement et exigeaient chacune l'hospitalisation des deux autres.

Elles se sont apaisées. Le maquillage est devenu moins violent. Elles ont enlevé les fleurs de leurs cheveux, les colliers de laine de leur cou et les faux bijoux de leurs doigts. Elles ont cessé d'écrire, de téléphoner, de changer de vêtements. Elles ont accepté de rester assises. Puis, elles se sont couchées. Elles ont rabattu le drap sur leur tête, ont cessé de parler, de répondre aux questions, de lire, de manger, de boire, de déféquer. L'une d'elles a même affirmé qu'elle n'existait pas, qu'elle n'était que l'illusion d'elle-même. L'autre m'a supplié de lui faire une piqûre pour la tuer et d'épargner ainsi au monde son existence pourrie.

Demaret a étudié comparativement le comportement territorial des psychoses maniaco-dépressives et celui des animaux. Lorsqu'on observe un animal, chez lui, dans son territoire, il se sent confiant et les postures de son corps expriment cette confiance. Il occupe avec ses pattes tout le volume spatial dont il a besoin. Il redresse son corps, pointe ses oreilles, se déplace où il veut, chasse les intrus quelle que soit leur force, courtise les femelles, s'il en a le désir. La moindre de ses pulsions s'exprime aussitôt par l'appropriation de l'espace ou le passage à l'acte sans inhibition, sans frein.

Si le même animal, au même stade de son aventure individuelle, au même moment biologique et psychologique, est placé dans le territoire d'un autre, son corps va exprimer des émotions totalement différentes. Il va se déplacer lentement, osant à peine poser ses pattes sur le sol, occupant le moins d'espace possible, couchant les oreilles, courbant l'échine et se soumettant dès qu'un autre apparaît. Cette soumission s'exprime aussitôt par un renoncement à s'approprier un morceau d'espace : l'animal cherche à s'enfuir et, s'il ne le peut pas, il va se recroqueviller, s'accroupir, se coucher sur le dos ou exposer les parties les plus vulnérables de son corps.

Ce comportement qui consiste à s'approprier le plus d'espace possible quand l'individu se sent confiant et à renoncer à cette possession quand il se sent étranger, déraciné, se retrouve très souvent dans le monde animal. Mais, lorsque le processus suit son cours, la dictature psychochimique change d'expression. Quelques jours plus tard, le patient restreint son espace. Puis, comme l'animal hors de son territoire, l'humain se sent étranger, en trop, coupable d'exister : « Je gêne tout le monde ici, j'empêche les autres de vivre, je les rends malades. » Il reste dans sa maison, puis dans sa chambre, puis dans son lit. Puis il finit par nier même l'espace de son corps : « Mon cœur n'existe pas, mon estomac est un grand vide en moi, je suis un néant, je suis mort. »

Nous avons décidé de pister, comme en psychologie animale, l'espace occupé par les patients au cours de leur séjour en institution. L'hypothèse d'observation a été le comportement de Homing des animaux. Tout animal s'offre de temps en temps une régression réparatrice : il retourne dans son nid, dans son territoire intime marqué à son odeur ou à ses objets familiers comme des plumes, des bouts de bois, des morceaux de verre, des débris alimentaires. Là, tranquille, chez lui, au centre de son univers, il peut se laisser aller en toute confiance et se reposer des agressions inévitables de la vie quotidienne.

Ce comportement de régression récupératrice semble inscrit

dans le patrimoine génétique des espèces vivantes. Dès leur naissance, les petits mammifères savent régresser, en cas d'agression, s'enfouir sous le ventre de leur mère où ils peuvent s'apaiser, se ressourcer. Un dispositif très simple permet de mesurer l'intensité de l'émotion du petit rat : un polochon de fourrure dont les poils sont retournés vers l'intérieur du conduit est gradué en centimètres. A chaque agression sonore, les petits rats s'enfoncent dans le polochon et la longueur de l'enfouissement donne un reflet chiffré de la frayeur du petit rat. Pour une petite émotion, le rat touche la fourrure ou y enfonce simplement le bout de son nez. Pour une forte émotion, le rat s'engouffre profondément dans le polochon.

La régression chez les humains n'est pas une vue de l'esprit. Comme dans l'expérience analogique de Demaret, il est fréquent de voir dans les services de neurochirurgie des gens dont le cerveau traumatisé ne peut plus exprimer les fonctions intellectuelles supérieures. Ils oublient le langage adulte et les rituels sociaux. Ils libèrent, sous l'effet du traumatisme, les fonctions anciennes, primitives, qui ont été enfouies, masquées par l'acquisition des fonctions supérieures. Ces fonctions archaïques continuent à s'exprimer en nous et constituent certainement une partie de notre inconscient. Les éthologues décrivent ainsi sur le plan comportemental ce que Freud a décrit sur le plan inconscient lorsqu'il a parlé des fantasmes originaires (scénarios imaginaires, mises en images universelles que l'on retrouve dans le vécu de tout être humain, quelle que soit son aventure personnelle ou sa culture). Les psychanalystes admettent que les formations de souvenirs, tels que les rapports sexuels entre nos parents, la mémoire de notre vie dans l'utérus de notre mère, la peur de la castration, les tentatives de séduction du parent de l'autre sexe, sont des constructions imagées inscrites dans un patrimoine fantasmatique transmis phylogénétiquement au cours du développement et de l'évolution de notre espèce.

Nous avons donc pisté nos patients pour étudier leurs comportements d'espace variant au gré de leur humeur. Nous décidons de suivre une patiente pendant vingt-quatre heures. Toutes les demi-heures, nous pointons sa position dans l'espace et nous la localisons sur un plan de l'institution ou sur une carte de la région. Il fallait donc téléphoner ou prévenir l'interne de garde du Q.G. pour lui signaler la situation de la patiente pistée : de quoi rendre paranoïaque n'importe quel sujet normalement interprétatif.

Les graphiques obtenus ont été très parlants pour nos patientes déprimées : comme les animaux agressés, elles retrouvaient la défense archaïque du Homing. En phase dépressive, elles restreignaient leur occupation spatiale et gravitaient dans un petit territoire autour de leur chambre à coucher. Lorsque l'humeur était bonne, en revanche, elles quittaient l'institution, prétextaient des petits achats pour aller au village ou n'hésitaient pas à organiser des expéditions touristiques.

En situation non sociale, tous les humains pistés ont manifesté le homing. Tous, sauf les schizophrènes. Il est difficile de parler de dépression ou de bien-être chez les humains pour qui le goût du monde est particulièrement amer. On les a vus organiser un déplacement en pleine phase de dissociation psychique. Nous les avons souvent accompagnés. Ils se déplacent, bien sûr, ils se transportent plutôt, d'un point de l'espace à un autre. Ils voyagent comme des valises : yeux rivés au sol, perdus dans leur monde intérieur, noyés dans leur brume, isolés dans leur rempart psychique qui les empêche même de lever la tête pour regarder les autres. A l'opposé, il nous est arrivé de les voir souriants, heureux enfin de n'avoir plus à vivre, apaisés par leur renoncement, immobiles sur le lit, yeux rivés au plafond, ravis, vides.

Tous les humains observés ont manifesté cette régression bienfaisante, ce retour aux sources dont parlent les déracinés avec une si douce nostalgie. Les schizophrènes savent rarement se laisser aller, récupérer, retrouver le doux contact du corps maternel, de la terre des origines. Quand la présence d'autrui les fait trop souffrir, quand la réalité les agresse trop, ils ne connaissent pour se défendre que la rétraction antalgique, le recroquevillement des blessés de l'âme. Ils se replient, s'enroulent, se referment sur eux, s'isolent dans un désert de silence, de non-communication. On les voit alors, occupant l'espace selon leurs désirs : pas d'espace, car pas de désirs. Ils se raidissent dans une catatonie terrifiante : immobiles, cireux, fixes, ou bien, se recroquevillent dans la position fœtale, pour ne plus occuper d'espace du tout, pour ne plus être au monde.

Avant l'ère des médicaments psychologiques, il était banal de voir de tels patients dans les couloirs des hôpitaux. Ils y mouraient souvent. Pour éviter cette évolution fréquente, on leur passait des sondes dans le nez qui descendaient dans l'estomac et, de temps en temps, on y faisait couler un peu de nourriture liquide. Le soir, les infirmiers déposaient dans leur lit ces statues vivantes aux jambes gonflées par la trop longue station debout. Certains patients conservaient si longtemps la position de la rétraction fœtale que leurs articulations se bloquaient en flexion sous eux.

Céder la place peut aussi signifier soumission sociale et désir de tranquillité. Dans le port de Porquerolles, l'hiver, quand les touristes ne modifient pas le comportement spontané des animaux, il est amusant de voir le goéland dominant se laisser tomber en criant vers le sommet d'un mât pour en déloger un goéland inférieur. Ce goéland, à son tour, va voler vers un autre bateau et exiger qu'un autre dominé lui cède la place. Celui-ci, à son tour, va plonger vers la surface de l'eau pour déloger l'oiseau qui accepte d'être son inférieur et prendre exactement son emplacement.

Chez les babouins, ce jeu est lourd de significations sociales. En cas d'émotion, de conflit dans le groupe, une série de délogements en cascade va permettre aux singes de s'apaiser, comme si ce comportement d'appropriation d'un espace leur avait permis d'exprimer avec leur corps ce fantasme que les humains pourraient exprimer avec les mots : « Pousse-toi de là que je m'y mette. Cède-moi ta place pour me prouver que je ne suis pas si minable que ça, puisque je suis ton supérieur. » En échange de ce comportement, les babouins tranquillisés sur leur propre valeur pourront se préserver des blessures narcissiques, sauf le dernier qui, lui, sera sacrifié aux intérêts psychophysiologiques du groupe.

Du babouin au militaire, il n'y a qu'un pas à franchir ! Les saluts militaires ne sont-ils pas des rituels de soumission pour établir une hiérarchie ou manifester sa puissance ?

Le primate qui veut impressionner son congénère roule des épaules, écarte les jambes, gonfle sa poitrine et même les poils de son dos se hérissent.

Les officiers portent des épaulettes avantageuses, qu'ils décorent avec des symboles de puissance. Les sous-officiers se campent sur leurs jambes écartées quand ils s'adressent à un deuxième classe.

Le primate dominé, pour occuper moins d'espace, s'incline, s'accroupit et expose son derrière.

Le militaire subordonné doit claquer des talons, se raidir, ne plus bouger et mettre le petit doigt sur la couture de son pantalon.

Les joutes oculaires sont intenses chez les primates, le dominé s'avoue vaincu en évitant le regard de son supérieur.

Il est du plus bel effet, chez les militaires, de regarder dans le vague quand un supérieur vous parle.

Le primate dominé ne doit pas s'inquiéter lorsque le dominant se trouve loin de lui. Mais au cas où les espaces péricorporels des deux animaux viendraient à voisiner, le dominé aussitôt devrait exécuter des rituels de soumission pour bloquer l'agressivité du dominant.

Lorsqu'un simple soldat entre dans l'espace péricorporel d'un officier, évalué par le règlement militaire à douze pas, il doit aussitôt exécuter un salut sous peine d'être puni.

Je me suis souvent demandé pourquoi, lors des parades nationales, les militaires tenaient tant à recevoir des fleurs offertes par les enfants, alors qu'ils ne s'intéressent qu'aux tanks et aux soldats. Ce comportement semble un des plus constants des cultures humaines. Eibl-Eibesfeldt raconte que les Waïkas, lorsqu'ils reçoivent un étranger important, font danser les petits enfants pour annoncer l'arrivée des hommes féroces armés de leurs lances et décorés de leurs peintures de guerre. Il semble que les enfants aient pour fonction d'atténuer l'impression d'agressivité fournie par le défilé militaire. Mais, comme le but de la manœuvre consiste tout de même à démontrer sa puissance, l'offrande d'une fleurette par un enfant permet de sauver les apparences de non-agressivité.

Tous les rituels de politesse ont pour dénominateur commun l'appropriation spatiale. La valse des priorités pour franchir une porte s'inspire intimement de la cascade des déplacements chez les goélands. Il est convenu que le dominant doit passer le premier ; on doit même lui tenir la porte pendant qu'il s'approprie cet espace. Les hiérarchies protocolaires, sur ce point-là, ou sur la répartition des tables ou l'organisation des cortèges, n'ont rien à envier à la complexité des déplacements chez les babouins.

Mais l'esprit humain est ainsi fait qu'il peut contrôler et désormais falsifier ce dont il a pris conscience. Ainsi, depuis quelques années, les dominants humains refusent la priorité sur le pas d'une porte, tant notre nouvelle culture dévalorise ces démonstrations de puissance. Depuis peu, on voit des humains batailler pour ne pas franchir le seuil en premier. Jusqu'au moment où le dominant prend le bras du dominé et l'oblige à passer le premier. Ça, les goélands ne savent pas le faire.

En revanche, goélands, babouins et humains possèdent en commun de restreindre leur espace pour ne pas gêner l'autre et pour éteindre en lui toute velléité agressive. Une femelle goéland qui souhaiterait se battre avec un mâle dresserait sa tête, son bec, étirerait ses ailes et pousserait le staccato de son cri d'attaque. Mais, si elle désire s'approcher du mâle, elle rentre son cou, replie ses ailes, s'accroupit et avance vers l'objet de sa flamme en émettant le doux cri de quête alimentaire. Le mâle, séduit, nourrit la femelle en régurgitant, et pendant l'accouplement, pousse un cri rythmé, quelque chose entre l'étranglement ému et l'alarme. Pour ce cri, certains humains pensent que les goélands mâles sont riches d'un enseignement philosophique. Chez les babouins, même intrication des comportements d'espace et des offrandes alimentaires pour entrer en contact avec l'autre, sans agressivité. Les rituels de politesse chez les humains concernent souvent les restrictions spatiales ou les offrandes alimentaires. L'homme s'incline, la femme s'accroupit pour faire sa révérence.

Comme souvent, en éthologie, le fait qu'un comportement soit fondé sur le biologique ne l'empêche pas de subir les pressions de l'environnement. C'est dire que cette physiologie de l'espace n'exclut pas sa socialisation.

Dans toute maladie mentale qui possède un substrat organique, on ne peut exclure l'influence des relations affectives ou des valeurs sociales.

Le fait de souffrir d'une psychose maniaco-dépressive, c'est-à-dire d'être soumise à un processus naturel révélé par l'excès de concentrations ioniques à l'intérieur de certaines cellules, n'a pas empêché Mme B..., l'une de nos trois dames âgées de la bacchanale printanière, d'établir des relations affectives qui ont modifié son processus.

Elle a été miraculée par le lithium. Redevenue stable, active, sociable, elle a pu vivre à nouveau avec sa famille. La fille aînée a repris son travail au lieu de pourchasser sa mère. Ses petits-enfants en quelques mois sont devenus de bons élèves. Ils ont pu se consacrer à leur développement personnel au lieu de subir les alternances d'agitation désorganisante et de désespoirs mortels de la grand-mère.

Après cinq années de parfaite stabilisation, le gendre de Mme B..., un jour, lui a fait le reproche de vivre à ses crochets. Exaspérée, furieuse contre son gendre qui l'avait humiliée, déçue par sa fille qui n'avait pas pris sa défense avec assez de vigueur, Mme B..., a cessé de prendre les cachets de lithium qui soignaient toute la famille. Quelques semaines plus tard, la fille interrompait son travail pour tenter de colmater les bêtises de sa mère. Le gendre téléphonait aux commissariats, courait les hôpitaux, s'excusait auprès de ses voisins et tentait de rendre au garage la Maserati que la patiente venait d'acheter. Pendant ce temps, les petits-enfants à nouveau seuls, abandonnés, mal encadrés par cette famille à nouveau désintégrée, redevenaient anxieux et traînaient dans la rue.

Un jour, j'ai reçu un coup de téléphone affolé d'une femme qui voulait me voir à l'instant même, parce que ce qui lui arrivait était affreux. D'abord, je n'ai pas compris. J'ai encore moins compris quand je l'ai vue entrer dans mon bureau : elle était radieuse, élégante, souriante et vive comme je ne l'avais encore jamais vue. Sa psychose maniaco-dépressive était parfaitement stabilisée depuis six ans. Après quinze années d'hôpital psychiatrique, elle avait pu se trouver un petit logement et travailler dans une équipe où elle se plaisait beaucoup.

Je n'ai plus compris du tout quand elle m'a dit avec un très gentil sourire : « C'est affreux, docteur, je vais bien. »

Devant mon silence interloqué, elle a dû préciser : « Mais oui, je me sens parfaitement bien, comprenez-vous ? C'est très inquiétant. »

J'ai commencé à comprendre quand elle a ajouté : « Je vous en supplie, faites quelque chose, j'ai peur d'aller trop bien. »

Pendant quinze années de souffrance, cette femme avait payé cher pour apprendre que chaque accès d'euphorie la menait au drame, au scandale social, à l'agression des autres, aux accidents, aux blessures, aux hôpitaux. Voilà pourquoi, après avoir connu enfin six années de bonheur tranquille, elle s'inquiétait de cet inattendu bien-être et venait réclamer mon secours pour l'empêcher de se sentir trop bien.

Certaines expériences illustrent bien à quel point on ne peut séparer un organisme de son milieu.

La graisse des lapins est jaune. Et les généticiens ont trouvé dans ses chromosomes un gène porteur de l'équipement enzymatique qui permet à la graisse de prendre cette couleur. Mais cette graisse ne pourra exprimer le caractère jaune que si l'environnement végétal contient de la xanthophile. Si, dans des conditions expérimentales, on supprime la xanthophile de l'environnement du lapin, la graisse deviendra blanche. Et pourtant, son équipement génétique reste porteur du code chimique qui permet à la graisse de se colorer en jaune. Simplement, le milieu n'a pas permis l'expression de ce caractère. On pourrait presque dire qu'il l'a refoulé, à un niveau biochimique.

A l'inverse, le milieu peut modifier l'apparence morphologique d'une mouche, au point de faire croire qu'il s'agit d'une même espèce, alors que les équipements génétiques sont très différents.

La drosophile est certainement la mouche qui a joué le rôle le plus important dans l'étude des chromosomes. Certaines drosophiles ont les yeux bruns, d'autres les yeux clairs. Elles ne sont pas de la même espèce. Elles ne possèdent pas dans leurs gènes la même aptitude à stocker les pigments oculaires. Pourtant si on élève une mouche aux yeux clairs dans un milieu enrichi en tryptophane, qui est une substance protidique, ses yeux vont brunir et elle va prendre l'apparence, le morphotype de la mouche aux yeux bruns d'une espèce pourtant différente. Il suffira de remettre ces mouches dans un milieu normal, sans excès de tryptophane, pour que aussitôt, cette différence héréditaire de caractère se manifeste à nouveau.

Il semble bien que l'inné et l'acquis soient des notions opposables pour des motifs idéologiques, mal conscients, inavoués, refoulés, mais très violemment exprimés.
La matière existe et, sans elle, le phénomène psychique ne peut se dérouler. Il est aussi vrai de dire que lorsqu'on a compris le fondement matériel et chimique d'un processus mental, on n'a pas compris grand-chose, malgré ce pas de géant.
La matière est à l'esprit ce que les touches de piano sont à la symphonie. L'ensemble des gènes tricotés dans les chromosomes réalisent une sorte de ruban informatique où sont codés les messages de milliers de gènes. A partir de ce clavier matériel, l'aventure personnelle de l'individu, ses environnements affectifs, éducatifs, sociaux vont composer une infinité de symphonies différentes.
Après qu'on a décodé l'alphabet biochimique d'un sujet, rien n'est encore écrit du fabuleux roman de son aventure individuelle. Entre les deux pôles extrêmes d'un même processus, bien des influences vont en modifier les expressions innombrables. On peut concevoir chaque phénotype, chaque forme manifeste, comme une hiérarchie de niveaux d'intégration du vivant : le code génique fonde le niveau biochimique qui fonde les fonctions physiologiques qui fondent les formes structurales qui fondent les organisations sociales. Chaque niveau s'élabore sous les pressions conjointes d'un programme génétique unique et d'un environnement particulier.
L'éthologie, discipline carrefour, devrait permettre de combler le gouffre qui existe entre les sciences de la matière et les sciences humaines. Il n'est plus possible d'opposer ces niveaux différents du vivant. Il va falloir les coordonner. Chaque niveau se réfère à ses propres modèles. Il n'est plus question d'exclure ou de souhaiter la mort de ceux qui éclairent d'une autre lumière le vivant ou l'abordent par un autre niveau. Cette guéguerre des sciences humaines est aussi stupide que celle que se livreraient les ouvriers du bâtiment si les terrassiers refusaient le travail des maçons, si les maçons chassaient les couvreurs, si les plombiers interdisaient le passage des décorateurs, sous prétexte que ces corps de métier n'abordent pas de manière identique la construction du même immeuble !

Je

« Ma souffrance a commencé bien avant ma naissance. Dès que mes parents se sont rencontrés je me suis mise à souffrir. Je n'étais pas encore conçue. Moitié dans le ventre de ma mère, moitié dans les couilles de mon père, déjà, je souffrais. »

La femme qui disait cela n'avait rien d'une délirante. Elle cherchait à formuler l'indicible souffrance qu'elle ressentait pour chaque instant, chaque événement de sa vie. Même le bonheur l'angoissait. Surtout le bonheur : « J'ai souvent connu le bonheur, disait-elle, et rien ne m'a rendue plus malheureuse. »

Comment exprimer, comment dire que chaque atome de vie se transforme en monceau d'amertume ? Ce travail de formulation, c'est elle qui l'élabore. Moi, j'ai deux manières pour comprendre. Je peux chercher à percevoir, comme tout le monde, la sensation de permanente déception qu'elle éprouve et cherche à me communiquer par ses mots, par ses intonations, la musique de sa voix et de son corps parlant.

Je peux ressentir comme elle, sympathiser.

Je peux aussi réfléchir et me demander si cette formulation ne correspond pas à une des réalités possibles. Ça, c'est une démarche scientifique. Alors que l'émotion partagée, souvent psychothérapique, est une démarche plus littéraire, plus humaine.

Peut-on souffrir moitié dans le ventre de sa mère, moitié dans les couilles de son père ? Que voulait-elle dire ?

La rencontre d'un couple est régie par des lois qui ne doivent pas grand-chose au hasard. Les sociologues ont facilement découvert les lois objectives qui préludent à ces rencontres : la proximité géographique, la strate sociale, les intérêts, les activités, les intentions communes. Mais il y a d'autres lois, plus secrètes, plus motivantes. Elles n'apparaissent à personne, surtout pas aux intéressés.

Dès les premiers jours, dès les premières coordinations du couple, un contrat implicite se signe dans l'inconscient des participants. Dès les premières articulations, une manière de fonctionner ensemble va établir les lignes de force du couple. Ce n'est que dix ou vingt ans plus tard, quand les interactions du couple auront évolué jusqu'à la caricature qu'on prendra conscience de ce qui était écrit dès les premiers gestes de la formation du couple.

Lors de la première relation sexuelle, il y a toujours au moins six personnes : l'homme et la femme qui se rencontrent, plus leurs parents respectifs. Sans compter les voisins, la culture, les conventions sociales et l'histoire du pays qui participent à cette intimité. L'acte sexuel est certainement un acte total, historique et culturel, même si toutes les fonctions génitales et glandulaires sont nécessaires à cette rencontre. Pour le comprendre scientifiquement, il faut isoler une part de cette réalité, nommer la séquence qu'on a décidé d'observer, exclure tout ce qui peut intervenir dans cet acte et qu'on a décidé de ne pas étudier. C'est dire à quel point la science pactise avec l'arbitraire !

Ce qui m'intéressait pour cette patiente qui souffrait moitié dans le ventre de sa mère, moitié dans les couilles de son père, c'était la motivation inconsciente, le contrat implicite qui avait dû préluder à la rencontre de ses parents.

Au cours de la psychothérapie, peu à peu, se dessine un couple de parents sadiques. C'est à qui masochisera l'autre. L'homme a pour lui le muscle et l'argent. Elle rétorque par des représailles ménagères et affectives. Il lui arrive souvent de s'enfermer avec sa femme. Alors, longuement, il savoure la peur qu'il lui inflige en retroussant ses manches avant de la cogner. Pour le rendre impuissant, elle s'est rendue obèse. Elle a transmis à ses enfants la haine du père qui, quelques années plus tard, devait souffrir d'un abandon et d'une solitude extrême. C'est au cours d'un acte sadique que la patiente a été conçue : son père a engrossé sa mère pour la punir d'un achat trop coûteux. Est-il possible d'être le fruit d'une telle signification sans que cela influe sur la construction du psychisme ?

Généralement, les couples se forment parce qu'ils ont des structures mentales compatibles, des demandes inconscientes complémentaires. Les anxieux se rencontrent et s'épousent entre eux, méprisant mais enviant ceux qui ne sont pas soucieux, et qu'il nomment « inconscients ». Les déséquilibrés, impulsifs, instables insouciants, s'épousent entre eux. Le divorce est écrit dans leur contrat implicite. Les enfants de ces couples répètent souvent la même biographie, le même mariage, les mêmes schémas que leurs parents.

Les études génétiques démontrent l'importance de l'hérédité dans ces comportements sociopathiques. Les enfants issus de ces couples, séparés d'eux à leur naissance et élevés par une famille adoptive, possèdent à peu près la même probabilité d'exprimer cette manière de vivre que les enfants élevés par leurs parents biologiques.

Admettons que l'angoisse soit portée par un gène, inscrite dans le code biochimique d'un génome : la probabilité d'avoir des enfants anxieux devrait être plus grande, puisqu'en associant leurs chromosomes, ils sélectionnent et favorisent la probabilité d'expression du gène porteur d'angoisse.

La rencontre parentale qui s'est effectuée pour des raisons imaginaires, pour des motifs psychodynamiques, pourrait intervenir dans les associations chromosomiques et orienter l'équipement génétique de sa future descendance. L'enfant issu d'une telle rencontre imaginaire, constitué par un équipement génétique hypersélectionné, s'inscrit, dès sa naissance, dans un milieu familial anxieux, où son capital neuropsychique va trouver l'environnement idéal pour s'exprimer et s'épanouir.

Il n'y a donc pas opposition entre nature et culture, mais au contraire connivence. C'est ce qu'on voit dans les familles qui tendent à fabriquer des schizophrènes.

Le contrat implicite du couple parental est très particulier. Selon M. Selvini, c'est le conjoint difficile qui est choisi. Ce n'est pas celui avec lequel on va jouir de la vie ; c'est celui qu'on choisit pour y articuler sa difficulté d'être. Et cette articulation possède une forme bien particulière.

Depuis quelques années, les psychanalystes et les antipsychiatres se sont appliqués à décrire le rôle de la mère dans la genèse des schizophrènes. De la description à l'accusation, le glissement s'est rapidement effectué. Et ces femmes ont dû ajouter à leur désespoir d'avoir un enfant fou, celui d'en être accusées. Cette immense souffrance les amène souvent en psychothérapie. Notre compréhension de la schizophrénie s'en trouve ainsi améliorée. Mais dans cette relation où le soignant rend l'autre malade, je ne sais pas qui est le mieux soigné, du thérapeute ou de la mère schizophrène ?

Une de ces mères, un jour, me parlait du choix de son mari. « J'étais marraine de guerre de deux soldats. Ils ont été blessés. Notre affection est née par correspondance. Nous ne nous étions jamais vus. Et pourtant nous avons décidé de nous marier. Je ne savais pas lequel épouser. Finalement, j'ai pris mon mari. Mais c'est l'autre que j'aurais préféré — parce qu'il était plus diminué. Mon futur mari a bien guéri de sa blessure, alors que l'autre, celui que je voulais, a été amputé. »

Par la suite, on apprend que cette femme manifeste un courage pathologique. Elle prend le pouvoir par son dévouement, elle s'occupe de tout. Elle travaille, soigne, nourrit, bricole, envahit l'espace par ses gestes, et ses paroles, son apaisement constant. Pendant ce temps, le mari, ravi d'être diminué, va paisiblement à son rythme. « Avec ma femme, on a toujours eu de rapports d'égalité, c'est elle qui décide tout. »

Ce couple va articuler ses inconscients selon ce type d'interaction caractéristique. Dans cet environnement relationnel particulier, va naître le futur schizophrène. Le potentiel génétique de l'enfant trouve dans ce milieu psychique le terreau le plus propice au développement de sa schizophrénie.

L'articulation si particulière des inconscients parentaux lors du choix du conjoint a augmenté la probabilité de création d'un terrain génétique à potentiel schizophrénique. Mais l'environnement humain, par la suite, pourra favoriser ou réprimer l'expression de cette tendance.

On a tort de croire que la construction de notre psychisme commence le jour de notre naissance. Bien des psychanalystes considèrent que la venue au monde est le premier événement de notre histoire individuelle. Le traumatisme de la naissance constituerait une profonde blessure narcissique dont tous nos efforts ultérieurs tenteraient la réparation. Certains patients prétendent se rappeler leur naissance ou ce qu'ils ressentaient dans le ventre de leur mère.

Une jeune fille, un jour, se remémore sa première toilette. C'est son père qui la lange. Au lieu de lui débarbouiller les fesses, il les enduit des matières fécales du bébé. Il est difficile d'admettre qu'il s'agisse d'un véritable souvenir, en ce sens qu'un événement réel aurait laissé une trace dans les circuits cérébraux. On sait qu'il faut pour cela que le cerveau ait atteint un certain degré de maturation pour que les circuits de la mémoire soient en place, que la synthèse des acides ribonucléiques soit correcte et que la maturation neurosensorielle soit suffisante pour que le bébé puisse percevoir cette catégorie d'information. Or la synthèse de la myéline qui permet la réalisation de cet ensemble de conditions neurophysiologiques ne se fait qu'à partir de six à dix mois.

Ce souvenir correspond à la représentation d'un événement imaginaire. Cette re-création permet de donner une forme imagée à une sensation réelle : celle de ses rapports avec son père. En somme, ce souvenir met en image, après coup, une sensation impalpable. Ce fantasme donne une forme à l'expérience vécue, à la manière de percevoir son monde, de ressentir la relation avec son père. Lacan parle de métonymie première : c'est-à-dire d'un mirage qui permet d'exprimer la sensation d'une relation de cause à effet.

Qu'en est-il des expériences consécutives aux événements réels survenus avant la naissance ?

R. Chauvin a bien montré que chez les grillons, l'âge des parents au moment de la conception jouait un grand rôle dans les comportements ultérieurs des petits grillons produits à ce moment.

Dennenberg en déménageant souvent les rates enceintes a rendu leurs portées instables, plus émotives que celles issues de mères stabilisées, rassurées par l'expérimentateur.

Il est probable qu'une grande variété d'informations parvienne à l'embryon et modifie l'expression de ses comportements ultérieurs. Gotlieb a montré que des canetons reconnaissent et répondent à des sons que l'expérimentateur avait émis en direction de l'œuf, longtemps avant l'éclosion.

Il n'est pas impensable que l'état d'esprit de la mère, sa disposition psychique, son humeur, influent sur la construction de cette constitution paisible ou hyperactive de l'enfant. Mais l'état d'esprit de la mère dépend de sa propre biographie, de sa situation affective et sociale, si elle travaille beaucoup, si ce travail l'angoisse ou la stimule, si son mari l'accable ou la réconforte. L'humeur de la future mère ainsi influencée pourra à son tour influencer la constitution de l'enfant dans l'utérus. On trouve déjà le schéma de la mère traduisant le monde pour son enfant en lui présentant sa version.

La naissance n'est pas le premier jour de la vie. En revanche, cette épreuve réalise une période sensible de l'interaction mère-enfant.

Chez les lémuriens et les simiens, la naissance a souvent lieu la nuit. La femelle pratique une sorte d'« accouchement sans douleur ». Très habile, elle alterne les contractions, les relaxations, puis extrait elle-même son enfant. Parfois, le père (chez les hapalidés) participe à la délivrance en sortant le fœtus. Aussitôt, la mère, pour se réconforter, mange le placenta. Sur sa lancée, elle lèche aussi le petit et, en le toilettant, lui désobstrue les yeux et les oreilles. Les bénéfices de ce comportement sont nombreux. Ce toilettage déclenche la miction et la défécation du petit. Le bébé meurt d'occlusion par paralysie intestinale, s'il n'est pas ainsi toiletté. La mère prend un grand plaisir à ce festin autophagique. Si on l'empêche, elle ne s'attache pas à son enfant, le considère comme un intrus et le chasse.

De cette interaction, mêlée de réflexes et de plaisirs, va résulter l'attachement de la mère à son enfant. Stimulé par le plaisir de la mère, éveillé par son toilettage, l'enfant va s'agripper à sa fourrure. L'articulation de ces deux êtres encore mal séparés vient de se faire. Il n'y a plus qu'à l'élever. C'est l'affaire d'une dizaine d'années.

Chez les humains, on retrouve un vestige de ce comportement archaïque. Le grasping est un réflexe que le nourrisson possède dès sa naissance. Il suffit de lui toucher la paume de la main pour provoquer une réaction de forte préhension. Ce réflexe est plus intense pendant l'allaitement que pendant le sommeil. Mais ce réflexe connaît lui aussi une aventure évolutive. Le petit prématuré peut rester suspendu à une corde, alors qu'en vieillissant, ce réflexe disparaîtra. Il s'agit là d'un vestige psychogénétique hérité de notre passé anthropoïde. En effet, le réflexe est net chez les primates infra-humains. Il leur permet l'agrippement à la fourrure maternelle. Chez les humains, il disparaît en vieillissant mais peut réapparaître lors de maladies régressives, comme les atrophies cérébrales ou certaines tumeurs. Dans ces processus, le sujet revient en arrière. Son cortex ayant fondu n'inhibe plus les activités du cerveau archaïque. Dans ces cas, il suffit de gratter les paumes de la main pour voir réapparaître un grasping et un sucking (mouvements de tétée de la bouche), comme chez les singes et les nouveau-nés.

Les jours qui suivent l'accouchement réalisent aussi pour la mère une période sensible où elle devient susceptible de s'attacher à tout être vivant qui déclencherait en elle son potentiel maternel. Une chienne qui vient de mettre bas est susceptible d'adopter n'importe quel être vivant qu'on lui confie, pendant les quatre jours qui suivent l'accouchement. A l'opposé, si on lui enlève son petit dès la naissance et qu'on le lui confie de nouveau après le quatrième jour, elle le refuse. L'olfaction semble jouer un rôle dans l'établissement de ce lien affectif. Tous les canaux sensoriels y participent et surtout le plaisir de faire des choses ensemble, d'articuler son propre plaisir à celui de l'autre.

A Haïfa, les puéricultrices d'une maternité avaient échangé deux nouveau-nés. Ce n'est qu'au sixième jour qu'elles ont découvert l'erreur. Les deux mères ont refusé de reprendre leur enfant biologique. Elles s'étaient attachées à l'enfant qu'elles avaient nourri et toiletté.

L'enfant vient de naître. Sa construction est pourtant en chantier depuis longtemps. Depuis que son père et sa mère ont marié leurs inconscients, associé leurs chromosomes, mêlé leurs héritages respectifs, préparé le milieu affectif et déjà travaillé à marquer quelques empreintes dans l'embryon à peine vivant.

Il est frappant de constater à quel point les techniciens négligent cet aspect. Le jour de sa naissance, le bébé n'est qu'un produit biologique. C'est dans la meilleure inconscience qu'on l'arrache au ventre de sa mère, qu'on le fesse, qu'on le frictionne à l'alcool, qu'on le manipule. Puis on le dépose dans un coin, on le comptabilise, le pèse, le mesure, le numérote. Il entre ainsi dans le monde de la paperasserie.

Or vingt minutes après la naissance, le bébé manifeste le réflexe de téter. Il balance la tête latéralement, cherche le sein, attrape le mamelon dans sa bouche et connaît d'emblée la série de mouvements complexes qui coordonnent la tétée. Dès sa naissance, il entend, sent, palpe et perçoit un type de monde extérieur. D'après la méthode Leboyer, c'est le père qui doucement reçoit l'enfant, le pose sur le ventre de la mère et le toilette en lui parlant. Une demi-heure plus tard, le bébé sourit. La douceur des manipulations initiales apaisent l'enfant éprouvé par le cataclysme de sa naissance. Les caresses représentent le médicament naturel des détresses respiratoires et de l'oxygénation.

Il ne s'agit donc pas d'une méthode, mais d'une attitude mentale des accoucheurs qui cherchent à retrouver les impératifs naturels. Mais ces principes s'accordent mal avec ceux de la rentabilité des accoucheurs industriels.

Le petit arrive au monde avec un programme minimum qui lui permet juste de s'enclencher dans son milieu. Ce programme inné, ce répertoire comportemental minimum avec lequel l'enfant tombe dans son monde dépend de l'espèce envisagée.

Le problème de la connaissance innée est fascinant. Comment les animaux font-ils pour savoir ? L'épistémologie animale est un grand mystère. Ils possèdent un savoir complexe qui exige une accumulation d'informations très différentes. Existe-t-il une archéologie du savoir chez les animaux ? Certaines connaissances leur semblent données d'emblée, sans que l'animal ait besoin de les traiter. Mais d'autres exigent une évolution, une histoire du savoir.

Comment le hérisson fait-il pour savoir qu'il doit attraper un crapaud adulte, lui percer les glandes sous-maxillaires qui contiennent un venin, puis en pressant le crapaud comme une éponge, enduire ses épines de ce venin ? Si l'on prend une aiguille-sèche pour s'en piquer la peau, on ne ressentira qu'une piqûre, mais si l'on se pique avec une épine de hérisson enduite de ce venin, on ressentira une brûlure histaminique qui durera plus d'une heure. Comment les prédateurs font-ils pour savoir que le hérisson est enduit de venin et qu'il est devenu dangereux pour eux ?

Ce fait, cette épistémologie animale, semble plus proche du

réflexe physiologique coordonné que du concept de formation et de l'histoire d'un savoir.

A chaque automne, l'écureuil d'Europe enfouit des noix au pied d'un tronc d'arbre. Ce comportement d'économie alimentaire exige une longue séquence de comportements complexes. L'animal cueille des noix, descend à terre, cherche un point de repère vertical (arbre ou rocher), creuse un trou à sa base avec ses pattes antérieures et y dépose ses noix. Il les enfonce en tapant de rapides coups de museau, puis les recouvre en ramenant, par des mouvements latéraux, la terre qu'il avait enlevée. Finalement, il la tasse en la piétinant.

Dès sa naissance, on isole un petit écureuil ; les conditions matérielles de son élevage sont excellentes à quelques variables expérimentales près : sa cage n'aura jamais de litière, il ne recevra que des nourritures pâteuses, il ne verra jamais un individu de son espèce. Si bien qu'à l'âge adulte, il n'aura jamais eu l'occasion de creuser, de casser des noix et d'observer des congénères. L'écureuil adulte ainsi élevé sera lâché à l'automne. D'emblée, il exécutera à la perfection ses comportements de garde-manger. Toutes ses séquences comportementales sont programmées comme adaptation phylogénétique et n'ont pas besoin d'apprentissage, ni de modèle pour être d'emblée parfaites.

Le problème est alors de savoir si un comportement codé dans un chromosome porte en lui une sorte de chromosome-psychologie, un temps programmé qui prévoit aussi la maturation du comportement.

Pour répondre à cette question E.H. Hess a réalisé une expérience sur la maturation de la perception de l'espace chez les poussins. Le dispositif expérimental est très simple : un poussin a tendance à picorer un clou planté dans un bloc de pâte à modeler. Les traces des coups de bec s'impriment dans l'argile, ce qui permet d'objectiver la précision de ce comportement. A l'âge d'un jour, les coups de bec manquent souvent l'objectif et dessinent autour du clou un large cercle. Dès le quatrième jour, les coups de becs sont plus centrés autour du clou. S'agit-il d'un apprentissage par entraînement ou d'une maturation comportementale spontanée ? L'expérimentateur pose sur la tête d'un autre poussin une sorte de casque de motard porteur de lunettes à prisme qui dévient l'image vers la droite. Au premier jour, le poussin picore à gauche et marque dans l'argile une large dispersion circulaire. Au quatrième jour, le cercle se rétrécit dans les mêmes proportions que pour le poussin dont l'œil est nu. Mais ce cercle dessiné dans la pâte reste dévié vers la gauche. Une maturation par apprentissage aurait dû apprendre au poussin à lunettes à corriger ses erreurs, à les compenser en déviant ses coups de bec vers la droite. L'amélioration de la visée est donc attribuée à une maturation spontanée plutôt qu'à un apprentissage.

Dans les minutes qui suivent sa naissance, le bébé tourne sa tête et dirige ses yeux vers une source sonore. Une heure après sa naissance, il va chercher à agripper tout objet qu'il apercevra dans son espace visuel. A peine au monde, on peut enregistrer chez ce bébé des saccades oculaires. Ces mouvements spontanés n'existent pas lorsque la mère a été anesthésiée ou lorsque le cerveau du petit a souffert. Cette fonction spontanée des mouvements oculaires saccadés pose un problème. En effet, à la naissance, la rétine n'est pas encore fonctionnelle et ne peut recevoir d'information. Le cerveau en donnant des impulsions aux deux globes oculaires organise en quelque sorte un comportement de recherche visuelle à vide. Plus tard, lorsque la rétine et les lobes occipitaux du cerveau pourront recevoir cette catégorie d'informations, le bébé, par son mouvement de recherche visuelle, en augmente la probabilité de perception.

Ces mouvements oculaires des nouveau-nés sont une fonction motrice génétiquement programmée. Ce comportement moteur inné va mûrir. Plus tard, le bébé apprendra à fixer un objet et à suivre des yeux un mouvement extérieur.

Le bébé humain répète l'aventure du poussin à lunettes. A huit jours, la fixation oculaire est encore vague, imprécise, facilement interrompue par des saccades du corps. Vers vingt jours, il pourra diriger la rétine vers une information visuelle. Mais ce qui le stimule, c'est une différence de deux perceptions, un contraste de lumière, deux niveaux de brillance, une association de couleurs, un mouvement changeant de vitesse.

Ce bébé de quelques jours confirme la théorie de la relativité d'Einstein : le monde en soi n'est pas perceptible. C'est le rapport des choses, les différences d'informations que le bébé peut extraire du bruit de fond. Une information physique ne peut devenir perceptible que par rapport à une autre information. De plus, le bébé observateur ne peut percevoir ce rapport que s'il devient significatif pour lui. Il possède un stock de mouvements oculaires qui l'autorise, le rend apte à percevoir, à sélectionner une part du monde. Il possède aussi un petit répertoire de mouvements des membres qui lui permet spontanément d'appréhender quelques objets.

Vers l'âge de trois semaines, lorsqu'on déplace une balle colorée au bout d'une perche, l'enfant réagit en s'agitant de manière mal coordonnée. Il la suit des yeux, puis de la tête, puis des membres. Ce n'est que bien plus tard, lorsque la maturation nerveuse aura affiné ces mouvements, que l'enfant pourra saisir la balle. Le mouvement saccadé des yeux est préformé, susceptible très tôt de recueillir une information visuelle. L'enfant stimulé par cette information cherchera à y adapter son corps.

Le schéma de comportement moteur inné porte en lui un potentiel de maturation qui évolue spontanément, quel que soit l'environnement. En effet, on peut placer, sur la tête de l'enfant, un dispositif, une sorte de casquette sous les yeux qui l'empêche de voir sa main se diriger vers l'objet. Une heure après la naissance, ce comportement coordonné main-œil apparaît et se déroule spontanément en dehors de tout stimulus.

Vers l'âge de quinze semaines, l'enfant agite son bras vers l'objet convoité, en faisant des cercles autour de lui. A dix-sept semaines, l'enfant attrape l'objet avec précision et le porte à sa bouche. Le bébé n'a jamais eu l'occasion de palper l'objet vers lequel il se coordonne. Il ne peut s'agir d'un apprentissage puisqu'il n'y a eu ni mémoire, ni perfectionnement par essai-erreur.

Ce comportement programmé connaît donc une maturation spontanée qui ne doit rien à l'environnement. Dès notre naissance, toute perception du monde est une action sélective.

P. Watzlawick dit que « la réalité est une illusion que nous passons notre vie à étayer ».

Les grenouilles donnent raison à ce chercheur de l'école de Palo-Alto en Californie. Le têtard se nourrit de plancton. Lorsque apparaîtront les hormones sexuelles, il va muer et se transformer en grenouille. Dès lors, sa perception du monde va changer. Il va réagir à la « forme-petite-en-mouvement », désormais significative pour lui, alors qu'elle ne le stimulait pas quand il filtrait le plancton. Il ne percevra pas une forme grosse ou immobile, mais happera et cherchera à saisir avec ses pattes antérieures tout petit objet voletant. Il sera très sensible à la projection d'une gouttelette d'eau éclairée, mais indifférent à une nourriture immobile.

Ce têtard nous apprend qu'il est illusoire de séparer le monde extérieur du monde intérieur. C'est le même ensemble fonctionnel. L'un sans l'autre ne peut exister. Le monde extérieur perçu n'est qu'une représentation de notre monde intérieur. Mais ces infinies représentations possibles doivent être adéquates au réel, sous peine de comportements inadaptés qui mènent à l'élimination.

L'éthologue espère ne pas choisir. Parce que choisir c'est isoler hors du monde extérieur une séquence réelle, qui dépend surtout de notre monde intérieur. L'éthologie fait aussi intervenir le temps. Il s'agit de décrire une histoire, une ontogenèse, si l'on considère l'individu, ou une phylogenèse, si l'on envisage l'histoire de l'espèce. Cette attitude méthodologique permet de limiter les choix trop arbitraires.

C'est ainsi que l'on pourrait raconter l'histoire naturelle du sourire.

Les singes adorent rire. J'ai vu une expérimentatrice faire plier de rire un chimpanzé en faisant semblant de pouffer. Le singe se roulait par terre et ne savait plus s'il devait se tenir la tête ou le ventre. Les mimiques du visage et la communication gestuelle amusaient l'animal.

Les cynomorphes rient. Chez le macaque crabien, le rire est une manifestation de son affection sociale. Les mâles en cours de copulation rient à haute voix, ce qui permet de penser que l'acte sexuel ne les ennuie pas.

Chez le gorille et le chimpanzé où la musculature faciale est très développée, les rires et sourires plus nuancés permettent l'expression d'une grande diversité de dispositions psychiques. Pour sourire, l'animal entrouve la bouche et montre un peu sa mâchoire supérieure. On sourit différemment selon son statut social, chez les primates non humains. Le sourire du dominant est plus contenu, plus en « cul-de-poule » que chez les jeunes et les dominés dont le sourire est plus large. Pour savoir si deux animaux s'aiment bien, on peut compter les sourires qu'ils s'adressent. Au-dessus d'un certain chiffre, ils vont s'embrasser.

Le rire, plus violent, sonore, bouche ouverte participe souvent à des jeux de mêlées soudaines où les mâles s'amoncellent comme aux plus beaux jours d'un tournoi des cinq nations. Les femelles se tiennent à distance. Elles sourient parfois en manifestant des signes d'inquiétude.

Les chiens remuent la queue et voudraient participer à la fête quand les humains s'amusent.

Après avoir évoqué cette courte phylogenèse du rire, on pourrait étudier l'ontogenèse du sourire chez les humains.

Chez les nouveau-nés, le sourire n'apparaît qu'en réponse à des stimulations internes qui semblent correspondre à des apaisements physiologiques : réplétion gastrique, évacuation de gaz. Les prématurés sourient dès le septième mois. Le déclencheur le plus efficace est la phase paradoxale du sommeil. Ce moment du sommeil est très facile à observer par l'électroencéphalographie. Le prématuré sourit au moment où les muscles se relâchent, où les globes oculaires retrouvent leurs saccades, où l'électricité cérébrale prend l'aspect d'un éveil, alors que le sujet dort profondément... et rêve.

Le sourire serait-il la première manifestation corporelle d'une activité onirique fœtale ? Que peut rêver un fœtus ? Il y a un récipient électrique à rêves que les événements de la vie viendront remplir.

Ce n'est qu'au stade où la maturation neurophysiologique permettra une meilleure perception du monde que certains stimuli extérieurs deviendront déclencheurs de sourire.

Les premières semaines, toute information légèrement surprenante fera sourire le bébé : le tic-tac d'une montre, le miroitement d'un stylo, le mouvement d'un objet, les couleurs d'un chiffon. La mère interprète ce sourire signal : « Il me reconnaît. » Et sur ce contresens, s'engage une aventure affective qui, elle, sera bien réelle.

Vers un mois, trois points verticaux ou disposés en désordre sur un carton déclenchent le sourire.

Vers deux mois, il faudra que ces points soient disposés horizontalement.

Dès le troisième mois, l'enfant perçoit l'espace inférieur du carton, là où plus tard on dessinera la bouche.

Il faudra attendre cinq mois pour que le bébé réagisse mieux au sourire dessiné d'une bouche ouverte qu'à celui d'une bouche fermée.

Ce n'est que vers le septième-huitième mois que l'enfant répondra à une personne réelle, totale, souriante.

A. Ahren a filmé des enfants aveugles de naissance. L'ontogenèse de leur sourire connaît au début les mêmes stades que celle des enfants bien voyants. Le premier sourire est un acte spontané. Les enfants aveugles sourient d'abord à un plaisir interne, puis à une information extérieure, une sonorité, une voix, une manipulation. Dès l'âge de deux mois, ils sourient intensément dès qu'ils perçoivent l'attention sociale d'un adulte.

Mais vers la sixième année, la différence est grande. Les enfants sourient beaucoup moins que les bien voyants parce que n'ayant pas d'encouragements visuels, de réponses imagées à leurs sourires, ils n'ont pas de rétroaction, de renforcement venu de l'entourage. Ce qui n'empêche pas qu'une foule de renseignements d'origine affective ou relationnelle peuvent modifier l'expression de ces sourires. Quant le petit Chinois aveugle de Taï-Peh filmé par Eibl-Eibesfeldt se sent en sécurité affective, il sourit beaucoup plus que lorsqu'il se sent seul.

Le schéma des expressions faciales semble déterminé par des adaptations phylogénétiques. Quelle que soit leur culture, quels que soient leurs modèles ou leur absence de modèle, les enfants rient et pleurent de la même manière. Le sourire apparaît au même moment de la maturation neurophysiologique. Il est déclenché par les mêmes stimuli intérieurs ou extérieurs.

Mais après un certain degré de maturation neurologique et psychologique, le grand enfant réagit de la manière qui caractérise la culture de son groupe.

En 1971, Douglas étudie à travers le monde les variations transculturelles du rire. Il en résulte que chaque culture possède ses propres déclencheurs de rire. Et même en chronométrant la durée des éclats de rire par 24 heures, il a prouvé, chiffres en mains, que la quantité des rires variait beaucoup d'une culture à l'autre : un Londonien rit beaucoup moins qu'un Bochiman.

Cette histoire naturelle du sourire nous permet donc de dire qu'il existe une ontogenèse, une histoire constructive de cette manifestation comportementale. Le point de départ est obligatoirement biologique ; si bien qu'avant sa naissance, l'enfant possède déjà l'aptitude à sourire en réponse à des stimulations endogènes.

Dès que cette mimique est exprimée, elle devient significative et permet l'interaction avec autrui. Très tôt, ce programme génétique se transforme en aventure de milieu puisque la mère peut répondre à ces sourires, ou ne pas y répondre.

Cette rétroaction de l'environnement peut encourager ce comportement ou le décourager. Ce qui n'empêche pas les comportements universels du sourire d'exister. Les bousculades ou les jeux de poursuite chez tous les enfants du monde provoquent les rires.

Le fait du sexe participe aussi à cette ontogenèse bioculturelle du sourire. Kagan a montré que les bébés filles souriaient nettement plus que les bébés garçons. Elles répondent plus intensément aux stimuli endogènes. Mais en grandissant, les petites filles rient moins que les petits garçons. Les bousculades notamment et les poursuites les amusent moins que les garçons. Cela autant chez les fillettes boschimanes que chez les petites Londoniennes. Lors de la puberté, les déclencheurs de rire diffèrent nettement selon le sexe.

Ainsi un programme comportemental inscrit dans le code biologique des gènes ne peut s'épanouir et s'exprimer que dans un milieu dont, en retour, il subira les contraintes. L'histoire du sourire confirme en nous l'idée que nous n'avons pas à choisir entre la biologie et le culturel ; il est impensable que l'un puisse fonctionner sans l'autre.

Le nouveau-né entre dans son monde avec son petit capital

neuropsychique et va s'insérer dans un milieu préformé et préexistant. Cet environnement déjà structuré sera structurant pour lui.

Les stratégies éducatives du monde animal sont innombrables. Chez les vertébrés tout est possible, depuis l'absence totale de soins aux jeunes, jusqu'à la relation privilégiée mère-enfant qui dans le cas des primates va persister toute la vie.

Il arrive même que certaines espèces non parentales considèrent leurs œufs ou leurs petits comme une proie ou une nourriture et les gobent. L'épinoche mâle féconde les œufs, construit le nid, élève les petits et chasse la mère qui essaye de les manger.

Les combinaisons et responsabilités parentales sont infinies. L'éducation selon l'espèce peut incomber au père ou à la mère. Chez l'autruche les deux parents se relaient pour couver l'œuf, mais seul, le père élève le petit. La répartition des rôles varie beaucoup chez les oiseaux. Parfois, le mâle couve et éduque seul, mais on peut voir chez les oiseaux polygames, un mâle affairé courir d'un nid à l'autre.

Les combinaisons sont moins diversifiées chez les mammifères car le fait de la mamelle favorise l'établissement d'un lien privilégié entre la mère et son petit. Toute sa vie, cette antériorité biologique de l'utérus et du sein lui donnera une priorité affective puis psychologique.

La femelle de l'ours brun chasse le père avant de mettre bas, car il tuerait ses petits. Les chiennes, les chattes se cachent des mâles pour accoucher. Les lionnes s'associent par groupe de mères pour réaliser une sorte de kibboutz maternel où tous les petits élevés en communauté sont nourris et protégés par plusieurs femelles. Habituellement, c'est la souris femelle qui élève les petits. Mais avec certains artifices expérimentaux, on peut s'arranger pour faire élever les petits par le mâle. Un rat mâle, adulte mais vierge, acceptera plus facilement ce rôle. Quant au macaque mâle, il faut souvent l'engourdir avec des médicaments pour diminuer son agressivité et permettre l'établissement d'un lien affectif. Quand cet attachement sera établi, on pourra, sans danger pour le petit, arrêter les médicaments.

En fait, ce qui existe entre l'enfant et l'adulte éducateur, c'est l'articulation incessante de processus biologiques et affectifs.

Certains comportements préparent cette familiarité, avant même l'accouchement et permettent la continuité constructive. Les rates se lèchent la vulve avant la naissance du petit. L'enfant, dès sa sortie, sera marqué par la même odeur familière. Elle continuera à le lécher et à le toiletter dès sa venue au monde, comme elle le faisait pour sa vulve. Ce toilettage fondé sur une continuité affective permet l'établissement de la première interaction mère-enfant. Si l'on place un large collier autour de la femelle gestante, pour l'empêcher de se toiletter avant l'accouchement, elle considérera plus tard ses petits comme des étrangers et les mangera.

Les tupayes sont une sorte de petits primates très archaïques, ressemblant à des écureuils. Cet animal présente de nombreux avantages pour l'observation biologique et comportementale parce qu'il possède au bout de la queue une petite touffe de poils qu'il hérisse à chaque émotion agressante. Il suffit de chronométrer le temps de hérissement de cette touffe par vingt-quatre heures, pour posséder le reflet tout à fait valable du stress qu'il ressent. Cet artifice de la nature permet de ne pas sacrifier l'animal et, sans dosages biologiques savants, de connaître une approximation de ses sécrétions de catécholamines et hormones surrénales, substances qui provoquent le hérissement et permettent de résister aux agressions.

Or, lorsqu'on place une femelle dans une situation à ce point agressante que sa queue sera hérissée douze heures sur vingt-quatre, on constate qu'elle cesse de procréer. Et ceci, quelle que soit la nature de l'agression : présence hostile, famine, surpopulation.

On peut organiser une situation agressante de façon à provoquer un hérissement de cinq heures : les femelles peuvent procréer, allaiter, et soigner leur progéniture. Mais peu après l'accouchement, la mère va prendre un petit et le dévorer. Ce cannibalisme familial disparaît lorsque le taux de hérissement tombe au-dessous de cinq heures.

Je propose souvent cette expérience à la réflexion des étudiants. Voici un fait observable et expérimentable : qu'en pensez-vous ?

Les réponses sont étonnamment variables. Très souvent on parle de suicides collectifs, de suicides altruistes : « La mère tupaye devient mélancolique ; elle ne veut pas que son petit connaisse le monde difficile où elle vit. Alors, elle le tue pour le sauver. »

Une étudiante pensait que la mère tupaye réactivait son ambivalence envers son enfant et exprimait son instinct de mort qui au lieu d'être dirigé sur elle-même se réorientait par la force du ça vers un délégué narcissique d'elle-même, c'est-à-dire, son propre enfant. (Cette étudiante, psychanaliste, venait elle-même d'avoir un enfant qu'elle considérait comme une entrave à sa réussite universitaire.)

Un autre pensait que le propre de la nature féminine est d'être agressée. « Être enceinte, c'est subir le mâle. De toute façon, les femelles ça n'a pas la capacité de se défendre. Alors, cette bonne femme, elle se défoule en mangeant son enfant. »

Un autre refusait de répondre parce que la méthodologie était critiquable, que je ne fournissais pas assez de données, que je les influençais au nom d'un savoir qui m'accordait le pouvoir et que de toute façon, il n'avait rien à faire de l'éthologie ni de mes intentions.

Une jolie féministe expliquait de manière très ferme que c'était comme ça que les mâles assuraient leur suprématie. La condition des femelles tupayes est tellement insupportable que plutôt que de perdre leurs enfants, elles préfèrent les manger, se les réincorporer. Le cannibalisme féminin est la preuve du sadisme des mâles.

Ces réponses renforcent en moi l'idée que toute opinion sur le monde est un acte de création autobiographique. En parlant des femelles tupayes, chaque étudiant n'avait parlé que de lui-même.

Interpréter le monde, c'est livrer son inconscient. L'observer, c'est déjà l'interpréter.

Une approche scientifique a permis de découvrir que les adultes tupayes possèdent sur la poitrine, entre les pattes antérieures, une sorte de glande sudoripare. Quand ils toilettent les petits, ils les serrent contre eux et les marquent à leur propre odeur. Ce repère olfactif permet d'établir un lien de familiarité entre la mère et son enfant. Mais lorsque la femelle a été stressée pendant sa gestation, elle a dû faire appel à son système sympathique pour s'adapter à son environnement agressif. Cette dépense biologique met en éveil son cerveau, stimule son système cardio-vasculaire pour alerter ses défenses, mais épuise les glandes sudoripares qui deviennent flasques. Si bien que lorsque les petits viennent au monde, seuls les premiers toilettés sont marqués à l'odeur de la mère et deviennent familiers. Les autres seront rapidement considérés comme des intrus ou des proies. Ils seront dévorés malgré leurs cris de détresse.

Cette expérience permet de comprendre que l'idée de continuité constructive où interviennent les facteurs biologiques, affectifs et sociaux entrelacés, n'est pas une chimère. Dans le cas des tupayes, le petit dévoré a fait les frais d'une agression subie par la mère, longtemps avant la naissance, à l'occasion d'une défaillance de son environnement.

En Belgique, E. Noirot a chronométré la durée des pleurs de nouveau-nés en même temps qu'elle filmait les échanges de regards mère-enfant. Puis, elle a corrélé les chiffres ainsi obtenus à la situation économique de la mère. Elle a montré que les bébés de mères étrangères pleuraient nettement plus que les bébés de mères belges. Dans ces maternités, il y avait des chambres privées, et des chambres communes. Dans les chambres privées, les bébés pleuraient moins et échangeaient de longs regards avec leur mère. Alors que dans les chambres communes, les bébés, mal calmés, pleuraient plus et regardaient n'importe où.

Quand une première interaction mère-enfant est mal enclenchée, les regards ne s'interpénêtrent pas souvent, les corps s'articulent mal, la mère s'ennuie, l'enfant pleure. Or, plusieurs facteurs peuvent participer à cette interaction défectueuse. Il peut s'agir d'un enfant n'enclenchant pas le comportement maternel à cause de sa préhistoire génétique ou prénatale aussi bien que d'une influence péri-individuelle. Cette influence peut se fonder sur le désir inconscient de la mère ou sur sa situation sociale. Cet ensemble de pressions, venues de l'environnement affectif, imaginaire ou social, peut induire chez le bébé des comportements répétables qui semblent issus de lui-même. Ainsi lorsque ce prototype relationnel est correctement établi entre la mère et son enfant, Eliane Noirot propose aux femmes de changer de bébé pour le temps de quelques mesures. On peut alors constater que l'enfant répète, avec n'importe quelle femme, le comportement acquis dès ses premières relations. Il cherche du regard les yeux de la femme qui le nourrit, il pleure peu et se calme dès les premières caresses. Il aurait fallu que cette femme lui fût réellement très hostile pour que l'enfant acceptât de changer de relation.

Certains éthologues courent le monde à la recherche de comportements universels. Ils postulent que ces comportements sont fondés sur un programme biologique, alors que les comportements aléatoires dépendraient plutôt des pressions culturelles.

Eibl-Eibesfeldt a filmé cette scène : un enfant bochiman d'un an agresse son frère de quatre ans dès qu'il s'approche de sa mère. Les deux enfants pour s'affronter emploient la gestualité mondiale. Bien sûr, l'enfant d'un an, rapidement bousculé, tombe. Sa chute et ses cris de détresse provoquent la rescousse de la mère qui aussitôt cajole le petit. L'aîné, agressé mais vainqueur, se retrouve seul, boudeur, privé de l'amour maternel.

Imaginons que vingt ans plus tard, ces trois Bochimans se mettent en psychothérapie. On pourrait entendre l'aîné se plaindre : « Ma mère ne m'a jamais aimé. Elle m'en voulait. » Le cadet dirait : « J'avais intérêt à être faible pour posséder ma mère. J'ai envié mon frère quand il s'est cassé la jambe. Ce jour-là, tout le monde l'a aimé plus. » Quant à la mère, elle serait ahurie d'entendre cette connotation imaginaire des faits réels. Ce qui ne l'empêcherait pas elle-même d'utiliser sa manière réelle d'entrer en relation et d'adjoindre ses valeurs inconscientes.

Une infirmière de mon service avait coutume de me dire qu'elle envisageait le mariage sous forme d'une stricte répartition des rôles : « Mes enfants à l'école, mon mari au chantier et moi à la plage. » Elle a épousé un cadre bien payé. Mais quand le petit est né, elle a vécu cet enfant comme un empêcheur de jouir. La signification qu'elle attribua aux biberons toutes les trois heures l'aliénait, et l'impossibilité de sortir de sa solitude imposée a exaspéré cette jeune femme. A chaque cri d'appel de l'enfant, elle sursautait et s'indignait de son asservissement. Quand elle attrapait le petit pour le nourrir, ou répondre quand même à ses sollicitations, elle le manipulait avec une telle violence que, secoué, agressé, sèchement ballotté, il se mettait à pleurer. La corvée du biberon se transformait en combat corps à corps où on pouvait voir la tête de l'enfant fouetter vers l'arrière, tant la mère l'arrachait brutalement du berceau. Seule la grand-mère s'apercevait que le lait était souvent bouillant. Quelques semaines plus tard, l'enfant refusait le biberon, maigrissait et hurlait quand la mère le prenait dans les bras.

Quand cet enfant ira en psychothérapie, il cherchera dans sa mémoire des souvenirs anciens. Il ne pourra pas retrouver le souvenir du biberon agressif, mais peut-être se rappellera-t-il que vers l'âge de quatre ans, sa mère l'aura obligé à avaler ce qu'il venait de vomir, cuillerée après cuillerée. Il établira probablement un rapport de causalité linéaire et dira : « Depuis ce jour, la simple présence de ma mère m'angoisse. »

Cet événement réel, restera dans son souvenir, investi d'une signification qui le dépasse. Il n'est pas possible de dire : c'est ce comportement qui a rendu l'enfant anxieux. Il n'y a pas de rapport direct de cause à effet. Il vaudrait mieux dire : cet acte réel sert de métonymie comportementale. Il permet à l'enfant de donner une forme à ses relations avec sa mère. Ce souvenir transporte une sensation de relation de cause à effet, mais n'est pas la cause dont l'angoisse est l'effet. L'enfant n'est pas anxieux parce qu'il a réingurgité ses vomissements ; mais ce comportement maternel agressif fondé sur des significations inconscientes s'est exprimé à l'occasion d'un des innombrables gestes de la vie quotidienne.

Dès sa naissance, le nourrisson perçoit des informations très significatives pour lui. Il s'agit de stimuli sensoriels, mais très tôt, ces informations objectives vont lui servir d'outils relationnels et permettre l'instauration d'une relation circulaire entre sa mère et lui.

En 1974, Miles, dans une expérience très simple, a montré comment, dans l'heure qui suit sa naissance, l'enfant établit avec sa mère une relation privilégiée. Il place, dans la bouche du nourrisson éveillé, une tétine reliée à un manomètre enregistreur. La tétée fait varier la pression d'air à l'intérieur de la tétine. Cette différence de pression entraîne une plume à encre qui trace ces variations sur un rouleau de papier.

Puis, il demande à plusieurs femmes de lire un texte. Lorsque le bébé entend la voix de sa mère, il augmente son taux de succion. La voix d'une autre femme interrompt ou ralentit la tétée. Mais lorsque la mère lit le texte à l'envers, l'enfant n'y réagit pas. Et quand l'expérimentateur enregistre la mère sur un magnétophone pour éliminer les basses fréquences au moyen d'un filtre, l'enfant ne répond pas non plus.

Il est bien évident que ce n'est pas le contenu sémantique du discours qui fait téter l'enfant et provoque sa gestualité de fête. L'information passe par la mélodie, la sensorialité de la voix, ses composantes tonales objectives.

Il semble que, dès leur venue au monde, les nourrissons perçoivent des catégories perceptives, comme une sorte d'anatomie phonologique, qui leur permet de reconnaître la voix la plus familière. La structure de la voix maternelle représente un paramètre essentiel, d'ordre sensoriel, dans l'élaboration des prototypes de la structuration acoustico-linguistique du nouveau-né.

Sous le prétexte qu'on peut prendre le bébé comme un objet et le poser où l'on veut, les adultes ont trop tendance à croire que l'enfant est passif.

Trevarthen a prouvé que, dès les premières semaines de son existence, l'enfant participe aux discussions avec les adultes. Ce chercheur, qui a travaillé au C.N.R.S. de Marseille, a pu démontrer qu'avant l'âge de trois mois, un bébé est déjà capable de discerner entre attitudes « amies » et « ennemies ». Les modifications de la gestualité sont infinies, inconsciemment émises par l'adulte, mais énormément perçues par l'enfant.

Étonnement suprême, le bébé de quelques semaines possède, avant toute expérience possible, un prédiscours, un prélangage du corps où figure, déjà, sa future manière d'entrer en relation avec son entourage.

Le bébé et sa mère se trouvent face à face, mais par un jeu de miroirs, C. Trevarthen les filme côte à côte, sur une même image. La partie inférieure de l'enregistrement donne le temps en fraction de secondes, ce qui permet, en passant le film au ralenti, de voir celui qui prend l'initiative de l'interaction. Un observateur sans méthode verrait la mère et l'enfant échanger sourires et gazouillis, mais il aurait du mal à désigner l'initiateur de l'échange.

Cette astuce d'observation standardisée permet d'analyser un échantillon filmé de dix secondes (cent soixante images). Au début, la mère et son bébé de douze semaines sont immobiles. Soudain, le bébé gazouille et sourit. Quelques images plus tard, la mère répond par des paroles et des mouvements de tête. Vers la cinquantième image, le bébé se calme, mais la mère continue à envoyer des informations vers son enfant. Le bébé à son tour y répond et reprend son prédiscours. Après un échange circulaire de sourires et de gesticulations réciproques, le bébé tout à coup se détourne et cesse toute communication.

Les mères de schizophrènes expliquent en parlant de leur enfant psychotique : « Ce bébé m'a toujours ennuyée. J'aimais toiletter les autres. Il y avait de la vie, de la fête, de l'échange. Lui restait bien sage, bien docile. » Trop sage — ennuyeux — sans interaction capable de déclencher le plaisir maternel, ni réponses aux stimulations. Cette relation sans plaisir se transforme vite en relation de devoir où la mère fait ce qu'il faut. Plus tard, laborieusement, elle va décider et désirer pour son enfant.

Qui a déclenché l'interaction pathologique ? Est-ce la mère qui a rendu son enfant schizophrène ? Ou est-ce l'enfant qui a rendu sa mère « mère de schizophrène » ?

Qui dira l'importance du guili-guili maternel ? A l'occasion de cet événement bêtifiant s'établit le prototype relationnel qui va déclencher la manière dont, plus tard, cet enfant établira des relations.

Le monde intellectuel, social et psychophysiologique du bébé se trouve concentré dans ce guili-guili fondateur.

Très souvent la femme heureuse d'être mère s'adapte à ce répertoire naturel d'actes sociaux. Elle éprouve même souvent un réel plaisir à gâtifier. Il faut savoir gazouiller comme son enfant, répondre en écho à ses appels. Il faut que la musicalité, la sensorialité de ce guili-guili constitue une communication émotionnelle accessible à l'enfant. Tout ce qui peut abîmer la qualité de ce guili-guili risque d'abîmer la relation avec l'enfant. La mère au biberon agressif ne savait pas gazouiller parce que son enfant prenait pour elle la signification d'un empêcheur de vivre selon son désir. Si son mari la rend triste, elle ne sera pas disponible non plus. Elle langera son enfant par devoir, en regardant ailleurs comme une mauvaise mère, alors que c'est peut-être son mari qui l'aura rendue mauvaise mère.

Cette aptitude à régresser et à s'adapter exactement au stade communicationnel de l'enfant n'est pas donnée à toutes les mères.

Certaines sont étonnantes. Les traumatismes crâniens sont de plus en plus fréquents dans les services d'urgence. Il arrive que le traumatisé régresse aux stades archaïques de la personnalité, puis parcoure à nouveau, en quelques semaines, tous les stades de la maturation.

J'ai eu l'occasion de soigner un homme de trente ans qui au sortir de son coma ne s'exprimait plus que par lallations, babils et gazouillis des enfants préverbaux. Personne dans le service n'osait communiquer de cette manière avec cet homme qui avait été brillant, mais que cet accident avait retourné aux expressions archaïques. Seule la mère, sans hésiter ni s'étonner, a osé entrer dans le monde régressif de son fils. Elle gazouillait, et le réconfortait comme elle avait dû le faire trente ans avant.

Plus la commotion cérébrale s'estompait, plus le jeune homme évoluait. Il passait à nouveau par tous les stades de son ontogenèse. Il jouait avec ses draps et barbouillait les murs de ses matières fécales. Sa mère le grondait, le toilettait, puis jouait avec lui. Quelques semaines plus tard, un brillant P.-D.G. quittait l'hôpital, très digne, accompagné de sa mère, fière de la réussite de son grand fils.

Cet ensemble fonctionnel mère-enfant est fondé sur des désirs, des besoins, des empreintes inconscientes. L'articulation de ces inconscients est permise par les échanges psychophysiologiques véhiculés par des gestes minuscules, des rencontres corporelles que les psychologues avaient méprisés jusqu'à aujourd'hui.

Un bébé ne peut suivre que les mouvements lents du monde extérieur. Il faut qu'ils soient réguliers et de luminosité contrastée. Tout objet qui ne possède pas ces composantes ne sera pas stimulant pour le bébé, ou ne pourra pas être suivi par ses yeux ou sa tête. Donc sa perception échappera à son organisation sensorielle.

Que dire alors d'un enfant privé de ce genre de stimulations, parce que la mère est ailleurs (morte ou déprimée) ?

R. Spitz a beaucoup étudié les enfants privés de ce genre de relation. Certains étaient pourtant placés dans de très bonnes conditions maternelles, de nourriture, de chaleur, de confort. Il leur manquait juste ce guili-guili, enclencheur de relation affective, transporteur d'informations inconscientes, éveilleur d'intérêt pour le monde extérieur, stimulateur de plaisir.

Ce psychanalyste a nommé le tableau clinique ainsi provoqué : dépression anaclitique. La première fois que j'ai vu un enfant anaclitique, j'ai refusé de croire qu'il s'agissait d'un état psychique. Quoique psychiatre depuis longtemps, je n'ai pu m'empêcher de rechercher une cause organique grave. L'enfant maigre, yeux fixés au plafond, ne bougeait pratiquement pas. Au fond de sa bouche entrouverte, je pouvais apercevoir un morceau de langue grise, sèche, un peu cornée. Il ne pouvait plus répondre à mes stimulations : mort-vivant, son esprit déjà éteint n'habitait plus ce petit corps de survivant.

Le traitement a été d'abord médical. Après avoir éliminé les causes organiques, il a fallu réhydrater l'enfant. Puis un stimulant cérébral puissant a éveillé son cerveau anesthésié. Lorsque la vie est doucement revenue dans ce cadavre vivant, lorsqu'il a pu bouger à nouveau, boire, se lever, manger, percevoir un peu de monde extérieur, une infirmière a désiré jouer le rôle de substitut maternel. Lorsque le stade médical a été assuré, le stade humain a pu fournir les informations vitales dont l'enfant avait été privé par son abandon.

J'ai longtemps poursuivi la prescription du psychotrope. A chaque interruption trop précoce, l'enfant à nouveau se désintéressait du monde et retournait à son cimetière psychique. Au bout d'un an, la relation avec cette infirmière était solide ; l'enfant acceptait même de jouer avec des étrangers. Il était à nouveau inscrit dans la vie. Il n'avait plus besoin de médicaments. Toute une équipe d'éducateurs a pris le relais. Aujourd'hui, ce jeune homme s'apprête à passer son brevet de pilote d'hélicoptère. Il a pourtant gardé de fortes cicatrices psychiques et organiques. Il est mince, petite tête et longs bras maigres. Il est extrêmement émotif et risque de rester vulnérable aux frustrations affectives toute sa vie. Il ne supportera pas qu'on ne l'aime pas, ou pas assez. Peut-être son inconscient a-t-il gardé la trace de cette agression et le moindre manque affectif réactivera en lui l'impression de néant, de mort souhaitée, de monde vide de sens.

A l'époque où Spitz a réalisé ce travail, il n'y avait pas de médicaments pour le psychisme, et les médecins ignoraient le mécanisme psychologique de ce drame biologique et affectif.

Ces enfants mouraient dans 40 p. 100 des cas. Quant aux survivants, ils manifestaient de graves troubles psychiques : beaucoup déliraient et vivaient enfermés dans un monde de glace, inhumain, psychotique. Presque tous étaient retardés psychiques, certains même souffraient de déformations motrices. Les plus solides d'entre eux ou les moins agressés étaient devenus psychopathes : instables, impulsifs, délinquants.

Certains éthologues soutiennent que cette agression ne peut prendre toute sa puissance que si elle survient entre le sixième et le douzième mois de la vie d'un enfant. C'est le moment où la maturation de son système nerveux lui permet de bien percevoir le guili-guili. C'est aussi à ce stade que la notion de familiarité devient la plus intense.

Comme la plupart des stades psychiques, cette notion n'apparaît pas du jour au lendemain. Elle se constitue sans cesse dès la naissance, dure toute la vie, mais passe par un maximum de réceptivité. Cette période sensible correspond aux stades où un système neuropsychique devient, par sa maturation, réceptif à un type d'information.

De son côté, dès l'âge de six semaines, l'enfant manifeste des signes d'inquiétude au moindre changement vestimentaire ou comportemental de la mère. Il suffit de demander à la mère de porter des lunettes noires ou un grand chapeau.

Un film analysé au ralenti montrera alors une modification des gestes du bébé et de ses réflexes psychogalvaniques. Ces réflexes mesurent et enregistrent la différence des potentiels électriques produits en deux points du corps (dos de la main et paume, par exemple). Les émotions provoquent une sécrétion de substances qui modifient l'action des glandes sudoripares de la paume des mains. Il s'ensuit une modification de résistance électrique, facile à enregistrer. C'est à peu près le principe des détecteurs de mensonges qui ne peuvent qu'enregistrer les variations émotionnelles.

On enregistre sur le bébé de grandes émotions lorsque la mère met des lunettes noires.

Cette notion de familiarité est inséparable de son compère antagoniste : la notion d'étrangeté. Une nichée de petits goélands accueille les parents nourriciers en criant et en ouvrant le bec. Il suffit de faire une tache de peinture sur la tête d'un des parents pour que les cris changent de registre et que les petits goélands donnent des coups de bec aux parents réels qui essayent de les nourrir.

Cette connaissance a beaucoup modifié ma manière de comprendre les anxieux. Il s'agit de personnes qui soudain, sans raisons apparentes, ressentent une violente bouffée anxieuse, une inquiétude sans objet qui leur tord le ventre ou la poitrine. On cherche désespérément quelques raisons pour expliquer ces angoisses. Très souvent, on en trouve. Presque toujours, elles n'ont rien à voir avec le fondement réel de ces sensations. Mais elles expriment la manière dont, après coup, on se représente les événements de notre biographie. Ces raisons « boucs émissaires » suffisent parfois à diminuer l'intensité des crises d'angoisse.

L'illusion de comprendre souvent nous rassure. Mais pour notre inconscient dont on ne pourra jamais prendre conscience par la conscience, il en va tout autrement.

Une maladie de la mère peut briser le premier monde des enfants. Une dépression, un conflit avec le mari, un éloignement pourra, pour le bébé, prendre la signification d'un cataclysme abandonnique. Ce changement ne sera pas obligatoirement important pour un monde d'adultes, mais pour le petit, il va réaliser une situation de privation sensorielle et affective analogue à celle de l'enfant réellement, totalement abandonné.

Un jeune homme de dix-huit ans, trompettiste de talent, était torturé par des accès d'angoisse qui l'empêchaient de vivre : sa mère avait dû le confier à une nourrice... quand il avait sept mois. Dès ce jour, il avait refusé de manger et, par la suite, avait connu bien des difficultés pour conquérir le monde des autres.

Une femme de quarante ans a des phobies d'impulsions. Elle ne peut se promener dans la rue, car elle a peur de faire du mal aux enfants, de les cogner sans s'en rendre compte. Elle a été confiée à ses grands-parents à dix mois et n'a revu sa mère qu'à sept ans.

Ce type de situation se retrouve avec une trop grande fréquence pour qu'il n'y ait pas là une possibilité de la loi réelle, objective, fondatrice de quelques-unes de nos significations imaginaires.

Dans la plupart des névroses d'angoisse, on retrouve cette notion de rupture du premier monde de l'enfant, à la fin de la première année. Souvent, c'est à cause d'une maladie que l'enfant a dû être hospitalisé. La toxicose vient en tête de ces hospitalisations. Il s'agit d'une diarrhée aiguë, si intense et répétitive qu'en quelques heures l'enfant peut mourir si on ne l'hydrate pas. La cause déclenchante de cette diarrhée est souvent infectieuse, mais n'exclut pas une relation défaillante avec la mère. Une mère fatiguée, déprimée, par cette nouvelle solitude qu'impose la maternité dans notre civilisation, une mère consacrée à d'autres tâches, saisira mal le début des troubles et ne découvrira le mal clinique qu'une fois constitué.

En milieu naturel, les chimpanzés ont de fréquentes diarrhées émotives. Mais les enfants de mères rassurantes sont moins émotifs. Ils ont donc beaucoup moins de diarrhées que les enfants de mères angoissantes. Ils résistent mieux aux épidémies, manifestent un épanouissement corporel et comportemental bien supérieur à celui des enfants de mères-angoissantes-angoissées.

Dans cette unité mère-enfant, chacun retentit sur l'autre.

Vers l'âge de quatre ans, les enfants s'enhardissent beaucoup quand leur mère est présente. Ils gambadent autour d'elle et s'approprient beaucoup d'espace. Mais dès que leur mère disparaît, ils se fixent dans un coin, dirigent sur eux-mêmes leurs activités, leurs gestes, leurs regards, et cessent toute exploration du monde.

Cette observation est facile à mesurer sur les singes macaques rhésus. Il suffit de reporter, sur un papier millimétré à l'échelle, les déplacements d'un petit par rapport au corps de sa mère. Le corps représentant le centre, les excursions du petit finissent par dessiner une étoile péricorporelle. On constate que les enfants confiants dessinent une large étoile, alors que les petits de mères angoissées-angoissantes n'occupent qu'un tout petit espace périmaternel.

Blurton-Jones s'est inspiré de cette expérience pour observer ces enfants humains. Les petits Londoniens ont dessiné les mêmes étoiles que les petits macaques. Kommer chez les Bochimans, en Afrique, a lui aussi réalisé ce travail et obtenu les mêmes réponses : élargissement de l'étoile exploratoire quand la mère est présente, restriction de l'espace et activités autocentrées en son absence.

Le premier monde des petits humains, quelle que soit leur culture, connaît certainement des lois de même nature que le premier monde des simiens.

Dans l'unité fonctionnelle mère-enfant, l'enfant actif participe à cette relation. Mais la mère, d'abord univers primordial, va lui présenter un autre monde. Dans le cas où cette première relation est réussie, l'enfant, désormais confiant, osera partir à la conquête du deuxième monde. Alors que l'enfant restreint, mal épanoui, pour des raisons génétiques, ou par une mère angoissée-angoissante, va se fixer dans cet univers primitif, archaïque et sécurisant, sans oser apprendre les autres mondes.

Dans ce premier monde mère-enfant, dans ce champ clos relationnel, l'affectivité fait régner sa force. Toutes ces modifications comportementales ou biologiques ne peuvent s'effectuer que parce que l'affectivité donne sa puissance au moindre événement relationnel. C'est dans un champ de forces affectives et significatives que va s'inscrire l'enfant. Et cette notion de force affective n'est pas un leurre. On peut la rendre visible, mesurable et expérimentale.

Il suffit pour cela de formuler la question en d'autres termes et d'analyser l'événement avec une autre méthode que celle habituellement utilisée. Une observation expérimentale démontre de quelle manière un champ de forces affectives peut marquer son empreinte et provoquer des changements de comportements, en dehors de toute expression verbale. Il s'agit d'observer l'interaction inconsciente entre deux humains et deux chiens.

Monique et Paul viennent de se marier. La jeune femme

apprend qu'elle ne pourra pas avoir d'enfant. Le couple décide alors d'acheter un chien de race, un dalmatien baptisé « Jupiter ».

Jupiter connaît une enfance de rêve : choyé, apaisé, stimulé, caressé, il mange à table et dort sur le lit des humains. Très rapidement, il prend dans l'esprit du jeune couple la signification d'un substitut d'enfant. Il s'épanouit. Son pelage est brillant. Il est vif et joueur, d'une effronterie charmante.

Quelques mois plus tard, les premiers conflits apparaissent dans le couple. Les entretiens révèlent que la signification attribuée au chien change d'expression. Ce chien, acheté pour incarner l'euphorie du mariage, devient insensiblement le symbole de l'échec de ce mariage.

Survient « Pupuce » bâtard pure race, sale, velu, rude, agrégé en poubelles et en combats de rue. Monique décide de l'adopter, et cette décision fondée sur son désir inconscient devient symptôme de la modification de l'investissement significatif qu'elle effectue sur Jupiter.

Dans un premier temps, les relations entre les deux chiens sont claires. Jupiter est chez lui, dans sa maison. C'est donc lui qui va régulièrement dominer Pupuce. Respectueusement, le bâtard se tient à distance, cède la place auprès des humains, attend que Jupiter ait fini de manger.

Le divorce est prononcé. Monique désormais seule avec les deux animaux possède le monopole des empreintes affectives. Jupiter l'irrite de plus en plus, alors que Pupuce se voit investi d'une connotation significative de libération. Progressivement, on voit changer les relations hiérarchiques entre les deux animaux : ce n'est plus Jupiter qui monte la garde, c'est Pupuce qui désormais prend l'initiative des aboiements et de la défense du territoire. Depuis que sa relation affective avec Monique se conforte, c'est lui qui s'approprie l'espace péricorporel de la jeune femme, près de ses jambes, de ses caresses, de son regard. C'est lui qui dort sur le lit, à la place de Jupiter.

Le dalmatien se soumet de plus en plus. Il se tient en retrait pendant que Pupuce nettoie les assiettes. Maintenant, il accepte de manger les nouilles et le pain qu'il dédaignait au temps de sa splendeur affective. Il devient obèse. Lorsqu'on jette une balle pour jouer, il arrive encore le premier sur la balle, mais chaque fois, il fait un faux pas, la manque, la mord et la lâche, si bien que Pupuce le pataud, bon dernier, revient régulièrement en triomphateur avec le trophée dans la gueule.

Un psychanalyste aurait parlé de névrose d'échec.

Mais surtout, depuis sa disgrâce, Jupiter urine comme une

femelle, en s'accroupissant. Alors qu'au temps de sa relation affective il marquait son territoire comme un mâle, en levant la patte pour envoyer quelques giclées d'urine.

Or, dans la maison voisine, on aime encore Jupiter et on dédaigne Pupuce. Il suffit de déplacer les deux chiens, de les emmener dans ce lieu où la relation affective n'a pas changé parce que la signification inconsciente qui leur est attribuée n'a pas changé, pour que aussitôt, les deux animaux reprennent leurs anciens comportements.

On pourrait presque dire que Pupuce et Jupiter ont été des chiens symptômes, des marqueurs d'inconscient, révélant le changement de signification qu'ils prenaient dans l'esprit des humains. Mais pour que cette modification de sens puisse modifier le comportement des animaux, il fallait qu'elle survînt à l'intérieur d'un champ de forces affectives. Les humains, qui n'établissaient pas avec ces animaux un échange affectif, n'avaient aucune possibilité de modifier leur comportement. Les humains inaffectifs auraient simplement déclenché, selon les circonstances, des comportements d'agression ou de fuite.

Il s'agit d'une modification systémique. Un des rouages participant au fonctionnement du système a changé, entraînant ainsi une modification adaptative du système, dans son ensemble.

Ainsi, de Monique à Pupuce, la transmission émotionnelle pourrait passer par l'ensemble signifiant et comportemental suivant :

— La relation affective change, entre Monique et Paul, le couple parental.

— Ce changement affectif entraîne une modification de la signification attribuée aux chiens.

— Cela provoque une expression différente chez Monique, une autre tonalité affective, une autre gestualité, une autre sensorialité énonciative.

— Ce message, clairement perçu par Pupuce, prend pour lui toute sa puissance modificative parce qu'il se passe à l'intérieur d'un champ de forces affectives. Le bâtard, stimulé par cette nouvelle relation agonistique, se sent motivé pour prendre la dominance.

Cette chaîne de comportements, à peine visibles mais clairement communiqués, s'exprime au total par une inversion de la dominance chez les chiens. Ainsi, un simple changement de pression affective dans l'environnement a pu privilégier un type de relation et en étouffer d'autres.

Un individu constitué pour un programme génétique donné, pour une ontogenèse, une construction de sa personnalité données, peut exprimer de manières très différentes son capital neuropsychique selon le champ de pressions qui s'exerce sur lui.

Ce champ de forces affectives et significatives agit en quelque sorte comme un sélecteur d'expressivité.

Finalement Pupuce m'a donné deux leçons :
1. Rien n'est plus contagieux que l'imaginaire.
2. L'inconscient n'a pas besoin de mots pour s'exprimer.

Cette transmission émotionnelle se passe lorsqu'un être vivant s'inscrit à l'intérieur d'un champ de forces affectives et significatives. Les comportements infravisibles issus de ces désirs et de ces significations deviennent, alors, vecteurs d'émotions, transporteurs de sens et marqueurs d'empreintes.

Les messages non conscients, infravisibles, peuvent donc partir de l'enfant pour stimuler ou décourager la mère. Un premier enfant ne donne pas à la mère la même sensation qu'un deuxième et ne prend pas la même signification. On a pu chronométrer que le deuxième enfant passe plus de temps dans les bras de sa mère, celle-ci étant persuadée du contraire ! Le premier enfant lui a appris son métier de mère, si bien qu'elle se sent plus libre, moins contrainte par le deuxième. Et elle transmet cette tranquillité émotive au cadet. C'est pourquoi les aînés sont presque toujours plus sérieux, plus responsables, plus soucieux que les petits derniers.

Quelques expériences dans le monde animal révèlent le pouvoir éducatif que possèdent les premiers enfants. Ce n'est pas facile de rendre une chatte énurétique. Poupette, de nature très émotive, aggravée par un abandon affectif, urinait sous elle absolument n'importe où. A la naissance de sa première portée, elle a toiletté ses petits. Quelques semaines plus tard, elle apprenait à ses enfants à uriner comme le font les chats bien éduqués, et à son tour devenait propre.

Sackett a élevé en isolement social une jeune femelle macaque. Cette agression provoque des désorganisations comportementales si intenses qu'à l'âge adulte, cette femelle ne se laisse pas approcher. Elle ne sait pas entrer en relation avec un congénère et l'agresse à la moindre émotion. Comme, malgré sa puberté, elle refuse tout contact avec un mâle, il faut l'inséminer artificiellement. La grossesse se déroule correctement. Mais à la naissance du petit, la mère est mauvaise mère. Elle regarde ailleurs, ne répond pas aux sollicitations, aux appels du petit et même l'agresse souvent en le jetant par terre ou en lui marchant sur la tête. Malgré ces rebuffades, le petit continue à s'orienter vers sa mère. Il se blottit contre elle, ne la quitte pas des yeux et finit par l'amadouer. Lentement, la mère accepte l'enfant, s'y attache et l'éduque.

Pour la deuxième grossesse, il faudra encore une insémination artificielle, mais, parfois, la mère bien épanouie par son enfant aura fait tant de progrès sociaux qu'elle pourra accepter une relation naturelle avec un mâle. Le deuxième enfant, correctement élevé, va s'épanouir et apprendre son monde. Le premier aura toute sa vie des troubles du comportement, des maladies psychosomatiques, des difficultés relationnelles et sexuelles.

Il n'est pas question de langage dans cette relation et, pourtant, les expressions faciales et mimiques sont extrêmement différentes. Avec l'enfant éducateur, la mère est distraite, distante. Elle communique peu avec lui, le toilette mal, ne le regarde pas. Son visage est inerte, peu mobile. Elle ne crie pas, ne regarde pas, n'appelle pas, ne sourit pas. Entre l'absence indifférente et le rejet hostile, son corps n'émet pas de signaux intermédiaires.

En fait, l'apport capital de la psychologie des animaux à cette éthologie du premier monde sera certainement la notion de période sensible.

On raconte souvent de belles histoires pour illustrer à quel point le hasard joue un grand rôle dans les découvertes scientifiques. Mais le jour où K. Lorenz a compris qu'un étrange phénomène se déroulait sous ses yeux, le hasard avait simplement disposé les éléments du problème. Il ne les avait pas résolus. L'étonnement n'était pas dans les faits, il était dans le regard du jeune médecin.

Lorenz confie vingt-neuf œufs d'oie cendrée à des oies domestiques et à une dinde. Trois jours avant l'éclosion, il enlève les œufs couvés par la dinde pour mieux assister à l'événement.

L'oison casse la coquille, titube. Lorenz, immobile, l'observe longuement : la paresse est la qualité première de l'éthologiste. Observer sans conclure. Ne pas modifier l'événement par notre présence. Ne pas intervenir, ne pas bouger. Là, Lorenz va commettre la petite faute méthodologique qui bouleversera des dizaines de laboratoires de recherche : *il va bouger* !

Voilà l'événement.

Le lendemain l'oison est capable de trotter vigoureusement. Lorenz, fatigué, le porte vers une oie couveuse. Le petit piaille de frayeur. Il refuse de rester près de cette belle-mère et se jette éperdument vers les jambes du chercheur. Là, rassuré par les mollets humains, il se tait et se blottit.

Lorenz recommence la « manipulation ». Il éloigne l'oie, se cache, dresse des obstacles : le même scénario se répète à chaque tentative. Ce sont bien les mollets de Lorenz qui rassurent l'oisillon.

Il a nommé « imprégnation » cet événement biographique et psychophysiologique. Biographique, parce qu'il fait partie de l'histoire de l'oison. Et psychophysiologique, parce que cet événement pour se transformer en empreinte, pour s'intégrer dans le psychisme du petit, doit posséder plusieurs composantes objectives. On a pu analyser ces composantes chez le petit et dans son environnement, sur le sujet imprégné et sur l'objet d'empreinte, c'est-à-dire sur les mollets de Lorenz et sur l'oison.

Côté oison, une série de manipulations expérimentales a permis de préciser que le petit ne s'attachait pas à Lorenz dans les heures qui suivaient l'éclosion, ni lorsqu'il était vieux de quelques jours. Hess, par tâtonnements expérimentaux, a pu objectiver que le meilleur moment pour imprégner le caneton se situait entre la treizième et la seizième heure après sa sortie de l'œuf. L'imprégnation n'est possible que pendant cette période sensible. Il s'agit d'un moment privilégié de la maturation neuropsychologique de l'oiseau. C'est la période où le caneton devient apte à percevoir un type d'informations venues du monde extérieur et de s'y articuler. Durant cette période, le petit devient sensible, réceptif et susceptible de recevoir l'empreinte d'un objet.

Côté objet, les éthologues ont d'abord cru que n'importe quel objet pouvait marquer son empreinte dans ce psychisme en voie de construction. Il suffisait de faire passer un tracteur devant un caneton, lors de sa période sensible, pour qu'aussitôt le petit s'y attache.

Bien des laboratoires ont créé un attachement de canetons à des cylindres d'acier, à des ballons de football ou à des objets divers. Les discussions et expérimentations ont été nombreuses pour savoir s'il n'existait qu'une seule période sensible pour toute la vie, ou si chaque comportement programmé possédait sa propre période sensible.

Il n'est pas impensable que ce phénomène d'empreinte, observé et rigoureusement expérimenté, puisse jouer un rôle capital dans la constitution de notre inconscient.

Selon Minkowski, l'inconscient n'est pas un non-conscient. C'est une part de notre être psychique qui reçoit des informations, peut éventuellement les ramener à la conscience et les formuler en termes de souvenirs, d'images et de paroles. Cet inconscient donne un goût à notre monde et fonde une grande part de nos comportements et de nos raisonnements.

Les goélands fondent leur choix d'objet sexuel sur une information effectivement vécue, reçue très tôt dans leur biographie au cours de leur période sensible, et source de comportements exprimés, bien plus tard, après la puberté. L'objet qui possède la plus forte probabilité d'empreinte, c'est la mère, puisque c'est elle qui réalise l'environnement privilégié du petit. Elle se trouve là au cours de ses périodes sensibles. M. Griffith-Smith a longtemps vécu avec les goélands arctiques. Les différentes espèces de goélands sont très difficiles à différencier tant elles se ressemblent morphologiquement. Pourtant ces oiseaux qui partagent un même territoire ne se croisent pour ainsi dire jamais.

Une série d'expériences a montré que les courtisans se reconnaissent grâce à un très fin maquillage oculaire. Ils possèdent autour des yeux un mince anneau coloré qui, selon l'espèce, varie du rouge au jaune paille. Il suffit de peindre cette anneau avec une autre couleur pour que aussitôt le couple se dissocie : la femelle refuse le mâle dont on a coloré l'œil d'une autre couleur que celle qui caractérise la mode de son espèce. De même, le mâle n'est pas attiré par une femelle mal maquillée.

Or, cet anneau péri-oculaire est un signal coloré dont l'empreinte a été marquée par les parents dans la construction neuropsychique du petit, lors des périodes sensibles, grâce aux comportements de nourrissage. Les petits reçoivent très tôt cette empreinte et ce n'est que bien plus tard, à l'âge adulte, qu'ils choisissent pour partenaire sexuel un goéland au même maquillage oculaire qu'eux-mêmes.

L'empreinte peut être visuelle, comme l'anneau péri-oculaire des goélands. Elle peut aussi être auditive, olfactive ou motrice. Dans les espèces où l'attachement joue un grand rôle, l'empreinte affective prend une importance vitale.

Avant la période sensible, l'animal ne perçoit pas le stimulus parce que son équipement neurosensoriel n'est pas encore assez évolué. S'il le perçoit, il ne peut s'y intéresser parce qu'il est encore trop faible. Vers la fin de cette période sensible, on peut voir l'aptitude à l'empreinte diminuer rapidement, puis s'éteindre.

Par exemple, dans les expériences de Hess, les canetons sont élevés dans le noir jusqu'à la trente-cinquième heure. Le chercheur en sort un pour chaque heure et le place dans une cage où tourne un leurre (caneton mécanique). Ce leurre contient une bande magnétique émettant des cris de femelle adulte. Avant la treizième heure les canetons ne suivent pas le leurre. Entre la treizième et la seizième heure après l'éclosion, le pourcentage de réaction à suivre approche 90 p. 100. Mais dès la dix-septième heure, l'aptitude décline très rapidement pour se réduire à 0 p. 100 vers la vingtième heure.

Longtemps, les éthologues allemands ont différencié l'empreinte de l'apprentissage.

L'apprentissage s'oublie, alors que l'empreinte est indélébile. Elle persiste, même si elle n'est pas renforcée, révisée.

Une seule série d'aventures condensées dans le temps laisse une empreinte plus profonde et plus efficace que des aventures espacées qui, elles, améliorent l'apprentissage.

L'empreinte peut se manifester après une longue période de latence et s'exprimer bien plus tard par un choix d'objet préférentiel.

L'animal ne perçoit comme empreinte que les caractéristiques supra-individuelles de l'espèce ; c'est-à-dire les lignes essentielles, communes à tous les individus de l'espèce. C'est pourquoi l'oie cendrée empreinte par K. Lorenz courtisait tous les humains.

Tout domaine n'est pas susceptible d'empreinte, seules quelques réactions spécifiques peuvent recevoir l'empreinte. Ainsi un choucas peut très bien éprouver des émotions érotiques pour un humain, mais préférer d'autres jeunes choucas comme compagnons.

Un comportement sexuel peut recevoir une empreinte alors même que ce comportement est loin d'être arrivé à sa maturation. Au moment où il commence sa lente construction, il ne peut donc pas s'exprimer. Cette empreinte met en place une sorte de comportement à retardement.

La biographie d'un sujet, le flux des événements participent à la préparation d'un terrain, à son aptitude à recevoir une empreinte.

N.W. Fox a élevé plusieurs lots de chiots de même race dans les mêmes conditions. Mais il a organisé un événement traumatisant pour ces chiots. Les composantes objectives du petit traumatisme ont été déterminées expérimentalement : il s'agissait de faire entrer un chiot dans un couloir. A l'autre extrémité du couloir, se trouvait un homme qui l'appelait. Le chiot se précipitait vers lui, mais en cours de route, il devait passer sur une plaque électrifiée où il recevait une petite secousse désagréable. Les données du traumatisme en soi étaient donc rigoureusement déterminées : longueur du couloir, intensité de la secousse. Les chiots possédaient tous le même équipement génétique et avaient tous connu le même début d'ontogenèse, de construction biographique. Seul variait, le moment de survenue de ce petit traumatisme : la secousse intervenait avant la période sensible, pendant ou après.

Il suffisait, pour évaluer cette socialisation à la personne, de chronométrer, en séries statistiques, la vitesse moyenne à laquelle les chiots parcouraient le couloir entre le moment où ils voyaient l'humain et celui où ils arrivaient à son contact.

Les chiots traumatisés vers la cinquième semaine avant la période sensible ont continué à se précipiter vers l'homme comme s'ils n'avaient gardé aucun souvenir de l'expérience traumatisante.

Les chiots de huit semaines, traumatisés pendant leur période sensible, ne pourront plus jamais s'approcher des humains, même s'ils sont affamés, ou entraînés par un groupe d'autres chiots.

Quant aux chiots traumatisés vers la douzième semaine, non seulement les chocs ne les arrêtent plus, mais ils semblent au contraire accourir encore plus vite !

Donc, la connotation émotive qu'un petit animal attribuait à un même événement objectif dépendait en grande partie de son moment de survenue, par rapport aux périodes sensibles, caractéristiques de son espèce.

Le temps représente un des correctifs physiologiques les plus importants de cette notion de période sensible ; qu'il s'agisse du temps individuel, ontogénique, ou du temps de l'espèce, phylogénétique. Lorsqu'on fait intervenir le concept temps, il est difficile d'exclure l'une de ces dimensions.

S'il s'agit de temps mémorisé, il faudra évoquer la chronologie, les variations cycliques prévues dans les gènes.

Il faudra aussi parler de la fixation amnésique et de son indispensable support protidique.

Il faudra aussi évoquer le temps vécu, la signification, la valeur émotive, qu'il prend pour le sujet.

Le temps social interviendra aussi puisque certaines cultures privilégient ou humilient certaines époques de la vie, comme elles réalisent des rites, des passages où le statut social change radicalement.

L'explication scientifique de la période sensible doit tenir compte de la conjonction de tous ces facteurs biochimiques, psychodynamiques et sociaux.

Pour illustrer à quel point l'élan affectif vers l'autre est inséparable du biologique, Rose et Bateson ont réalisé une expérience troublante.

Le corps calleux est une sorte de fer à cheval fibreux qui unit les hémisphères cérébraux droit et gauche. En glissant un bistouri entre les deux hémisphères, il est possible de couper cet organe sans abîmer le cerveau. Mais désormais, privés de leur organe d'association, chacun des deux hémisphères va fonctionner pour son propre compte, sans informer l'autre moitié du cerveau.

Non seulement les deux chercheurs ont sectionné le corps calleux du cerveau d'un poussin, mais encore, ils lui ont placé sur un œil un bandeau. Si bien que par ce dispositif expérimental, l'œil libre peut encore amener des informations à la moitié correspondante du cerveau, mais pas à l'autre.

Puis ils ont attendu la période sensible pour empreindre le poussin à une boule métallique mobile. Presque aussitôt, le poussin à bandeau a suivi l'objet. Le soir, il se blottissait contre le métal et s'endormait. En cas d'agression, il venait se réfugier contre la boule et s'y rassurer. Il suffisait d'enlever l'engin pour que l'animal incapable de s'apaiser ou de se reposer, s'agitât en tous sens en piaillant d'angoisse.

Il s'était attaché à la boule métallique.

Les chercheurs ont placé le bandeau sur l'autre œil. Malgré la présence de la boule, le poussin était incapable de s'y rassurer. La boule avait perdu son pouvoir tranquillisant. La contre-expérience consistait à libérer l'œil qui avait reçu les informations et permis l'empreinte sur l'hémisphère correspondant. Aussitôt, le poussin reconnaissait à la boule métallique son pouvoir d'attachement, lui redonnait son pouvoir tranquillisant, s'y blottissait et s'y rassurait.

L'attachement n'avait eu lieu que sur l'hémisphère qui avait reçu les informations de l'œil correspondant. L'autre moitié du cerveau n'était pas attachée au leurre tranquillisant.

Selon G. Chapouthier, le fondement biochimique de l'empreinte serait analogue au rôle de la synthèse protéique dans le stockage de la mémoire. Il y aurait une analogie avec le traitement de l'information génétique et les macromolécules joueraient un rôle de traitement de l'information acquise.

C'est dans le tectum optique de l'hémisphère imprégné que l'on dose biochimiquement un accroissement de l'incorporation d'uracile (précurseur de l'acide ribonucléique) et de la leucine (précurseur des protéines). De même, le métabolisme des neuromédiateurs, surtout de l'acétylcholine, s'avère un des meilleurs marqueurs de l'activité cérébrale. Or l'activité enzymatique de l'acétylcholine-estérase augmente pendant la période sensible du rat.

En langage de tous les jours, cette série d'expériences permet de dire que l'attachement n'est possible que si la synthèse protidique est suffisante. On ne peut dire « amour, mon bel amour », que si notre corps calleux nous permet de translater une information d'un hémisphère cérébral à l'autre. Sinon, on pourrait tomber amoureux en se fermant l'œil droit et se détacher certainement en fermant l'œil gauche. On ne peut s'attacher à sa mère, se tranquilliser dans un milieu, ou aimer un pays, que si notre synthèse d'acétylcholine est suffisante.

On retrouve ce schéma du monopole maternel des empreintes, dans l'anorexie mentale ou dans la recto-colite hémorragique. Simplement, la connotation sexuelle sado-masochique y est plus marquée et participe au fondement significatif des comportements.

Comme cette jeune fille anorexique qui avait choisi de faire l'amour pour la première fois avec le garçon le plus laid de sa classe. Pendant qu'il la besognait sur le plancher poussiéreux du grenier, elle, fascinée par son visage pustuleux, vomissait. Elle a cessé de manger, affirmant qu'elle dévorait. Travaillant vingt heures par jour, elle est devenue spécialiste en astrophysique. Elle pesait vingt-quatre kilos pour 1,70 mètre.

Notre intervention a provoqué sa haine, tant nous empêchions son érotisation masochique. Elle m'a expliqué que ses plus forts orgasmes, elle se les donnait en imaginant qu'elle poignardait des soldats allemands. Elle sentait le couteau buter d'abord contre une côte, riper sur l'os et délicieusement pénétrer le corps du soldat pour le tuer.

Le souvenir métonymique lui était donné par un western télévisé qu'elle avait vu vers l'âge de cinq ans : dans un saloon, une chanteuse pailletée, dégrafée, marchait lascivement sur le comptoir en donnant de ravissants coups de pied dans la figure des cowboys qui, fous de désir, cherchaient à l'approcher.

Bien plus tard, sa mère m'a expliqué l'horreur qu'elle avait des rapports sexuels avec son mari et pourtant, le plaisir pervers qu'elle avait éprouvé à l'allumer pour mieux le décevoir.

A la lumière des expériences sur l'empreinte, il n'est pas inconcevable que la petite fille ait perçu ce jeu sexuel. Elle n'a reçu que les empreintes de cette mère trop présente. Elle a même essayé à son tour son pouvoir sadique sur son père en lui faisant des farces humiliantes. Elle découpait son pantalon, le poussait dans les flaques d'eau et de boue. Très attachée à cette mère sadique, elle n'a pu s'en détacher que par le refus des aliments. Les accepter signifiait pour elle accepter la soumission à sa mère. A vingt-six ans, ayant survécu à son anorexie, elle est devenue chargée de recherches au C.N.R.S. Alors, elle a découvert son père réel, gentil, travailleur, épanoui dès qu'il quittait son domicile, mais dominé par la grande présence de sa femme dont le langage du corps exprimait sans cesse une jouissance sadique.

Les enfants sans empreintes, élevés dans les institutions anonymes, sans références affectives, sans cadre culturel, ont bien du mal à savoir qu'ils sont ce qu'ils sont, ce qu'ils aiment, ce qu'ils veulent réaliser, la manière dont ils souhaitent vivre.

La fonction de l'empreinte est donc d'assurer ce sentiment de continuité qui participe à la construction de l'identité et de repérer le partenaire sociosexuel.

Les empreintes affectives venues des adultes travaillent à donner ce sentiment de confiance primitive, cette conviction d'être soi, même avec les autres. Les empreintes du milieu collaborent à cette sensation d'appartenir à un pays, à un groupe, à une culture ; de s'y épanouir et d'en être fier.

Les enfants sans empreintes sont enfants de personne, de nulle part. En ce sens, l'empreinte est une aliénation bienfaisante.

L'effet pervers de ce bénéfice, c'est le conformisme. Les individus au moi fragile se servent de leur groupe comme d'une prothèse culturelle : ils en intériorisent trop bien les valeurs. La moindre critique risque de déséquilibrer cette instable édification. Ils défendent donc l'idéologie dominante avec une rigidité désespérée : ils en ont trop besoin.

Certains étudiants ont transformé leur psychanalyse en une telle prothèse qu'il devient impossible de la critiquer. Le moindre étonnement, la plus petite discussion provoque en eux un véritable hérissement intellectuel. Ils en ont trop besoin. Ce faisant, ils transforment cette aventure psychique enrichissante en une idéologie pétrifiante.

Tout est conçu dans la relation psychanalytique, pour privilégier la parole et en faire le canal de communication essentiel. L'évitement du regard qui pourrait participer à l'échange et modifier le discours ; l'abandon du corps, alangui sur un divan ; l'absence d'objets relationnels (sauf l'argent), de gestes pour aider la communication d'actions communes ; toutes les pressions de cette situation exceptionnelle concourent à favoriser l'expression de la parole.

Mais dans la vie, la parole ne peut être isolée. Peut-être même n'y a-t-il pas d'acte plus totalement humain. La parole est inconcevable sans cerveau, sans larynx, sans poumon. Lorsque l'artère sylvienne gauche se bouche, l'acte de parole devient impossible et l'être total s'en trouve bouleversé dans sa manière de vivre.

Dans l'esprit d'un enfant, si l'autre n'existe pas, sa parole ne se constitue pas. Selon Merleau-Ponty, « il y a une période où l'enfant est sensible à l'égard du langage, où il est capable d'apprendre à parler. On a pu montrer que si l'enfant ne se trouve pas dans un milieu où l'on parle, il ne parlera jamais comme ceux qui ont acquis ce langage dans la période en question. L'élaboration intellectuelle de notre expérience du monde est constamment portée par l'élaboration affectée de nos relations interhumaines ».

Kamala de Midnapora avait à peu près douze ans, quand elle a été découverte dans une forêt des Indes. Les paysans affirment qu'elle a été enlevée par une louve. Un pasteur l'a recueillie et a tenté d'établir avec elle une relation d'affection et de langage.

Double échec : l'enfant ne s'est attachée qu'à la chienne de la maison. Les humains l'effrayaient, surtout quand ils parlaient. Les enfants établissent avec les animaux des relations affectives intenses. La petite Indienne manifestait des désirs sexuels pour la chienne. Les enfants privés d'affection accablent les animaux par leur tendresse étouffante. Le désir de vivre avec les animaux est fréquent chez eux.

L'animal fait partie de la construction de la personnalité des enfants. Il en révèle la maturation : plus l'enfant est petit, plus l'animal aimé est gros. D'abord, l'animal perçu est celui qui occupe le plus d'espace. Le cheval, la vache sont les premiers animaux aimés dans le monde extérieur dès que l'enfant quitte l'univers primitif, où le seul être perçu est la mère. En évoluant, il parviendra à percevoir des animaux de plus en plus petits. Si bien que le volume de l'animal auquel l'enfant s'intéresse peut servir de révélateur de sa manière d'évoluer vers la perception d'un objet.

En même temps qu'il évolue vers l'objet, l'enfant accède à la parole. Souvent, les petits psychotiques et les enfants sans affection n'apprennent pas à parler. Ils considèrent les mots comme des choses matérielles qui les agressent.

Une patiente psychotique qui m'aimait bien, disait : « Quand vous me parlez, c'est comme si on faisait l'amour. » Une autre jeune femme m'insultait dès que je lui disais bonjour et me demandait : « De quel droit avec vos mots, m'envoyez-vous des ondes électriques dans le vagin ? »

Cet aspect sensoriel de la parole, les animaux le connaissent. Les dompteurs parlent aux tigres ou aux lions parce que les « bêtes féroces » reçoivent les mots comme des informations sensorielles déroutantes, inquiétantes, ce qui permet à l'homme de mieux les dominer malgré son infériorité physique.

Les enfants préverbaux, dominés à la crèche ou dans leurs relations avec les autres enfants, reçoivent les paroles comme une charge émotive insoutenable. Terrorisés, ils s'enfouissent dans les bras de leur mère dès qu'on leur adresse la parole, dont pourtant ils ne comprennent pas le sens. Alors que les enfants préverbaux dominants, épanouis, reçoivent ces mots sensoriels comme des jouets : ils sourient, gazouillent un instant, et tentent de participer à la relation.

Cette parole préverbale se charge d'une émotion réjouissante ou effrayante selon que l'enfant est épanoui ou restreint, dominant ou dominé. Or, cette hiérarchie comportementale trouve son fondement dans les empreintes reçues à la maison, à l'intérieur du champ de forces affectives où ces empreintes puisent leur pouvoir.

Depuis 1970, les travaux sur le langage des animaux nous ont appris que leurs connaissances ne se limitent pas à cet aspect sensoriel de la parole. Les anthropoïdes ont accès au contenu sémantique des mots. Selon Kortlandt, les chimpanzés peuvent penser, mais ne peuvent pas dire. Ils ne possèdent ni la zone cérébrale du langage, ni la langue pour articuler les mots. Cette pensée sans langage a pu se dévoiler grâce aux expériences de Gardner et de Premack. Les éthologues travaillent souvent en couple. L'avantage des couples humains en primatologie, c'est qu'ils peuvent établir avec un petit singe des relations éducatives.

Allen et Béatrice Gardner ont eu l'idée d'apprendre à communiquer avec un chimpanzé par l'intermédiaire du langage des sourds muets. Washoe a rapidement appris cette gesture, ce langage gestuel. Au début, elle communiquait des signes pragmatiques, où les signes de la main et de l'avant-bras se référaient à un objet utile. Mais un jour où Washoe contemplait intensément les images d'une bande dessinée, elle manifesta soudain une émotion et éprouva le besoin de la communiquer aux Gardner. Avec ses mains, elle fit le signe qui se référait à l'objet chat. Les Gardner, en regardant l'illustré, virent que les images racontaient l'histoire d'un tigre. Plus tard, il leur suffisait d'articuler le mot « chat » pour que Washoe aille chercher l'image correspondante ou fasse le signe qui s'y référait.

Les travaux sur l'alphabétisation des pongidés sont très avancés. R. Fouts en 1975 a pu analyser la syntaxe, la manière dont les animaux agencent leurs signes pour composer une phrase « Toi - donne - moi - nourriture » a toujours été gestuée dans le même ordre par les chimpanzés.

Il y a même des préséances, des conventions de politesse ou de hiérarchie : c'est presque toujours l'animal dominant qui prend ce type de communication, en dehors de toute intervention humaine.

Sarah, elle, a employé une autre méthode. D. Premack a tenté de clarifier la nature fondamentale du langage à travers ses caractéristiques structurales. Il a inventé des idéogrammes arbitraires, des morceaux de matière plastique de formes, couleurs, dimensions et textures différentes. Chacun de ces idéogrammes renvoie à un mot, choisi conventionnellement. Sarah avait six ans quand elle a appris ce langage par la méthode du conditionnement.

Chaque fois qu'elle désignait l'idéogramme convenu, elle recevait une récompense alimentaire. Rapidement, elle a appris l'idéogramme qui lui permettait d'obtenir un fruit. Puis, elle l'associa à un verbe : « Donner - fruit ». Puis elle parvint à construire des phrases et à nommer les personnes sollicitées : « Sarah - donne - pomme - Marie. » La syntaxe apparaissait à travers l'agencement des morceaux de matière plastique : « Sarah - introduire - banane - pomme - plat. » Ensuite, sont apparus les concepts d'identité, les interrogations, les dénominations, les classes conceptuelles, les codes symboliques, les relations symétriques, les auxiliaires, les relations conditionnelles. Sarah avait manipulé des images mentales et des éléments symbolisés par les idéogrammes ! En 1971, elle possédait 130 mots et construisait des phrases de huit unités.

D.M. Rumbauhg est en train d'apprendre à Lana, un chimpanzé femelle à communiquer grâce à un ordinateur codé pour recevoir une grammaire spéciale : le *yerkish*. Il suffit d'appuyer sur une touche où s'allume un voyant. Cette petite case éclaire alors un lexigraphe. En quelques mois et, sans apprentissage spécifique, Lana a appris à exprimer ses désirs et ses émotions en appuyant sur les touches. En 1976, elle composait des phrases si compliquées qu'il a fallu changer l'ordinateur et lui en proposer un autre richement programmé en lexigraphes.

G. Shapiro dialogue avec Aazk, femelle orang-outang. Il utilise les lettres d'un alphabet plastique pour enfant. Aazk s'en sert comme d'une sorte de symbole référant à des mots. En vingt et un mois, elle a appris à assembler ces symboles-mots pour inventer des termes : « Gory - donner - eau - orange », après avoir goûté un jus de fruits dont le symbole n'avait pas été prévu par l'expérimentateur.

Ces expériences sont bouleversantes. Elles ont déjà provoqué autant d'enthousiasme que d'hostilité. Il n'y a pas d'homme sans langage, dit-on, mais si les animaux accèdent au langage que va-t-il se passer ?

Décidément, la connaissance devient la manifestation moderne du Diable. Plus nous grappillons quelques vérités, plus nous perdons le vert paradis de nos certitudes. Le jour où l'on comprendra qu'une pensée sans langage existe chez les animaux, nous mourrons de honte pour les avoir enfermés dans des zoos et les avoir humiliés par nos rires.

Un curieux fantasme émerge très rapidement : l'homme c'est moi, l'animal c'est l'autre.

Lorsque Gallup a demandé à des chimpanzés de classer des photos en une pile pour les hommes et une autre pour les animaux, les chimpanzés ont placé leurs propres photos dans la pile des hommes !

Les éthologues, comme G. Busnel ou Granier-Deferre, pensent que ces recherches s'orienteront surtout vers une neurolinguistique. On parle beaucoup actuellement des fonctions différentielles des hémisphères droit et gauche qui supportent l'organisation neurologique de la communication langagière et de la communication gestuelle.

L'artère sylvienne gauche dans le cerveau nourrit la zone temporale du langage. Lorsqu'elle se bouche, les cellules nerveuses dégénèrent et le malade ne sait plus parler. L'aphasie, la privation de parole qui en résulte, se constitue différemment selon la zone cérébrale abîmée. Parfois, le sujet comprend ce qu'on lui dit, exécute les ordres, lit le journal, écrit son courrier, mais ne peut plus s'exprimer, se servir de sa phonation, alors que sa bouche, langue, lèvres, pharynx fonctionnent parfaitement. Lorsque la destruction cérébrale porte sur une zone voisine, le malade se trompe de mot. Il commet une erreur phonétique : « Je vais naviguer sur mon joli marteau. » Il peut disloquer les mots : « Je souffre de rhutamismes » ou créer automatiquement des néologismes dépourvus de signification : « Le rotoka ma ferfeu des temeguerr. » A cette paraphasie peut s'associer une dyssyntaxie qui, à la différence de l'agrammatisme n'est pas une réduction, mais une utilisation défectueuse de l'organisation grammaticale : « L'ami où j'ai mangé. »

Par l'atteinte d'une artère voisine, le malade ne comprend plus le langage oral. Souvent il comprend qu'il ne comprend pas et cherche à masquer son incompréhension en exprimant les automatismes verbaux et gestuels qui « sortent tout seuls ». Le malade sourit comme pour séduire l'agresseur qui pose ces questions angoissantes et répète : « Hé oui, c'est comme ça. » Mais il ne peut ni comprendre, ni se faire comprendre.

Les neurologues disent que « le cerveau connaît la grammaire ». Selon la zone atteinte, le déficit sera sémantique, phonétique, syntaxique ou grammatical. Il portera sur la lecture, l'écriture ou la parole.

Pourtant, l'approche éthologique de cette atteinte neurologique permet de constater que le déficit n'est pas isolé. C'est l'homme total qui est bouleversé dans sa manière d'être au monde. Puisque le canal verbal est coupé, c'est par d'autres canaux de communication qu'il va falloir entrer en relation avec ce malade. Il m'est arrivé de communiquer très clairement des ordres simples à un malade aphasique en mimant ce que je lui demandais. Le canal visuel, irrigué par les artères cérébrales postérieures, continue à fonctionner. L'aphasique conserve toute la communication paraverbale et c'est par ce canal archaïque qu'on parvient à communiquer. Si j'articule : « Donnez- moi votre stylo », il ne comprend absolument pas. Si je tends la main vers son stylo en lui réitérant ma demande, il comprend que quelque chose se passe entre ma main et son stylo. Il soulève son stylo, le repose, regarde sa main, la tend, la reprend, tourne son stylo en disant : « Ah oui, retapanokee. » Mais si j'emploie la gesture des chimpanzés quémandant une offrande alimentaire, si je tends la main vers le stylo, en inclinant la tête latéralement, aussitôt le malade prend son stylo et le dépose dans ma main.

Pour un éthologue, la communication réalise un ensemble où tous les canaux de communication se coordonnent pour fonctionner. La culture, la situation de la maladie peuvent privilégier un canal ou le couper. Il s'ensuivra une rééquilibration totale du système qui devra apprendre à fonctionner d'une manière radicalement différente. On peut parler d'une homéostasie de la communication.

Cette attitude est riche d'applications en psychiatrie. Les adultes psychotiques ont peur des mots. Ils s'en servent pour ne pas communiquer. Ils parlent pour se taire. Il n'est pas rare que des schizophrènes parlent pendant des heures. Ils intellectualisent, rationalisent, conceptualisent dans l'abstraction la plus totale. Ils expliquent les conditions cosmogoniques de leur être ou la géométrie des forces sociales. Après plusieurs heures de paroles, ils ont réussi à taire l'essentiel, à ne pas dire « je ».

Deligny, près de Montpellier, a supprimé la parole de ses relations avec les enfants autistiques. Ses résultats n'en sont pas plus mauvais que ceux des parleurs et autres soigneurs. Au contraire. Ayant appris cette possibilité, j'ai appliqué le même principe avec des schizophrènes adultes.

Pendant neuf ans, Sylvie est restée couchée. Dans son lit, drap sur la tête, elle fuyait tout contact du regard, tout mouvement, toute parole. On se demandait comment elle parvenait à survivre.

J'ai demandé à une infirmière particulièrement douce d'aller tous les jours s'asseoir au pied du lit de la patiente. La consigne était de respecter le silence, de ne pas manifester de mouvements brusques et surtout de ne rien faire. Après une heure de coprésence passive, elle murmurait juste : « Au revoir Sylvie, je reviendrai te voir demain à 10 heures. »

L'équipe soignante a eu beaucoup de mal à garder son sérieux. La douce infirmière s'est beaucoup ennuyée. Après douze jours de corvée, elle a « oublié » son rendez-vous. Alors on a vu Sylvie, en chemise de nuit, tremblante sur ses jambes incertaines, descendre vers la salle de soins pour soupirer ces mots à peine audibles : « Vous avez oublié votre rendez-vous aujourd'hui. »

Après cet événement, la relation non verbale s'est poursuivie, intensément inexprimée. Plus tard, les deux femmes se sont promenées ensemble. Puis elles ont tricoté, côte à côte. Elles ont bricolé un abat-jour et enfin se sont parlé. Deux ans plus tard Sylvie a passé son diplôme d'aide soignante.

Notre culture postule que toute relation humaine ne peut passer que par la parole. Alors qu'il n'est pas impossible que la parole n'intervienne que plus tard dans le processus des interactions inconscientes.

Les étholinguistes ne parlent plus d'acquisition du langage. Le choix du mot acquisition se réfère au fantasme conceptuel de l'enfant-cire-vierge susceptible de recevoir n'importe quel message. Ils se réfèrent plutôt à la notion d'ontogenèse du langage. Cette aptitude génétique possède son propre programme de maturation, mais peut s'épanouir très différemment selon les milieux où il s'exprime et dont il reçoit les empreintes.

Le caneton empreint aux mollets de Lorenz nous pose alors le problème de savoir s'il existe une période sensible pour le langage. H. Vetter défend cette option en soulignant que les enfants apprennent à parler spontanément au cours de la troisième année. Il compte une moyenne de trente mots vers le vingtième mois, trois cents vers le vingt-quatrième mois et mille vers la troisième année. A dix-huit mois, la longueur moyenne des phrases est de 1,2 mots. Elle passe à 5,4 au cinquante-quatrième mois. Ce schéma évolutif rappelle étonnemment les expériences de Hess sur la période sensible du caneton.

Pourquoi si peu de mots avant le vingtième mois ? Pourquoi cette acquisition si lente après la cinquième année ? Pourquoi ce bond linguistique au cours de la troisième année ? On pourrait aussi se demander pour quelle raison le petit enfant apprend spontanément à parler sans accent, alors que cette épreuve devient si difficile pour le grand enfant.

Un Japonais, Miyawaki, a découvert que les nourrissons japonais prononcent aisément l'opposition entre les phonèmes (r) et (l), alors que les grands enfants n'y parviennent plus.

Un potentiel neuropsychologique, une aptitude pourtant codée dans les gènes, peut s'atrophier par manque de stimulation culturelle adéquate, lors de la période sensible.

J.-P. Changeux, élève du prix Nobel J. Monod, a décrit les opérations élémentaires de la pensée en termes de communications cellulaires. Le système nerveux peut se décrire, comme en cybernétique, en tant qu'ensemble de circuits connectés recevant des informations venues de l'environnement, les traitant, puis expédiant les ordres adéquats aux organes effecteurs, comme les muscles et les glandes. L'organisme travaille ainsi sans cesse à s'adapter aux variations de l'environnement.

L'idée nouvelle, c'est que le système nerveux peut établir de nouvelles connexions, de nouveaux circuits. L'environnement possède un effet organisateur, en favorisant la synthèse de certaines protéines et en établissant de nouveaux circuits neuroniques.

Changeux, s'inspirant du phénomène de l'empreinte, pense que l'environnement se borne à privilégier un type de circuits possibles, préexistants, fournis pour le programme génétique.

Au temps de son développement, le neurone X avance ses prolongements synaptiques pour établir des contacts fragiles avec d'autres neurones se trouvant à proximité : B1, B2, B3... Que survienne alors une interaction avec l'environnement qui, à cet instant critique, va faire fonctionner la voie X-B2, les autres voies X-B1 et X-B3, non stimulées par l'environnement vont s'atrophier ; alors que la voie X-B2, stabilisée, va fonctionner toute la vie de l'individu et se renforcer, créant une stabilisation synaptique.

Voilà pourquoi votre enfant n'a pas d'accent !

Cette sélection de circuits, au gré des environnements, permet une économie de matière vivante, car pour activer les milliers de milliards de connexions neuroniques possibles, il faudrait plusieurs dizaines de kilos de matière cérébrale. Un cerveau contenant cent kilos d'acide désoxyribonucléique nous poserait des problèmes.

Cet impératif biologique qui économise la matière vivante, en sélectionnant les circuits adaptés, nous impose en même temps une amputation de notre potentiel humain. Dès qu'on reçoit une empreinte, il nous faut dans le même temps renoncer aux milliers d'autres empreintes possibles, donc aux milliers d'autres manières d'être humain, d'autres manières de sentir le monde, de se le représenter et d'y vivre.

Il n'y a rien de plus aliénant que la liberté.

L'absence d'empreinte laisserait notre cerveau dans une instabilité permanente. Nous serions aptes à être tout. Mais nous ne serions personne. Nous aurions la capacité de tout faire, mais nous ne ferions rien.

A l'inverse : être quelqu'un, faire quelque chose, comme tout choix, implique un renoncement. Mais, quelle complaisance dans cette aliénation constructive !

Notre épanouissement humain se situe probablement entre ces deux aliénations : être personne ou n'être qu'une personne. Les animaux se construisent par interaction incessante entre leur programme génétique et les pressions de l'environnement. Alors que l'humain, en plus, peut remettre en cause cette construction et aspirer à une autre. C'est-à-dire que le monde animal se fait, alors que le monde humain, sans cesse, reste à faire.

Il existe cependant une pathologie de l'empreinte.

Un de mes patients souffrait d'une intense douleur sciatique. Comme le rhumatologue ne trouvait rien, cet homme a été adressé à ma consultation. Très rapidement, nous avons découvert que cette douleur n'apparaissait que lorsqu'il devait aborder le problème du procès qu'il avait intenté à son architecte. Or vers l'âge de cinq ans, un traumatisme lombaire (région d'où part le nerf sciatique) l'avait fait souffrir plusieurs semaines. Ce choc avait-il réalisé un point d'appel, une fragilisation vertébrale dont la souffrance ne pouvait s'exprimer qu'à l'occasion d'une agression psychique, émotive ou significative ?

Une femme de cinquante ans arrive mourante dans un service de médecine générale. Elle ne mange plus, ne dort plus, ne boit plus depuis plusieurs semaines. Immobile, yeux au plafond, elle se laisse indifféremment mourir ou soigner. On masse son dos et ses fesses où rougissent des escarres. On place des perfusions pour la nourrir et l'hydrater. On injecte des médicaments stimulants cérébraux.

Quelques semaines plus tard, la patiente, guérie de l'accès mélancolique qui a failli la tuer, nous explique qu'à l'âge de dix mois elle a été abandonnée. La voisine qui l'a recueillie raconte que la dépression anaclitique observée chez le bébé avait pris étonnemment le même aspect clinique que la mélancolie survenue à la cinquantaine.

Mais le bébé abandonné au cours de sa période sensible avait trouvé un substitut maternel extrêmement chaleureux. La vie avait repris. Sa gentillesse, sa douceur avaient donné à la petite fille un grand pouvoir d'attachement. Plus tard, elle a trouvé un mari très gentil avec qui elle a eu un garçon. L'accès mélancolique ne s'est déclenché qu'après le mariage du fils.

On apprend alors que pendant cinquante ans, cette femme gentille et parfaitement en équilibre (sinon équilibrée) n'avait jamais eu l'occasion de dormir seule. Jusqu'à son mariage, elle avait dormi au contact du corps de sa voisine. Ensuite elle avait dormi contre son mari, substitut maternel efficace. Quand son mari partait, elle prenait le fils dans son lit. Mais le bébé avait grandi. Ce jeune homme de vingt-cinq ans dormait encore avec sa mère quand le travail des chantiers éloignait le père.

Après le mariage de son fils, pour la première fois depuis sa dépression abandonnique à l'âge de dix mois, cette femme de cinquante ans s'était trouvée seule.

Les circonstances de la vie lui avaient permis de compenser sa blessure, de vivre avec, et même de l'aménager. Mais cette fragilité attendait la moindre occasion pour s'exprimer. Elle a failli la tuer. Elle aurait très bien pu ne jamais se révéler.

La période sensible humaine n'est certainement pas cantonnée, comme chez l'animal, à un stage rigoureux de sa maturation neurosensorielle.

La puberté réalise une autre période sensible à d'autres types d'informations. Le remaniement endocrinien, la métamorphose corporelle, la flambée des désirs, mettent en jeu toute la construction individuelle auparavant acquise et rendant le jeune sujet hypersensible à toute stimulation sexuelle et sociale. C'est l'époque des engagements affectifs et sociaux, des choix idéologiques et des apprentissages qui laisseront en nous une trace indélébile.

L'humain diffère radicalement de l'animal en cela que toute sa vie, il reste susceptible de connaître d'autres périodes sensibles, facilitantes ou privilégiées. La plasticité du système nerveux et des pressions psychologiques est telle, que bien des aventures biographiques peuvent créer d'autres périodes sensibles.

Ainsi les dépressions, quelles qu'en soient les origines semblent offrir d'autres instants privilégiés. J'ai toujours été passionné par la manière dont les patients atteints de psychose maniaco-dépressive racontent leur vie. Quand ils sont en accès euphorique, ils ne se rappellent que les souvenirs merveilleux ; quand ils souffrent de leurs moments mélancoliques, ils souffrent en même temps de leur passé. L'humeur pathologique fondée sur un trouble psychochimique agit comme un sélecteur de souvenirs. Les éléments biographiques rappelés sont tous aussi réels les uns que les autres, mais différemment choisis selon notre humeur.

Depuis qu'on arrive à stabiliser ces malades par le sel de lithium, ils ne souffrent plus et vivent en épanouissement individuel et social de bonne qualité. Ils se rappellent difficilement leurs accès maniaques. Alors que leurs anciennes souffrances mélancoliques ont laissé des traces profondes. Comme presque toujours en psychologie, ils inversent les relations de causalité et attribuent la cause de leurs souffrances à ce qui n'en était qu'une conséquence ou un symptôme. « A l'âge de vingt-cinq ans, j'ai vu un tas de poussière sur un tapis. Je me suis dit que je n'y arriverais jamais. Et ça m'a provoqué un premier accès de mélancolie. » A l'inverse, lorsqu'un patient perd un proche alors qu'il est en plein accès maniaque ou lorsqu'il absorbe des thymo-analeptiques stimulants de l'humeur, il reçoit cette agression avec beaucoup plus de sérénité et le deuil ne le blesse pas.

Il n'est pas impossible que la dépression, en réalisant une déplétion cérébrale en neuromédiateurs, prépare un terrain hypersensible au monde. A ce moment privilégié, les empreintes deviennent plus faciles.

On admet sans peine, sur le plan social, la relativité de la notion d'individu : « Sitôt qu'homme il y a, le groupe et l'individu paraissent indissolublement solidarisés », écrivait H. Wallon (*Les Origines de la pensée*). Mais cette relativité existe aussi sur le plan de l'individu biologique. Une abeille isolée de son groupe meurt en quelques heures, même si par ailleurs, le milieu est parfaitement convenable. Une abeille seule n'est pas une abeille. C'est une abeille morte. Un singe seul n'est pas un singe. Il ne parvient pas à développer son capital génétique. Et comme il ne peut s'épanouir, il va se recroqueviller, se centrer sur lui-même, se catatoniser et mourir.

Un homme seul n'est pas un homme.

Dès que l'enfant paraît, le monde alentour met à sa disposition un climat affectif, un langage, des outils et une culture avec lesquels l'enfant va articuler ses capacités génétiques et neuropsychiques. Ce n'est qu'en interaction avec son milieu que le petit humain pourra enclencher, développer et exprimer ses capacités.

Sans milieu, l'individu ne peut même pas devenir un individu.

Il suffit de voir ce que donnent les enfants sauvages. Leur équipement génétique semble intact et pourtant, ils marchent à quatre pattes, ils sont déformés et ne savent ni parler, ni communiquer, ni même regarder les autres.

Lévi-Strauss pense que les enfants sauvages illustrent ce que donnerait la nature humaine s'il n'y avait pas de culture.

Pour un éthologue c'est mal poser le problème que de le poser en termes de disjonction entre la nature et la culture. L'un sans l'autre ne peuvent fonctionner.

L'enfant-loup ne représente pas ce que donnerait la nature avant la culture, puisque sa nature ne peut ni se développer ni s'exprimer s'il n'y a pas de culture. L'enfant sauvage n'est pas un enfant de la nature, puisque par nature, l'homme ne peut fonctionner que dans une culture. Cet être vivant possède, par nature, le cerveau le plus apte à créer la culture qui façonnera ce cerveau.

Ce n'est pas l'homme qui existe, c'est l'humanité. Et si l'on disjoint les conceptions de nature et de culture, il faudra admettre aussi que la nature animale n'existe pas puisqu'une abeille, puisqu'un singe, puisqu'un être vivant, seul, ne peut pas vivre, s'il est génétiquement grégaire.

Pour qu'un individu s'individualise, il faut qu'un autre vive et l'individualise.

En ce sens, il n'y a pas de pire infirmité que la solitude. Mais il faut reconnaître que les rapports sont bien souvent douloureux.

L'être vivant ne peut se construire que par les interactions qu'il établit avec son milieu. Et l'humain, parmi les êtres vivants, est celui qui travaille le plus à structurer le milieu qui le structure.

Cette manière éthologique de raisonner en termes de systèmes, en termes de circularité, permet d'éviter le non-sens culturaliste. L'individu pour vivre doit s'insérer dans un milieu, un ensemble fonctionnel dont il va devenir un rouage. Ce n'est que dans un système que l'individu pourra prendre son sens et sa fonction. L'unité psychologique se compose d'un individu dans ses environnements écologiques, affectifs et sociaux. C'est à l'intérieur de ces systèmes que l'observation des comportements permettra d'objectiver une des innombrables articulations possibles de l'individu dans son milieu.

Il n'y a de science que par la grâce d'une connivence avec l'arbitraire. Toute observation est réductionniste. Il faut bien décider un début et une fin à cette séquence comportementale qu'on isole de son ensemble pour mieux l'analyser. Il faut bien nommer cette observation pour la communiquer. Par cette méthode abusive, le scientifique maîtrise un tout petit point de l'immense tableau. Mais dans le même mouvement, il reçoit une leçon d'humilité.

P.P. Grassé est un savant ; il lui a fallu des sommes énormes de connaissances et de travail pour démontrer le comportement sexuel du grand paon de nuit. Lorsque les glandes sexuelles de la femelle de ce papillon sont mûres, deux poches à parfum gonflent sous son abdomen. Les chimio-récepteurs des antennes du mâle sont informés à distance. Cette stimulation va modifier les sécrétions des neurohormones du cerveau de ce mâle, ce qui va déclencher son comportement de cour. En agitant ses ailes, pour « faire le beau », il va casser ses androconies, petits poils chargés de vésicules pleines d'un mâle parfum qui va se coller sur les antennes de la femelle, ce qui va modifier ses sécrétions de neurohormones cérébrales, et son comportement sexuel, permettant la rencontre.

Pour décrire cette chaîne d'interactions, il a fallu des équipes de biochimistes, des psychologues d'animaux, des opticiens, des physiciens, des microscopes électroniques et des compteurs Geiger. Toute la haute volée scientifique pour comprendre comment un papillon mâle et une femelle se rencontrent.

Or pour qu'un tel comportement existe, il faut une conjonction de 10^{50} facteurs. Mathématiquement ce comportement n'a pour ainsi dire aucune probabilité d'existence. On peut l'observer tous les jours !

Vivre, c'est invraisemblable.

Et pourtant, on vit. Peut-être ?

Tu

« J'ai de mes ancêtres gaulois l'œil blanc, la cervelle étroite, et la maladresse dans la lutte », dit Rimbaud pour expliquer que « Je est un autre ».

Il m'a convaincu, tout comme le chimpanzé qui meurt d'être seul m'a appris que « je » n'existe que si « tu » existe.

Il suffit d'être deux pour que chacun serve de milieu à l'autre. L'interaction, l'épanouissement et les conflits peuvent alors s'exprimer, permettre la vie relationnelle.

Qui est l'autre ? Je préfère demander : « Qu'est-ce qu'est l'autre ?»

Même si l'autre est un leurre, il est suffisant pour stimuler l'existence.

Un poussin, seul dans une boîte en carton, s'affole et piaille son angoisse. Il suffit d'ajouter un miroir dans sa boîte pour l'apaiser. La sécrétion lactée du jabot d'un pigeon en isolement se tarit. L'introduction d'un miroir dans sa cage la fait réapparaître. Ce simple leurre visuel stimule les organes sensoriels avec une intensité suffisante pour augmenter la sécrétion des neurohormones cérébrales qui commandent aux stimuli de l'hypophyse située à la base du cerveau, chef d'orchestre des autres sécrétions endocrines. Elle régularise les flux hormonaux de la prolactine et de l'hormone de croissance.

Ce simple leurre modifie l'équilibre des métabolismes du pigeon. Un poisson combattant devient très agressif lorsqu'il voit un congénère paré de ses couleurs de combat. Or, rien ne le stimule plus que sa propre image puisqu'il attaque le miroir trois fois plus intensément que n'importe quel autre mâle. Il arrive que les perruches ou les pinsons mâles, se blessent en attaquant des enjoliveurs de voiture. Parce qu'ils prennent leur double pour des rivaux, de violentes colères éclatent. L'« autre » qui empiète sur leur territoire n'effectue pas les rituels de soumission, et ne les effectuera jamais.

L'observation la plus banale ne peut se passer de méthode. De nombreux témoins soutiennent que les chiens et les chats ne se reconnaissent pas dans le miroir. « Il suffit de les placer devant, et vous verrez, ils détournent la tête. »

Le temps, l'histoire, la maturation, la construction d'un comportement ont leur mot à dire. Avant la quatrième semaine, le chaton est indifférent au miroir. Vers la sixième, huitième semaine, il pointe ses oreilles, tend le cou, tourne la tête dans tous les sens pour mieux examiner cet étrange animal. Il bondit vers le miroir, mais, terrorisé par sa hardiesse, cherche à faire demi-tour pour s'enfuir.

Lorsque j'ai présenté Chouquette à son image dans le miroir, elle avait trois mois. Terrorisée, cette petite femelle malinoise a d'abord sursauté et quitté le champ de réflexion du miroir. Passionnée, elle revient vers son image et, à pas de loup, s'approche du miroir. Dès qu'elle se voit, elle s'enfuit. Rassurée par l'absence d'agression de l'« autre-même », elle cherche à jouer avec lui. Il se passe alors un phénomène que je n'ai pas prévu. Le miroir est monté sur pied. Chouquette, sollicitant le jeu, s'aplatit en jappant entre ses pattes antérieures. Mais en s'aplatissant, la chienne ne perçoit plus son image. Déçue, elle se relève. En se relevant, l'image réapparaît. Surprise, Chouquette sursaute, jappe et de nouveau s'aplatit pour solliciter le jeu à cet « autre-même » qui encore une fois, disparaît. Désorientée, Chouquette pointe les oreilles et renifle de loin cet être sans manières. Depuis ce jour, la petite chienne ignore le miroir. Méprisante, elle passe devant et se débat quand on l'approche, confirmant ainsi aux observateurs sans méthode que les chiens ne connaissent pas le stade du miroir.

Et pourtant, G. Gallup a lancé l'aventure du miroir. Il capture quatre chimpanzés sauvages et les isole chacun dans une grande cage. Après quelques jours d'isolement, il introduit un grand miroir qui occupe toute une paroi de la cage.

Les animaux manifestent tous la même série de réactions :

— De zéro à trois jours, ils réagissent devant le miroir comme ils le feraient devant n'importe quel congénère : ils tentent d'établir avec lui des rapports de domination contrôlés par l'exécution de rituels sociaux.

— Vers le troisième jour, ils changent d'attitude. Ils ne cherchent pas à entrer en relation avec l'« autre image ». Ils entreprennent d'explorer l'objet. Ils le palpent, reniflent, lèchent et passent la main derrière le miroir.

Dès ce moment, c'est leur propre image que les animaux explorent dans le miroir : ils ouvrent la bouche, regardent leurs dents, exposent leur dos ou leur arrière-train. Ils cherchent à observer les zones de leur corps habituellement impossible à voir.

Dès 1936, au Congrès de psychanalyse de Marienbad, Lacan inspiré par H. Wallon s'empare de cette notion pour décrire le stade du miroir, première ébauche du moi. L'enfant gambade de joie quand il se voit dans le miroir, parce que, pour la première fois de sa vie, il se voit en entier, non morcelé et qu'il s'identifie à cette image. C'est « l'assomption triomphante de l'image avec la mimique jubilatoire qui l'accompagne et la complaisance ludique dans le contrôle de l'identification spéculaire ».

G. Gallup confirme cette « identification spéculaire », chez les chimpanzés. Le dixième jour après les avoir mis en présence du miroir, Gallup anesthésie les singes ; il leur peint en bleu un sourcil et l'oreille opposée. Lorsque l'animal se réveille, il se contemple dans la glace et, sans hésiter, porte les mains directement sur la tache réelle, et non pas sur la tache de l'image. L'animal a su passer de l'espace virtuel à l'espace réel, de la perception sensorielle à l'image de soi.

Le miroir est un test inventé par les éthologues pour dévoiler certaines réactions, pour servir de révélateur à certaines maturations. C'est ainsi que les macaques rhésus, qui s'intègrent pourtant dans un groupe très évolué des anthropoïdes, réagissent au miroir comme les chiens, ils ne s'y reconnaissent jamais. Le miroir déclenche en eux certains comportements archaïques, mais l'animal n'accède pas à l'identification spéculaire : ce n'est pas moi dans le miroir.

R. Zazzo a étudié l'histoire du miroir chez les enfants. Les psychologues parlent de stade de miroir. Lacan dit qu'un enfant se reconnaît dans un miroir dès l'âge de six mois. Darwin parle de dix-sept mois, Merill de vingt mois, Gesell de vingt-quatre mois, et Zazzo de trois ans. Cette divergence d'opinion reflète la réalité ; parce que le stade du miroir n'est pas un stade. C'est une ontogenèse, une lente construction. En fait, cette « jubilation », cette « assomption triomphante dans le contrôle de l'identification spéculaire », apparaît bien avant le sixième mois.

Jusqu'à deux mois, pas de réaction. Un bébé de deux à trois mois placé devant un miroir s'agite, joyeux. Un film passé au ralenti révèle la même excitation joyeuse devant tout autre bébé. C'est la présence d'un autre bébé du même âge qui déclenche la gestualité la plus intense. La joyeuse émotion est exprimée encore plus violemment que pour l'apparition de la mère ou du biberon.

Vers le troisième-cinquième mois, le bébé réagit à tout coup, gazouille et s'agite.

Après le sixième mois, le désir de relation sociale s'exprime nettement. L'enfant crie, interpelle et cherche à entrer en interaction avec cet autre bébé.

Vers le huitième-dixième mois, apparaît l'angoisse sociale. L'enfant tenu dans les bras alterne son regard entre le miroir et la personne qui le tient.

Vers le douzième mois, l'enfant se comporte comme les chimpanzés de Gallup. Il perçoit alors le mystère : l'objet-miroir. Il le tape, le goûte, le palpe, examine son envers.

A partir du quinzième mois, il se découvre dans le miroir. Comme les chimpanzés, il ouvre la bouche, s'embrasse, découvre les parties de son corps habituellement invisibles.

De dix-huit à vingt-quatre mois, l'enfant devient grave, il réfléchit quand il se réfléchit.

En jouant avec des enfants, R. Zazzo leur fait volontairement une tache de fusain sur le nez ou la joue. Il observe leurs réactions devant le miroir. Jusqu'à dix-huit mois, aucun enfant n'essuie son propre visage. Ils peuvent rester indifférents ou porter la main vers le miroir. De vingt à trente mois, ils sont perplexes, réfléchissent longuement, puis dirigent leur main vers leur propre visage. Mais ils localisent mal la cible. Si la tache est sur une joue, ils se passent la main sur le front ou dans les cheveux.

A partir de trente mois, tous les enfants atteignent la cible dans l'espace réel, alors qu'elle a été sensoriellement perçue dans un espace virtuel. Cette maturation de l'aptitude à traduire les données perceptives, à passer de l'image à l'espace réel, à se comprendre en tant qu'image reflétant notre corps réel, correspond exactement à l'apparition du « je » dans le langage.

Ce qui s'exprime lors de la structuration du langage, se manifeste au même moment par les comportements face au miroir. Le test du miroir permet d'objectiver le moment de la maturation où l'enfant accède à la conscience de soi. A ce stade, l'enfant se nomme : en se désignant dans le miroir, il dit : « C'est Barbara. » D'abord il se nomme par le nom que lui ont donné les autres. Puis il dit : « C'est moi. » Il se prend à son compte quand il dit « je ».

L'histoire du miroir ne s'arrête pas là. Après avoir compris son corps quand il accède à « je », l'enfant doit conquérir son espace péricorporel, et l'espace social des rituels de sa culture.

Zazzo cache une mère derrière un rideau. Quand l'enfant se regarde dans le miroir, il ne voit que son image détachée sur un fond de rideau. Soudain, le rideau s'écarte et la mère apparaît dans le miroir, derrière l'enfant. Il faudra encore six mois de maturation neuropsychique pour que l'enfant se retourne et se jette dans les bras de sa mère. L'espace réel, péricorporel ne sera maîtrisé que vers trois ans et demi.

Le temps lui-même fait partie de nos fonctions neuropsychiques. Le psychologue enregistre un enfant face au miroir. Par un système vidéo, il le projette grandeur nature sur un écran placé sur le miroir. La projection est effectuée avec un léger décalage. Jusqu'à quatre ans, l'enfant ne s'étonne pas de ce décalage. Il continue de dire : « C'est moi » et ne comprend pas qu'il y a quelque chose à comprendre.

Vers cinq ans, désorienté, par le décalage temporel du film qui répète ses gestes après lui, il régresse et de nouveau se nomme par le nom que lui a donné autrui. Il n'ose plus dire « je ».

Ce n'est qu'à six ans qu'il percevra la différence de déroulement temporel : « C'est moi, et c'est le geste que j'ai fait tout à l'heure. » L'espace-temps du miroir est arrivé à maturation.

Bien plus tard, dans les démences séniles, les gens au cerveau âgé ne se reconnaissent plus dans le miroir quand ils ne savent plus dire « je » dans leurs discours.

Lacan dit : « La portée de la phase du miroir chez l'homme doit être rattachée à la prématuration de la naissance, attestée objectivement par l'inachèvement anatomique du système pyramidal et à l'incoordination motrice des premiers mois. »

Les rats et les marsupiaux sont à la naissance bien plus prématurés que le petit humain. Leur système pyramidal est encore plus fœtal. Et pourtant, chez eux, le stade du miroir n'est pas fameux.

Dans la nature, le miroir naturel c'est l'autre ; l'autre comme moi, mon semblable.

Les animaux élevés en isolement social manifestent de gros troubles devant le miroir. Effrayés par la présence de ce congénère encore plus angoissant que les autres, ils se replient sur eux-mêmes et se figent dans des postures stéréotypées. Ils ne connaissent donc pas l'aventure du miroir manifestée par les autres animaux. L'isolement social qu'ils ont subi au cours d'une période sensible de leur maturation les empêche d'évoluer en présence d'un problème stimulant. Toute rencontre devient pour eux un facteur de fixation de leur développement au lieu d'être un enrichissement. Parce qu'ils ont été privés d'une information sociale à une période sensible, ces animaux ressentiront toute leur vie chaque rencontre comme une agression.

Ce n'est que par la perception des autres qu'on peut parvenir à la conscience de soi. C'est en cherchant à te comprendre que je me découvre.

Une rééducation du miroir est possible. Il suffit d'accoutumer les animaux au contact corporel avec leurs congénères, pour que très prudemment ils acceptent d'explorer le corps des autres et de se laisser toiletter à leur tour. Apaisés par cette relation sociale, les animaux isolés pourront alors faire face à l'aventure évolutive du miroir.

L'être vivant est un être total. Le milieu où l'on s'exprime participe à la construction de cet être.

L'animal accepte de s'examiner dans un miroir parce que, auparavant, il a toléré le contact d'un congénère. Cette tolérance relationnelle va améliorer son sentiment d'identité.

L'homme sauvage de Vuillaume ne connaît pas le miroir. Face au miroir, il tourne la tête comme il le fait devant un mur. Pourtant, il voit dans le miroir. Mais ce qu'il voit n'est pas lui. Il n'a conscience, ni de son identité, ni de son espace péricorporel. Lorsque Vuillaume fait apparaître dans le reflet du miroir une pomme suspendue à un fil de canne à pêche, l'homme sauvage ne se retourne pas pour attraper la pomme dans l'espace réel ; il tend la main vers le miroir !

Il n'a pas le niveau de conscience des chimpanzés de Gallup. Il n'a pas l'élan passionné vers les « autres-comme-soi » que manifestent les chiens. L'homme sauvage n'est pas un homme naturel. Son isolement social l'a privé de cette possibilité. Il souffre d'une amputation psychique très grave, d'une détérioration humaine presque totale.

L'autre participe à la construction de mon identité parce qu'en le voyant, je vois qu'il est le même : il me sert alors de miroir. Il y aurait donc un miroir vertical et un miroir horizontal.

Le miroir vertical, celui que l'enfant voit en levant la tête, serait constitué des parents, des adultes de son groupe, des rituels et techniques de sa culture. « Voilà qui je serai. »

Alors que le miroir horizontal, celui qui se situe à hauteur de l'enfant, serait constitué par les autres enfants, de même classe d'âge, de même sexe, de même couleur de peau, de mêmes vêtements. « Voilà qui je suis. »

D'où l'immense conformisme des enfants qui ne peuvent construire leur identité qu'en subissant ces pressions des miroirs verticaux et horizontaux. Les enfants sans miroirs, sans autremême, sans pressions, comme les enfants abandonnés sont mal individualisés. Ils en arrivent à ne savoir ni ce qu'ils sont, ni qui ils aiment, et parfois pas même quel est leur sexe.

Je me constitue si *tu* me constitues ; je parviens à savoir qui je suis si tu m'apparais comme un même ; le *je* survient dans mon langage, dès que je prends conscience du moi dans le miroir ; l'autre, par conséquent, devient le « pas-même », le différent, l'étranger, l'agresseur, le fou, le non-conscient, celui qui n'a pas d'âme, l'animal, la bête.

Toutes les informations participent au système et jouent un rôle dans les maturations. En ce sens, rien n'est plus sérieux que le jeu. Le jeu en milieu naturel pose un problème fondamental probablement lié à la folie. Les zoologistes n'aiment pas qu'on parle d'échelle animale parce que cette notion transporte une idée de perfectionnement ; les animaux en bas de l'échelle seraient imparfaits, alors qu'en évoluant vers l'homme, on évoluerait vers la perfection. Cette notion est fausse, dit Le Masne : chaque animal est parfait pour son propre compte.

Ce qui n'empêche que les espèces les moins cérébralisées ne jouent jamais. En bas de l'échelle, tout comportement résulte d'un compromis entre les besoins biologiques de l'individu et les contraintes de l'environnement. A ce niveau de la phylogenèse, la dictature du code génétique est impérieuse : on la respecte ou on meurt.

Le jeu apparaît discrètement chez les oiseaux. Certains ornithologues racontent que des oiseaux jouent à rouler des pierres ou à les jeter au sol. Jouent-ils vraiment, se demandent d'autres ornithologues, ou s'agit-il plutôt de comportements permettant de satisfaire des pulsions programmées qui n'ont pas été exécutées depuis longtemps ?

Le jeu devient évident chez les mammifères. Or l'objet-jouet n'est pas l'objet réel adapté au comportement programmé. C'est un objet « comme si ». Le jeu n'est pas le comportement réel adapté à la réalité des objets : c'est un comportement « comme si ». L'objet-jouet et le comportement de jeu se chargent d'une signification qui dépasse les informations objectives du signal. L'être vivant charge l'objet d'un supplément de sens. Un chaton qui joue à se mettre en colère devant un bout de laine donne à ce bout de laine une valeur qu'il n'a pas en réalité.

En termes éthologiques, on se demande quels bénéfices l'animal peut tirer de ces jeux et ce qui se passe quand il transforme un objet neutre en jouet. En fait, le chaton essaye un comportement. Il s'entraîne à développer son programme de chasse. Ce comportement volontairement mal adapté permet au petit de mettre à l'épreuve ses capacités, de perfectionner ses aptitudes des neuromusculaires et d'apprendre à s'insérer dans son milieu.

L'invention du jouet par un petit animal ou un petit homme exige un début d'accès au pouvoir symbolique. C'est déjà bien plus qu'un signe puisque l'objet-jouet est interprété par l'animal qui lui donne une signification supplémentaire. Un objet-signal se contenterait de déclencher une réaction. L'objet ne prend sa valeur de jouet que si le petit humain en décide ainsi. A Montpellier, P.J.M. Garrigues, en observant l'apparition du jeu chez les enfants psychotiques montre que ceux qui inventent mal leurs jouets accèdent mal au symbole.

Lorsque apparaît le jeu, apparaît la possibilité d'inventer son monde. Il permet aussi l'établissement des futures hiérarchies sociales.

Pour les invertébrés, il n'y a pas de folie possible puisque le choix n'existe qu'entre la vie et la mort. L'apparition du jeu, qui manifeste l'invention du monde, permet la transcendance et l'invention d'un monde délirant. C'est ainsi qu'on peut voir que des mammifères refusent de respecter les rituels sociaux du groupe ; certains singes hallucinent des bananes, attrapent et mangent des fruits imaginaires ; des chiens confus sautent par la fenêtre ; des chats agressent un ennemi invisible ; des chevaux manifestent de violentes paniques anxieuses lorsqu'on les empêche de respecter leurs gestes stéréotypés obsessionnels.

Eibl-Eibesfeldt observe que les petits putois se chamaillent en jouant à s'attraper par la nuque. Plus tard, les putois mâles s'accouplent en mordant leur femelle à la nuque. L'expérience consiste à empêcher ce jeu chez certains petits putois et à observer comment ils s'accoupleront une fois adultes. L'empêchement momentané de ce jeu enfantin empêche la maturation d'un comportement sexuel, et, à l'âge adulte, ces putois ne savent pas s'accoupler.

La fonction psychophysiologique que l'autre-même effectue en nous, dépend en grande partie de notre équipement chromosomique. Certaines espèces sont programmées pour le contact. Ritualisés, ils prennent une grande importance psychosociale. Heidiger cite parmi ces animaux de contact : les primates, les sangliers, les perroquets, les tortues, les hippopotames, etc.

D'autres espèces, au contraire, ne supportent pas le contact. Ces animaux maintiennent entre eux une grande distance intercorporelle comme on peut le voir chez de nombreux ruminants, flamants, goélands, chevaux, brochets.

Hall a étudié les proxémies, distances entre les individus selon l'espèce, la situation écologique et la culture humaine. Il pense que les espèces grégaires, celles qui aiment les contacts, sont plus aptes, de ce fait, à organiser des coopérations sociales que les espèces programmées pour la solitude.

Parmi les espèces vivantes, il n'en existe pas deux équipées d'un même appareil sensoriel. Chaque être vivant perçoit son propre monde. Deux animaux qui au même instant se partagent un même espace vivent dans deux mondes radicalement différents. Chacun percevant sa propre réalité, la notion de réalité du monde extérieur ne prend son sens que pour l'espèce considérée.

Von Uexküll, le premier, s'est demandé comment les humains percevaient leur monde propre. Les performances sensorielles de l'espèce humaine sont modifiées par les significations que l'homme attribue à ces perceptions objectives.

La vue capte des messages compris dans une bande de 0,4 à 0,8 microns de longueur d'onde se déplaçant à 300 000 km/s sur un espace qui va de 30 cm à 2 km.

Les oreilles sont moins performantes. Les fréquences de 20 à 18 000 hertz, circulant à 330 mètres à la seconde, situent les informations sonores selon un système de coordonnées polaires de direction, d'éloignement et d'intensité.

Il paraît que notre olfaction est une catastrophe. Le fait d'acquérir la station debout aurait, chez nos ancêtres, privilégié la vue et atrophié l'odorat. Cet argument semble difficile à admettre. C'est plutôt la conscience de notre odorat qui est atrophiée. En effet, un tiers du poids total de notre cerveau est consacré aux circuits olfactifs. Tous ces circuits fonctionnent et sont en relation avec toutes les zones du cerveau. Ils jouent un rôle fondamental dans la sécrétion des neurohormones et privilégient des influences vers le diencéphale. Or ces zones cérébrales situées au milieu et à la base du cerveau jouent un rôle capital dans la régulation des émotions, dans la charge affective qu'on attribue aux faits, dans les circuits de la mémoire, dans les stimulations endocriniennes qui commandent aux glandes sexuelles, au point que les neurologues ont nommé cette zone : le cerveau affectif.

Certaines tribus mélanésiennes passent leur main sous l'aisselle des visiteurs pour les reconnaître en reniflant leur odeur. Les entremetteurs de certains mariages arabes demandent à sentir la jeune fille pour détecter les odeurs d'humeur coléreuse. Dans la sexualité humaine, les odeurs, quoique intensément refoulées, jouent un grand rôle. Il paraît que la Du Barry plaçait une capsule de parfum au fond de son vagin pour la faire éclater au moment de l'acte d'amour. Nos odeurs actuelles sont fermentées, dégradées par les vêtements, sans aucune valeur stimulante. Alors que les odeurs naturelles possèdent une grande valeur érotique. « Ils me l'ont abîmée », aurait dit Henri IV, pour une paysanne qu'on avait baignée avant de la coucher dans le lit du roi. « Ne te lave pas, j'arrive », aurait dit Napoléon à Joséphine.

Le physiologiste Le Magnen était aveugle. Par compensation,

il a travaillé sur la physiologie de l'odorat. L'odorat des femmes change de réceptivité et de charge affective selon le cycle hormonal. Au milieu du cycle, vers le moment de l'ovulation, elles déclarent aimer l'odeur du musc qui les écœure en d'autres temps. La grossesse ou les injections hormonales modifient leur sensibilité aux parfums. Des biochimistes ont isolé dans les urines de femmes motivées pour l'amour cinq acides gras nommés « copulines » qui en s'évaporant auraient un pouvoir d'attraction sexuelle sur les hommes du voisinage.

Les insectes sociaux, les poissons, les mammifères, eux, sont très réceptifs aux informations véhiculées par les phéromones ; (substances hormonales produites par des glandes sécrétées vers l'extérieur). Elles produisent leur effet sur le congénère, sur l'animal voisin. Sécrétées par les aisselles, ou évaporées par les urines, elles jouent un grand rôle dans l'attraction sexuelle des insectes, mais aussi dans la cohésion sociale de groupe de mammifères ou dans les substances d'alarme des poissons.

Chez les humains, les sujets privés d'olfaction par une malformation, un traumatisme crânien ou la cigarette voient nettement s'éteindre leurs émotions culinaires et sexuelles.

Quoi qu'il en soit dans toutes les cultures, le fait de désigner son adversaire en affirmant « qu'il pue » incite à penser que l'olfaction joue un rôle de première importance.

Lorsque je dis aux étudiants que la simple manipulation spatiale de l'environnement d'un sujet peut modifier ses métabolismes, je provoque souvent des moues sceptiques. Je leur propose alors l'expérience suivante : le comportement spontané des humains dans un ascenseur consiste à se répartir le volume de la cage, exactement comme le font deux souris dans une boîte.

Premièrement, observation spontanée : vérifier sur un grand nombre de voyages que les humains se disposent régulièrement, chacun dans un coin de l'ascenseur, mettant ainsi entre eux le maximum de distance intercorporelle.

Deuxièmement, manipulation expérimentale discrète : pénétrer dans le coin de l'autre et observer ses modifications comportementales. Les résultats sont épouvantables. Celui dont on pénètre l'espace péricorporel augmente tous ses indices d'anxiété. Il se raidit, évite désespérément le regard de l'intrus en scrutant le plafond. Il respire à peine, ne bouge plus par crainte de toucher l'autre et, au bord de la catatonie anxieuse, espère la délivrance, l'arrivée à l'étage, qui mettra fin à cette expérience cruelle.

L'individu n'est pas limité par les parois de son corps. Tout être vivant possède autour de lui une bulle spatiale qui participe à ses fonctionnements physiologiques et à ses manières d'entrer en relation.

Hall dit qu'autour de chaque corps existe une zone de 0,40 m de distance intime : zone des odeurs inconscientes et des chaleurs indiscrètes. C'est la zone des proximités sexuelles, des violences intrusives, des tendresses familières.

Jusqu'à 1,20 m, c'est la zone interindividuelle : celle des relations du langage.

Au-dessous de 0,40 m, on ne peut parler que pour y exprimer des sentiments d'amour ou de haine. Essayez de parler politique à 0,30 m de quelqu'un ! Au-dessus de 1,20 m on se trouve trop loin pour se parler tendrement. Il faut élever la voix, ce qui transmet une sensation agressive, malgré notre intention. Les gestes du visage qui participent à la communication langagière sont mal perçus. La relation risque d'en être faussée, dépersonnalisée.

Vers 2 à 3 mètres, c'est la zone des négociations impersonnelles. Cette distance est exigée par les gens qui ont intérêt à ce qu'on ne perçoive pas trop leurs émotions personnelles. Les hommes qui désirent établir une relation imaginaire tiennent à distance leurs subordonnés. Les militaires ont même réglementé cette distance en exigeant le salut à douze pas.

Ces chiffres peuvent varier selon la culture. Ce qui n'empêche qu'une fois imprimés dans nos perceptions spatiales inconscientes, ils participent à nos communications et peuvent modifier nos sécrétions physiologiques.

Ekman a remarqué que les femmes américaines placent leur corps très près de l'interlocuteur pour lui parler. Aux U.S.A., cette distance intercorporelle correspond à la zone culturelle des bavardages amicaux et n'implique aucun message. L'homme et la femme se répartissent ainsi l'espace intime, pour y bavarder. En France ou en Allemagne, les distances culturelles du bavardage sont bien plus espacées. Lorsqu'une Américaine pénètre dans l'espace intime d'un Français pour y parler philosophie, c'est un tout autre langage que l'interlocuteur entend ! L'homme ressent le partage de son espace intime comme une invitation sexuelle. Contresens spatial.

La disposition de nos corps dans l'appropriation de nos espaces participe à nos communications verbales et peut en modifier le sens. Quand un Italien dit à son invité qu'il est content de le voir, il incorpore l'autre dans sa bulle péricorporelle et l'enveloppe de tous ses bras. Un Anglais exprime exactement le même message verbal, avec la même chaleur affective... à trois mètres de l'invité.

L'espace connaît les langues.

Mais après que l'enfant a appris à percevoir et parler ce langage spatial, l'espace, à son tour, pourra induire les émotions de l'enfant et modifier certaines sécrétions physiologiques qui en sont le support biochimique.

Au laboratoire psychophysiologique de Lyon, M. Deveaux s'est demandé si un organisme humain réagissait avec la même intensité émotionnelle, selon qu'on lui adresse la parole à 3 m, à 1 m, ou à 0,50 m.

Le protocole expérimental consiste à asseoir le cobaye au milieu d'une pièce nue. Une grand nombre de fils électriques captent les informations émises par son cœur, sa respiration, son cerveau et l'électricité cutanée de ses mains. Au signal, un compère entre dans la pièce et vient simplement se placer sur un repère situé à une distance convenue de l'homme d'où partent tous les fils enregistreurs. De cet endroit, le compère lit, pendant vingt secondes, un texte ennuyeux sans grande signification. On change de cobaye à chaque enregistrement, pour éviter les phénomènes d'habituation ; les compères viennent se placer sur des points situés à 5,50 m, à 3,50 m, à 2,50 m, à 1,50 m et à 0,50 m.

Il a fallu plusieurs centaines de personnes et plusieurs centaines d'enregistrements pour établir des répartitions statistiques de résultats. Le traitement mathématique de ces données physiologiques a montré que le cœur du cobaye humain bat de plus en plus vite, que sa fréquence respiratoire augmente, que l'électricité sécrétée par sa peau monte en flèche, quand le compère se rapproche pour lire son texte neutre. Mais à partir d'une petite distance intercorporelle, curieusement, tous ces indices de tension émotionnelle s'apaisent.

La simple apparition d'un autre dans notre conscience suffit à modifier nos émotions et nos métabolismes qui en réalisent le support biochimique. L'ennui se traduit par une régularisation monotone du rythme alpha de notre électricité cérébrale, un ralentissement cardiaque et respiratoire, un aplatissement du réflexe électrique cutané. Alors qu'une émotion alertante va accélérer les rythmes cérébraux, faire disparaître l'alpha, augmenter les fréquences cardiaque et respiratoire, provoquer une flèche électrocutanée. Ces modifications sont dues à des substances sécrétées par le cerveau, les glandes ou diverses cellules situées dans tout l'organisme.

L'idée maîtresse qui se dégage de ce travail, c'est que l'autre, dès qu'il apparaît à mon champ de conscience, me change mon monde.

J.-P. Sartre parlait de « vol ». « Lorsque je suis regardé par une autre personne, il y a un mouvement vers l'extérieur, un ''saignement" de mon état intérieur d'être-pour-moi vers un état extérieur d'être-pour-autrui, comme objet du monde. »

Dès que je me sens regardé par un autre, je m'inquiète. La conscience de l'autre en moi m'agresse. L'absence de l'autre en moi me fait mourir. Lorsque je suis seul, le monde m'appartient, mais j'y meurs. Lorsqu'un autre apparaît dans mon monde, il m'agresse et me permet de vivre. D'ailleurs le mot agression contient la notion d'espace. « Ad gredior » rappelle Lorenz, signifie aller vers, à la rencontre.

Les hommes sont comme les hérissons disait Schopenhauer. Ils meurent de froid quand ils sont seuls, mais ils se piquent en se rapprochant.

Notre moi corporel ne se limite pas aux parois de notre corps. Il existe alentour un espace physique chargé de significations.

M. Deveaux termine sa thèse en écrivant : « Toute personne qui s'approche d'une autre est vécue par cette dernière comme un agresseur, et déclenche un certain nombre de réactions défensives. Cette agression est naturellement inhibée par une série de rituels symboliques plus ou moins conscients, alors que, inconsciemment, apparaissent des fantasmes de "corps à corps" avec crainte d'effraction ou de pénétration. »

Cet espace péricorporel qui participe à nos communications physiologiques n'est pas séparé radicalement en un espace du dedans et un espace du dehors. Autour de nous, au-dehors, existe une bulle qui prolonge notre espace du dedans. Et, en dedans de nous existe une zone de notre corps qui prolonge l'espace du dehors. L'espace bouche, l'espace anus composent ces espaces où la jonction s'effectue.

E. Gofman, sociologue des rituels et de l'espace, aime se racler la gorge en parlant. Tous les auditeurs sont bien obligés d'entendre le vilain bruit qui ponctue son exposé. « Je viens de me racler la gorge, dit Gofman, et d'avaler le produit de mon raclement — vous avez été témoins et aucun de vous n'a été écœuré. Supposons maintenant que je me racle la gorge, que je fasse couler le produit de mes sécrétions dans un verre, que j'expose ce verre à votre vue, puis que je réingurgite le contenu du verre : vous seriez tous profondément dégoûtés. »

La différence de sensation des témoins ne vient pas du fait en lui-même, mais de la différence d'utilisation spatiale. Dans le premier cas, l'expectoration n'a pas quitté la partie cloacale tolérée du corps. L'information sensorielle, clairement perçue, n'a pas accédé à la conscience. Refoulée, elle n'a pas écœuré les témoins tolérants.

Dans le deuxième cas, le comportement de l'orateur a obligé

le crachat à tomber dans l'espace social, la zone des communications intercorporelles ; le refoulement n'a plus été possible. Le crachat a quitté la zone cloacale tolérée du corps pour entrer dans l'espace de nos rencontres. Ce crachat dans le verre devient scandale social.

Ce langage participe à toutes nos discussions, à toutes nos rencontres. Malgré une extinction de voix, je devais un soir me rendre au domicile d'un patient. Je me suis perdu. Il a fallu que je demande mon chemin. Mais le fait de ne pouvoir émettre des émissions sonores dans le territoire de l'autre, pour annoncer mon approche, modifiait mes rituels de présentation. Je devais m'approcher, entrer dans la bulle de l'autre pour y murmurer ma demande. L'aventure a failli tourner au tragique. Un homme faisait pisser son chien-loup. A mon approche, il s'est raidi. Dès que je suis arrivé près de sa bulle, il est parti en courant. Une vieille dame en criant très fort a refusé de prendre le papier que je lui tendais et où j'avais écrit ma demande. Un couple a changé de trottoir et accéléré le pas quand je me suis approché d'eux en affichant un grand sourire plein d'humilité pour ne pas les effrayer. Finalement, c'est un ouvrier portugais qui s'est laissé approcher à distance de voix éteinte, il a accepté le papier que je lui tendais, mais n'a pas compris ce que j'y avais écrit. Il a pu interpeller un passant et obtenir le renseignement.

La moindre modification inconsciente de notre dialectique spatiale suffit à nous rendre étrange et angoissant pour autrui. Pour les humains phobiques, les excursions dans le monde extérieur agressif sont aussitôt suivies du retour au nid, dans la maison sécurisante, dans le quartier connu, avec ses gestes, ses rencontres, ses repères familiers. Les humains parviennent à justifier la réalité de ce comportement si facilement objectivable, par une foule de pseudo-raisonnements, vrais, comme sont vrais les alibis.

Une assistante sociale avait fini par réduire son espace de telle manière qu'insensiblement, elle en était arrivée à ne plus quitter « sa bonbonnière ». Le plus logiquement du monde, elle trouvait toujours une bonne raison pour ne pas sortir. Les autres, ceux qui sortaient, devaient certainement souffrir d'une maison bien laide, d'un mari bien méchant, d'une paresse bien crasse. Elle ne connaissait pas ce genre de difficulté : elle avait toujours un travail important, un tricot à terminer, un repassage à faire. Sa peur de sortir prenait progressivement la forme d'une occupation fébrile qui la camouflait. Voilà comment le plus logiquement du monde, cette femme a passé onze années de sa vie enfermée dans son homing phobique, pour se protéger contre l'agression du monde extérieur.

Pour les animaux dominés, comme pour les humains déprimés, la rencontre n'est pas un enrichissement : c'est une agression. La simple perception de l'autre, que Cottrell nomme la « coprésence passive », suffit à déclencher une alerte sensorielle, une sécrétion de substance biochimique favorisant les défenses mais épuisant l'organisme. Alors que l'individu socialement bien placé, tranquille, peu émotif, va consacrer l'essentiel de ses forces psychiques et biologiques à son épanouissement au lieu de se sentir agressé à la moindre rencontre.

Cottrell a pu objectiver que ce qui faisait le plus intensément varier les indices physiologiques, c'était la signification que le cobaye humain attribuait à l'intrus coprésent passif. L'alerte biochimique révélée par les instruments était beaucoup moins intense lorsque l'intrus s'habillait avec des vêtements modestes évoquant les blouses d'une femme de ménage. Par contre, les indices d'anxiété s'élevaient nettement si le compère se vêtait strictement d'un costume, d'une cravate et de lunettes cerclées d'acier. L'affolement biochimique atteignait les sommets lorsqu'on demandait au compère de placer une rosette de la Légion d'honneur ou n'importe quelle médaille de pacotille sur son costume.

La limitation des naissances chez les animaux et chez l'homme tend à prouver que le vrai luxe d'un pays surpeuplé, ce n'est pas l'alimentation, mais l'espace.

C'est parmi les animaux les plus dominés que l'élimination fera le plus de ravage. Rendus vulnérables aux agressions par l'épuisement de leurs glandes surrénales, ils seront décimés par la moindre épidémie. Leur émotivité excessive augmente leurs sécrétions de catécholamines qui favorisent les maladies chroniques : hypertension, diabète, ulcères et excès de cholestérol.

Les animaux dominants, eux, préservent leur morceau d'espace nécessaire à l'épanouissement de leurs physiologies. Leurs comportements stables, peu émotifs leur permettent encore de vivre à l'aise et de procréer sans dégénérer. Les réponses physiologiques sont très clairement corrélées au rang social des animaux. Les animaux socialement dominés subissent, du fait de cette domination, les plus fortes densités sociales. Ce qui les agresse et augmente leur probabilité d'élimination.

Ironie du sort, Christian a montré que la surpopulation agit comme une stimulation sensorielle permanente. Il a donné du Largactil aux animaux abîmés par l'environnement. Ce médicament psychologique, en apaisant l'émotivité des animaux dominés, a amélioré leurs comportements et régularisé leurs métabolismes. Les maladies de dégénérescence, grâce à ce médicament neuroleptique, ont alors nettement diminué. Il se trouve que c'est ce produit qui a été donné à Léonid Pliouchtch pour l'empêcher de penser, le raidir et le couper du monde. Or, ce même produit donné à des patients coupés du monde les apaise et, en les ramenant à la réalité, supprime leurs hallucinations. C'est bien ce qui prouve qu'un produit en soi n'est ni bon ni mauvais. C'est un outil bénéfique qui peut se transformer en arme toxique selon l'intention ou la personnalité du prescripteur.

Cet « effet Christian », ce processus sociométabolique, se manifeste selon la densité de population, selon le niveau social de l'animal, mais aussi selon la relation affective qu'il établit avec ses congénères.

Un jeune cerf pubère ne pourra pas exprimer son comportement sexuel pourtant mature, tant que le vieux mâle dominant l'inhibera par sa présence. Dès la disparition du vieux mâle, cette absence libérera le flux des neurohormones et le brocard, cerf pubère d'un an, pourra exprimer son rut.

Une souris engrossée supporte son mâle et lui seul, pendant les quatre jours qui suivent la fécondation. La simple présence d'un autre mâle la fait avorter. Mais il suffit de détruire la tache olfactive qui se trouve au fond du nez de la souris pour que la grossesse se poursuive, même en présence d'un mâle qui n'est pas le père. L'information olfactive perçue par la souris au moment de la fécondation l'a familiarisée avec ce mâle, auteur de la grossesse. L'odeur d'un autre mâle va apporter, dès ce moment, une information, qui pour la souris prendra la valeur d'une présence étrangère, non familière, agressive. Dès lors, on se trouve dans le schéma socioendocrinien de l'« effet Christian », et la souris va avorter par inhibition de la sécrétion des hormones nécessaires à la poursuite de la grossesse.

L'éthologie démontre que l'ensemble fonctionnel est constitué par une information objective, un appareil sensoriel pour percevoir cette information et un milieu interne dont les variations permanentes déterminent des seuils de réceptivité variables. Ce sous-système biophysique et biochimique s'intègre lui-même dans un système qui, en retour, peut modifier sa manière de fonctionner.

C'est pourquoi une poule isolée déclenche son comportement alimentaire pour une glycémie de 0,90 g. Alors que la même poule, placée dans un groupe, déclenche le même comportement alimentaire dès que le taux de sucre dans le sang s'abaisse à 1,10 g. Cela explique pourquoi les poules groupées sont plus grosses que les poules isolées. La présence des congénères les met en appétit.

Tous les domaines participent à l'équilibration du système. Ce qui déclenche le comportement alimentaire vient autant de la glycémie que de la présence des congénères, que de la situation sociale. Bien d'autres facteurs participent à l'éclosion d'un comportement : les pressions écologiques, l'espace, l'humidité ambiante, la densité de population, le volume de nourriture.

Les facteurs endogènes, venus de l'intérieur, modifient l'aptitude à percevoir ces informations et font varier les seuils de sensibilité : le taux de sucre, les hormones, la pression osmolaire, la répartition de l'humidité à l'intérieur et à l'extérieur des cellules. Les variations incessantes de notre monde intérieur s'adaptent sans arrêt aux variations de l'environnement. Les organes sensoriels réalisent un filtre qui sélectionne les informations extérieures. La sensibilité variable de ces filtres soumis à une infinité d'influences biochimiques, sociales ou psychoaffectives, permet à l'environnement de déclencher un comportement parfaitement adapté.

Les seiches, mollusques qui ressemblent à de petites pieuvres expriment exactement ce problème. Elles savent très bien raisonner en terme de systèmes. Il leur suffit de modifier un filtre sensoriel pour interrompre les comportements de chasse du prédateur excité. En projetant leur encre, elles changent l'olfaction du prédateur, et par conséquent désadaptent son comportement alimentaire.

Du côté chasseur, les conceptions sont les mêmes. Seuls les points de vue diffèrent. Les aigles savent très bien que la variation c'est la vie. L'habituation, la répétition monotone d'une même information mène à une sorte d'anesthésie vitale. Ils déclenchent un comportement de chasse systématique, même s'ils n'en ont pas besoin.

L'expérience consiste à les gaver et à éliminer de leur environnement tout déclencheur de comportement de chasse. Après un long délai, les prédateurs modifient leurs sens de réceptivité au monde extérieur. Ils ne perçoivent pas la femelle motivée par la sexualité, mais deviennent instables, nerveux, hypersensibles au moindre mouvement. Leur appétence à chasser, apparemment irrationnelle, inadaptée, privilégie la recherche d'un objet en mouvement sur lequel ils fondront. C'est ainsi qu'on a vu des aigles attaquer des branches mouvantes, des pierres roulantes et des feuilles voletantes.

Ce comportement qui les pousse à chasser cycliquement doit correspondre à une finalité, sinon, il aurait disparu. Cette raid'apparence irrationnelle correspond peut-être à la nécessité qu'ont les êtres vivants de se sentir exister.

Les neurophysiologistes nous ont appris que l'habituation est anesthésiante, privante de la conscience de vivre. Seule la différence de deux sensations est stimulante, vivante. Après avoir été repu, le retour à la faim est nécessaire. Rien n'est plus stimulant que le besoin. C'est le manque qui nous met le plus en appétit de vivre.

L'agression la plus importante pour un enfant est de ne pas en subir. J'ai toujours été frappé par l'immense malheur, la réelle souffrance de ces enfants trop protégés. Un milieu de pléthore affective et matérielle les a bouffis d'ennui, anesthésiés de bien-être. Ce qu'ils veulent, comme l'aigle, c'est chasser, manquer d'aliments, risquer la mort pour se donner l'envie de vivre.

Il est difficile de concevoir une enfance plus épanouissante, plus tranquille, plus heureuse que celle de Robert. Son père lui apprend les joies de la mer, sa mère, toujours présente, dévouée, lui supprime les petits problèmes de la vie quotidienne. La tolérance de la famille est si grande que ses premières rencontres sexuelles se déroulent dans la chambre des parents, avec une joyeuse complicité. Les premiers échecs scolaires ne provoquent pas de réactions autoritaires. Pas de contraintes, pas de traumatismes pour le cher petit.

C'est donc naturellement que Robert découvre la drogue, en l'absence de toute angoisse. Pour la première fois de sa vie, sa mère intervient : elle lui demande de suivre une psychothérapie. Ce qu'il fait dans la plus totale indifférence. Aimablement déterminé à la faire échouer. « J'ai toujours vécu dans un monde de morts-vivants. La drogue est ma seule jouissance. La haine aussi. J'aime la haine. La sensation d'être haï me fait vivre. C'est pour ça que je me promène avec une croix gammée sur la poitrine. » Il dit aussi : « Mes parents m'ont donné toutes les libertés, y compris celle de me détruire. »

Il n'est pas question de dire que la pléthore rend pervers puisque les animaux nous enseignent que toute relation linéaire de cause à effet est un artifice réductionniste. Mais la pléthore favorise l'anesthésie affective au même titre que l'excès de privations ou d'autres pressions restreignantes du milieu. Le sens de la vie, bien souvent, nous est donné par la lutte contre la mort. C'est peut-être pour une raison comme celle-là que tant de gens travaillent à créer le drame qui les fait vivre.

Noble et Curtis ont réalisé une expérience très simple qui permet d'analyser les composantes des déclencheurs de comportement. Ils ont aligné côte à côte trois aquariums. Dans celui du milieu, ils placent un poisson femelle. Latéralement un mâle en parure de noces rougeoyante. Dans le dernier, un mâle dont les couleurs sont encore ternes parce que les cellules porteuses de pigments colorés n'ont pas encore été activées par les hormones sexuelles. La femelle aussitôt s'approche de la paroi qui la sépare du mâle rougeoyant. L'expérimentateur place des œillères sur la tête du mâle coloré qui aussitôt s'immobilise. La femelle alors le dédaigne et s'approche de la paroi qui la sépare du mâle terne qui, lui au moins, bouge encore. Cette observation expérimentale permet de conclure que la couleur et le mouvement des mâles constituent des stimulations sensorielles qui participent au déclenchement de l'attraction sexuelle de la femelle.

Par des expériences de ce genre, on peut rechercher les informations qui, réduites à l'essentiel, peuvent encore déclencher le comportement adéquat. C'est ainsi que Lack a pu montrer que c'est la couleur rouge qui provoque l'agressivité d'un rouge-gorge. L'oiseau va attaquer une touffe de plumes rouges ou des bouts de laine de même couleur, disposés dans son territoire, alors qu'il manifestera la plus grande tolérance envers un authentique rouge-gorge dont on aura peint en gris les plumes rouges.

Les luttes fratricides sont les plus intenses. Les guerres civiles sont les plus cruelles parce qu'elles refusent de respecter les codes. Les derbys sportifs entre voisins tournent souvent à la violence.

Les zoologues disent qu'il n'y a pas de meurtre intraspécifique. Les animaux d'une même espèce se combattent sans se tuer. Au premier rituel de soumission effectué par l'un des deux combattants, l'agressivité du vainqueur sera inhibée et sauvera la vie du vaincu... préservant ainsi l'espèce. Les animaux se combattent à armes égales et ne considèrent pas le congénère comme un aliment. Les crotales se battent à coups de tête ; ils ne se mordent pas. Alors que dans les combats interspécifiques, la mort est donnée sans retenue. Il n'est pas rare de voir un chimpanzé jouer avec une entelle, et soudain, le plus aimablement du monde, lui casser le crâne et gober sa cervelle.

Chez les humains, l'agressivité intrafamiliale est la plus douloureuse, la plus intensément vécue. On ne pardonne pas l'erreur affective de celui qu'on aime. Et cet amour déçu se transforme en haine intolérable. Alors qu'on manifeste la plus grande tolérance affective envers le voisin anonyme. L'agressivité déclenchée par le Même semble d'une autre nature que l'agressivité déclenchée par l'Autre. Les antilopes à cornes de sabre se blessent rarement quand elles se combattent à armes égales. Alors qu'elles n'hésitent pas à transpercer le petit lionceau qu'elles surprennent loin de sa mère. Dans le conflit avec le « même », l'aventure émotive les fait longtemps frémir. Alors qu'elles tuent le petit lionceau, comme on fait le ménage. Le conflit avec le « même » possède un investissement psychique énorme, car l'individu perçoit ce que sent la congénère et engage une bonne part de son émotivité et de sa biographie. Dans le conflit avec l'« autre », d'une autre espèce, il n'y a pas de partage émotif. On peut le tuer ou le manger sans culpabilité. Comme fait le raciste qui se dévoue corps et âme pour soigner la grippe du fils de sa voisine, alors qu'il tue joyeusement les enfants de l'autre race pour purifier le monde.

Certains humains, par contre, à force d'être blessés par des relations douloureuses avec les « mêmes » de sa famille ou de son espèce, finissent par préférer l'échange avec les étrangers ou les animaux. Ces personnes, écorchées d'avoir établi avec les humains des attachements douloureux, se réfugient dans les relations interspécifiques dont elles perçoivent mal les rituels, dont elles comprennent mal le langage, ce qui leur permet d'y apaiser leurs relations affectives.

Le moindre geste de la mère, la moindre parole, la moindre interaction blesse profondément Ginette. Les deux femmes ne peuvent plus s'adresser la parole ou échanger un regard sans provoquer un drame affectif, des pleurs et des reproches. Lorsque le chat de la maison, très capricieux pour ses besoins, réveille les deux femmes quatre à cinq fois chaque nuit, elles se dévouent avec la plus grande tendresse, heureuses d'offrir cet effort à l'animal. Mais le moindre soupir humain nocturne, le moindre craquement de son lit exaspère la voisine.

Il n'est pas impossible que la communication avec l'autre-même corresponde à deux programmes biologiques différents. Dans sa démence sénile, Mme Br... n'oublie jamais de préparer le repas du chien, alors qu'elle ne reconnaît plus son mari et refuse de partager sa maison avec cet étranger.

La manière dont les petits singes rhésus apprennent à entrer en relation avec leurs congénères semble en effet dépendre de la maturation d'un programme comportemental autonome. Sackett élève en isolement social quatre petits mâles et quatre petites femelles. Séparés de leur mère dès leur naissance, ils sont élevés dans d'excellentes conditions hôtelières, mais ne voient jamais un congénère. Régulièrement, Sackett leur projette des diapositives de coucher de soleil, paysages, arbres, ou figures abstraites. En abaissant un levier, les petits singes peuvent, s'ils le désirent, passer à nouveau la diapositive de leur choix. Puis Sackett introduit des projections de congénères photographiés dans des positions signifiantes variées : invitation au jeu, sollicitation alimentaire, menace, offrande et bien d'autres gestes permettant la communication. Parmi toutes ces diapositives, la préférence des petits singes va aux images de congénères de même âge. Les macaques rhésus se projettent les images de leurs Mêmes en criant gaiement, en les invitant au jeu, en sautant sur les murs dans la plus jubilante exhubérance. Ils touchent l'image, la flairent, la lèchent, l'explorent de tous leurs sens.

Pendant les deux premiers mois de leur vie, les petits singes aiment les diapositives d'adultes. Ils manifestent un égal plaisir, une même gestualité jubilatoire devant une photo d'adulte, quelle que soit sa posture : invitation au jeu, offrande ou menace. Ce n'est que vers deux mois et demi que les petits singes s'enfuient devant l'image d'un adulte menaçant. A ce moment précis de leur maturation neuropsychique, ils sont capables de percevoir la signification d'un comportement de menace. Dès que la photo s'allume, les petits singes s'enfuient de l'autre côté de la pièce pour s'y accroupir, s'étreindre ou s'enlacer la tête. Vers le cinquième mois, seulement, ils peuvent tolérer cette image sans manifester trop de frayeur.

Ces singes nous démontrent qu'en l'absence de tout modèle, en l'absence de tout apprentissage, ils ont quand même perfectionné leur manière de percevoir les autres. Cette maturation neuropsychique spontanée, ce programme chronopsychologique leur a permis, dès qu'il a été suffisamment développé, d'accéder à la signification des messages du corps d'autrui.

Cette notion de déclencheur de comportement exige donc la conjonction du monde intérieur d'un individu avec son monde extérieur. Certains éléments objectifs doivent exister dans la réalité, mais ils ne pourront être perçus par l'individu et ne prendront pour lui la valeur d'un signal que lorsque sa maturation neuropsychique sera suffisamment évoluée.

Pour analyser les combinaisons de stimuli qui déclenchent un comportement, les éthologues ont inventé la méthode des leurres.

Chaque domaine sensoriel possède l'information susceptible de se transformer en stimulus pour déclencher l'action de l'organisme récepteur. Il suffit de lancer un petit bout de bois sur une toile d'araignée pour que la secousse transmise par les fils, perçue par les pattes apportant des informations sur l'intensité et le lieu de l'impact, déclenche aussitôt la course de l'araignée vers la source tactile.

Il se trouve que la bête, au même titre que l'humain, révèle sa soumission aux leurres sociaux, la dépendance de ses métabolismes aux décors significatifs du corps des autres.

Lorsque les chimpanzés vieillissent, les poils de leurs épaules blanchissent. Et ce signe, pour les plus jeunes, va prendre un sens : il va signifier que ce mâle au dos argenté connaît par expérience les rituels sociaux qui facilitent les relations. Il a appris les techniques qui permettent de fabriquer une canne à pêcher les termites ou une éponge pour boire dans le creux des arbres. Il a exploré tous les chemins du territoire et connaît les bons endroits pour boire et se protéger. En milieu naturel, les poils blancs inspirent le respect aux chimpanzés qui aussitôt accordent aux mâles à dos argenté le statut de dominant.

L'histoire devient profondément immorale lorsqu'on sait qu'il suffit de faire une tache de peinture blanche sur le dos d'un jeune mâle impulsif et ignorant pour en faire aussitôt un sage dominant.

Les leurres dans la nature sont innombrables et d'une ingéniosité réjouissante ; la tortue alligator se laisse couler et leurre les poissons avec sa langue qui ressemble à un ver. Et elle n'a plus qu'à fermer la bouche. Le mâle d'empis, une sorte de moustique, lorsqu'il est motivé par la sexualité attrape une mouche. Il l'enveloppe dans un cocon qu'il sécrète et l'offre à sa belle. Pendant que la femelle désagrège le « cadeau », le mâle en profite pour la copuler.

Les crapauds se dirigent au printemps vers leur frayère, lieu de leurs amours. Plus ils approchent, plus ils cherchent à étreindre. Ils sautent sur tout ce qui bouge : une femelle silencieuse et passive, un autre mâle qui protestera en poussant des cris rapides, ou le doigt de l'expérimentateur. Les salamandres réagissent à l'odeur de la queue des mâles ; les varans sont stimulés par la bande bleue du flanc des autres mâles ; certains poissons avec leurs opercules imitent l'aliment dont est friande leur femelle. Un grand nombre d'insectes et de papillons effrayent les oiseaux en écartant leurs ailes où sont dessinés des yeux. Même les fleurs participent à ce monde vivant où le leurre est au cœur des relations : les orchidées méditerranéennes imitent l'abdomen de certaines femelles guêpes. Le mâle, séduit, visite la fleur et s'aperçoit qu'il est trompé. Mais en partant, il emporte avec lui les anthères qui féconderont d'autres orchidées.

Le leurre semble un des moyens les plus efficaces inventé par le monde vivant pour provoquer des relations ou s'en protéger. Et comme nous l'apprennent les humains, au cours de leurs psychothérapies, c'est dans les domaines très investis de la sexualité, de l'alimentation et de l'agressivité que les leurres prennent le sommet de leur puissance.

Le leurre peut servir à soigner des petits singes rendus malades par l'isolement. H.F. Harlow élève quatre petits macaques en isolement social. Quand les troubles de développement de la personnalité se manifestent, l'expérimentateur leur offre un logement commun. On peut voir alors chaque petit singe carencé servir de leurre psychothérapique à l'autre et permettre la reprise évolutive de chacun. Lorsqu'ils sont seuls, chaque émotion prend la valeur d'une agression, le petit singe se recroqueville, cache sa tête entre ses bras, se raidit et retourne à la mort. Il a suffi de faire vivre ensemble ces petits carencés pour que la même émotion agressante se transforme en information enrichissante. Les petits singes se serrent l'un contre l'autre, parfois en suçant leur pouce ou en enlaçant le corps de l'autre. Cette présence tranquillisante leur permet d'apprendre à contrôler cette émotion, de la supporter, puis de la dépasser. Ces petits singes confirment expérimentalement ce que le psychanalyste Didier Anzieu appelle l'« illusion groupale », où chacun sert de leurre à l'autre.

Les bébés choisissent dans leur environnement un chiffon, un mouchoir, un jouet ou un coin de couverture et attribuent à cet objet une fonction très importante : celle de tranquilliser l'enfant quand la mère n'est pas là. C'est ainsi qu'on peut voir un bébé se frotter le nez avec un chiffon sale ou serrer contre lui un nounours usé. Bien avant les éthologues, Winnicot, psychothérapeute d'enfants, décrit l'anatomie de ces objets et la manière dont ils fonctionnent pour l'enfant. « Il faut que, pour l'enfant, l'objet paraisse donner de la chaleur, ou être capable de mouvements, ou avoir une certaine texture. » Winnicot nomme ces objets « transitionnels ». Il remarque qu'on ne trouve jamais dans les lits de bébés d'objets transitionnels durs, pointus ou froids. Ils doivent être doux, faciles à tiédir et odorants.

Dès leur naissance, les petits mammifères jouent avec le corps de leur mère. Les souriceaux s'éloignent en titubant, soudain, comme effrayés, ils se retournent pour plonger sous le ventre maternel et s'y enfouissent. Rien n'amuse plus les chiots ou les chatons que les oreilles ou la queue de leur mère. Ils se blottissent contre elle pour s'endormir ou se rassurer. Les expériences d'Harlow nous ont permis de comprendre la nécessité physiologique de ce type d'information, sous peine de fixation — régression et mort de l'enfant. L'enfant qui suce son pouce répète ainsi l'association des informations orales et cutanées du bébé qui tète sa mère.

Vers le sixième-dixième mois, l'enfant s'attache à un objet, chiffon, jouet, dont il a besoin pour s'endormir. Or, il connaît à ce moment-là une de ses périodes sensibles. C'est l'époque où les potentiels évoqués sont recueillis sur les lobes occipitaux prouvant ainsi qu'une stimulation visuelle est transportée jusqu'aux centres visuels du cerveau. C'est l'époque où l'enfant reconnaît le visage de sa mère parmi les autres humains. C'est l'époque où il manifeste ses premières réactions anxieuses devant un étranger, ou lorsque sa mère s'absente. C'est donc le moment de sa maturation neuropsychique où le bébé devra résoudre, seul, son premier conflit mondial.

Il choisit parmi toutes les informations proposées par son environnement un objet dont les composantes objectives vont permettre le support d'informations rappelant le corps de la mère. Le nounours, le chiffon sale, l'objet transitionnel vont désormais incarner la mère, servir de substitut à son absence. C'est vers cette époque que Winnicot situe la capacité de l'enfant à supporter ses premières solitudes.

Pour la première fois de sa vie, l'enfant doit inventer une forme, créer un objet qu'il charge d'une fonction apaisante. A partir d'éléments fournis par l'environnement réel, l'enfant fabrique un objet rappelant le sein maternel : un leurre, doux, rond et odorant. Ce leurre est une forme dont la trace réveille encore en nous la sensation d'attendrissement. Lorenz dit que la forme ronde déclenche en nous l'envie de contact. Le plaisir provoqué par les dessins de Walt Disney se fonde aussi sur un leurre déclencheur de plaisir parental : tous ses animaux possèdent des joues rondes, de grands yeux noirs, des fronts bombés, des ventres pleins, des jambes dodues. Seuls les méchants, les tueurs ou les sorciers ont des fronts plats, de longs nez pointus, des membres grêles, des doigts crochus.

Dans un groupe témoin de plusieurs centaines de personnes, l'objet transitionnel n'a pris la forme d'un nounours que dans 30 p. 100 des cas. La plupart du temps, il s'agit d'un mouchoir, d'un chiffon, d'un objet mou ou d'un oreiller. En revanche, la même enquête chez les psychotiques a montré que 90 p. 100 des patients n'ont jamais connu l'objet transitionnel. La plupart d'entre eux n'ont jamais su inventer un objet et lui donner un pouvoir apaisant. Ils sont restés seuls, immobiles, dans leur lit, sans jamais appeler à l'aide, ni fabriquer un leurre tranquillisant. Face à leur angoisse, ils n'ont trouvé pour seule défense que l'immobilité, la catatonie et l'espoir un jour de trouver l'indifférence.

Le pouvoir que l'enfant attribue à ces objets réels, porteurs d'informations sensorielles objectives, dépend en fait de la relation affective et inconsciente qu'il établit avec sa mère. On entend souvent des jeunes psychotiques témoigner : « Je n'aime pas les objets achetés par ma mère », ou bien : « Je jetais les chiffons qui me rappelaient son odeur », ou bien : « Je suçais le coin de mon oreiller parce qu'il portait le parfum de ma grand-mère qui, elle, me rassurait. »

Grâce aux leurres, le réel, l'imaginaire et le symbolique se mélangent pour fonctionner ensemble. Ainsi se crée un objet réel, chargé de valeurs imaginaires et symboliques.

L'analyse expérimentale du mode de fonctionnement de ces informations est démontrée par H. Montagner. Il demande à plusieurs mères de porter des maillots de corps et de les lui remettre sans les laver. Il fait broder un numéro au bas du maillot ; ce numéro correspond au nom de la mère, inscrit sur un cahier. Ainsi, la puéricultrice qui participe à l'expérience ne peut pas savoir le nom de la femme qui a porté le maillot.

Dès qu'un drame enfantin provoque un désespoir, la puéricultrice prend l'enfant et met sous son nez les différents maillots de corps. Soudain, l'enfant se calme. Il attrape un maillot et le colle sous son nez. Apaisé, il retourne dans le groupe pour y vivre son aventure préverbale. La puéricultrice, alors, lit le chiffre brodé sur le maillot : dans 60 à 80 p. 100 des cas, il s'agit du maillot porté par la mère de cet enfant. Lombardot s'est intéressé aux enfants qui n'avaient pas été calmés par l'odeur : tous souffraient d'une relation troublée avec leur mère.

Lorsque l'enfant donne à cet objet son pouvoir tranquillisant, il faut en respecter toutes les composantes sensorielles, sous peine de le détruire, de lui enlever son pouvoir magique. La contre-expérience est réalisée quotidiennement par des mères trop propres et trop bien intentionnées : elles lavent le chiffon odorant qui rassure l'enfant, et ce faisant, elles détruisent l'information olfactive chargée du pouvoir apaisant. En abîmant l'objet transitionnel, elles font perdre au leurre son pouvoir. L'enfant désespéré jette le chiffon propre qui devient pour lui un objet anonyme, dépourvu de sens.

Un groupe de névrosés a révélé son attachement excessif au nounours. Presque tous les patients possèdent encore un leurre à l'âge adulte.

Une femme de quarante-trois ans, monitrice d'aviation acrobatique, emporte toujours deux valises pour se rendre à ses meetings. L'une contient ses vêtements et l'autre lui permet de ne jamais se séparer d'un polochon douteux qu'elle serre contre elle le soir, pour apaiser son angoisse dans les chambres d'hôtel. Un jeune musicien virtuose de trente ans emporte, dans sa veste, ce qu'il appelle son « dodo », un vieux morceau de couverture immonde qu'il serre dans sa main avant les concerts. Une femme de cinquante-sept ans, rédactrice en chef d'un journal local, intelligente, décidée, hyperactive, ose enfin après une longue psychothérapie, acheter l'objet de ses rêves : un énorme nounours peluscheux grâce auquel elle pourra désormais s'endormir sans prendre de tranquillisants. Beaucoup de grands enfants ne s'endorment qu'en se racontant des histoires. Les objets familiers qu'un adulte dispose autour de son lit pour « se sentir chez lui » possèdent cette fonction apaisante, au même titre que les collections de poupées, d'objets d'art, de tableaux et de livres.

Les choses sont ce qu'elles sont, mais le sens des choses, la charge affective qu'elles transportent, la signification qu'elles prennent pour nous, ne peut venir que de nous.

On peut dire qu'un goéland perçoit correctement son œuf et que cette perception déclenche en lui une séquence de comportements adaptés. On ne pourra jamais dire que le goéland conçoit son œuf, ni qu'il lui attribue un sens. Un jour, en me promenant près des falaises de Porquerolles pour observer le comportement de nidification des goélands, j'ai déclenché une intense alerte. En m'approchant trop près d'un nid, deux goélands se sont cognés au cours de leurs simulacres d'attaque. La mère a cassé l'œuf qu'elle défendait. Au lieu d'en porter le deuil, elle l'a gobé. La coquille éventrée, le jaune coulant ne déclenchait plus son énergique comportement maternel, mais allumait son appétit.

Le monde animal se fait au gré des maturations neuropsychiques et des rencontres avec la réalité environnementale. Alors que le monde humain, dès le sixième mois, est à faire. Et il reste toujours à faire. Il n'y a pas de solution définitive, de recettes magiques. Elles sont toujours à chercher, comme le font les bébés, nos maîtres, qui dès l'âge de six mois inventent des leurres psychothérapiques.

D'ailleurs, inventez une psychothérapie, n'importe laquelle. Je vous trouverai toujours quelques humains pour s'y soigner. Pour qu'un leurre fonctionne, il faut qu'il corresponde à un besoin profond. Sinon comment pourrait-on expliquer son pouvoir ? Les psychothérapies sont toutes efficaces parce qu'elles satisfont cette nécessité psychophysiologique qu'un psychisme ne peut vivre qu'en présence d'un autre psychisme.

J'ai assisté à l'apaisement d'un délire du simple fait de ma présence. Le patient délire et hallucine depuis plusieurs mois. Chassé de la société à cause de son inadaptation, renié par sa famille à cause de la honte qu'il lui inflige, enfermé dans une salle d'isolement par les infirmiers, engourdi par un excès de neuroleptiques, le patient isolé de tous côtés hallucine de toutes ses forces. Je m'assieds sur son lit pour tenter le dialogue... Il ne me voit pas, mais voit mon pied et la chaussure de corde. Il ne comprend pas que ce pied se réfère à une personne. Alors, il ne cherche pas mon regard. Mais ce pied induit un délire de pieds. Il parle à une présence imaginaire. Des pieds qui marchaient, qui montaient, qui souffraient, qui faisaient souffrir, comme celui de son père, qui donnait des coups de pied, pour rien, comme l'infirmier d'ici. Puis, il varie sur un autre thème. Une demi-heure plus tard, il reparle du pied, l'observe, mais cette fois-ci, il m'adresse la parole. Il regarde en direction de mon visage, sans oser croiser mon regard. Au bout d'une heure, il répond à des questions anodines. Brièvement. Puis, il se réfugie dans son délire. Vite, comme s'il avait été effrayé par cette misérable rencontre avec le réel. Au bout de trois heures, son imagination paraît moins forcenée. Il serre la main que je lui tends en regardant par terre.

Ces trois heures d'ennui et d'inquiétude se soldaient par une immense victoire : serrer la main d'un psychotique forcené et que ce geste ait pris la valeur d'une communication.

Le lendemain, le patient m'accueille par un sourire à mes chaussures. Pourtant, il me tend la main en délirant sur le pied de son père. A la fin de l'après-midi, il me demande de partir parce que ma présence l'angoisse : première véritable interaction. Quelques semaines plus tard, il ne prend plus de médicaments et bavarde avec moi en se promenant dans le jardin.

Ce qui est efficace ce n'est pas la technicité de la psychothérapie, c'est la présence vivante de l'inconscient du psychothérapeute et son aptitude à sentir ce que sent le patient, à vivre à son rythme psychique.

Ce leurre fondamental, qui donne à la psychothérapie son efficacité, lui donne en même temps sa dangerosité. D'habitude, pour évaluer l'efficacité d'une psychothérapie on recueille des données d'après la personnalité des patients. On découvre ainsi par exemple chez les jeunes filles anorexiques que les techniques de déconditionnement obtiennent plus de succès que la psychanalyse qui en obtient elle-même plus que les médicaments.

« Narcissisme, masochisme, dépendance, hostilité refoulée, sont des résultats du mode féminin [...] Chez la femme, le besoin d'être aimée est plus grand que le besoin d'aimer [...] Celle-ci considère ses charmes comme un dédommagement tardif de sa native infériorité sexuelle [...] La pudeur [...] a pour but primitif de dissimuler la défectuosité de ses organes génitaux [...] La femme ne possède pas à un haut degré le sens de la justice, ce qui doit tenir à la prédominance de l'envie dans son psychisme... »

Les textes fondamentaux où l'on peut lire ces vérités bouleversantes (et quelques autres) sont puisés dans Freud. Le fait de les rassembler ainsi pour les citer leur donne une intensité qu'elles n'ont pas dans le texte, mais quand même, Freud les a écrites.

Récemment, un cadre parisien a tué sa femme, ses trois enfants et son chien parce qu'il croyait que son patron allait le licencier. M. Chapsal explique ce comportement en écrivant que les hommes sont tellement avides de pouvoir que lorsqu'ils ne peuvent plus l'exercer en milieu social, ils tuent leurs femmes et leurs chiens. Pour tous les praticiens de la psychiatrie, ce drame s'explique autrement. Si cet homme a tué sa femme et ses enfants, c'est parce qu'il était mélancolique et non pas parce qu'il était homme. D'ailleurs, pratiquement tous les meurtres d'enfants sont commis par des femmes, et personne ne parle de pouvoir féminin.

La manière de poser le problème est déjà une manière de pervertir le fait étudié. Nommer la chose observée, c'est l'interpréter. C'est ce que M. Foucault appelle la réduction nominaliste. Mais si on ne nomme pas les choses, comment saura-t-on de quoi on parle ?

Par exemple, tout fœtus, jusqu'au cinquantième jour, est de sexe féminin. Les scientifiques ont décidé de nommer ce fait de science : le sexe de base. Le sexe féminin devient donc sexe basal. Ce qui permet à certaines revues féministes d'affirmer que, scientifiquement, c'est Adam qui est sorti de la côte d'Ève, et d'en conclure que l'homme est un sexe dégénéré. La confirmation leur est apportée par le fait que la plupart des avortements spontanés sont composés de fœtus XY (mâles) et que les petits garçons, qui naissent en plus grand nombre que les petites filles, s'éliminent beaucoup plus, chez les humains comme chez les animaux.

Supposons maintenant qu'au lieu de nommer ce fait de science « sexe basal », on ait décidé de parler de « sexe primitif » ou de « sexe archaïque ». Cette dénomination en aurait modifié la signification. Le sexe féminin du fœtus ayant été nommé « sexe primitif », celui de l'homme deviendrait alors le sexe évolué. Et l'on trouverait dans la nature les arguments pour le confirmer : le sexe mâle apparaît après le sexe féminin... les hormones féminines en vieillissant se virilisent... en évoluant aussi... La « preuve », c'est que les girelles de Méditerranée sont femelles et dominées lorsqu'elles sont immatures. Elles prennent le sexe mâle en vieillissant et s'épanouissent. Colorées, grosses, dominantes, elles adoptent les comportements des girelles royales.

Cette attitude intellectuelle, polluée par nos sens et nos désirs, explique la fausse réputation sexuelle des anthropoïdes.

Le gorille pénien, hypersexuel, celui qui viole les femmes,

n'existe que dans les chansons de Brassens, les contes africains, ou les fantasmes des coloniaux. Malgré son os pénien, le gorille est peu motivé pour la sexualité. Les copulations sont rares, lentes et laborieuses. Lorsque son histoire n'aura pas abîmé son programme génétique, il pourra copuler à condition que l'environnement écologique, l'ambiance psychologique et sociale soient favorables. Alors, il pourra exprimer le comportement sexuel, codé dans ses chromosomes : trois cents mouvements de bassin, répartis en trois chevauchées par heure, pendant trois heures, pour obtenir une éjaculation. Les orangs-outangs, les gibbons ne sont pas plus intéressants : génétiquement peu motivés. Les chimpanzés, eux, possèdent une nature sexuelle plus parlante. Le code est très différent : après l'intromission, ils donnent cinq à vingt mouvements de bassin, cinq fois en cinq minutes.

Les observations sexuelles sont facilement anthropomorphisées par nos fantasmes. Nous sommes mal situés quant à notre sexualité. Nous n'arrivons pas à décider s'il s'agit d'un acte bestial, purement périnéal, soumis aux hormones et à la plomberie vasculaire ou d'un acte profondément éthéré, poétique et spirituel.

Les animaux nous enseignent que le sexe n'existe pas.

Ce qui existe, c'est le système sexuel. Le programme génétique commande aux muscles, aux comportements à travers de multiples actions complexes où l'histoire de l'individu participe à sa construction. Cet équipement sexuel, cette construction historique, s'expriment différemment au gré des pressions écologiques et sociales. Chez l'homme, il se charge en plus d'une signification qui, en retour, peut modifier les métabolismes et les comportements.

Chaque espèce possède un programme sexuel différent. Les espèces arboricoles semblent moins sexuelles que les espèces semi-terrestres ou terrestres.

Les cercopithèques à queue rouge copulent très peu alors que les vervets s'accouplent souvent. Les babouins sont très sexualisés. Chaque œstrus de femelle provoque un drame social. Les mâles se désintéressent du monde extérieur, ne se coordonnent plus pour la protection du groupe, ne jouent plus avec les petits, ne cherchent plus la nourriture. Ils ne pensent qu'à ça. Parce que leur programme génétique dans ce domaine parle très fort. Ce qui n'empêche que l'environnement peut modifier l'intensité, le rythme et la tonalité de ce langage sexuel codé. L'habitat, le style de nourriture, l'humidité ambiante même, peuvent modifier l'expressivité de ce programme sexuel naturel.

D. Morris a constaté qu'en milieu naturel, les babouins

hamadryas établissent un équilibre sexuel social d'un mâle pour sept femelles. Dans son zoo de Londres, il a organisé un magnifique espace rocheux où il a mis autant de mâles que de femelles. Cette pression écologique et sociale imposée par les humains a provoqué de violents combats. Beaucoup de mâles mouraient. Les femelles trop agressées perdaient leur cycle et leur motivation sexuelle. Souvent, elles étaient assassinées par des mâles en colère. La paix n'est revenue que lorsque l'équilibre d'un mâle pour sept femelles a été rétabli. D. Morris en a conclu que le sex-ratio est inscrit dans les chromosomes. Mais il a suffi de faire varier l'hygrométrie, l'humidité ambiante, pour modifier le sex-ratio et le faire passer à deux ou trois mâles pour sept femelles. Les chromosomes parlent différemment selon le milieu. Ils ne tiennent pas toujours le même langage.

Chaque espèce possède un jeu chromosomique particulier. L'investissement de ce capital permet de nombreuses combinaisons, de multiples modes d'expression. Les chimpanzés qui s'accouplent à n'importe quelle saison adoptent des positions qui diffèrent selon l'environnement. En milieu naturel, ils s'accouplent dorso-ventralement : la femelle offre son arrière-train que le mâle empoigne. Les mêmes chimpanzés, en cage, s'accouplent ventro-ventralement.

Lorsque le mâle courtise sa dame, il roule des épaules. Pour se montrer avantageux, il marche sur ses pattes postérieures et casse des branches. Séduite, la femelle se laisse inspecter le périnée. Très intéressé par la couleur rose de l'œstrus féminin, le mâle l'examine en tous sens, l'inspecte, le flaire, le palpe. Et cette pratique plaît à tout le monde puisqu'elle permet la synchronisation des désirs.

La réalité, défantasmée par une observation méthodique, nous mène à conclure que c'est l'homme qui possède les génitoires les plus importants du monde animal. Les organes sexuels du nouveau-né humain ont des proportions fantastiques. C'est lui qui possède l'appareil de reproduction le plus perfectionné.

La sexualité des animaux révèle une grande soumission aux variations saisonnières et sociales. Le bénéfice adaptatif de ces amours saisonnières participe à la cohésion du groupe. La longueur des jours, la durée de l'ensoleillement, les températures diurnes et nocturnes, et bien d'autres pressions écologiques permettent la maturation des glandes sexuelles. Les hormones sécrétées par les gonades vont motiver l'animal pour la sexualité. Il va devenir hypersensible à toute information sexuelle, alors que le seuil de réception des autres informations, alimentaires, agressives, spatiales, va s'élever progressivement. Jusqu'au moment où l'animal ne percevra dans son monde que des informations sexuelles. Les autres informations ne parviendront même plus à son cerveau.

Les premiers animaux dont la sexualité aura été mûrie par ces pressions écologiques sont aptes à se courtiser au moindre événement déclencheur. Le comportement sexuel de ce premier couple va beaucoup intéresser les autres animaux du groupe. L'observation de la parade sexuelle du premier couple va stimuler les glandes sexuelles des autres animaux du groupe. Ce voyeurisme va leur permettre de se courtiser à leur tour. Toutes les femelles matures seront fécondées à la même époque, les petits naîtront au même moment et s'élèveront ensemble. A la prochaine migration, au prochain problème posé par l'environnement, le groupe entier pourra coordonner ses forces et s'y adapter.

Le point de départ du système s'est donc situé dans l'horloge météorologique qui, en modifiant les horloges biologiques des individus, a modifié leurs sécrétions hormonales, leurs émotions et les comportements qui s'y fondent. Le groupe s'est coordonné à cette information sexuelle désormais sociale pour assurer sa cohésion. Le groupe tout entier pourra résoudre la prochaine variation écologique et y survivre.

Dimension cosmique, sociale, hormonale, émotive, historique, comportementale, signifiante du sexe : qu'un seul maillon du système vienne à manquer et tout sera dépeuplé.

Les psychanalystes, ayant constaté l'importance du sexe chez les humains en ont fait la clé universelle des portes de l'inconscient. Peut-être est-ce un peu trop systématique ?

Les primatologues pensent que le fondement génétique de la sexualité n'est pas codé dans les mêmes morceaux de chromosomes que celui de l'affectivité ou de la socialité. On peut très bien admettre que, sur le plan phylogénétique, l'humain est l'être vivant le plus sexué. Ce qui ne signifie pas du tout que, pour le comprendre, il faudra tout ramener à sa sexualité. Cela signifie plutôt que son évolution est la plus perfectionnée, que son système sexuel est le plus complexe de tous les êtres vivants, le plus riche, celui qui intègre le plus grand nombre de sous-systèmes, celui qui associe les programmes génétiques les plus différents ; c'est donc le plus apte à fournir des combinaisons variables, des expressions différentes.

Donc, le sexe n'existe pas. Chez les animaux, ce qui émerge de la fonction sexuelle, ce qui apparaît n'est qu'un symptôme révélateur de sa manière d'être.

Selon les annélides (vers de terre organisés en segments annelés), le sexe serait même une notion très relative. Certains vers de mer de la classe des polychètes sont mâles au-dessous de vingt segments et sont femelles à partir de vingt segments. Il suffit de couper une longue femelle en deux ou trois segments pour en faire deux ou trois petits mâles. Le problème se complique avec l'étude expérimentale des vers de mer. Il suffit de placer deux individus femelles dans un même bac de culture pour constater que celle qui contient le moins d'œufs va se transformer en mâle, en adopter les comportements et féconder sa compagne. L'analyse chimique de l'eau du bac révèle que celui des deux sujets qui possède le plus grand nombre d'œufs sécrète une substance qui modifie les métabolismes de l'autre et le transforme en mâle. La femelle crée le mâle.

Ce modèle de physiologie croisée a été analysée chez les insectes et les mammifères où l'odorat permet la perception des substances volatiles sécrétées par l'autre.

Les comportements aussi peuvent participer à ces influences physiologiques croisées : au moment de ses poussées sexuelles, le canard mandarin tourne autour d'une femelle en lissant avec son bec le joli triangle de plumes orange dressées comme une voile entre ses ailes. Ce comportement séducteur plaît tant à la femelle que toutes ses sécrétions hormonales s'accélèrent et permettent aux deux animaux de synchroniser leurs désirs.

Pourrait-on prendre conscience de notre sexe si un autre sexe n'existait pas ? Pourrait-on parler de sexe neutre si on ne pouvait pas dire le sexe masculin ou le sexe féminin ? En somme, chacun des deux sexes travaille à la constitution de l'identité de l'autre.

La physiologie confirme la grande sagesse des vers de mer et la nécessité des psychologies croisées.

D'après Kagan, les jeux d'enfants codifient cette différence sexuelle en ritualisant des jeux de garçons où les lancers tiennent une grande place et les jeux de filles beaucoup plus orientés vers les sautillements. La culture, en ce sens, ne s'oppose pas à la nature. Au contraire, elle lui donne une forme qui en facilite la prise de conscience qui participe au travail de l'identité sexuelle.

Le problème surgit lorsqu'un garçon préfère sautiller comme une fille, ou lorsqu'une petite fille doit renoncer aux jeux de garçons qui lui plaisent. Pour ces individus, la culture s'oppose à leur nature. Ce genre de difficulté n'est expérimentable que dans une culture qui tient compte des désirs des individus et autorise la constitution de sous-groupes. Dans une culture qui privilégie le groupe normalisé, ces individus n'ont que la solution de s'adapter ou de s'effacer au mépris de leur épanouissement individuel.

La biologie sexuelle, radicalement différente dans un sexe ou dans l'autre, fonde des comportements et des émotions qui n'appartiennent qu'à un seul des deux sexes.

Les zoologues nous proposent la notion d'investissement parental : selon ces chercheurs, chaque espèce investit sa progéniture selon un mode qui lui est propre. Les pressions évolutives ont souvent incité les deux parents à investir sur l'enfant, mais dans certaines espèces, la mère seule, ou parfois le père seul, cherche à s'occuper des petits. Parce qu'il n'accouche, ni ne nourrit, le mâle est tenu à distance, souvent même chassé par la mère. Moins concerné par le petit, il investit moins sur lui, ce qui lui permet d'investir ailleurs, dans l'appropriation spatiale ou dans la compétition sociale.

A force de développer les études anthropologiques sociales du symbolique, on a fini par nous représenter les humains comme des êtres surnaturels. Ce retour au spiritualisme absolu, où l'esprit devient une fonction indépendante de la matière, risque de nous faire oublier que les humains sont aussi des mammifères.

Au plan biologique, l'investissement parental des pères est minime. D'une seule éjaculation un homme peut mathématiquement féconder toutes les femmes des États-Unis. Les grossesses masculines sont encore peu probables. Et les pères n'ont sur leurs enfants que le pouvoir affectif que veulent bien leur donner les mères.

Sylvie me parle toujours avec terreur de son père. Depuis l'âge de douze ans, elle se couche tête sous les draps pour éviter de le rencontrer. Sa scolarité et sa socialisation n'en sont pas améliorées puisqu'à dix-neuf ans, elle n'ose pas sortir de chez elle. Elle tient son père pour responsable de toutes ses terreurs et ses échecs. Chez lui, tout le monde tremble, tant sa voix est forte. Sa brutalité légendaire empêche tout dialogue, toute sortie, toute rencontre. Sylvie préfère se réfugier dans les institutions psychiatriques pour moins souffrir d'un tel homme.

Quand j'ai vu entrer dans mon bureau un tout petit homme en costume de velours, quand je l'ai entendu rouler doucement les *r* du Languedoc, quand je l'ai vu éviter mon regard par timidité et accomplir d'infinis rituels de politesse, je n'ai pas compris comment Sylvie pouvait être terrorisée par ce doux petit homme. Les infirmières, surprises autant que moi, ont accepté la vision de Sylvie et émis l'hypothèse que, probablement, cet homme se montre doux devant les soigneurs pour mieux cacher sa violence.

Lorsque la mère entre dans mon bureau en présence de son mari, elle ne peut pas répondre à mes questions. Elle regarde obstinément ses pieds, soupire et s'essuie le front. Le mari parle doucement et s'excuse sans arrêt. Au moment de partir, la mère murmure à mon intention : « Vous avez vu comme il est terrible. »

L'investissement parental d'un homme ne peut se faire dans notre culture que par un attachement médiatisé par sa femme. Mais pour une femme, le placement affectif commence dès qu'une petite fille se représente l'idée d'être mère à son tour. La culture participe beaucoup à ce travail de différenciation des rôles sexuels. Si cette manière de vivre convient à la petite fille, le cadre conventionnel, les mystifications culturelles vont favoriser l'épanouissement de la fillette. Mais cette même culture deviendra répressive pour une petite fille qui souhaiterait investir ses forces ailleurs que dans la maternité.

Ce qui n'empêche que le coût de l'investissement parental d'une femme est souvent très élevé. Il y a très peu d'ovules fécondables. On a beau nommer la grossesse « attente d'un heureux événement », il s'agit tout de même sur le plan biologique de l'entretien et du développement d'un énorme parasite fœtal. La grossesse est une parasitose spontanément curable. On sait maintenant que la neurotransmission est modifiée par les sécrétions hormonales et que l'œstrus s'accompagne d'une déplétion sélective de sérotonine cérébrale (Meyerson). C'est dire que le flux amoureux des hormones féminines réalise un moment vulnérable où la moindre défaillance relationnelle, affective ou sociale, laissera apparaître une tendance à la dépression.

Le fait de la grossesse peut prendre une foule de significations différentes selon le type de personnalité. Certaines femmes sont épanouies, sereines. Pour elles, le mot plénitude prend tout son sens dans la grossesse : je suis pleine. Pour d'autres, il s'agit d'une compensation à leur sentiment d'être moins qu'un homme. La grossesse prend la signification d'un « bras d'honneur » fait aux hommes : « Ça, les hommes vous ne pourrez jamais le faire », et elles se promènent ventre en avant, provocantes, enfin pleines. Pour quelques-unes il s'agit d'une maladie honteuse qu'il faut cacher. Pour d'autres, d'un préjudice social, d'une injustice inadmissible.

Il s'agit là des significations les plus classiques attribuées à la grossesse. Bien d'autres peuvent exister, mais le travail psychique de l'investissement parental a commencé avant la naissance de l'enfant investi.

Le fait du sexe est un rouage très important de notre manière d'être au monde. Être d'un sexe plutôt que d'un autre implique une manière d'y vivre, de s'y sentir et d'y déclencher des relations. En soi, les biologistes ont confirmé l'hypothèse psychanalytique de la bisexualité. Nous possédons les deux sexes, les deux hormones en proportions variables et nous l'exprimons de manière variable selon notre histoire et notre milieu. Mais aux yeux des autres, il faut que nous soyons d'un sexe ou de l'autre. Toute incertitude les angoisse. Il suffit de constater l'agressivité que provoquent les homosexuels et les mal sexués chez les témoins incertains de leur propre sexualité.

Anna Belotti, une pédiatre italienne, a écrit que les parents se comportent de manière très différente selon le sexe de leur enfant. La plupart de ses observations semblent justes. Mais lorsqu'elle conclut que ces différences de comportement réalisent une organisation culturelle dont le but est d'entraver le développement des petites filles, je pense qu'elle interprète ses observations de manière un peu persécutive. Elle dit qu'en Italie, les petites filles sont vêtues de bleu parce que c'est une couleur apaisante, alors que les petits garçons, eux, reçoivent des vêtements roses, plus stimulants. La tradition française inverse ces couleurs et le comportement des petits garçons n'en est pas plus calme pour autant. Son observation rejoint l'éthologie : en effet, dans le monde animal, le comportement diffère nettement selon le sexe de l'enfant.

Jensen a chronométré les agrippements entre des mères macaques et leurs enfants. La différence est très nette : les premières semaines, la mère agrippe beaucoup plus le petit mâle que la petite femelle. Elle examine bien plus les génitoires de l'enfant mâle. Ce primatologue pense que la mère protège plus son enfant mâle parce qu'elle en perçoit la grande vulnérabilité. En effet, les petits mâles s'éliminent, par accident ou par maladie, beaucoup plus que les petites femelles. D'après les expériences de Harlow, cette plus grande protection maternelle donne au petit mâle une profonde tranquillité, une plus grande confiance primitive. Il s'ensuit qu'en vieillissant, la mère plus permissive avec le petit mâle tolère ses fugues et ses explorations, alors que la petite femelle sera rattrapée et mordue par l'adulte inquiète. Cette histoire de famille explique aussi pourquoi les mères macaques accordent plus tôt leur indépendance à leur fils.

Les réactions éducatives des adultes sont adaptées au sexe de l'enfant.

Radican et Mitchell placent un petit singe rhésus, dont ils notent le sexe, dans une grande cage. Près de lui, un adulte mange. Au moment convenu, ils simulent une agression contre le jeune jusqu'à ce que l'adulte bondisse à sa rescousse. Lorsque l'adulte s'empare du petit et s'enfuit, en le serrant contre sa poitrine, il s'agit presque toujours d'une femelle. Mais quand l'adulte s'interpose, menaçant, entre l'agresseur et le petit qui s'échappe tout seul, il s'agit presque toujours d'un enfant mâle. Il en est de même chez les rats, les marmottes, les antilopes et bien d'autres espèces.

Il est difficile d'humaniser ces données, tant nos réflexions sur les conditions sexuelles sont parasitées par nos propres fantasmes. On observe ce qu'on cherche, on interprète nos propres désirs et on tient pour vérité les projections venues de notre inconscient.

Le fait psychologique est un acte de création beaucoup trop subjectif pour se passer de méthode. Quelques chercheurs ont pourtant entrepris ce genre de travail sur l'humain.

Kroner a placé des bébés dans des situations tests très variées. Il filme leur visage et chronomètre leur temps de sourire, en analysant les images au ralenti : dès les premières semaines les bébés filles sourient et vocalisent beaucoup plus que les bébés garçons.

Omark se contente de comptabiliser les bousculades d'enfants préverbaux de quelques mois. Il fréquente une dizaine de crèches, chiffre les bousculades pendant plusieurs mois et note le sexe des enfants qui se bousculent le plus agressivement comme les primates non humains. De cette méthode très simple sort un chiffre lumineux et terrifiant pour la réflexion sexiste : pratiquement toutes les bousculades sont le fait des petits garçons. Très peu de fillettes participent à ces rencontres violentes.

Cette observation rejoint le fait déjà chiffré par Montagner lorsqu'il a étudié les comportements de hiérarchie des enfants préverbaux. Presque tous les dominants étaient des petits garçons ! Quelques rares petites filles ont accédé à la dominance. Quelques-unes sont devenues dominantes-modèles du groupe. D'autres dominantes-agressives. Mais, dans l'ensemble, les petites filles ont évité les relations compétitives.

Un comportement en soi n'est ni bien ni mal. Il ne prend de valeur morale ou adaptative que lorsqu'il s'intègre au milieu qui lui donnera son sens. Les valeurs culturelles représentent une des lignes de force qui tendent à valoriser ou à réprimer un comportement. Ce même comportement trouve autant son fondement dans une pulsion biochimique que dans une relation affective qui, en retour, pourra modifier les métabolismes.

E. Maccoby a réalisé, avec de tout petits enfants, une série d'expériences comparables à celles d'Harlow sur les macaques. L'enfant (âgé de quelques semaines à quelques mois) joue seul dans une pièce, lorsque soudain, l'expérimentateur y introduit un jouet effrayant. Il observe les réactions des enfants, puis, après l'agression, recueille leurs urines et mesure les sécrétions d'hormones cortico-surrénales et les dérivés des catécholamines. Ces substances donnent un reflet mesurable de la réaction émotive des sujets. Les petits garçons ont tous abondamment sécrété des hormones cortico-surrénales et ont eu une violente décharge de catécholamines. Sur le plan comportemental, presque tous ont cherché à établir avec l'agresseur un rapport de force. Ils ont sursauté, crié et cherché à détruire l'agresseur en lui lançant des coups ou des objets. Quelques petites filles ont réagi de la même manière. Mais la plupart ont manifesté des réactions très différentes : elles ont fui ou ignoré l'agresseur. Cette attitude qui consiste à ne pas établir de rapports de force avec son monde est très bénéfique au plan des adaptations métaboliques puisque la plupart des petites filles ont manifesté une très grande stabilité sur le plan émotionnel.

Les réactions comportementales et métaboliques ont donc été très différentes selon le sexe. Lorsque ces sécrétions métaboliques sont répétées, elles peuvent avoir des conséquences organiques graves. L'infarctus représente souvent le prix payé par un homme qui a trop connu ce genre de réactions émotives comportementales et biochimiques. Ces dernières années, l'infarctus touche de plus en plus les femmes. Elles sont de plus en plus confrontées aux rapports de force. Les changements culturels ont modifié l'aspect biologique des maladies féminines.

Harlow a injecté des hormones mâles à des petites femelles rhésus, puis il a comptabilisé leurs bousculades, et analysé leurs jeux, leurs poursuites et leurs agressions. Ces petites femelles ont toutes manifesté une ontogenèse comportementale proche de celle habituellement exprimée par les mâles. On pourrait en déduire que les hormones mâles suffisent à viriliser le comportement des femelles.

Mais lorsque Harlow a injecté les mêmes hormones mâles à des femelles adultes, leur comportement n'en a été que plus féminisé. Avec des hormones mâles, ces femelles ont intensifié leurs comportements du toilettage : 35 p. 100 de vingt-quatre heures contre 3 à 7 p. 100 pour les mâles. Elles ont plus que jamais évité les compétitions, elles ont encore plus convoité les enfants pour les toucher, les caresser ou les voler. Les hormones n'ont pas eu d'effet direct : elles ont un effet différenciateur sur le cerveau, les comportements et l'émotion du monde.

Le cerveau, les émotions, les comportements se sexualisent progressivement au cours de leur maturation. Ils reçoivent les pressions d'un grand nombre de domaines différents, biologiques, affectifs et culturels.

Là où Simone de Beauvoir disait : « On ne naît pas femme,

on le devient », l'éthologue apporte un correctif important. Elle pourrait dire : « On naît femme et on le devient » ; au même titre que : « On naît homme, et on le devient. »

Enfin, pour boucler la boucle du système sexuel, les expériences bioanthropologiques permettent de penser que même le rouage spirituel de la sexualité peut en modifier le rouage biologique.

Rose a dosé les flux de testostérone des singes dominants et a montré qu'il était parmi les plus élevés (sans que l'on puisse établir de rapport de cause à effet). Puis il a placé un de ces dominants dans un groupe de mâles déjà constitué. Si bien que ce dominant expérimentalement devenu étranger a été rejeté, agressé, dominé : son taux de testostérone alors a nettement diminué.

Kreuz, en refaisant les mêmes dosages à l'U.S. Navy, a constaté que les taux de testostérone varient beaucoup selon que la situation à l'intérieur du groupe gratifie ou humilie les cadets.

L. Fox a humanisé cette procédure : il a dosé ses propres fluctuations d'hormones mâles et a constaté que le taux augmente après des rapports sexuels avec sa femme alors qu'il ne bouge pas après une masturbation.

Un étudiant, qui a vécu une expérience amoureuse très réussie en Avignon, voyait son taux de testostérone monter dans cette ville, plus que dans n'importe quelle autre.

Un de mes patients s'étonne de son impuissance sexuelle en province, alors qu'à Paris, il réalise des prouesses avec la même femme.

Ce qui sort de ce flot d'expériences, de cette montagne de dosages, c'est que la signification qu'on attribue à un autre ou à un lieu peut modifier nos métabolismes et nos émotions au point d'en bouleverser les comportements qui y prennent racines.

Comment se fait-il qu'on soit attiré si fortement par les personnes de l'autre sexe ? Le prix de cette attraction est souvent très élevé. Les femmes abandonnent leurs études et leurs ambitions personnelles. Les hommes renoncent à courir le monde, cessent leurs jeux. Ils se retrouvent enchaînés à un atelier, à un bureau, pour ramener au nid un salaire, chaque mois. Faut-il qu'un énorme bénéfice caché nous échappe pour accepter de si gros sacrifices ?

Les sociobiologistes disent que les intérêts de l'espèce ne sont pas toujours compatibles avec ceux des individus. Le sujet n'existe qu'en tant que porteur d'une partie du pool génétique qu'il cherche à préserver. Dans ce cas son sacrifice peut permettre à l'espèce de survivre.

Suomi et Sackett ont déjà démontré le grand pouvoir éveillant de l'image du Même dans le miroir. Dans une autre expérience très simple, ils découvrent que l'âge peut déclencher en nous des attractions variables selon notre propre stade de maturation.

Ils élèvent en isolement social quatre-vingts petits singes rhésus. Puis, à des âges variables, ils les introduisent dans une grande cage centrale, au flanc de laquelle sont accolées deux petites cages : l'une contient un mâle ; l'autre, située au pôle opposé de la grande cage, contient une femelle non réceptive à la sexualité.

Les petits des deux sexes âgés de moins de quarante mois sont placés dans la grande cage du milieu. Ils vont aussitôt se diriger vers la femelle. Pourtant leurs conditions d'éducation ne leur ont jamais donné l'occasion de voir leurs congénères. Après le quarantième mois, les jeunes mâles sont très attirés par les vieux mâles.

Les petits enfants sont donc spontanément attirés par les femelles. Ce n'est qu'en vieillissant que la perception du sexe de l'autre intervient dans les forces d'attraction.

Le même type d'expérience a été refait en mettant dans les cages deux congénères mâle et femelle à peu près du même âge : avant le neuvième mois, les petits singes s'orientent tous vers le congénère du même âge, quel que soit son sexe. Entre le vingt-deuxième et le quarante-quatrième mois, les petites femelles vont vers le jeune mâle. Au même âge, les jeunes mâles s'orientent aussi vers le jeune mâle. Plus tard seulement, les jeunes adultes s'orienteront vers l'autre sexe.

Ce type d'expérience risque d'être assez falsifiant parce qu'il réalise une situation de test trop globale. Il faut se garder d'en tirer trop de conclusions car une légère variation des conditions expérimentales pourrait nettement modifier les comportements et mener à des conclusions très différentes.

L'attraction hétérosexuelle ou homosexuelle évolue au gré de la maturation neuropsychique. Mais cette maturation spontanée n'exclut pas l'aventure du milieu. Au contraire, la même équipe a prouvé que l'environnement peut marquer des empreintes sexuelles très variables, selon la rencontre entre l'objet d'empreinte et le stade de maturation neuropsychique du sujet récepteur.

Ces chercheurs ont réalisé des isolements de durée variable, sur des petits macaques, puis, ils ont provoqué des rencontres avec différents objets d'empreinte :

Un premier groupe de singes, séparés de leur mère dès leur naissance, est élevé en permanence par des hommes.

Un deuxième groupe de singes, séparés de leur mère dès leur

naissance, est nourri par des hommes. On les replace dans un autre groupe de congénères de même âge.

Un troisième groupe de singes, séparés de leur mère dès leur naissance, est élevé exclusivement au contact de congénères du même âge.

Un quatrième groupe est isolé six mois.

Un cinquième groupe isolé un an.

A l'âge d'un an, ces singes sont tous mis au contact de congénères.

Il se trouve que les animaux élevés exclusivement par des hommes refusent de s'orienter vers leurs congénères et ne se dirigent que vers des hommes. Ceux qui ont été élevés par leur mère ou leurs congénères vont vers leurs congénères. Mais après une certaine durée d'isolement enfantin, les animaux adultes ne peuvent plus s'orienter du tout.

Ce genre d'observation permet d'affirmer que l'expérience sociale subie précocement, au cours de certaines périodes sensibles de la maturation neuropsychique, peut fonder la source inapparente du choix d'un objet sexuel qui ne s'exprimera que plusieurs années plus tard.

Les primatologues rejoignent ainsi les expériences des ornithologues qui démontrent qu'une empreinte sociale reçue très précocement peut dormir pendant plusieurs années pour ne s'exprimer qu'à la puberté. Ces expériences confirment les hypothèses psychanalytiques où l'œdipe pourrait être considéré comme un objet d'empreinte. L'environnement familial offre au petit enfant des objets sexués mâle et femelle marqueurs d'empreintes inconscientes. Pendant la période de latence du grand enfant, cette empreinte ne s'exprime pas puisque la maturation neuroendocrinienne est insuffisante pour mettre le feu aux poudres. Mais lors de la puberté, la flambée hormonale va réveiller cette empreinte et inciter le choix d'objet sexuel. L'aventure sociale du moment va fournir l'individu précis sur lequel la jeune personne va orienter son désir sexuel. Mais c'est l'aventure sociale qui aura marqué son empreinte et préparé la catégorie d'individus susceptibles de devenir objets sexuels pour cette personne.

En pathologie psychiatrique, cette conception de l'empreinte œdipienne pourrait souvent se vérifier.

Les schizophrènes ont reçu une empreinte œdipienne d'où le père est exclu. A ce stade de la maturation neuropsychique du futur psychotique, le père est psychologiquement masqué par la mère qui l'a complaisamment réduit au rôle de gagneur de paye. Cet homme désexué a gentiment vécu au loin. Il a discrètement nourri sa famille, permettant à la mère de se réserver le monopole des empreintes. L'enfant, sans hardiesse, sans vitalité, n'a pas eu la force d'explorer d'autres mondes que celui, trop confortable et étouffant, fourni par sa mère. Comment prendre conscience du fait sexuel quand l'organisation environnementale ne permet qu'à un seul sexe de marquer son empreinte dans notre inconscient ?

Chez les homosexuels, l'empreinte œdipienne revêt une autre forme. Le père y est présent, mais il sert de faire-valoir à une mère glorieuse. Cet enfant, futur homosexuel, aime la vie, au contraire du schizophrène. Mais comme l'empreinte œdipienne lui est présentée sous forme de la domination d'un sexe sur l'autre, ce combat amoureux hétérosexuel l'angoisse, bloque ses désirs et ne laisse émerger que l'attirance homosexuelle, narcissique, plus tranquillisante.

Pour parler de pathologie sexuelle, il faut admettre qu'il y a une sexualité saine et normale : toute autre serait malsaine. La sexualité saine et normale serait naturelle, les autres perverses, antinaturelles. Les homosexuels, les onanistes, fétichistes, exhibitionnistes, et autres pratiquants de sexualités délirantes seraient des malades dont le fondement biologique donnerait à la médecine le seul espoir de guérison.

Mettons les choses au clair. La médecine n'a jamais trouvé de troubles hormonaux dans les perversions et, chez les animaux, aucune pratique sexuelle n'est plus naturelle que l'onanisme. Au point qu'il est certainement anormal de le trouver anormal. Pour des raisons instrumentales, les mâles se masturbent plus facilement. Les singes au moment de la puberté font ça de manière très anthropomorphique ; les taureaux se frottent contre un arbre ; les éléphants utilisent leur trompe ou se coincent la verge entre les cuisses, réalisant un mouvement pendulaire. Les lapins s'introduisent la verge dans le rectum ; les cerfs frottent la zone érogène du bout de leurs andouillers jusqu'à en éjaculer ; les chiens et les chats pratiquent l'autofellation. Ils aiment beaucoup effectuer cette autosexualité sur le tapis du salon, en présence de leurs humains familiers, pendant que ceux-ci parlent littérature ou politique en refoulant la scène obscène qui se déroule sous leurs yeux.

Vaivre a consacré une thèse importante à l'onanisme chez les primates infra-humains. Il souligne que les femelles ne se masturbent qu'au moment de leurs chaleurs puisque leurs zones érogènes s'éteignent en dehors de ces flambées hormonales. Plusieurs savants se sont inquiétés d'objectiver l'orgasme des femelles. Certains ont proposé d'introduire des électrodes dans le vagin et l'utérus afin de recueillir à distance, par des télémesures, leur spasme organique. (Il paraît que ce dispositif électronique ne favorise pas la jouissance.) Le mystère restera donc féminin. Pourtant, L. Fox, sexologue, prétend avoir découvert, grâce à ce dispositif, l'orgasme utérin de sa femme, déclenché par la chaleur de l'éjaculation. Les femelles macaques, elles, se retournent, empoignent l'avant-bras du partenaire et l'embrassent en émettant une sonorité rauque particulière à cette circonstance.

La masturbation n'est pas un acte sexuel véritable. Vaivre remarque l'étonnante facilité avec laquelle il a pu masturber un grand nombre d'espèces animales différentes. Alors que la pénétration sexuelle est très difficile à obtenir. Elle exige une concordance parfaite de l'écosystème sexuel. La moindre défaillance à un niveau écologique, social, historique, biologique ou comportemental empêche la pénétration sexuelle, alors que la masturbation de l'autre ne provoque pas de problème.

L'acte sexuel est un acte total puisqu'il fait intervenir l'empreinte des parents éducateurs, la biographie des partenaires et leur épanouissement biologique et culturel.

L'onanisme, lui, n'est qu'un plaisir sexuel. Il apporte certainement le bénéfice apaisant de tout plaisir, mais ne possède pas la fonction totale de la rencontre sexuelle. Or, cette dissociation des différentes fonctions du sexe se retrouve dans les expérimentations animales et la clinique psychiatrique.

Les modifications sexuelles animales ne se rencontrent qu'en milieu domestique. En milieu naturel, la sexualité respecte les lois d'une convention rigoureuse.

Il est possible de voir des lapins ou des cobayes nécrophiles : très stimulés par des cadavres de congénères, ils tentent de s'accoupler avec eux. Le fétichisme est fréquent chez les tourterelles et les dindons très amateurs de dentelles. On peut se demander s'il ne s'agit pas d'une perversion sémantique de l'observateur, plutôt que d'une perversion sexuelle de l'observé. En effet, le fétichiste est un homme qui ne peut obtenir son orgasme que par l'intermédiaire d'un objet partiel, habituellement non sexuel, comme par exemple, une natte ou un soulier. Alors que les dentelles réalisent probablement, pour le dindon, un leurre physiologique évoquant la dinde.

Un ami vétérinaire m'a rapporté le cas de cette jument pur sang anglais qui refuse la saillie d'un étalon princier alors qu'elle gémit amoureusement devant l'ignoble baudet de la ferme voisine. Cette ferme souffre certainement d'un mauvais sort sexuel puisqu'on peut y observer que le chien du fermier tend régulièrement à s'accoupler avec les poules.

Il y a peu de travaux concernant le sadomasochisme des animaux.

Un paysan m'a montré un étalon masochique qui, d'après lui, se mord les flancs jusqu'à obtenir une éjaculation. Le choix des mots qu'on emploie pour raconter un fait quotidien révèle déjà notre interprétation de ce fait. Le phénomène se déroule selon la séquence suivante : l'étalon érige, manifeste la plus vive excitation, se mord les flancs et éjacule. En fait, l'étalon au lieu de mordre la jument absente, oriente sur sa propre zone érogène son agressivité sexuelle et éjacule. Le masochisme de cet étalon se trouve dans l'œil de l'observateur.

Le chien qui érige en se soumettant parce que son maître bien-aimé le frappe offre peut-être un modèle de masochisme plus proche de l'humain.

La femelle hamadryas refuse de suivre son mâle tant qu'il ne l'a pas mordue. Le canard mâle saisit sa femelle au cou lors de la copulation et la déplume en la pinçant.

Le sexe possède, chez les animaux, comme chez les humains plusieurs fonctions. Fonction tranquillisante du plaisir ; fonction métaphysique de la pérénisation de soi après la mort ; fonction phylogénétique de la survie de l'espèce ; fonction agressive ; fonction territoriale ; fonction olfactive (sans oublier que le sexe sert aussi à faire pipi).

Les singes mâles qui ont été élevés en isolement social souffrent de graves troubles des comportements. Mais lorsqu'ils deviennent adultes et se trouvent en présence d'une femelle motivée, ils ressentent ce que les poètes nomment « un trouble délicieux », ils désirent s'accoupler. La perception des informations physiologiques sexuelles phéromonales, visuelles et comportementales émises par la femelle reste correcte. La pulsion des comportements sexuels mâles elle non plus n'a pas été abîmée par l'isolement. Le mâle se dirige vers la femelle en œstrus, explore ses organes génitaux, et, en pleine érection, exécute des mouvements de bassin. Le drame commence dès que la rencontre sexuelle exige une maturation des comportements relationnels : au lieu de grimper sur les talons de la femelle pour la pénétrer, comme la bienséance l'exige chez les singes, le mâle carencé aborde la dame par le flanc, ou par la tête. Toute réaction un peu vive de la femelle le panique. Il pourra s'enfuir ou la mordre.

Le mâle carencé manifeste son désir, mais il manifeste en même temps son incapacité à le satisfaire. Rien ne provoque plus de souffrance psychique chez un animal que ce genre de pulsions contraires. Pavlov, par cette méthode, provoquait des crises convulsives, des accès de catatonie, des désespoirs rageurs et anorexiques chez les chiens placés dans ce genre de situation. Chez les chimpanzés on a vu certaines femelles calmer le partenaire carencé, aller le chercher pour le sortir de son isolement autocentré, et, doucement attraper son pénis pour permettre l'intromission. Par la suite, le mâle, rassuré, osera suivre la femelle, l'imiter et apprendre les rituels sociaux du groupe.

Pouvoir psychothérapique de la sexualité.

Pouvoir angoissant de la sexualité. Pouvoir tranquillisant de la même sexualité.

Je suis frappé par le type de sexualité qui règne dans les hôpitaux psychiatriques. La plus grande tolérance des soignants y côtoie la plus grande intolérance. On peut voir les psychotiques se masturber longuement pendant les réunions du service, tandis que le médecin-chef discute l'ordre du jour avec les infirmières. A la fin de la réunion le programme de la journée est tracé, mais le schizophrène, lui, a des ampoules sur la verge parce qu'il n'a pas su s'arrêter après l'éjaculation.

A l'entrée des pavillons, devant leurs familles anéanties de désespoir et d'humiliation, on y voit de grands enfants, abrutis de balancements stéréotypés, tordre la tête de droite à gauche tandis que la main gauche exécute des mouvements de danseuse-javanaise et la main droite branle le sexe.

Assez curieusement, l'homosexualité y est mieux tolérée que l'hétérosexualité. D'un œil narquois, les infirmiers observent le commerce sexuel d'un débile microcéphale et de son béret. Ce garçon de vingt ans mesure 1,90 mètre, mais sa tête si petite commande mal à son grand corps et permet à peine l'accès à un langage très rudimentaire où la sexualité représente l'essentiel du vocabulaire. Lorsqu'un homme du pavillon souhaite avoir des rapports sexuels avec lui, il lui suffit de lui arracher son béret. C'est facile, car le béret trop grand pour ce petit crâne tombe devant ses yeux. Daniel, le microcéphale, dit alors : « Si tu me rends mon béret, tu pourras me baiser. »

Le drame a commencé lorsqu'il a fallu réaliser la mixité dans les pavillons. Toutes les cliniques privées la réalisent depuis longtemps, mais cette révolution sexuelle enfantée par Mai 68 a provoqué l'angoisse des patients et des infirmiers. Chacun y allant de son fantasme. J'ai vu des patientes réactiver leur délire à cause de la « mixture » : « Les hommes avec les hommes, les femmes avec les femmes », disait cette psychotique avide de chronicité qu'elle nommait tranquillité. J'ai entendu des infirmiers proposer leur démission plutôt que de prendre des gardes avec des infirmières qui forcément « allaient user de leurs charmes » et ajouter des conflits sexuels aux difficultés des gardes de nuit.

Finalement ces humains expriment avec leurs mots ce niveau sexuel très archaïque que les animaux expriment avec leur comportement — l'acceptation du plaisir génital et la peur de la rencontre sexuelle totale.

Lorsque la carence porte sur le domaine privilégié de l'affection et que, par ailleurs, les conditions de maturation sociale du petit humain sont suffisantes, on peut voir en clinique apparaître le comportement sexuel qui correspond aux carences affectives. Les jeunes gens ont souvent été élevés dans d'excellentes conditions matérielles et sociales, dans un milieu bourré de principes éducatifs mais très pauvre en chaleur affective, en gentillesse comportementale, en caresses quotidiennes : une mère dure, rigide, froide ; un père trop sévère, trop autoritaire.

Parfois le père est mort, la mère part gagner sa vie. Parfois l'enfant est placé dans une institution centrée sur la réussite sociale. Plusieurs scénarios biographiques sont possibles, mais la carence constante qu'on retrouve dans chaque situation, c'est le manque de contacts gentils et rassurants, de relations tendres et bébêtes. Ces familles très malheureuses ne cessent de répéter : « Je ne comprends pas : on lui a pourtant tout donné. » Ce qui est vrai. Les enfants carencés disent : « Personne ne m'aime. » Lorsqu'ils avancent en psychothérapie, ils disent plus tard : « J'ai la sensation que personne ne m'aime. » L'origine de ce malentendu siège peut-être dans l'interaction ratée des inconscients de l'enfant et de ses parents.

Les jeunes filles en carences affectives se maquillent outrageusement. Le moindre de leurs gestes exprime l'hypersexualité, l'écriture de leurs vêtements est une pancarte érotique, leur maquillage trop coloré cherche à déclencher la sexualité de l'Autre. Or, ce n'est pas la sexualité qu'elles veulent, c'est la tendresse, la présence affectueuse. D'où le terrible contresens : leur corps provoque le sexe, alors que leur inconscient réclame l'attachement.

On entendra par exemple ce genre de description verbale introspective : « J'adore voir le désir s'allumer dans l'œil d'un garçon. J'adore ses premières approches, les premiers contacts. Mais j'ai peur de l'intimité qui s'installe entre nous et je le chasse. Je chasse les garçons que j'aime, parce que j'ai peur de l'intimité que je provoque. »

Cette manière de comprendre et de représenter verbalement sa difficulté comportementale peut apaiser la personne. Cette mythothérapie individuelle peut apporter les mêmes bénéfices que les mythes qui donnent une cohérence aux groupes et participent au travail d'identité des individus de ce groupe, mais elle n'a probablement rien à voir avec l'origine réelle de la souffrance émotive et comportementale du sujet.

Peut-être la privation momentanée d'affection chez un petit singe par ailleurs bien élevé, offre-t-elle un modèle explicatif plus valable ?

Jane Goodall observe la relation affective très réussie d'un petit chimpanzé et de sa mère. Lorsqu'un jour, entraîné trop loin par sa hardiesse, le petit chimpanzé se perd. Après quelques heures d'appels angoissés et de courses en tous sens, il retrouve sa mère. Il se jette alors contre elle, comme l'aurait fait n'importe quel petit humain. Là, rassuré, il a en quelque sorte rattrapé son retard de bonheur tranquillisant en ne quittant plus sa mère : il la toilette sans arrêt, la touche, la flaire, la caresse, s'épuise en quêtes affectives, d'offrandes et de quémandages alimentaires. Quelques jours plus tard, cette compensation affective se calme et le duo reprend une relation plus paisible.

A partir de cette observation en milieu naturel, Sackett interrompt expérimentalement une relation affective réussie entre une mère macaque et son petit. Au-dessous d'un certain temps de séparation, les troubles affectifs révélés par ces comportements d'avidité affective disparaissent rapidement. Mais si la privation survient lors d'une période sensible, ou lorsqu'elle dure trop lontemps, les troubles s'intègrent à la construction de la personnalité du petit et prennent la valeur d'une caractéristique comportementale. Un petit de six mois, séparé de sa mère pendant trois semaines, la caresse et la mord alternativement quand il la retrouve. Ce comportement ambivalent s'est pérennisé et bien plus tard, le petit carencé affectif refuse de se détacher de sa mère. Un comportement affectif anormal exprimé à l'âge adulte a trouvé sa source dans une agression affective survenue dans l'enfance. Et cette aventure a duré assez longtemps pour apprendre au petit à établir avec les autres des relations affectives, d'amour mêlé de haine.

La privation accidentelle d'un élément quelconque de l'ensemble fonctionnel physiologique ou relationnel peut bloquer le développement d'un comportement.

L'agressivité et la sexualité sont presque indissociables et d'une proximité troublante.

Lorsque les singes cercopithèques montent la garde, ils écartent les cuisses pour exposer leur pénis rouge et leur scrotum bleu sur fond de poils blancs. L'éléphant de mer érige et donne des coups de reins lorsqu'il se met en colère. Il considère ses dames comme des objets sexuels. Lorsqu'elles veulent fuir, il les rattrape, les tape, les mord, les blesse et les viole dans une copulation coléreuse, tandis qu'elles crient de douleur et d'indignation.

Le sexe mâle serait-il en soi un sexe dominateur ? Il s'agit là d'une manière idéologique de formuler le problème. Plutôt que le sexe, c'est le poids, la force musculaire qui compte, dans un monde régi par des rapports de forces. Chez les saguinus, le singe mâle est trop petit, trop faible pour s'opposer aux désirs de sa femelle deux fois plus grosse que lui. C'est donc la femelle qui se comporte comme un vil phallocrate. C'est elle qui marque le territoire, manifeste le plus d'agressivité sociale et d'agressivité sexuelle. Le fait du poids joue un rôle dans la mesure où les hormones favorisent la synthèse des masses musculaires d'un seul des deux sexes. Chez les chimpanzés et les gorilles, le mâle, deux fois plus gros et plus lourd que la femelle, ne craint pas d'exprimer son agressivité. Lorsqu'il se met en colère il lui arrive de tuer sa femelle qui lui est très soumise.

Les parades nuptiales du monde animal abondent en rituels où l'agressivité doit absolument s'exprimer pour permettre de canaliser la sexualité qui lui est associée. Lorsqu'elles se courtisent, les mouettes rieuses doivent dissimuler les signaux qui déclenchent l'agression. Dans le cérémonial de la formation du couple, elles détournent la tête et s'approchent de dos pour ne pas s'effrayer mutuellement. Chez les albatros, le mâle contourne la femelle, claque le bec, lève la tête vers le ciel en criant comme lorsqu'il menace. Mais il oriente ailleurs son agressivité, et la femelle rassurée par ce détournement d'agression accepte les frottements de leurs longs becs, comme deux escrimeurs amoureux. Les jars, les goélands, les chats, les zèbres et bien d'autres espèces, manifestent dans la sexualité les comportements d'agressivité maîtrisée.

Chez l'humain, la conscience change certainement la nature de ces rapports. Entre Gilles de Rais qui obtient des orgasmes bouleversants en sodomisant les petits garçons ensanglantés qui meurent doucement parce qu'il leur a tranché la veine jugulaire, et le cerf tout penaud parce qu'il vient d'éventrer une femelle dont les comportements sexuels étaient mal adaptés aux siens, il y a toute une différence de nature. Le seul point commun étant la violence apparente. Le cerf qui aurait bien voulu que la femelle se synchronise à ses désirs l'a tuée par maladresse plutôt que par désir pervers. Gilles de Rais, au contraire, tirait son plaisir de la terreur de l'enfant exsangue. Un enfant consentant aurait beaucoup moins stimulé son désir malade.

Le viol correspond certainement à ces concepts hétérogènes. Certains violeurs se réfèrent au modèle de Gilles de Rais : la femme en criant et se débattant augmente le plaisir du violeur. Contrairement à ce qu'on croit, c'est parmi les petits garçons que se recrute le plus grand nombre de violés. Mais la plupart des violeurs de femmes appartiennent à la famille du cerf penaud. Parmi ces violeurs on trouve beaucoup de carences affectives : ces hommes violent parce qu'ils ne savent pas demander !

En fait la majorité des violeurs se réfère au modèle du macaque grégaire. Ces singes s'associent pour copuler avec une femelle en œstrus. La première copulation donne des idées aux autres mâles témoins qui s'associent aux ébats. La femelle, réceptive pour des raisons hormonales, reste assez peu sélective et insensible à la personnalité de son grimpeur.

C'est un phénomène de même forme et peut-être de même nature qui se manifeste dans les bandes de délinquants ou chez les jeunes gens mal ritualisés et mal socialisés.

Ils se regroupent et se coordonnent en désignant un ennemi commun. A ce niveau de socialité, c'est l'utilisation sociale de la violence sexuelle qui sera ritualisée. Pour ce faire, les Papous de Nouvelle-Guinée utilisent des étuis péniens. Ces étuis sont raides les jours de semaine, et en colimaçon les jours de fête. Comme en période de guerre où l'abaissement des niveaux de socialisation laisse réapparaître les viols de femmes et l'inflation de la prostitution, les bandes d'adolescents délinquants possèdent des rituels sociaux encore plus proches de ceux des macaques puisqu'ils pratiquent la sodomie d'initiation et le viol collectif. Le petit nouveau est sodomisé rituellement par le chef. Les quelques filles qui côtoient ces bandes sans s'y intégrer seront violées. Les garçons ne sont pas culpabilisés. Ils ont à peine conscience d'avoir commis un viol puisque leur manière d'entrer en relation consiste à établir avec les autres des rapports de violence sexuelle où l'opinion de la fille violée n'a aucune chance d'être entendue. Seule la femme du chef accède au statut de personne, tant que son homme garde le rôle de caïd. En cas d'échec, l'homme descend dans l'échelle sociale et sa femme redevient violable.

Cette description empruntée à J. Selosse du laboratoire de psychologie sociale de la Sorbonne constitue une réplique étonnante des descriptions sociosexuelles faites sur les macaques par Monika Meyer-Holzapfel, directrice du zoo de Berne.

Si bien qu'entre les violeurs sadiques, les violeurs penauds et les violeurs grégaires, entre le viol des petits garçons, des petites filles, des ménagères ou des allumeuses, le modèle animal nous mène à penser que le viol, à coup sûr, est un concept hétérogène, où un même mot désigne des phénomènes de natures différentes.

K. Lorenz dit qu'il n'y a pas de viols chez les animaux. La bestialité n'existe que chez les humains. Pour qu'un mâle s'accouple avec une femelle, même s'il la secoue un peu, il faut que tous les rouages de l'ensemble fonctionnel soient matures et coordonnés.

L'homosexualité est rare dans les espèces où se manifeste une nette différence entre les apparences sexuelles. Chez certains oiseaux où le dimorphisme est peu net, où l'anatomie, le volume, les coloris, les chants sont mal reconnaissables, l'homosexualité est plus courante.

L'observation est difficile parce que dans certaines espèces des informations chimiques ou comportementales intensément perçues par l'animal sont invisibles pour l'observateur humain.

Nos observations interprétatives mènent souvent à des contresens. Les témoins confondent souvent attraction homosexuée (amitié pour le sexe) et attraction homosexuelle (désir pour le même sexe).

Buffon décrivait abondamment les sodomies homosexuelles des animaux, parce que n'ayant pas assisté à l'histoire de ces êtres vivants, il n'avait pu comprendre que ces coups de reins sexuels signifiaient en fait l'établissement de rapports hiérarchiques, paisibles. En observant une amitié homosexuée, il avait décrit un rapport homosexuel.

L'amitié homosexuée est très fréquente chez les singes, les éléphants et un grand nombre de mammifères où les groupes se forment par attraction homosexuée. Le bénéfice de cette homophilie, c'est justement d'éviter les rapports sexuels, leurs tensions, leurs conflits, la désorganisation du groupe qui s'ensuit. La rencontre homosexuée qui évite le risque sexuel réalise une grande économie d'énergie psychique et sociale pour les individus.

Mais cela n'empêche pas l'homosexualité animale. L'histoire individuelle de l'être vivant joue un grand rôle dans la genèse de ses comportements sexuels. « A ma naissance, disait Gide, j'étais un hippocampelephantocameleon. En vieillissant, je suis simplement devenu moi. »

La pseudo-gestation, qu'on appelle aussi grossesse nerveuse, n'a jamais été observée en milieu naturel, elle ne peut se réaliser que par la rencontre de deux éléments ; un terrain génétique et un terrain biologique particuliers à l'intérieur d'un champ de forces affectives et significatives. La pseudo-gestation se manifeste surtout chez les animaux d'appartement. Les physiologistes disent qu'il s'agit d'un trouble psychosomatique où la femelle dans sa période de post-œstrus reproduit les manifestations comportementales et biologiques de la grossesse.

Le terrain idéal est constitué par des chiennes de races petites et hypersensibles. Ces chiennes ont souvent des tremblements émotifs, des convulsions hystéro-épileptiques, des stéréotypies obsessionnelles. Chez les races grosses, paisibles, peu émotives, ces manifestations sont très rares. L'animal qui ne se laisse pas submergé par son émotivité reste centré sur les informations venues du monde extérieur et sait les analyser sans perdre la tête.

Jocaste, basset femelle, ne sort jamais de son appartement sans respecter un rituel obsessionnel : elle mord la partie droite du chambranle de la porte, tourne quatre fois sur elle-même et mord à nouveau le bois tout mâchouillé. Ce n'est qu'après avoir effectué par trois fois cette séquence gestuelle qu'elle ose enfin s'élancer. Lorsqu'on la prend dans les bras pour l'empêcher d'effectuer ce rituel, elle se débat, tremble et, parfois, perd connaissance.

Bien souvent, les témoins refoulent les faits. « Elle fait ça à chaque fois », dit sa famille humaine, sans autre commentaire. C'est seulement après une discussion éthologique que son maître (il est psychanalyste) s'est écrié : « Mais alors, c'est un rituel obsessionnel ! »

Ce genre d'observation a été rapporté chez les chattes, chez certaines juments hyperémotives ou des génisses qui avaient souffert au cours de leurs accouchements précédents. Elles avaient été investies de la part du paysan d'une grande importance affective.

Dans le cas le plus typique, il s'agit d'une chienne émotive qui n'a pas été fécondée lors de ses dernières chaleurs. Son ventre dèvient pesant, son utérus palpable, sa vulve gonflée saille hors de son périnée. Les mamelles gonflent et un liquide prélacté peut s'en écouler. Ce tableau apparaît normalement vers le cinquantième jour de la chienne en gestation et disparaît vers le soixantième jour.

M. Fontaine dit que l'endomètre (la couche de cellules qui tapisse la cavité utérine) prend l'aspect de la dentelle des femelles normalement gestantes. Les ovaires possèdent un corps jaune hypertrophié et sécrétant l'hormone lutéinisante de la grossesse. La femelle, psychiquement enceinte, se comporte comme une femelle qui va réellement mettre bas : la jument cesse de manger, s'impatiente, renâcle, hennit et finalement se couche. La chienne organise sa future salle d'accouchement : elle abandonne les préoccupations antérieures, rassemble de doux linges, devient hargneuse. Puis elle se couche sur le flanc, halète, se traîne en rond sur les pattes antérieures en écartant les pattes postérieures. Après l'« accouchement », les mamelles gonflent, une abondante sécrétion prélactée s'en écoule tandis que l'utérus et les ovaires réduisent leur volume.

Mireille Bonierbale a rapporté un cas de grossesse nerveuse chez une femme de trente-cinq ans. Cette femme parlait de sa grossesse. Elle disait que c'était impossible puisqu'elle n'avait plus d'utérus. Elle était pourtant convaincue d'être enceinte. De ses seins gonflés coulait le colostrum qui précède l'apparition du lait. A travers son gros ventre, on pouvait palper un utérus de femme enceinte. La mère encore plus convaincue de la grossesse de sa fille, malgré l'absence d'utérus et de rapports sexuels, exigeait que les médecins l'accouchent. Cet événement privé devenait un événement social. Cette aventure psychoendocrinienne intime devenait une aventure psychique du groupe où chacun intervenait selon ses propres fantasmes et ses relations avec la femme pseudo-enceinte.

L'histoire des études sur l'inceste des animaux commence à prendre forme. Avant les recherches méthodiques récentes, le problème était simple : on estimait que les animaux ayant une sexualité naturelle pratiquaient l'inceste, alors que la sexualité humaine, nécessairement culturelle, prohibait l'inceste.

L. Strauss définissait le comportement naturel en disant qu'il était spontané, instinctif. Par symétrie, il écrivait : « Seule la culture crée des règles. » L'anthropologue retrouve la démarche darwinienne lorsqu'il dit que si un comportement s'observe universellement, c'est qu'il est naturel. Alors que les variations des comportements dépendent plutôt des aléas culturels. Mais en faisant de la nature et de la culture deux ordres exclusifs, la prohibition de l'inceste devient un fait scandaleux : puisque c'est une règle, cette prohibition est forcément d'origine culturelle. Mais puisque ce comportement est universel, cette prohibition ne peut qu'être d'origine naturelle.

L. Strauss parle alors de « redoutable mystère »: « Elle [la prohibition de l'inceste] constitue la démarche fondamentale grâce à laquelle s'accomplit le passage de la Nature à la Culture [...] processus par lequel la nature se dépasse elle-même [...] Seule entre toutes les règles sociales, elle possède en même temps un caractère d'universalité. »

A ce compte-là, tous les hippopotames de la terre possèdent le même comportement sexuel : il s'agit donc d'un comportement naturel. Mais leur sexualité rigoureusement réglementée ne peut se fonder que sur un comportement culturel. Donc, selon L. Strauss, il faut admettre que les hippopotames font partie des êtres vivants les plus civilisés.

Pour Freud, cette loi universelle permet de « lutter contre l'instinct naturel incitant à l'inceste ». Il faut en effet qu'il y ait une loi pour lutter contre cet instinct car, dit-il, « il n'y a pas de loi ordonnant aux hommes de manger, de boire, ou de mettre les mains dans le feu ». L. Strauss entre bien dans la continuité freudienne en écrivant que « l'inceste est un phénomène naturel communément réalisé chez les animaux. »

Dès 1936, Lorenz avait remarqué l'absence d'inceste chez les oies cendrées. En 1961, Imamishi observe que chez les macaques japonais il n'y a jamais de relations sexuelles entre un fils et sa mère. En fait, c'est J. Goodall qui, en 1968, décrit avec précision l'inhibition de l'inceste chez les chimpanzés en milieu naturel. La jeune femme qui, pendant dix ans, a partagé la vie quotidienne d'une tribu de chimpanzés assiste à la naissance de Flint, fils de Flo, femelle dominante, épanouie et bonne mère. Quelques années plus tard, alors que Flint est devenu un jeune mâle pubère, Flo retrouve un œstrus : tous les mâles du groupe s'accouplent avec elle, sauf Flint qui s'accroupit à l'écart, pudique et boudeur. Le problème est posé, mais cette fois-ci de manière éthologique.

Il semble que, chez les simiens, tout un ensemble de pressions travaille à empêcher la sexualité intrafamiliale. Schématiquement, on pourrait classer ces pressions interdictrices en forces venues de l'intérieur de l'individu et forces émises par le groupe.

J. Goodall note l'importance des jeux sexuels chez les petits chimpanzés d'un même groupe, avant leur puberté. Lors de son premier œstrus, le flux hormonal colore en rose les callosités fessières de la jeune femelle. Ce changement de couleur intéresse vivement les mâles qui viennent explorer ses voies génitales. Or, la jeune femelle en œstrus se laisse explorer par tous les mâles attirés, mais se refuse et pousse des cris perçants dès qu'apparaît un de ses frères.

Chez le macaque rhésus l'œstrus de la mère ne déclenche pas le comportement sexuel du fils. Les comportements qui touchent au domaine sexuel ne s'expriment pas entre la mère et son fils alors que persistent les autres comportements : contacts corporels, épouillages, offrandes, proximités. D'autres observations en milieu spontané ont été rapportées par Itani chez les hylobates, gorilles et entelles. Dans tous ces groupes les jeunes se reproduisent hors de leur famille.

Depuis 1950, J. Bowlby a beaucoup travaillé sur la notion d'attachement. Il en fait un lien bioaffectif familial, radicalement dissocié de l'érotisme sexuel. Pour mesurer les comportements sexuels on peut compter le nombre de mouvements de bassin d'un mâle, le nombre d'accouplements d'une femelle et bien d'autres éléments. Pour ce qui concerne l'attachement, un indice précis peut être fourni en comptabilisant le nombre de comportements de toilettage entre les individus d'un groupe. Quand on arrive à mesurer que 50 p. 100 des contacts de toilettage s'effectuent entre les membres d'une même famille, on possède alors un reflet chiffrable de ce lien apparemment éthéré qu'on nomme l'attachement. On peut aussi comptabiliser les sourires que s'adressent les individus, leurs offrandes alimentaires, ou tracer le diagramme de leurs distances intercorporelles.

L'appétence sociale est très grande pour les membres d'une même famille : ils se tiennent proches l'un de l'autre et entrent facilement en contacts corporels ou visuels. Ce qui n'empêche qu'au moment de sa puberté, le jeune mâle ira courtiser ailleurs quitte à revenir de temps à autre se faire bichonner dans sa famille. L'attachement persiste toute la vie, en dehors de toutes relations sexuelles. C'est ainsi qu'il est fréquent de voir un mâle dominant effectuer encore devant sa mère des rituels de soumission alors qu'il vient parfois de prendre le pouvoir.

Harlow pense que ces comportements de sexe et d'attachement ne dépendent pas du même programme génétique. Et Bowlby, lui, estime qu'il y a antagonisme entre ces deux liens, tous deux pourtant désignés par le mot « amour ». « Ces deux natures de sentiments sont radicalement différentes et exclusives. »

La clinique humaine confirme souvent ces observations. Sabine S., jeune femme de vingt-sept ans, découvre au cours d'une psychothérapie que le mot « amour » n'a pour elle aucun sens. Elle a parfois d'intenses désirs sexuels. Mais pendant trois ans, elle a vécu avec un homme gentil et impuissant auquel elle s'est fortement attachée. « On peut très bien connaître des aventures sexuelles sans attachement, ou des attachements sans sexualité. »

Bien des couples humains s'associent sur d'autres contrats que celui de la sexualité : l'élevage des enfants, la conquête culturelle, la sécurité sociale, la tranquillisation réciproque, l'aide mutuelle, réalisent bien souvent de solides ciments.

Le conflit des générations est une des pressions extérieures les plus efficaces pour empêcher l'inceste. Les animaux connaissent bien ce douloureux problème. Chez les anthropoïdes, lorsque les petits deviennent trop lourds pour être portés et trop désobéissants, l'ambiance familiale devient pénible. Les punitions trop fréquentes abîment les relations. La mère mord son enfant sans cesse, lui crie après. Chez les macaques, elle immobilise son grand-petit en lui marchant sur la queue ; lentement elle place son corps en retrait, de façon à profiter d'un moment d'inattention pour s'enfuir. L'entelle, mère irréprochable pendant plusieurs mois, dépose son grand enfant au milieu du groupe et l'abandonne.

Lorsque ces pressions de détachement venues des oppositions enfantines et de l'exaspération maternelle sont insuffisantes, un mâle peut intervenir et agresser l'enfant trop attaché. Les enfants anthropoïdes sont très convoités par les femelles qui cherchent à se les voler. Un orphelin sera très facilement adopté par une femelle avide de maternité. Mal attachés à ces mères adoptives, les singes orphelins les quittent très tôt.

Il arrive que certains rituels sociaux participent à ce travail de détachement.

Lorsque la jeune femelle zèbre devient sexuellement attractive, elle prend une posture qui sollicite les mâles. Malgré l'opposition du père, les mâles galopent autour d'elle jusqu'au moment où l'un d'eux parviendra à l'entraîner.

Chez les entelles, les jeunes mâles se groupent en bandes pour attaquer les familles et enlever les jeunes femelles.

Pour N. Bishof, il existe en milieux naturels une conjonction de forces hormonales, comportementales et sociales qui travaillent à favoriser le détachement, réduisant ainsi la probabilité de l'inceste.

Dans les espèces génétiquement solitaires, les petits sont pratiquement terminés dès leur naissance. La mère les chasse aussitôt. Dans ces espèces sans attachement, l'inceste n'est pas interdit. C'est le cas des rongeurs, des lémuriens, de certains félins.

Mais, chez les primates où la maturation post-utérine doit continuer longtemps, le petit ne peut survivre que s'il s'accroche à sa mère. Le fait de la mamelle et du grasping représente la composante biochimique et neurologique de l'attachement. Ce fait enclenche la relation qui deviendra une aventure affective. Dans ces espèces, l'inceste est interdit.

Itani a créé une relation éducative entre un père chimpanzé et sa fille. Il les a obligés à vivre ensemble.

Après quelques réticences, le père s'est attaché à l'enfant et l'a éduquée très maternellement. Les principes éducatifs ont été un peu différents. Le père a été plus joueur et moins toiletteur qu'une femelle, mais la maturation de la petite femelle a été tout à fait convenable. Les jeux, les toilettages, les proximités étaient intenses entre le père et sa fille. Mais dès le premier œstrus les deux animaux se sont figés, chacun dans son coin, et ont cessé toute interaction affectueuse.

Stemmler-Morath a enlevé un petit mâle à sa mère biologique et l'a confié à une autre femelle qui, ravie, l'a aussitôt adopté. La quantification de l'attachement a révélé l'intensité de ce lien entre ces deux animaux non liés par la voix du sang. Mais lors des périodes sexuelles, les deux animaux se sont évités.

Temmerlin, psychothérapeute, a recueilli Lucy, une insupportable et charmante femelle chimpanzé. Lucy adore accompagner son père adoptif dans la salle de bains. Tandis qu'il se rase, elle lui taquine les génitoires. Mais dès ses premières chaleurs, elle se recroqueville dans un coin, évite la salle de bains et menace le psychologue quand il tente avec elle les jeux sexuels auparavant tant prisés.

Il est donc désormais possible d'affirmer que l'inceste est une pratique régulièrement interdite en milieux naturels. Et les manipulations expérimentales permettent d'établir une corrélation entre cette inhibition sexuelle et l'attachement.

Bowlby avait raison : la sexualité et l'attachement sont deux liens mal compatibles. Deux êtres vivants qui ont échangé des empreintes au cours de leur maturation éducative ont développé l'attachement, ce lien bioaffectif qui empêche la sexualité.

L'inceste que l'on observe couramment chez les animaux domestiques et dans les zoos est expliqué par les contraintes spécifiques que les humains imposent aux animaux en pervertissant leur équilibre écologique. Il ne s'agit plus là de milieux naturels, mais de milieux quasi expérimentaux provoquant une pathologie de pléthore chez les animaux de zoo.

Bettelheim a peut-être fait sans le savoir une observation éthologique : il rapporte comment les enfants des kibboutz israéliens sont élevés de manière très intime dans des petites communautés mixtes. Or, il remarque que le nombre de mariages et de relations sexuelles à l'intérieur de ce groupe est extrêmement faible. Shepher a réalisé une étude longitudinale chez ces enfants. Il observe que les jeux hétérosexuels sont fréquents dans les dortoirs des petits. Les adultes très tolérants ne répriment pas ces jeux, ni même les masturbations publiques. Or vers l'âge de douze ans, les fillettes deviennent très rejettantes. Elles exigent des chambres et des douches séparées. Elles expriment leur hostilité envers les garçons de la communauté à l'instant même où elles commencent à faire les yeux doux aux garçons des autres communautés.

Est-ce pour une raison de ce genre que les jeunes gens critiquent si facilement le milieu d'où ils sont issus ? Justifiant ainsi leur désir d'aller courtiser ailleurs, pour inhiber l'inceste.

Finalement le programme commun comportemental des hommes et des animaux reste assez important, même si la conscience ajoute une différence fondamentale. Les causes sociales qui interdisent l'inceste humain sont étonnemment peu importantes : l'enlèvement des femmes, si romantique, se pratique beaucoup moins. La répression sexuelle a perdu de sa valeur morale. Quant au renvoi des enfants, il devient sournois. On n'ose plus l'avouer. Il s'exprime par des détours modificateurs. Les causes intérieures semblent privilégiées — la revendication d'autonomie s'exprime très fort et contraste souvent avec une difficulté à devenir autonome. Le conflit des générations et le changement d'objet sexuel offrent des outils précieux à ce travail de détachement qui empêche l'inceste mais ne facilite pas la période pubertaire.

L'inceste humain se réalise souvent dans des familles à faible niveau d'attachement : pères effacés, enfants débiles, mères impulsives, où les relations sont dépourvues d'émotivité.

La portée symbolique de l'inceste est considérable. Son caractère criminel n'est pas évident. D'ailleurs les peines légales sont souvent légères. Lorsque les pères sont déchus de leur rôle paternel ou un petit peu emprisonnés, ils sont bien plus choqués par le jugement social que par la sanction réelle : ils ne se sentent pas coupables.

Ce qui me frappe dans le cas de l'inceste, c'est sa fréquence et le silence qui l'entoure. Scherrer parle d'« adaptation de la situation ». Des liens amoureux se tissent souvent entre le « violeur » et sa « victime » où la tendresse joue un grand rôle. Les fillettes résolvent spontanément cette situation incestueuse en fuyant le père aimé vers la seizième année. Sans s'en plaindre.

Certains pères incestueux sont des brutes humaines (on ne peut plus dire brutes bestiales), attirés seulement par un sexe féminin. Peu importe la personne qui le porte : la femme, la voisine ou la fille. C'est tout pareil. Lorsqu'ils sont accusés, ils affichent leurs vertus, mais leur fille pleine de haine les accable.

Le troisième stéréotype de père incestueux est composé d'hommes maternels d'une quarantaine d'années, très souvent carencés affectifs. Ils élèvent tendrement leur fille et, un jour, tendrement se trompent de personne sexuelle : ils couchent avec leur fille au lieu de coucher avec leur femme démissionnaire, morte ou pas apte à apaiser la carence affective du père. C'est alors que le père ressent une atroce bouffée d'angoisse coupable et se pend. Parfois, il cherche à se faire punir pour expier.

Finalement, à la lumière de ces données, les anciennes manières de parler de l'inceste semblent toutes désuètes. Dire que « la loi réprime l'instinct » ou que « la réglementation sexuelle manifeste le passage de la nature à la culture », c'est fonder la réalité sur un postulat sémantique : c'est se payer de faux mots. Pendant très longtemps on a répété que le bénéfice adaptatif de l'interdit de l'inceste consistait à éviter l'apparition des tares sanguines. Les généticiens nous ont clairement démontré que les rares altérations dues à la révélation d'un caractère récessif par la fusion des chromosomes homozygotes, ne peuvent absolument pas justifier l'importance universelle de cette loi naturelle.

Les théories sociologiques ne sont pas plus solides. Le mariage par capture des femmes d'un autre groupe se fait de plus en plus rare et n'empêche pas les conflits familiaux. La théorie de la sublimation qui postule que toute réalisation culturelle ou sociale trouve son fondement dans la lutte contre le penchant naturel de l'inceste n'explique pas grand-chose. Car alors cette explication universelle de toute aventure humaine devrait aussi nous dire pourquoi les macaques, les oies cendrées et les chevaliers gambettes qui inhibent l'inceste réalisent de si médiocres prouesses culturelles. Ils inhibent l'inceste sans sublimer.

Nous

« Maman je t'aime, salope, je t'aime. » Rainette hurle son désespoir, son amour et sa haine. « Je t'aime - salope - salope - ma maman. »

Une vingtaine de patientes allongées sur les chaises longues tricotent et bavardent doucement. Quelques jeunes filles jouent aux dominos sur le plat d'une meule de pierre transformée en table.

Avec ses larges épaules et ses lourdes cuisses serrées dans un short beaucoup trop court, Rainette dégage une rare impression de violence. Elle court à travers les chaises, autour de la table, sous le cèdre géant qui ombrage la cour ; elle bouscule les lauriers-roses, écrase les hibiscus, et brise les branches de mimosa.

« Maman - salope - je vais t'éventrer - viens, je t'aime, je t'aime. »

Parmi les patientes, une femme bondit hors de sa chaise et rattrape Rainette. « On ne parle pas comme ça de sa mère ! » Rainette pleure, sa bouche devient étonnamment carrée. « J'aurais dû te tuer, tant je t'aime. » Elle ne voit pas la femme penchée sur son visage. Elle sent à peine les bras qui essayent de l'enserrer. Elle hurle, elle pleure. La morve et la sueur coulent sur son gros visage rouge. « Une maman, c'est une maman », dit la femme. « Je vais te tuer, hurle Rainette, te tuer, te tuer. » La femme se met à sangloter. « On n'a pas le droit de parler comme ça d'une maman. » L'indignation lui donne tant de forces qu'elle réussit à bloquer Rainette. La jeune fille interrompt son saccage de fleurs. Elle perçoit vaguement qu'une femme adulte l'immobilise de force, en lui tenant les bras. Son visage est mouillé de larmes. Elle parle de maman. « Une maman, c'est merveilleux », dit-elle. Rainette se jette dans ses bras, cogne la tête contre sa poitrine, et beugle : « Maman, je t'aime, maman. » Les deux femmes pleurent. La plus âgée caresse la tête de Rainette en sanglotant ! « C'est merveilleux d'avoir une maman, il n'y a rien de plus beau au monde qu'une maman. » Elles pleurent longtemps, se mouchent et s'éloignent l'une contre l'autre unies par une silencieuse intimité.

« Par l'émotion dont il a vibré, l'individu se trouve virtuellement à l'unisson de tout autre en qui se produiraient les mêmes réactions », dit Henri Wallon dans *L'Enfant turbulent*.

Ce petit drame relationnel peut s'interpréter à différents niveaux. Au cas où nous aurions l'intention de comprendre cette aventure au niveau de son sens, nous dirions que ces deux femmes ont établi leur relation grâce à un contresens. Rainette souffre d'une forme caractérielle de schizophrénie. Au lieu d'exprimer son délire persécutif et les hallucinations qui possèdent son âme et son corps, Rainette réagit au moindre événement réel ou social pour en faire un violent conflit dont les témoins ignorent la source. Aucune école ne la supportait : elle cassait les carreaux, frappait les élèves et les enseignants, s'enfuyait à la moindre remarque. Sa violence comportementale ne lui donnait jamais le temps d'expliquer que des voix, des hallucinations auditives, lui imposaient ces comportements qu'elle aurait voulu combattre. Tout le monde croyait qu'elle était simplement très caractérielle.

Comme tous les psychotiques, Rainette éprouve pour sa mère un amour intense, un sentiment délicieux de bien-être ; encore incluse dans sa mère, fusionnée dans sa chaleur. Dans le même mouvement vers sa mère, elle ressent une haine violente de ne pouvoir la quitter, de ne pouvoir accéder au monde extérieur à cause de cet amour aveuglant, de ce bien-être étouffant. Il ne lui reste plus, dans sa logique, qu'à tuer sa mère. Quelle que soit la solution, sa souffrance en est horrible ; à moins qu'un autre monde utopique et délirant ne lui apporte un soulagement momentané. Jusqu'au moment où les hallucinations auditives et visuelles répéteront dans ce monde psychotique la même ambivalence et la même souffrance que dans le monde réel.

La dame âgée, elle, a été abandonnée par sa mère à l'âge de six mois. Placée dans une succession d'institutions anonymes et de nourrices froides, elle a passé sa première quarantaine à rechercher sa mère et l'avait trouvée... en se mariant ! Un homme très maternel lui a donné vingt ans d'amour tranquillisant et de sécurité sociale jusqu'au jour où l'usine qui l'employait lui a offert un stage de perfectionnement à Nancy. Sa femme n'avait pu supporter une aussi longue absence ou nouvel « abandon » et s'était asphyxiée au gaz. Les séquelles neurologiques importantes l'avaient amenée en milieu psychiatrique.

En appelant leurs mamans, les deux femmes ne s'adressaient pas du tout au même objet d'amour mêlé de haine. Alors que pour la femme abandonnée dans son enfance, la « maman » représentait l'être idéal, fournisseur inépuisable d'amour et de sécurité. Cette rencontre sous forme de contresens avait bien fonctionné puisque les deux femmes s'étaient apaisées. Ne parlant pas de la même mère et ne vivant pas dans le même monde, elles sont devenues intimes et complémentaires.

La rencontre, nulle au niveau du sens, a parfaitement réussi au niveau de la communication des émotions. Selon Zazzo : « Expression de soi-même, l'émotion devient rapidement expression pour autrui. Elle est fonctionnellement communion et communication, un langage avant le verbe [...] L'émotion qui se trouve aux origines de l'expérience de soi et de l'expérience d'autrui [...] nous apparaît comme un fait social, dans ses fonctions archaïques d'adaptation. »

L'émotion est un fait psychologique actuellement très facile à enregistrer électriquement. Les appareils à biofeedback révèlent instantanément, sous forme de déplacement d'une aiguille, la moindre émotion d'un sujet. En quelques millisecondes l'appareil peut même mesurer son intensité. Les métabolismes psychochimiques de l'émotion sont de mieux en mieux analysés. On connaît désormais le lieu et la forme des substances neurotransmettrices : deux cellules nerveuses du cerveau s'alignent pour établir un circuit. L'espace compris entre ces deux unités réalise la synapse, lieu privilégié de la neurotransmission. Des substances comme la dopamine, la sérotonine, et quelques centaines d'autres moins connues, vont passer d'un neurone à l'autre, directement ou après avoir été modifiées par des enzymes qui baignent cet espace. Et même, quelques substances dégradées seront réintégrées dans le premier neurone, sans avoir pu passer dans le deuxième.

Le déficit ou le blocage d'un des enzymes dans cet espace peut accélérer la neurotransmission et provoquer un excès de stimulation cérébrale, une euphorie psychochimique qui va donner à la personne une délicieuse envie de s'exprimer, de communiquer, de réaliser des choses : vivre. Ce phénomène est utilisé dans la prescription des IMAO (inhibiteurs de la mono-amine-oxydase) qui, chez les animaux comme chez les humains provoquent une augmentation des activités et des comportements sociaux. Les criquets à qui Fuzeau-Braesh et Laborit ont injecté cette substance sont devenus actifs, sociaux, gros et colorés. Les humains, comme les criquets, sont devenus actifs, sociaux et constructeurs, alors qu'ils étaient inertes, isolés et sans désirs. Mais en plus, grâce à leurs mots, les humains ont pu exprimer le vécu, le goût du monde donné par cette modification psychochimique. « J'ai envie de manger le monde », me disait un patient qui quelques jours auparavant immobile sur son lit se laissait mourir par manque de goût à la vie.

Ce fait biochimique, comportemental et émotif est très facile à constater quotidiennement depuis les années 1960, date de l'application des premiers thymo-analeptiques. Si bien que l'on arrive à ce résultat étonnant que la modification d'un processus biochimique déséquilibrant le circuit d'une sécrétion neurotransmettrice peut modifier nos états d'âme, et qu'en retour un état d'âme résultant d'une construction imaginaire peut modifier ce même processus psychochimique.

En clair, cela veut dire qu'un fait réel est un fait qui peut exister indépendamment de la représentation que s'en fait notre esprit. Mais que la signification qu'on donne à ce fait se fonde sur notre inconscient et modifie les sécrétions psychochimiques qui provoquent nos émotions. Or il se trouve que nous revenons à l'éthologie lorsqu'on sait que nos comportements peuvent servir à révéler nos émotions. Et que la codification culturelle de ces comportements réalise le lien principal qui permet la rencontre des individus et la cohésion des groupes sociaux.

Si bien que de l'inconscient à la culture, en passant par la psychochimie et les comportements, on s'aperçoit que les rituels réalisent une plaque tournante du système. Ces comportements facilement observables sont la base d'expériences fondées sur l'ensemble fonctionnel émotif, significatif et biochimique où s'inscrit l'être vivant.

Widlöcher dit que nos comportements sont des symptômes psychologiques. Comme notre langage, ils peuvent se classer en comportements pragmatiques (pour quoi faire), comportements syntaxiques (comment ça communique) et en comportements sémantiques (qu'est-ce que ça dit).

Les comportements verbaux pragmatiques utilisent notre corps comme un outil. « Passe-moi le sel » en est le représentant idéal.

Le langage peut aussi donner un plaisir du corps-outil comme on peut le voir chez ce bébé qui vocalise pour jubiler. « Parler, c'est jouer avec son corps », dit Tomatis. Certains névrosés parlent pour le plaisir de se sentir parler. Cet onanisme verbal se manifeste quand les gens se regardent parler dans une glace ou dans les yeux de l'interlocuteur. Parfois, ils gardent les mots dans leur bouche pour en jouir plus longtemps, les retenir ou tenir en haleine l'auditoire. Cette manière de parler peut servir de révélateur de notre manière d'être à condition de regarder parler les gens au lieu de simplement les écouter parler.

Galacteros et Lavorel ont remplacé le « qu'est-ce que ça dit » par « comment ça parle ». Puis progressivement ils ont abandonné l'étude de la phonation au domaine de la gestualité pour déboucher sur une définition structurale de l'énonciation. Ils ont composé un fichier où ils regroupent les mots d'un sujet parlant. Ils catégorisent ces mots selon leur fonction : mots actants, prédicats, déterminants, modificateurs, connecteurs, etc. Après avoir regroupé ces catégories verbales, ils les ont rapportées au sujet parlant et à sa fonction ; ils ont découvert que la manière d'agencer les mots, la structure de notre discours, pouvait révéler la structure de la personnalité parlante.

Première surprise, ils découvrent que le discours du psychothérapeute consiste en l'emploi presque continuel de l'ellipse, du sous-entendu, de la métonymie (exemple : les fruits du travail). Cette manière de parler, cette anatomie fonctionnante du discours permet de signifier le plus en disant le moins.

En revanche les patients, eux, livrent leur inconscient en parlant. Les malades qui souffrent de paralysies d'origines psychologiques utilisent les pronoms personnels « tu, ça, on, il, nous », à la place de « je », comme s'ils tendaient inconsciemment à ne pas assurer la responsabilité de leur énonciation tout en restant le thème central de l'énoncé. Luce Irigaray dit que « l'hystérique fait prendre la responsabilité de l'énonciation à l'allocutaire ».

Dans ma pratique quotidienne, je suis frappé par l'ambiance particulière des entretiens avec ces patients. La rhétorique de l'énoncé se caractérise par une pensée souvent métonymique. Les ruptures de construction, les phrases interrompues, les détails environnants, l'événement dont on est censé parler, les précisions parallèles, brisent sans cesse le flux du discours. Le corps sert de référent et de signifiant.

L'étude des champs lexicaux découvre que 85 p. 100 du discours du patient est consacré à une justification à l'aide de détails et de circonstances centrés sur l'objet. Le discours perd sa fonction d'analyse ou d'interpellation. Le jeu du « je » et du « tu » n'existe plus. L'entretien perd sa fonction d'échange et se transforme en une litanie monotone.

Cette linguistique quantitative apporte des informations sur l'inconscient du locuteur bien plus intéressantes que ce qu'il dit. Dahan a enregistré sur magnétoscope un sujet parlant. Au lieu d'analyser le contenu ou la forme de son récit, il a simplement mesuré les silences et le temps de parole. En comparant le film et le graphique, Dahan constate que, lorsque le sujet cesse d'émettre verbalement, son corps continue à dire des choses par sa gestualité. Les silences ne sont pas des ruptures de communication. Certains permettent de lourds échanges, d'autres expriment une gestualité autocentrée qui nous permet de comprendre que le sujet réfléchit ou se soumet à un travail émotionnel qu'il faut respecter. Le silence, souvent, en augmente l'émotion et la parole, par son acte moteur ou sa diversion de conscience, permet de l'apaiser.

La tyrannie des gestes manipulateurs du corps est extrême. « Je vous défie de rester plus de cinq minutes sans toucher votre propre corps », dit Ekman à ses étudiants. Les autotouchages, à peine conscients, dissociés du discours sont plus proches des symptômes que des signaux, mais ils possèdent une fonction physiologique importante : ils sont apaisants. Lorsqu'un babouin est inquiet, lorsqu'il devine un danger vague dont il ne connaît pas encore la forme, lorsqu'il ne sait pas encore quelle stratégie il doit opposer à l'agresseur pressenti, il apaise sa tension interne en augmentant ses comportements de toilettage. Il se lustre, se gratte, s'épouille, s'essuie, se lèche... Une personne mal à l'aise, se recoiffe, resserre sa cravate, vérifie ses vêtements, se racle la gorge, s'essuie la bouche, bref, traduit en comportements humains ce que le babouin exprime dans la savane africaine.

Les gestes illustrateurs aident la parole, attirent l'attention, soulignent l'idée, renforcent l'image. Les personnes extraverties emploient beaucoup cette gestualité alors que les timides introvertis et mélancoliques ne miment pas leur pensée.

Le visage est prodigieusement riche en expressions émotionnelles. Ekman a recensé des milliers de signaux de la face. Tous participent à la gestion de nos émotions. Il a passé des années à filmer des visages, observer des tableaux et des masques de théâtre. Il en ressort une prodigieuse variété de mimiques qui constituent l'essentiel de nos messages. Ainsi, les mimiques faciales qui expriment le dégoût comportent toujours des gestes d'éloignement spatial (pouah !). Alors que le visage participant à la signification d'un désir comporte des mimiques d'incorporation (mmmh !).

Chaque groupe ou sous-groupe invente ses gestes emblématiques. Mais, pour exprimer nos émotions, il existe tout un répertoire gestuel qui s'exprime de manière étonnemment comparable, quelle que soit la culture. Eibl-Eibesfeldt dit : « Tu me plais » à une Balinaise, une Samoane, une jeune fille papou de la tribu de Woitapmin, une jeune fille ! Ko, un Indien Waïka et un Tourkana. Pendant qu'il formule cet aveu sentimental, un collègue filme le visage de la personne plaisante. Il en ressort que la personne confuse et ravie exprime cette émotion par un comportement analogue : quelle que soit la culture, ils sourient et regardent l'expérimentateur en haussant les sourcils, puis fuient son regard en cachant le bas de leur visage avec leur main. Différence sexuelle universelle : les femmes pour se cacher le visage emploient leurs deux mains ou un morceau de tissu, alors que les hommes se contentent de quelques doigts.

Quelques anthropologues ont objecté à Eibl-Eibesfeldt que ce comportement peut être acquis, enseigné universellement. L'éthologue a donc répété cette petite expérience à travers plusieurs instituts américains et européens pour aveugles de naissance. A cause de leur infirmité, ces personnages n'ont jamais eu la possibilité d'observer ce comportement de « tchador naturel ». Tous pourtant reproduisent ce geste. Chaque fois qu'on déclenche en eux une émotion sexuelle agréable et troublante, ils se cachent le bas du visage avec leurs mains ou un objet.

Les petits schizophrènes auxquels j'ai posé cette question n'enfouissent jamais leur visage. Ils ne ressentent pas ce trouble délicieux et expriment leur indifférence sous forme de philosophade sexuelle. Ils ignorent ces douces régressions et ne savent qu'intellectualiser leur anesthésie affective.

Sous l'impulsion de H. Montagner, les éthologues français admettent qu'il existe une première gestualité, universelle, fondée sur le biologique, proche de l'animalité : montrer les dents, crier en avançant la tête, lever la main pour menacer ; écarter les jambes, se redresser, fixer du regard pour affirmer sa détermination et se défendre ; fuir du regard, sourire à l'agresseur, réduire son appropriation spatiale en s'inclinant, en murmurant pour signifier sa disposition à ne pas combattre. Mais quand le langage apparaît, ce type de gestualité s'éteint. Une deuxième gestualité imprégnée par les modèles culturels prend place.

Selon Ekman, cette gestualité animale universelle ne disparaît pas, mais s'enfouit sous la gestualité culturelle. Ce qui explique sa réapparition lors des processus de destructuration psychique, organique comme les schizophrénies ou les atrophies cérébrales, ou lors des situations agressantes qui favorisent les régressions comme la peur ou la guerre. En 1872, Darwin a été le premier à tenter une description comparative entre les expressions faciales de l'homme et plusieurs mammifères. Les récents développements de l'éthologie comparative ont orienté les chercheurs vers l'étude des mimiques chez les primates.

Chez les oiseaux, le développement de la musculature faciale est encore trop rudimentaire pour participer intensément aux communications. Mais les positions de la tête et du cou se chargent de significations très variées. Regarder de face en dressant le cou signifie une disposition agressive. Détourner la tête en rentrant le cou exprime une humeur paisible. Chez les vertébrés, l'apparition du nerf facial va développer ce potentiel de communications. Le mordillement, les coups de bec réalisés, simulés ou orientés vers un brin d'herbe prennent souvent la valeur d'un signal. Les réponses pilomotrices faciales par hérissement des aigrettes, des plumes ou des huppes augmentent l'efficacité de ces signaux qui révèlent les dispositions internes.

Lorsque apparaît la musculature faciale des mammifères, les possibilités expressives se multiplient : mouvements des lèvres, des moustaches, exhibition des dents, orientation des oreilles. Plus les muscles de la face perfectionnent leurs expressions, plus le corps s'apaise et perd sa signifiance, comme si toutes les possibilités de communications sociales privilégiaient la face pour économiser le corps.

Ce sont les singes qui utilisent au mieux cette communication sociale. L'étude se fait en référence à la mine détendue du sommeil. A partir de cette position neutre, Van Hoof décrit l'œil grand ouvert de l'alerte, le froncement des sourcils de l'inquiétude ; l'ouverture de la bouche montrant les dents signifie que l'animal est disposé à mordre ; l'ouverture de la bouche cachant les dents signifie une préparation au rire. Les commissures des lèvres, la disposition des oreilles, l'orientation de la tête, le hérissement des poils, les vocalisations, l'utilisation du corps, de l'espace et les circonstances d'apparition, offrent une infinité de combinaisons possibles où chacune transmet une émotion particulière.

La fatigue, l'ennui, la faim et bien d'autres émotions réalisent les socles biochimiques de gestes indifférenciés qui, malgré eux, expriment cette émotion. Traîner la patte, baisser la tête, bâiller, sont des comportements qui deviennent signifiants si l'observateur sait en découvrir le sens.

Il en va tout autrement si l'individu ajoute, à ce comportement fondé sur une émotion, une intention de communication. Le geste va alors devenir signal et travailler à la relation sociale. Les vervets, petits singes à poils longs, utilisent leurs organes génitaux pour uriner et copuler. Mais lorsqu'ils montent la garde, leur scrotum se colore en bleu, leur pénis en rouge sur un fond de poils blancs. Ces modifications colorées reposent sur un métabolisme hormonal induit par l'émotion due à la fonction de l'animal. Dès lors, le comportement change : ils exhibent leurs organes colorés pour signifier aux autres membres du groupe : « C'est à moi de monter la garde. »

Tous les organes peuvent servir dans différents processus de communication. Le même organe peut s'engager dans différents processus d'interactions : la bouche peut embrasser, nourrir, mordre, parler, rire.

Le comportement d'un animal qui montre ses canines transmet une émotion avec autant d'efficacité qu'une affiche politique montrant une rose au poing. En ce sens, les affiches électorales et les spots publicitaires réalisent souvent de petits chefs-d'œuvre sémantiques où le message et l'émotion sont transmis en une image et quelques mots.

Les anthropologues pensent que les rituels sont des artifices par lesquels l'homme établit un mode de contrôle sur les forces surnaturelles qu'il s'est inventées pour donner un sens à son monde. Pour un psychiatre, un rituel est un geste qu'un individu ne peut s'empêcher d'exécuter pour conjurer son angoisse, alors qu'il sait très bien que la magie de son geste est absurde. Quant à l'éthologue, il pense qu'un rituel est un comportement moteur inné, commun à tous les membres d'une espèce qui, sous le double effet des motivations internes et des pressions de l'environnement, va prendre une forme comportementale pour servir à la communication.

Un rituel n'est pas un comportement arbitraire. Il ne naît pas à partir de rien et ne réalise pas une simple convention désincarnée. Un rituel est la forme culturelle que prend un besoin physiologique lorsque pour être satisfait il doit s'adapter aux pressions sociales. En somme, le rituel permet au biologique de s'adapter au culturel. Le corps est utilisé pour exprimer une émotion commune qui, sous l'effet évolutionnaire, prendra une forme symbolisant cette émotion.

A chaque génération, les enfants réinventent les mêmes rituels. Les enfants préverbaux sollicitent des bouts de chocolat du goûter des autres. Cette demande et l'offrande qui s'ensuit ont une fonction d'amortisseur de conflits sociaux.

Delannoy place des enfants dans une pièce nue. Ils entrent en relation en établissant entre eux des rituels où l'offrande de bouts de ficelle et autres trésors de fonds de poche possèdent une fonction d'apaisement.

Les loups sont très rusés et surtout prodigieusement socialisés. Ils ne savent chasser qu'en groupe et leur technique d'encerclement de la proie nécessite une parfaite coordination. Ils doivent se respecter mutuellement car la mort ou l'altération d'un des membres met en jeu la communauté. La vie du groupe est donc parfaitement ritualisée. Le geste de soumission d'un individu inhibe aussitôt l'agressivité de l'autre. Au cours d'un repas, les loups passent leur temps à gronder, menacer, se soumettre, se répartir autour de la « table » par ordre hiérarchique.

L'homme est un loup pour l'homme. Il suffit de participer à un dîner mondain pour s'en apercevoir. Dans les banquets, la répartition hiérarchique prend une importance digne de la curée des loups. Y. Garnier estime qu'à table, on se nourrit bien plus de symboles que d'aliments. Ce n'est pas pour se nourrir qu'on s'invite à dîner, mais pour partager un plaisir intime et travailler à créer une rencontre mythique. La table est au groupe ce que l'orgasme est au couple.

L'histoire de la table est bien souvent tragique. L'histoire de la fourchette pourrait nous servir de marqueur comportemental. Au XIe siècle à Venise, un doge épouse une princesse grecque. Dans les milieux byzantins on se sert de cet instrument de luxure : une petite fourche en or à deux dents. L'utilisation de cette petite fourche provoque un scandale. Pour une telle décadence, le clergé veut excommunier la princesse qui, parce qu'elle ne mange pas avec ses doigts, ne respecte pas les lois naturelles qui, comme chacun sait, sont des lois divines. D'ailleurs, peu après, la princesse meurt d'une maladie pustulante, ce qui apporte la preuve du châtiment divin. Cinq cents ans plus tard, Henri III, fuyant la Pologne, passe par Venise et importe la fourchette en France où elle provoque à son tour un scandale. De là, elle gagne l'Europe et depuis cette époque, des millions de petits enfants subissent cette rude contrainte éducative d'apprendre à manger avec une fourchette.

Avant l'ère de la fourchette, les hommes prenaient les mêts avec leurs doigts dans le même plat. Ils buvaient le vin dans la même coupe et la soupe dans le même bol. Norbert Elias estime que le fait de manger ensemble de cette manière est probablement symptomatique de la manière qu'avaient les hommes de cette époque de partager leur vie émotionnelle. Les rituels préfourchettiques permettaient aux hommes d'entretenir entre eux des rapports très différents des nôtres. Les différences n'affectaient pas seulement leur conscience claire et verbalisée, mais également leur vie émotionnelle.

A l'origine, les rituels sont fondés sur le biologique. Mais en évoluant, ces rituels se perfectionnent et leur inutilité instrumentale permet en fait aux gens d'une même catégorie sociale de se reconnaître en se signalant de manière civilisée. La pratique du baisemain permet de savoir instantanément les orientations politiques du baiseur de main. Les rituels d'accueil sont de première nécessité puisqu'ils permettent la rencontre en contrôlant l'angoisse. Ils sont fondés sur le biologique et sur le social.

Les humains sont des singes nus, a écrit D. Morris. Il nous faut donc une prothèse que réalisent les vêtements. Il s'agit là d'un impératif physiologique. Mais ces mêmes vêtements évoluent vers une forme qui devient de plus en plus révélatrice de notre inconscient ou de nos aspirations sociales. Cette écriture vestimentaire plonge ses racines dans notre personnalité, et nos rapports de classe.

Lorsque Napoléon III mettait en prison tous les barbus, comme le raconte Jules Vallès, il avait politiquement raison. La barbe était devenue une écriture capillaire. Ceux qui avaient les moyens d'employer ce mode de communication écrivaient leur intention de se reconnaître entre eux pour s'opposer au régime.

Nos émotions biologiques et signifiantes induisent nos gestes et nos comportements. L'évolution culturelle privilégie une partie de ces mouvements, puis les réduit à l'essentiel pour en hypertrophier le sens. La main sur le cœur, l'offrande alimentaire, le poing levé vont devenir un véritable langage symbolique du geste, un emblème.

Une patiente m'explique qu'elle ressent sa frigidité comme une tare intolérable, une honte. Plus ses relations sexuelles ratent, plus elle a honte de son corps, plus elle le décore de manière érotique, « pour cacher ce que je suis ». Elle arrive dans mon bureau, vêtue d'une robe transparente qui imite savamment une déchirure sur le côté. Ne parlons pas de sa démarche ondulante, de ses soupirs aspirants et de son œil maquillé, prometteur. Lorsque ce long discours vestimentaire a cédé la place aux mots, on a entendu : « Les hommes ne sont que des chiens. Ils ne pensent qu'à ça. Ils me considèrent comme un objet sexuel. »

La dimension humaine réside là aussi : maîtriser nos communications pour mieux les travestir. Se leurrer soi-même. Les animaux ne savent pas faire ça. Pour masquer sa scandaleuse frigidité, cette femme décore son corps de signaux déclencheurs de sexualité. Mais ce déclenchement conforme à ses désirs et contraire à ses capacités ne fait qu'augmenter son désespoir sexuel.

Évolution n'est pas synonyme de progrès. Ainsi, lorsque l'environnement devient trop agressif ou trop pauvre pour épanouir l'individu qui y fonctionne, l'apparition de certains comportements pathologiques apporte la preuve de l'adaptation de cet être vivant à son milieu toxique.

Les singes dans les zoos répondent à des stimuli auparavant non stimulants. La moindre variation environnementale mobilise leur attention, la moindre appétence comportementale provoque des déambulations rigides, le moindre abaissement de la glycémie stimule une recherche alimentaire. L'animal devient obèse, instable et stéréotypé. Pourtant, ces ritualisations pathologiques lui apportent un bénéfice adaptatif. L'animal en s'adaptant à un environnement mort parvient à le percevoir comme un milieu riche et dynamique.

Lorsqu'on examine un schizophrène en milieu hospitalier, son comportement n'a pas de sens. L'homme paraît profondément aliéné. J'ai connu un malade qui a passé vingt ans de sa vie à ramasser des bouts d'allumettes pour les jeter dans la corbeille à papiers du médecin-chef. On pouvait le voir transporter minutieusement son brin de bois, entre le pouce et l'index. Il s'affairait dès le matin à ce travail inutile et consacrait toute son énergie à marcher des kilomètres, yeux sur le sol pour y trouver ses débris. Depuis vingt ans, il n'avait plus parlé, ni regardé un autre humain. Jusqu'au jour où l'apparition d'un nouveau médicament psychique a bouleversé sa manière de vivre. Stimulé, il a repris confiance en lui. Son angoisse détruite lui a permis d'apaiser ses défenses pathologiques : il avait désormais moins besoin de ce comportement aliénant. Un jour, il est entré dans mon bureau, sans frapper comme d'habitude, et a jeté sa brindille dans la corbeille. « Voilà », a-t-il dit. L'infirmier a remarqué : « Tiens, c'est la première fois que j'entends le son de sa voix. » Le lendemain, il bafouillait un bonjour pâteux. Quelques jours plus tard, il faisait une crise d'angoisse devant la porte du bureau où il n'osait plus entrer par peur de me déranger. L'occasion était inespérée pour entrer dans son monde et tenter une relation psychothérapique. C'est alors qu'il nous a appris que sa mère obsédée par la poussière et la pourriture avait exigé de lui pendant toute son enfance qu'il chassât les saletés de sa maison. Elle lui avait imprimé son message inconscient : « La moindre impureté dans la maison risque de répandre une infection dont je mourrai. » Tant que l'enfant faisait la chasse à la saleté, découvrait les détritus, il contrôlait son angoisse car la découverte de chaque débris lui donnait la conviction qu'il venait de sauver sa mère. Le père fumait beaucoup et la mère pensait mourir d'obstruction bronchitique chaque fois qu'elle apercevait un mégot ou une allumette. Ce rituel tranquillisant prenait un sens lorsqu'on comprenait cet homme dans son milieu familial. Ce symptôme, stupide et aliénant en milieu psychiatrique ne prenait valeur et sens de stratégie défensive que replacé dans son contexte familial de lutte contre l'angoisse obsessionnelle émise par la mère qui donnait à son mari la signification d'une source d'infection. « A quelle pression pathologique ce comportement pathologique est-il adapté ? » demandait G. Bateson.

Selon Watzlawick, il n'est pas possible de soigner à l'intérieur d'un système clos malade, car toute solution ne peut qu'aggraver la pathologie. C'est pourquoi la psychiatrie institutionnelle aggrave si souvent les schizophrènes. Lorsqu'un homme découvre un rituel pathologique pour contrôler son angoisse, le fait de le placer dans un milieu qui aggrave son angoisse ne peut que renforcer le rituel et l'aliéner encore plus.

La pragmatique de la communication de l'école de Palo-Alto mène à des applications pratiques en psychothérapie. Il ne s'agit plus de soigner le passé, mais d'envisager des actions présentes. Lors de la situation d'échange psychothérapique, il faut tenter de changer la manière d'entrer en relation, découvrir les comportements qui déclenchent l'hostilité ou l'abandon d'autrui, changer l'attitude du patient face à son monde et à ses troubles.

La conséquence de cette attitude est une sorte d'artisanat psychothérapique : la famille analyse d'abord les solutions pathologiques jusqu'alors adaptées. Puis elle définit avec le thérapeute une sorte de contrat, un but superficiel à obtenir en dix séances. Le thérapeute intervient, critique et conseille des exercices, de simples comportements qui sortent de l'ancienne thématisation du monde du patient. Il crée avec lui un nouveau projet pour modifier son système. Cet artisanat se situe bien loin des « profondeurs » et des longueurs psychanalytiques, mais son efficacité n'a d'égale que sa superficialité. L'environnement variant peut provoquer la modification ou l'apparition d'un nouveau rituel. Mais à l'inverse, un rituel trop rigide peut empêcher un individu de s'adapter à une variation de son environnement. C'est pourquoi les familles pathologiques sont si fortement réglementées, alors que les familles saines évoluent et changent au gré des variations qui surviennent inévitablement à l'intérieur de la famille quand les enfants grandissent ou quand les règles sociales et culturelles se réforment. R. Laing intègre cette donnée dans son projet antipsychiatrique. Il écrit : « Un comportement anormal n'est qu'un comportement qui ne cadre pas avec la structure formelle de certains rites sociaux. »

Pour illustrer son idée, Laing parle de la déritualisation des rites humains normaux. Il raconte l'histoire de ce malade qui, après un entretien normal, lui serre la main en mettant son pouce à l'intérieur de la paume, révélant ainsi sa schizophrénie. Ce rituel privé est un antirituel. Un équivalent de la désorganisation de cette puissance formalisatrice du rituel qui peut s'illustrer par l'incohérence des discours schizophréniques. L'ultime déritualisation est alors la schizollalie, ce langage inventé par les schizophrènes où les mots cassés, désarticulés perdent toute fonction communicante. « Les rubis-frères et les croches-pinces ont nadomogné les parluches », disait un patient en regardant par terre.

Bateson pense que la mauvaise symbolisation des schizophrènes est si grande que le patient finit par ne plus savoir qu'un mot peut renvoyer à une chose. Il va au restaurant, demande le menu, le trouve appétissant et le mange. Le psychotique ne sait pas que le symbole dont il perçoit la forme le renvoie à un autre objet : quelque chose qui est ailleurs, dont le sens dépasse le signe qu'il perçoit. Pourtant, chaque jour, en clinique, on peut observer l'hypersymbolisation des psychotiques : l'émerveillement pour un caillou de mâchefer qui signifie pour eux l'infini vital, ou la panique à hurler devant une ligne tracée sur un bout de papier qui signifie la déflagration cosmique. Ce qui est altéré en eux, ce n'est pas le pouvoir de symbolisation, c'en est la communicabilité. L'hypersymbolisation psychotique a perdu sa fonction sociale. Le symbole est déritualisé. Devenu un symbole autistique dont seul le sujet connaît le sens, il paraît fou lorsqu'il en communique sa signification privée.

Les schizophrènes ne savent pas assimiler les rites sociaux et s'en servir pour entrer en relation. Une infirmière un jour m'appelle : « Venez vite, Monique vient d'entrer dans les cabinets, je m'inquiète. » On frappe à la porte. La jeune fille hurle et sanglote. Elle nous crie son intention de se pendre avec la chaîne de la chasse d'eau. L'infirmière se précipite à la recherche d'un ouvrier pour faire sauter la serrure. Je parlemente avec la jeune femme enfermée et essaye de la calmer en lui rappelant quelques points sensibles de nos derniers entretiens. Quelques minutes plus tard, un petit groupe stationne en silence devant la porte des toilettes. L'ouvrier n'arrive toujours pas. Bruit terrible de la chasse d'eau associé à des grognements rauques et des coups lourds. Pâleur atterrée des témoins. « Docteur, j'ai plus mes règles », dit une schizophrène. « Je pourrai aller au cinéma samedi ? » demande un autre.

Cette difficulté à analyser les informations situationnelles pour s'y adapter est très fréquent chez les psychotiques. La meilleure définition que je connaisse de la névrose et de la psychose est la suivante : le psychotique sait que deux et deux font cinq et pense qu'il faut être fou pour ne pas le voir. Alors que le névrosé sait très bien que deux et deux font quatre, et ça lui paraît intolérable.

G. Devereux fait une analogie de modèle entre la déritualisation schizophrénique et notre culture. Nous connaissons actuellement un processus de déritualisation. Dans les écoles, les enseignants ont supprimé les insignes, les blouses uniformisantes, les signes de ralliement. Il n'y a plus ni classement, ni cérémonies. Les métiers abandonnent les vêtements distinctifs. Même les militaires et les prêtres se déritualisent en ne portant plus leur uniforme ou leur soutane dans la rue. Ils diminuent ainsi l'intensité de leurs statuts ou signes de reconnaissance. Ce phénomène est récent dans l'histoire des sociétés humaines. Dans les tableaux et les estampes du Moyen Âge, on observe partout les efforts que déploie la culture pour différencier les groupes : le noble élégant aux manières courtoises se différencie instantanément du bourgeois chamarré, de l'artisan, du paysan, du médecin qui décorent leur corps avec les attributs de leur groupe.

Toutes les mystifications vestimentaires et comportementales semblent nécessaires à l'intégration de l'individu dans un groupe. Ces rituels servent de prothèse aux individualisations fragiles. La prise d'identité aujourd'hui doit passer par un travail individuel, alors qu'auparavant, elle était facilitée par les mystifications culturelles. Nos progrès de conscience, en détruisant ces mystifications, ont dévoilé la nécessité des efforts personnels... pour ceux qui veulent bien subir ce lent travail. La tentation de la déritualisation culturelle, c'est parfois l'épanouissement individuel débarrassé des contraintes culturelles. En fait, c'est bien trop souvent la libération de rituels archaïques plus proches de l'animalité.

Nos expériences sur les comportements de table ont provoqué beaucoup d'agressivité. D'après le modèle animal, les repas de groupes sociaux possèdent une fonction mythique. Les internes des hôpitaux déjeunent souvent ensemble. Les rituels de salle de garde sont très nombreux. Le non-interne est tout de suite repéré par l'ignorance de ces rituels. L'expérience a été répétée plusieurs fois. Un compère attend dans le couloir. Lorsque le doyen des internes invite le groupe à passer à table, nous ajoutons vite un couvert et le complice s'assied parmi nous, sans avoir observé les rituels de présentation. Chaque convive pense qu'un autre l'a invité. Dans un premier temps, cette présence insolite provoque un lourd silence. Garnier trace l'éthogramme des regards sur une fiche placée sur ses genoux. Il trace les flèches qui indiquent la direction des regards, sur un diagramme représentant la table. Il en ressort que, progressivement, une flèche prend plus d'importance que les autres : elle indique que le groupe, par la direction de ses regards, est en train de désigner un leader. Les expérimentateurs perçoivent très rapidement lequel des convives va être inconsciemment désigné par le groupe pour agresser l'intrus. Après un silence gênant, lourd de malaise, où chacun regarde son assiette, quelques paroles s'échangent, elles deviennent très rapidement ironiques et préludent à l'agression. La flèche qui matérialise les regards converge sur un des internes, le plus agressif. L'intrus est accablé de sarcasmes. Il essaye de manger et de se resservir, comme nous en étions convenus avant l'expérience. Mais, le leader désigné par le groupe l'agresse. Il est même arrivé que nous soyons obligés de séparer les combattants. Quelle que soit notre superstructure culturelle, l'animalité n'est pas loin : elle ne demande qu'à s'exprimer.

D'autres observations expérimentales, faites dans les restaurants et les banquets, prouvent que le groupe assure sa cohésion en agressant un ennemi commun. C'est toujours le supérieur hiérarchique qui est le plus agressé.

Eibl-Eibesfeldt raconte qu'après l'avoir accueilli en respectant les rituels alimentaires, un Indien d'Amazonie lui a dit : « Je ne peux plus te couper la tête maintenant que nous avons bu ensemble. » Le rituel du petit verre est un drame de notre civilisation. Les médecins savent très bien que lorsqu'ils acceptent de boire avec la famille qui a demandé leur visite, ils deviendront intimes. Rationnellement admis depuis peu, leur refus provoque une distance affective irrationnelle qui rend la profession bien moins agréable.

René Dubos pense que le drame culturel qui se prépare vient de l'absence d'intégration des jeunes. Jusqu'à maintenant, les rites de passage très nombreux, très codifiés, créaient des événements sociaux, des aventures émotives qui travaillaient à l'intégration progressive des jeunes. Maintenant que la culture démystifie les rituels, que la démocratisation de l'enseignement en prolongeant la scolarité infantilise les étudiants, la proportion d'individus non intégrés ne peut que croître. Tous les jours, je m'entretiens avec un jeune qui m'explique sa souffrance à étudier, son humiliation à dépendre, son exaspération d'être empêché à vivre. Le plus grand enfermement de tous les temps est celui des jeunes. Parqués dans les lycées, angoissés par les examens qu'ils vivent comme un coup de dés dont dépend leur vie, menacés d'être considérés comme des sous-développés de l'intellect s'ils ne récitent pas le catéchisme du penseur à la mode, les jeunes se sentent exclus de toute participation sociale.

Le conflit des générations dont parle M. Mead existe aussi chez les animaux puisque les espèces à attachement doivent travailler le détachement pour oser quitter leur mère et poursuivre leur biographie. Le mécanisme naturel a évolué chez les humains jusqu'à la perversion qui consiste à parquer les jeunes et les exclure de la vie du groupe. Aux U.S.A., certains quartiers sont même interdits aux enfants. On est loin de la place du village où les vieux, sur leur banc, regardaient jouer les enfants et leur racontaient des histoires. On est loin des cercles de bambins entourant le forgeron, et des fêtes paysannes où chaque classe d'âge trouvait son rôle et son plaisir. Il s'agit là d'une rupture très grave de notre écosystème psychosocial.

L'unité fonctionnelle biosociale se fonde sur l'émotion d'un individu. Cette émotion offre un socle à nos expressions corporelles ; d'abord indifférenciées, ces expressions transmettent une émotion, mais ne possèdent pas d'intention communicative. « D'un air las », « l'air pas content », « il me semble en colère », etc. Cette sensation se communique à travers plusieurs canaux de communication sensorielle : l'œil voit l'air fatigué, l'oreille entend la musicalité irritée de la voix.

Le geste a évolué. D'abord réduit à ses composantes essentielles, il s'est simplifié et, en se stylisant, s'est chargé d'une signification qui en dit beaucoup plus que le geste lui-même. Le mouvement est devenu symbole. Désormais, il peut s'intégrer aux processus de communication sociale.

C'est l'analyse de film au ralenti qui permet d'objectiver la gesture d'un enfant préverbal qui sollicite et obtient un morceau de chocolat. Il lui suffit de tendre la main en inclinant la tête pour déclencher l'offrande. Ce comportement remonte à notre héritage phylogénétique de primate, puisque les singes font de même. Lorsque la capacité de former des mots pour demander ce bout de chocolat apparaît, ce comportement fondé sur notre animalité perd beaucoup de son importance. L'intérêt, c'est la méthode bien plus que le fait. Elle permet la manipulation du fait et son analyse expérimentale. Après qu'une séquence motrice a été analysée à la visionneuse, on demande à la puéricultrice de faire devant l'enfant ce signe du corps et on observe comment l'enfant y réagit. Elle met des lunettes noires pour éviter la communication par le regard, attend qu'un enfant de quinze à trente mois entame son chocolat et, sans rien dire, s'accroupit devant le petit et incline la tête. Presque toujours, l'enfant préverbal réagit à cette sollicitation muette en offrant son chocolat. Les séquences motrices ont souvent la même forme que l'acte déclenché : l'enfant sourit pour déclencher le sourire, caresse pour établir des relations de groupe.

Dans les milieux psychiatriques, les conflits et bagarres sont fréquents (presque autant que dans les milieux normaux). La simple présence de certaines infirmières apaise les esprits. Tout le langage de leur corps sollicite la douceur et la mise en place d'un autre processus d'interaction. Les infirmières qui s'étonnent que les conflits n'interviennent que pendant leurs tours de garde s'engagent, elles, dans le conflit avec exactement la même gestualité que les malades : criant, montrant les dents, avançant la tête et levant la main comme les singes et les enfants préverbaux.

Après avoir travaillé consciemment ce fait avec les infirmières de mon service, il y a eu quelques semaines d'amélioration relationnelle. Mais très vite, les rôles ont réapparu. Les infirmières apaisantes apaisent tandis que les angoissantes angoissent. Malgré leur prise de conscience, rien n'a changé dans leurs comportements puisqu'on sait qu'une gestualité peut directement exprimer notre inconscient, de manière invisible, en dehors de toute conscience ou traduction verbale.

Le goût du monde de ces infirmières, mis en forme par leurs fantasmes, fonde leur gestualité communicative et, par là même, induit des événements réels. C'est pourquoi, le plus sincèrement du monde, les infirmières apaisantes disent : « Les filles sont gentilles et faciles à calmer ; ces petits drames ne sont pas bien graves. » Alors que les infirmières angoissantes se plaignent : « J'en ai marre de ce métier. Les malades passent leur temps à se battre et il n'y a rien à faire pour les calmer. Le docteur devrait augmenter les doses. »

Ne percevrait-on pas d'autres mondes que celui construit sur nos fantasmes ?

Le langage des mots nous permet d'accéder au stade ultérieur de la superstructure. Parler c'est transformer en informations techniques un langage non verbal, auparavant émotionnel. Le langage verbal réalise donc un type logique plus élaboré que ce langage du corps.

Anne Ancelin-Schützenberger distingue deux niveaux de communication langagière : d'une part, le langage digital qui se fonde sur une syntaxe logique, d'autre part, le langage analogique, plus émotionnel, plus proche du biologique et de l'animalité. Le langage analogique concerne le langage agi, vécu, sensoriel ; alors que le langage digital, plus abstrait, permet de mieux formuler pour rendre plus conscient et de s'abstraire pour éviter la relation affective.

Le mot « téléphone » avec sa réalité objective de mot composé de neuf lettres n'a rien à voir avec l'objet téléphone. Et si l'on décidait de nommer cet objet « fraise des bois », le changement de transcription ne concernerait pas du tout l'objet téléphone. Il suffit pour cela que le codeur connaisse la transcription. Nous sommes là en pleine communication digitale.

En revanche, si une mère de schizophrène dit à son enfant : « Je t'aime », avec une intonation excédée, une musicalité vocale fatiguée d'avoir à radoter cette information rassurante pour l'enfant, mais exaspérante pour la mère, tout l'objet du message sera transformé. L'enfant ne pourra plus faire coïncider le contenu du message digital (information objective « je t'aime »), avec la sensation affective, réellement perçue (« tu m'exaspères, je suis fatiguée d'avoir à t'aimer encore »).

Un étudiant a soumis à l'ordinateur de Villejuif le décodage du vers de Mallarmé : « La chair est triste, hélas ! et j'ai lu tous les livres. » L'ordinateur a répondu que cela signifie que « celui dont la viande est pourrie est triste parce qu'il n'a plus rien à lire ». Alors que le vers de Mallarmé transmet une sensation de douce tristesse, de sens à vivre désabusé, l'ordinateur a réalisé un contresens en recevant ces informations à un niveau digital, quand le poète les avait émises à un niveau analogique.

F. Recanati pense que les signes qu'on emploie pour parler sont des faits. On fait du bruit, on fait un mouvement de la bouche et du corps pour fabriquer un fait signifiant : une parole dans son contexte. Mais ce fait signifiant renvoie à autre chose qui n'est pas là. C'est pourquoi pour bien communiquer, il faut ne pas voir ce fait communicant, il faut accéder directement à l'élément qu'il représente. Pour exprimer cette idée, Recanati invente le concept d'« énonciation transparente ».

Bien souvent, lorsque la relation est troublée par la névrose d'un sujet ou par le malaise d'une situation, ce travail de transparence s'effectue mal, le corps prend le devant de la scène et rend l'énonciation opaque. C'est ainsi que les personnes trop émotives prennent tellement peur des relations, sont tellement angoissées par la simple présence de l'autre, que leur propre corps se tend, se crispe, leurs sens s'embrument et ce malaise corporel devient obstacle à la perception de l'énoncé. Elles s'évadent, entendent mal, voient mal : elles sont distraites. Certaines personnes, extrêmement intelligentes lorsqu'elles sont seules, ne parviennent plus à comprendre l'enchaînement de quelques mots, s'ils sont prononcés dans une situation d'émotivité.

Lorsque le corps fait obstacle à la perception de l'énoncé, la personne qui s'exprime devient plus difficile à comprendre. La communication s'effectue d'abord à un niveau sensoriel et affectif bien avant d'être un travail d'énonciation verbale.

Après la naissance d'Annie, sa mère disparaît. La petite est élevée par un père, maçon quarante heures par semaine, et alcoolique le reste du temps. Pratiquement sauvage, non scolarisée, son langage n'atteint pas celui d'un enfant de trois ans. Dès la puberté, engrossée par deux fois, elle voit l'assistante sociale du secteur lui enlever ses bébés ; si bien qu'Annie essaye de se tuer chaque fois qu'elle ressent un désir sexuel. Pendant trois ans, j'ai dû parler à son niveau : « C'est chichique deuteur, c'est chichique, hien deuteur », m'a-t-elle répété pendant des heures pour m'expliquer pourquoi elle avait avalé un litre d'eau de Javel, ou sauté par la fenêtre, ou coupé ses avant-bras, ou tapé la tête contre les murs, ou ainsi de suite. Cette communication, restreinte au niveau noétique, communiquait intensément aux niveaux sensoriels et affectifs. Puisqu'elle éprouvait moins le besoin d'avaler de l'eau de Javel, sauter par la fenêtre... Elle avait aussi, pour la première fois de sa vie, quelqu'un pour qui parler, pour qui faire un effort, pour qui vivre.

Je sentais l'importance vitale pour Annie de parler avec elle, de subir son « c'est chichique deuteur ». C'est à cette époque que j'ai entrepris ma propre psychanalyse. Dès les premiers entretiens, le thérapeute m'a aiguillé vers son propre discours, n'intervenant que pour souligner mes défenses ou interpréter mes lapsus et mes rêves. Or, je n'ai fait de rêves psychanalysables que pendant ma psychanalyse. En quelque sorte, il s'agissait de rêves pour psychanalyste. Finalement, entre Annie et moi, il n'y avait pas de différences fondamentales.

En fait, dans la situation psychanalytique, le travail verbal n'est que le canal évident d'un lien privilégié où tous les canaux de communication possibles communiquent. Cette organisation permet un travail de conscience, plutôt que d'inconscience. Alors que, dans la vie courante, les communications sont inconscientes quoique très efficientes.

Les entretiens téléphoniques avec Mme C..., mère d'une schizophrène, en sont une bonne caricature.

Mme C... : — Comment va « notre » malade ?

Moi : — Bien mieux, madame !

Mme C... : — Ah bon, elle est guérie !

Moi : — Ah non, elle n'est pas encore guérie.

Mme C... : — Comment ? c'est terrible ! elle a rechuté ?

Moi : — Mais non, madame, elle n'a pas non plus rechuté.

Mme C... : — Elle est donc très malade.

Moi : — Non, non, je vous assure, elle n'est plus très malade.

Mme C... : — Alors vous ne savez pas ce que vous dites, docteur. Vous m'avez dit qu'elle n'était pas guérie, et maintenant vous me dites qu'elle n'est pas malade !

Après quelques échanges de ce style digital et non analogique du tout, moi qui suis beaucoup moins schizophrène, incapable de répondre, je bredouillais. Finalement, cette femme très malheureuse a raccroché sèchement en disant que j'étais incohérent. Ce qui était vrai. C'est aussi ce qu'elle répétait à sa fille. Et c'était vrai aussi.

L'énoncé peut contenir un double message contraignant *(double bind)* dont l'interlocuteur ne peut pas sortir, quelle que soit la solution adoptée.

Le double message contraignant est un des modes d'interaction typique de la relation mère-enfant de schizophrène. Le comportement total de la mère, le rapport des énoncés et des énonciations peut s'exprimer par le paradoxe logique : « Sois spontané », ce qui est impossible, ou : « Je t'ordonne de me désobéir. » En obéissant, l'enfant désobéit à sa mère. Ou en obéissant, il doit désobéir, ce qui l'empêche d'obéir. Quelle que soit la solution adoptée, l'enfant ne peut pas s'en sortir : il est contraint, doublement lié.

Cette double contrainte est différente du message contradictoire : « Va-t'en, car je t'aime. » Dans ce cas, l'enfant peut choisir et souffrir du choix illogique imposé par sa mère. Dans la double contrainte, le comportement maternel est impeccablement logique. Mais l'enfant perd sa liberté. Il ne peut ni choisir, ni agir. Il ne lui reste que la paralysie psychique, la catatonie, la dépossession. Le délire alors offre un ersatz de monde, une prothèse de vie, une sortie de secours.

Mme D... me demande une directive pour parler à sa fille schizophrène. Elle m'ordonne de lui donner un ordre. « Dites-moi combien de temps je dois parler à ma fille. — Pas trop longtemps. — Non, non, combien de temps ? — Je ne sais pas moi, mettons une dizaine de minutes. » La mère, satisfaite par cette règle abstraite, s'est approchée de sa fille en lui disant : « Très bien, ma fille, j'ai dix minutes à tirer avec toi. »

L'agitation de Ghislaine est particulièrement pénible à supporter. Après une longue phase d'excitation, elle s'éteint pendant six mois. Son retour à la vie psychique nous ravit. Nous assistons à la renaissance d'une jeune fille douce, nuancée, intelligente, très intéressée par la vie des autres et par les petites joies de la vie quotidienne. J'ai été très fier d'annoncer à la mère : « Votre fille est guérie. Elle n'a plus besoin de médicaments. Elle doit désormais quitter les milieux psychiatriques pour vivre son existence. Le problème à partir d'aujourd'hui devient psy-

chologique et social. Il n'est plus du domaine du médical. »
Traduit par la mère à la fille, cela a donné : « Le docteur vient de me dire que la médecine ne peut plus rien pour toi. Ma fille, tu es foutue. »
Ce corps, support organique de nos communications analogiques, s'exprime très fort dans nos relations affectives. Les humains consacrent à peu près le tiers de leur vie à poursuivre leur maturation neuropsychique. Lorsque le milieu où ils s'intègrent ne leur apporte pas de protection affective, le développement ne peut se poursuivre et le petit humain se fixe au stade archaïque de sa maturation.

Demaret et J.-C. Ruwet observent l'hypnose des vanneaux huppés reconnaissables à leur long bec et couronne de plumes. Lorsque les parents sont effrayés par l'approche des humains, ils émettent un cri qui sidère le petit, l'engourdit, le cataleptise au point de lui faire conserver la position qu'il avait lorsque le cri l'a hypnotisé. Immobilisé, le jeune se confond avec la terre, alors que les parents s'envolent et essayent d'attirer sur eux l'attention des prédateurs humains.
Chez les goélands argentés, le jeune se blottit dans un creux de rocher avec lequel il se confond si bien qu'on risque de marcher dessus sans le voir. D'autant que notre attention est détournée par le vol des parents qui crient l'alarme sur nos têtes et simulent des attaques en plongeant sur nous.
Chertok raconte qu'au zoo de Budapest, Volgysi hypnotise les lions, mais n'y parvient sur les chimpanzés qu'après leur avoir parlé ! La parole agissant, sur le primate, comme monopolisateur de conscience qui facilite par la suite l'induction hypnotisante.
L'expérience la plus intéressante pour passer de la zoologie à l'éthologie humaine est celle de Moore et Amstey : ils ont démontré que l'aptitude des agneaux à être hypnotisés dépend de leurs relations affectives pendant leur éducation. Le groupe d'agneaux d'un an élevés par leur mère biologique dans une relation affectueuse et attentive est le plus hypnotisable. Alors qu'un autre groupe élevé par des substituts maternels mais attentionnés résistait à l'influence hypnotique.
Les enfants élevés par leur mère biologique seraient plus habitués à tirer bénéfice de cette soumission aux désirs affectueux et à l'influence des adultes dominants. Ils auraient donc développé cette aptitude à se laisser influencer. Alors que les agneaux ou chevaux élevés dans des conditions plus dures auraient développé l'aptitude à se défendre seul, à se méfier de l'influence des dominants, souvent néfaste, rejettante ou même agressive. C'est

ce qui explique que les substances qui diminuent les résistances (neuroleptiques, morphine) augmentent la durée des hypnoses, alors que les amphétamines ou stimulants psychiques, qui renforcent les résistances en rendant le sujet moins émotif, diminuent leur aptitude à subir l'hypnose. Des études physiologiques comme celle de l'effet Christian ont démontré et mesuré que les animaux de haut rang hiérarchique sont biologiquement moins émotifs que les animaux dominés. Or, ces animaux sont les moins hypnotisables.

En 1921, Freud soulignait ces rapports de domination chez les humains. Il parle de « l'exercice par une personne toute-puissante sur un sujet impuissant, sans défense. Cette particularité nous rapproche de l'hypnose qu'on provoque chez les animaux par la terreur ».

Les succès de mes expériences ont souvent varié et n'ont jamais coïncidé avec celles des auteurs classiques. Les psychotiques ont été faciles à hypnotiser dans 50 p. 100 des cas. J'ai souvent vu leurs troubles et hallucinations s'atténuer très nettement. Pour l'autre moitié des cas, je déclenchais une crise de panique anxieuse à la simple évocation du mot « hypnose ».

Les hystériques, théoriquement les plus hypnotisables, ont souvent été absolument impossibles à hypnotiser. Mais lorsqu'ils acceptaient l'hypnose, l'intensité de leur transe était si profonde qu'elle m'effrayait. Je me rappelle cette jeune femme que je n'arrivais plus à réveiller. Elle dormait profondément sur le divan, en gardant la position cataleptique que je lui avais suggérée. Elle a reposé trois heures durant, deux bras en l'air et la tête fléchie sans oreiller. Dans la salle d'attente, un paranoïaque délirant ne supportait pas mon retard sur l'heure de son rendez-vous. J'ai dû faire la consultation à voix basse, dans le couloir. De temps à autre, je rentrais dans mon bureau pour réveiller la dame. En fin d'après-midi enfin, elle a cédé à une injection de réveil. Fraîche et légère, elle m'a quitté dans un état de doux bien-être.

Ces expériences m'ont permis de comprendre comment l'hypnose avait servi de préhistoire à la psychanalyse. Une jeune Lyonnaise a essayé de mourir après une violente bagarre entre son père et son mari. Un soir, elle confie à son mari que son père et elle ont eu des relations incestueuses un jour de déménagement. Depuis cette confidence, elle avait quitté son travail et son domicile. Son caractère épouvantable créait des conflits quotidiens et aggravait son désespoir. Après quelques séances d'hypnose, elle a revécu ce soir de déménagement : le matelas par terre, dans le désordre des meubles et des objets ; son père, fatigué, s'allonge près d'elle, sur le matelas où elle s'endort. Doucement, il se tourne pour ne pas la réveiller. Dans sa demi-conscience, elle sent la chaleur du corps de son père pénétrer en elle, délicieusement.

A son réveil, folle d'angoisse et de culpabilité, elle est convaincue d'avoir eu des relations sexuelles avec son père. Depuis ce jour, elle l'agresse, le repousse, l'évite. Chaque rencontre devient le prétexte à un conflit, jusqu'au jour où elle épouse le premier venu pour fuir son père. Un soir, elle raconte l'inceste à son mari. Les deux hommes se battent. Elle veut mourir.

L'hypnose lui avait déjà apporté beaucoup de bien-être. Lors de cette séance, elle évoque le souvenir de son déménagement : le matelas, son père contre elle. Mais soudain, le ton monte. Pendant sa transe, elle se rappelle que son père, couché près d'elle, lui tournait le dos. Il a dormi. Il a dormi contre elle, endormie. Et c'est dans la brume de sa demi-conscience qu'a émergé ce fantasme incestueux. Folle d'angoisse, elle s'est réveillée. Bouleversée, elle est remontée dans sa chambre, a fait sa valise et est rentrée chez elle, à Lyon. Dix ans plus tard, elle va très bien. Elle travaille. Redevenue sociable et gaie, elle voit souvent son père qu'elle adore et son mari qu'elle aime bien. Mais elle refuse d'évoquer cette aventure fantasmatique.

L'hypnose provoque un état neuropsychique de régression où l'émergence du refoulé est tolérée. Ce retour à un stade archaïque correspond à la soumission des petits à leurs parents tout-puissants, protecteurs et répressifs. La communication qui permet l'hypnose est établie par des canaux sensoriels visuels ou sonores qui captivent la conscience du sujet dominé et le fascinent.

Les enfants humains sont très réceptifs à ce genre d'informations. La tendance à suivre a été étudiée par le grand psychanalyste américain, J. Bowlby, qui la considère comme la composante psychophysiologique essentielle de l'attachement. Demaret pense que c'est cette aptitude à se laisser fasciner par un objet du corps de la mère (sac, ceinture, mouvement de robe) qui explique pourquoi les petits enfants se perdent si souvent dans les grands magasins. Submergés par l'excès d'informations, ils se fascinent à un détail de corps maternel et le suivent, jusqu'au moment où un mouvement de foule les oriente à suivre un sac ou une couleur qui ressemble à celle de leur mère mais ne lui appartient pas.

Ce comportement hypnotique naturel existe chez les animaux lorsque apparaît le comportement parental. L'œdipe en ce sens pourrait réaliser une empreinte dans l'esprit de l'enfant, une trace amnésique des images parentales. C'est pourquoi un psychanalyste comme Ferenczi avait déjà souligné l'hypnose maternelle liée à la crainte.

L'aptitude à être hypnotisé dépend de la nature biosociale des espèces : les animaux génétiquement grégaires sont les plus hypnotisables. Le mouvement d'essuie-glace de la queue d'une antilope sur son derrière blanc hypnotise l'antilope suivante qui invinciblement va suivre cette stimulation visuelle. Si on accroche à l'arrière d'un camion un leurre en carton blanc, balayé par une touffe brune, l'antilope suivra le camion et ne pourra s'en détacher que si on enlève le carton.

Le bénéfice adaptatif de cette hypnotisation est très grand puisqu'il assure la cohésion du groupe, la protection des petits et permet aux adultes d'y marquer leurs empreintes.

Selon Freud, « l'hypnose et la formation collective sont des survivances héréditaires de phylogénie de la libido humaine, l'hypnose ayant subsisté comme prédisposition, la foule comme survivance directe [...] De l'état amoureux à l'hypnose, l'écart n'est pas grand ».

L'affection en tant qu'abus de pouvoir ?

Un de mes patients, masochique, m'explique que pendant son enfance il s'est révolté avec courage contre les tentatives de relations sadiques que cherchait à lui imposer un éducateur pervers. Mais quelques années plus tard, devenu professeur de philosophie, il a découvert son masochisme lors d'un pique-nique avec ses élèves. Il taquinait une jeune fille avec qui il avait souvent tendrement bavardé, lorsque par jeu, elle a ramassé une branchette et a simulé un coup de fouet. Le jeune professeur en a été bouleversé d'érotisme parce que ce geste dominateur participait à une relation affectueuse, alors que l'éducateur en cherchant à l'humilier n'avait réussi qu'à provoquer sa révolte.

Le sadomasochisme me paraît une entité très discutable. Le sadisme des masochiques semble d'une émotion différente du sadisme des sadiques. Vers la cinquantaine, ces hommes ou ces femmes, fatigués de se soumettre à ceux qu'ils aiment, « après avoir été enclume, veulent devenir marteau », comme le dit Masoch. Alors que le sadisme des sadiques cherche à éteindre toute relation affective pour n'établir avec les autres que des relations techniques dont ils pourront jouir. Pour ces hommes et ces femmes, la séduction se transforme en arme de domination. C'est pourquoi Mirabeau emprisonné à la Conciergerie en compagnie de Sade en fait une description exquise : sa grande politesse, ses attentions permanentes, le grand soin qu'il avait de son corps et de ses manières lui permettaient en fait de contrôler ses émotions et de séduire pour dominer. Lorsque Gilles de Rais, sur le bûcher, récite un long discours moralisateur où il explique ses crimes sexuels par l'abus de la cannelle, cette soumission apparente lui permet de jouir une dernière fois de la contrainte verbale qu'il établit sur des milliers de spectateurs obligés par les hommes d'armes à contempler son supplice. Ce masochisme apparent n'est qu'une autre version du sadisme. Comme lorsque Sade ligotait les jeunes pages pour leur faire subir un cours de morale politique avant de les torturer sexuellement.

Le sadomasochisme des masochiques n'est pas le sadomasochisme des sadiques. Le premier s'effectue à l'intérieur d'une relation chaleureuse qu'elle permet. Alors que le deuxième évite l'affection, pour refroidir, techniciser les relations humaines.

Ces comportements où l'affection se mêle au pouvoir, comme chez les vanneaux huppés, et permet l'hypnose, comme dans les espèces à attachement, se retrouvent chaque jour dans la pratique médicale.

Les syncopes, pain quotidien du médecin, constituent un des plus fréquents motifs d'hospitalisation. Lorsque le petit goéland s'immobilise au cri d'alarme de ses parents, lorsque le faon se couche et s'endort au signal de sa mère, cette paralysie émotive, cette perte de connaissance relationnelle, cette soumission à l'autorité parentale apportent d'énormes bénéfices. Cette dissolution motrice qui entraîne parfois une perte des urines, cet engourdissement relationnel permettent au petit de ne pas attirer sur lui l'attention du prédateur.

Au XIXe siècle, les femmes avaient encore des vapeurs. Leur éducation infantilisante ne leur donnait pas les moyens de dominer une situation qui devenait trop agressive pour elles, elles retrouvaient alors cette défense archaïque, cette dissolution motrice et relationnelle, cette syncope qui leur permettait d'échapper à l'agression.

Le vertige dans la foule, le malaise dans l'ascenseur ou l'espace clos, la syncope lors d'une situation angoissante réalisent des équivalents phobiques modernes de cette défense. L'expression corporelle de cette souffrance, de nos jours, est aussitôt médicalisée parce que notre culture est médicalisée. Le cœur, le cerveau sont explorés pour rassurer la famille et le médecin puisque les syncopes peuvent aussi révéler une maladie cardiaque ou neurologique. Il y a quelques siècles, la culture mettait dans le sac du « mauvais œil » ou de la « vapeur syncopale », ces manifestations purement médicales.

Pourtant, le modèle naturaliste de la paralysie et de la syncope animale nous incite plutôt à conclure que ce fait sensori-moteur réalise un antilangage. Pour l'animal dépendant, la femme émotive ou le toréro renversé, il s'agit de se faire oublier par l'agresseur. Les animaux et les humains utilisent les bénéfices de cet antilangage. Ce qui ne les empêche pas aussi, dans certaines circonstances relationnelles, d'utiliser le même fait pour en faire un langage, un comportement régressif qui veut dire quelque chose.

Chaque jour on me dit : « Quand je suis malade, j'existe » ou : « J'irais même jusqu'au suicide pour me sentir exister. »

Marianne, vingt-deux ans, se sent seule. Son mari, banquier, s'intéresse trop aux jeunes garçons employés de guichet. Sa mère profite de sa liberté retrouvée pour reprendre des études de psychologie. Marianne, encore plus seule ce soir-là parce que sa mère s'apprête à partir pour la faculté et que son mari ne doit pas rentrer, est nouée d'angoisse. La petite douleur qu'elle ressent dans le bas-ventre lui donne une bouffée d'espoir. « J'ai très mal au ventre », dit-elle. L'inquiétude qui a brouillé les yeux de sa mère a délicieusement réconforté le manque d'affection de Marianne. Deux heures plus tard, le médecin examine la jeune femme couchée, bien au chaud, enveloppée par l'attention intriguée du médecin et le désarroi dévoué de sa mère qui a renoncé à son cours du soir. La douleur a disparu. Lorsque le médecin a dit : « Je crois que vous n'avez rien », Marianne a vu que sa mère aussitôt regardait sa montre. Elle a crié : « Je souffre » sans réfléchir, comme on saute à l'eau quand on a peur de sauter.

Vers minuit, on l'emmène à l'hôpital. Les infirmières l'appellent « mon petit ». Sa mère, livide, ne la quitte pas des yeux. L'interne incertain l'examine longuement sans comprendre. A une heure du matin, le chirurgien de garde lui enlève l'appendice. Un appendice tout rose et tout sain. A son réveil, Marianne heureuse voit, autour d'elle, son père, sa mère et même son mari, bousculés par un virevoltage de blouses blanches affairées pour elle.

Pendant sa psychothérapie, Marianne me dit son désespoir de guérir, de perdre cet instant privilégié où tout le monde l'aime, l'entoure d'une chaude attention. Elle s'étonne de « la complicité affective du chirurgien ».

Parfois, la maladie prend une telle signification relationnelle et apporte tant de bénéfices affectifs que, dans ces conditions, il faudrait être fou pour désirer guérir.

Les animaux domestiques connaissent très bien ce comportement de quémandage affectif.

Bill, berger allemand, s'est brisé la patte antérieure droite. Son maître surveille le plâtre avec beaucoup d'attention et organise une prudente rééducation musculaire. Grâce à cette complicité affective, la guérison est excellente, l'os en parfaite continuité. Les muscles solides de l'animal lui redonnent sa belle allure. Un bébé humain naît. Le couple lui consacre beaucoup d'attention. Dès ce moment, Bill retrouve sa boiterie, marchant sur trois pattes, sautillant en gémissant, il tend son membre blessé vers son maître qui l'avait si tendrement soigné.

Parfois, les animaux souffrent de l'effet pervers de ce mode de relation. Les chiens sont atteints d'encéphalopathie toxique, microbienne ou virale aussi souvent que les humains. L'électroencéphalogramme de ces animaux donne un reflet valable de l'altération cérébrale en dessinant des ondes électriques caractéristiques de l'épilepsie. Les chiens observés en milieu familial font une dizaine de crises par jour. Le même chien placé en cage, chez un gardien anonyme, ne fait qu'une seule crise par mois.

Il faut soigner le malade et non pas son tracé. Les premiers psychanalystes considéraient l'épilepsie comme une variante de l'hystérie. La découverte des ondes électriques cérébrales confirme qu'il s'agit bien d'une maladie organique qui prend un sens relationnel.

Tout fait devient relationnel aussitôt qu'advenu. Mais le sens du fait n'est pas dans le fait : il est dans le milieu. C'est le milieu qui va donner au fait sa charge affective et sa signification relationnelle. Cette signification, en retour, crée l'aventure sociale de ce fait.

Les pressions latérales venues des pairs, des frères et sœurs, des animaux de même classe d'âge anticipent l'avenir. Les bagarres entre enfants préparent les futures relations hiérarchiques. Dès ces premiers jeux, le chiot qui se laisse dominer par les autres chiots révèle le statut social inférieur qu'il prendra après sa puberté. Les premiers jeux intersexuels apprennent aux petits prépubères comment ils devront se courtiser plus tard. L'enfant imitant sa mère, rassuré et stimulé par sa présence et son modèle, va apprendre les techniques de construction d'instruments. Son épanouissement biologique va de pair avec son épanouissement social et comportemental ; à tel point que l'enfant de mère dominante apprendra à devenir à son tour dominant.

L'éducation sociale des petits rejoint parfois la division du travail. Chez les antilopes d'Afrique le groupe des petits est confié à une femelle nurse, ce qui permet aux autres mères de se libérer des contraintes éducatives. Les entelles laissent leurs enfants jouer en groupe et ne les récupèrent que le soir.

C'est dans le premier cercle maternel, familial et paritaire que les petits trouveront les éléments extérieurs nécessaires aux stades primordiaux de leur épanouissement. Chaque groupe animal possède sa propre école et les caractéristiques de sa culture. L'imitation et la compétition sont les deux pressions du milieu qui contribuent le plus à l'établissement des traditions du groupe.

V. Thorpe raconte qu'en Grande-Bretagne les laitiers disposent à l'aube des bouteilles de lait encapsulées sur les marches des pavillons britanniques. On observe alors les oisillons de mésanges anglaises en train de décapsuler les bouteilles de lait. Ils apprennent très tôt cette technique alimentaire, alors que les mésanges françaises adultes en sont parfaitement incapables.

La structure du milieu devient structurante pour l'animal. Il n'apprend que ce qui est nécessaire à sa survie. Le progrès ne peut venir que d'un problème posé par une variation du milieu.

Ce qui stimule le plus un animal, c'est la curiosité. On a vu des singes travailler dix-neuf heures d'affilée pour apprendre à résoudre un test. L'expérimentateur avait réalisé des photos colorées de singes et de fruits.

Les conditions scolaires de nos enfants se fondent surtout sur le désir de plaire à un adulte, de se venger d'un échec affectif, de contrôler une angoisse sociale. Ce désir semble prendre ses racines dans la relation plus que dans le plaisir. Le stimulant naturel essentiel, la curiosité, devient un stimulant bien affadi chez les enfants scolarisés.

Les compagnons d'âge jouent aussi un rôle très important dans l'apprentissage des rôles sexuels. Les petites femelles babouins jouent entre elles à épouiller et à toiletter un bébé. Elles sont tellement motivées par ce jeu qu'elles essayent souvent de voler le bébé de la voisine ou de s'occuper de force du petit frère ou de la petite sœur.

L'école buissonnière en milieu animal est souvent cher payée. Un petit trop espiègle ou mal attaché à sa mère augmente rapidement sa probabilité d'élimination. Dès qu'il s'écarte du groupe, le petit faon ou le jeune chacal est aussitôt repéré par un prédateur. On peut se demander s'il n'existe pas, chez les petits humains, un vestige phylogénétique de cette peur animale quand nos enfants expriment leur frayeur d'être enlevés par un homme méchant caché dans le noir de la chambre. Cette peur disparaît dès que la mère s'approche.

Lorenz affirme que les animaux possèdent un sens moral et défend l'existence de leur conscience. Pourtant quand les mères des espèces à attachement mordent, tapent ou menacent leurs enfants, la culpabilité conséquente ne les empêche pas de dormir. On peut schématiser les punitions infligées par les adultes aux enfants en une agressivité d'autoprotection pour l'adulte et une agressivité dans l'intérêt de l'enfant. Dans les deux cas, l'enfant est puni mais l'orientation diffère. Chez les chiens du Groenland, un petit battu dans son enfance apprend mieux que les autres les rituels sociaux.

L'éthologie ne fait pas l'éloge de la fessée mais permet de différencier les types d'agressivité envers les enfants. Une chienne se laisse tyranniser par ses petits. Tout à coup, elle grogne et donne un coup de dents. Le petit bousculé se calme à peine. Il reprend son jeu avec un peu plus d'égard envers l'adulte, qu'il persiste à aimer malgré le coup de crocs injuste qui traduit la fatigue maternelle et non des intentions éducatives. Cette instabilité maternelle possède une fonction dans la maturation du petit.

A.E. Fischer compose trois lots de chiots génétiquement très sélectionnés qu'il recueille vers la septième semaine, au début de leur période sensible et auxquels il imprègne des conditions éducatives très différentes.

Un premier lot est élevé dans la plus grande douceur.

Un deuxième lot est élevé avec une extrême sévérité.

Le principe éducatif du troisième lot consiste à rudoyer les chiots, puis à les caresser au gré de l'humeur de l'éducateur.

Les chiens des deux premiers lots devenus adultes ont manifesté une grande angoisse à la séparation, une agressivité vite exprimée envers ceux qui les aimaient, une grande violence émotive aux frustrations. Seuls les chiens élevés au contact d'un éducateur aux humeurs fantaisistes où l'agression avait souvent succédé à la tendresse ont pu s'épanouir, supporter l'agression de l'être aimé et son départ, sans « en faire une maladie ».

Le bénéfice adaptatif de la punition envers les enfants facilite la fonction de détachement. Lorsque les petits grandissent la renarde les supporte de plus en plus mal. Elle les mord au moindre prétexte. Cette indépendance un peu forcée leur permet de quitter leur mère pour éviter le coup de dents.

La plupart des livres sur la schizophrènie ont été écrits par des auteurs qui ne sont pas schizophrènes. Ces auteurs parlent surtout de la souffrance infligée par leur mère. Or, ce qui me frappe c'est que, pour la plupart, la grande souffrance de la vie du jeune schizophrène a été l'école.

Pour les futures schizophrènes, l'école est une véritable torture. Ils parlent de l'angoisse de ce lieu où l'on enferme les enfants et de leur incapacité à s'y intégrer. Chaque rencontre est une agression. Ils sont devenus très bons élèves par peur des relations humaines. Ils utilisaient leurs livres pour en faire un pare-chocs contre la violence des autres et l'horreur dérisoire de la réalité des choses. Ils hurlent encore de souffrance vingt ans après, quand ils racontent les brimades de leurs camarades de classe, les premières armes sadiques des plus pervers d'entre eux, l'indifférence accablée des enseignants étonnés par la réussite scolaire de cet enfant froid.

Pas d'amitié à l'école, pas de chaleur à la maison, pour ces enfants sans pairs ni pères. Seule la mère les protège du monde en les empêchant de l'apprendre.

Les jeux enfantins trop douloureux n'ont pas permis à l'enfant de se construire une identité sexuelle et de s'y entraîner. Il connaît mal son rôle sexuel, parfois même il en ignore le genre. La culture ne lui offre pas de prothèse. Comment dans ces conditions mal échafaudées pourrait-il supporter sans craquer sa flambée pubertaire ?

Le premier accès de dissociation schizophrénique guérit souvent. Mais le jeune patient se heurte alors à notre culture où le rendement et la sociabilité représentent les deux armes les plus efficaces de la réussite. Ces armes-là, le schizophrène ne sait pas s'en servir. Il préfère la folie plutôt que l'usine, l'asile plutôt que la solitude des H.L.M. Depuis que les hôpitaux psychiatriques se sont vidés, ces patients survivent en ville. Une meilleure organisation sociale leur offre de quoi vivoter très convenablement.

Armand vient souvent bavarder avec moi au dispensaire. Il aime attendre sur le palier. Il ne prend jamais de rendez-vous pour y rester le plus longtemps possible. Il regarde le mouvement des clients, des infirmières et des médecins. Quand on lui pose la question, il répond avec une politesse si excessive et un maniérisme si théâtral que le poseur de question, gêné, préfère sourire et s'échapper. En fin de journée, il entre dans mon bureau, s'assoit, fait le mondain, donne son opinion sur les grands problèmes du monde. Mais lorsque mon silence le gêne, lorsqu'il s'entend et se voit comme je l'entends et le vois, alors son masque tombe et il me confie : « Je ne peux avouer à personne à quel point je regrette l'hôpital psychiatrique. Je pouvais chaque jour parler avec des infirmières. Je bricolais, participais aux corvées du pavillon. Il y avait toujours des incidents à commenter. La vie, quoi ! »

Il n'y a pas longtemps, Armand a volé un sac à main en plein marché pour se faire prendre. « Avec mon passé, je me ferai expertiser et c'est un autre qui prendra pour moi la décision de m'hospitaliser. » Manque de chance, personne n'est intervenu et la femme volée courait encore moins vite que lui. Alors, il a suivi les avocates du palais de Justice de Toulon jusque dans leurs vestiaires pour y voler leur sac. On l'a surpris. Manque de chance, le juge m'a téléphoné et l'a remis en liberté. Alors, il est entré dans une villa, la nuit, en faisant beaucoup de bruit. Il a été pris. Manque de chance, les experts psychiatres, qui auparavant envoyaient dans les services psychiatriques ces petits déséquilibrés en leur découvrant des circonstances atténuantes, ont tellement été agressés par la culture et les philosophes, les journalistes et les témoins, les infirmiers et les malades qu'actuellement, ils reconnaissent l'entière responsabilité de ces petits délinquants.

Aujourd'hui, Armand est en prison parce qu'il rêvait de retourner à l'hôpital psychiatrique, mais n'osait pas le demander.

Nous en sommes là en éthologie humaine. Le premier cercle des empreintes modelantes se réalise dans l'échange mère-enfant. Le deuxième cercle de ces pressions se compose de l'influence mutuelle de cette petite personne lorsqu'elle établit des interactions avec ses pères et ses pairs. Ce n'est qu'après la puberté que le capital neuropsychique ainsi constitué va connaître des placements sociaux et affectifs plus ou moins avantageux, selon son aventure.

Après la famille, l'école représente le lieu psychique où se passent les plus grands drames de la vie des hommes.

Pourquoi en parle-t-on si peu ?

C'est à l'école que se manifestent souvent les premières dépressions des biographies mélancoliques. Les adultes s'arrangent pour ne pas les voir : on parle de mauvais élèves, d'enfants « dans la lune », de mauvaise santé. Dans notre vision adulto-centrique de l'enfance, la mélancolie de ce vert paradis n'est pas admissible par notre conscience.

Pierre me pose beaucoup de problèmes. Il oscille entre le néant mélancolique et la haine armée. Dans son désespoir, son seul espoir de vivre lui est donné par le suicide. « Je ne vis que dans l'espoir de mourir. C'est la seule idée qui me fasse encore vivre. » Lorsqu'il n'est pas mélancolique, il envisage très précisément de fusiller les hommes de son quartier qu'il déteste parce qu'ils aiment la vie et ont su plaire à une femme. Il m'a fallu plusieurs mois pour équilibrer son traitement. Quelques milligrammes de thymoanaleptiques en moins : il envisage de se tuer ; quelques milligrammes en plus : il envisage de tuer un voisin dont le bonheur de vivre est une insulte à sa souffrance.

Une fois maintenu en équilibre précaire par les médicaments, il a bien fallu parler de sa manière de vivre et essayer de la changer. Ça, les médicaments ne savent pas le faire. Mais ils peuvent le faire faire, à condition que le travail psychologique prenne le relais de la chimie.

Pierre me parle souvent de l'épouvantable souffrance qu'il a toujours ressentie à l'école. Il me dit : « Le regard des enfants me terrorise encore. Avec eux, on ne sait jamais. Rien ne les retient. » « Je n'ai jamais pu supporter une présence humaine. J'en suis arrivé à rougir dès que ma mère me regarde. Je préfère le bruit d'une machine à celui d'un rire. Enfant, je disais ''non'' à tous les jeux. La simple présence d'un autre me donne la diarrhée. Je me sens coupable de tout. »

Les médicaments renforçateurs du moi ont changé son goût du monde et sa traduction verbale. « Maintenant, j'arrive à parler, je supporte qu'on me regarde, je recommence à me baigner, à faire des projets. » Sa gestualité a changé, sa manière de vivre aussi. C'est lui qui désormais crée les rencontres et les situations qui soignent son existence.

Brigitte, jeune femelle chimpanzé, est tellement dominée qu'elle ne peut presque jamais manger tranquillement car ses pairs, ses compagnons d'âge, occupent justement la place que Brigitte vient de prendre. Pas question de jouer non plus. Brigitte prend tout au sérieux et crie son effroi chaque fois qu'un jeune mâle l'invite aux galipettes.

Jusqu'au jour où Fady, un primatologue lui a donné des psychotropes. Il s'est contenté d'observer les modifications des comportements sociaux de la jeune femelle. Chaque matin on lui offre un jus d'orange ou une banane infiltrée de médicaments à visée psychique. Très rapidement la femelle change ses comportements quotidiens et ses manières relationnelles. Ses premières révoltes sont cruelles. Les mâles d'abord n'admettent pas son refus de soumission et comme ils sont beaucoup plus musclés qu'elle, Brigitte reçoit quelques puissants coups de mâchoires. Alors qu'auparavant une simple menace d'agression la terrorisait, depuis qu'elle prend des médicaments, Brigitte n'est plus du tout intimidée par la mimique — regard fixe et dents découvertes — qui signalent que le singe se prépare à attaquer. Désormais, pendant les repas de groupe, la femelle bouscule son monde, crie sa détermination à se défendre et se sert comme les autres. En quelques semaines, elle prend une place tout à fait convenable dans la hiérarchie sociale du groupe. Son poil devient brillant car elle mange mieux, dort mieux et surtout ne ressent plus la proximité de ses congénères comme une perpétuelle agression sociométabolique.

Lorsqu'on a interrompu le traitement, le nouveau statut de Brigitte et sa nouvelle manière de vivre étaient désormais acceptés par le groupe. La biographie de Brigitte en a probablement été bouleversée.

Dans ce cas, la chimiothérapie opère comme une psychothérapie sociale. « Au début de la psychothérapie, le moi, faible mais existant, est contraint, assiégé par des automatismes qu'il ne connaît pas. Sa peur de ne pas être est d'abord métaphysique. L'appel à l'aide, le souci d'en sortir, sont expressifs du désir d'être », écrit R. Muchielli.

Lorsque l'aide psychochimique favorise l'expression verbale, le travail de conscience et les changements relationnels, elle réalise une authentique psychothérapie. Ce qui doit être contesté ce n'est pas le médicament, c'est le prescripteur. Le produit n'est que ce qu'en fait le prescripteur, qui peut donner un médicament pour faire parler ou un médicament pour faire taire. Le même médicament à doses excessives, en refusant le dialogue, en empêchant le patient de réorganiser son désir d'être, peut l'empêcher de vivre aussi bien que le lui permettre, selon le sens qui circule entre le patient et son thérapeute.

Si Fady déçu par l'incapacité de Brigitte à se soigner par le verbe lui avait prescrit un kilo de psychotrope dans son jus d'orange ou l'avait isolée de son milieu naturel pour éviter les conflits dus au changement de ses relations, il aurait aggravé le manque à être du chimpanzé. L'intention du prescripteur de respecter l'individu animal a permis au médicament de rééquilibrer Brigitte et l'a aidée à réaliser elle-même sa psychothérapie naturelle.

La libération de Brigitte a modifié l'équilibre du groupe en établissant une nouvelle répartition des forces sociales. Désormais, il faut compter avec elle dans les repas et les décisions du groupe que Brigitte refusait.

Cette répartition des lignes de force s'observe fréquemment dans les couples, en cours de formation ou de déformation.

Dans de nombreuses espèces animales, les deux partenaires d'un couple sont attachés l'un à l'autre par un véritable lien affectif. Lorenz l'a constaté chez les oies cendrées où il observe le lien amoureux qui unit deux individus d'un couple adulte. Ce lien affectif durable, personnalisé, exclusif, est facile à observer en mesurant les proxémies moyennes. Lorsqu'on sépare les deux animaux au cours de leurs promenades, on note qu'ils se recherchent fébrilement et ne s'apaisent que lorsque, côte à côte, ils pourront reprendre leurs activités coordonnées autour de l'attachement, de l'acte sexuel ou de l'élevage des petits.

Selon Bowlby, cet attachement adulte est dérivé d'attachements initiaux aux parents. C'est-à-dire qu'une fixation enfantine de mauvaise qualité facilitera à l'âge adulte la reproduction d'un lien amoureux de même type. Il est certain que les jars qui, au cours de leur enfance, sont mal attachés à leur mère, pour des raisons accidentelles ou expérimentales, établissent à l'âge adulte des liens de couple particulièrement fragiles.

Cette empreinte enfantine n'est pas exclusive, l'aventure adulte participe aussi à l'établissement de ce lien amoureux. Selon Lorenz : « Plus souvent elle [l'oie cendrée] devient veuve ou abandonnée par son partenaire, plus elle aura de facilités pour trouver un nouveau partenaire. Mais ce lien nouveau sera fragile. »

On ne peut pas vivre sans changer. Et les empreintes enfantines, qui participent certainement à l'établissement du premier lien amoureux, subissent par la suite les modifications de ce lien qui va évoluer pour son propre compte au gré de l'aventure du couple. Les enfants de divorcés répètent, à leur tour, le divorce de leurs parents.

Un troisième mariage possède rarement le même goût qu'un premier. La demande inconsciente n'est pas la même : consacrés à l'amitié, la tendresse, l'association des moyens, ces couples tardifs et répétés sont moins sexuels, moins orageux ; l'attachement du début y est moins profond, ce qui diminue l'angoisse de perdre et offre une plus grande sérénité.

Ces partenaires qui mêlent la saveur de leurs inconscients échangent aussi leurs biologies pour que chacun modifie les métabolismes de l'autre. On sait que les phéromones sont des corps vaporisables sécrétés par des glandes odoriférantes. Ces évaporations servent de signaux odorants et jouent un rôle fondamental dans la vie sociale des animaux. C'est ainsi que le bombyx du mûrier à plusieurs kilomètres de distance perçoit qu'une femelle serait intéressée par une rencontre sexuelle. A l'inverse, c'est la femelle de la drosophile qui, très sélective, ne choisit que le mâle dont le parfum sexuel lui convient.

Cet effet de couple a été mis en évidence par Danièle Chateau, à la faculté de médecine de Strasbourg. En injectant de la progestérone (hormone maternisante) à des rats mâles, elle bloque leurs sécrétions phéromonales. Puis elle choisit de mesurer la longueur de cycles femelles et le diamètre de leur ouverture vaginale. Les femelles qui vivent au contact d'un faux mâle (mâle dont l'activité phéromonale est bloquée par l'injection d'hormone maternisante) espacent leurs règles et ferment leur vagin. Alors que les femelles qui vivent au contact d'un vrai mâle ont des règles fréquentes et un vagin ouvert.

Chaque sexe participe à la création des caractères sexuels de l'autre sexe. La démasculinisation des mâles a déféminisé les femelles. La synchronisation des rôles et des désirs n'est pas toujours facile.

M. V..., cinquante ans, me consulte pour impuissance sexuelle. Il en souffre beaucoup car, pour lui, cette impuissance symbolise son entrée en vieillesse. Il souffre surtout d'entraîner sa femme avec lui dans cette décadence. Il ne peut plus satisfaire ses désirs. Sa femme est triste elle aussi. Quelques mois plus tard, la virilité de son mari est revenue. Elle a refusé l'acte sexuel qu'elle considérait désormais comme une indécence, une agression contre sa personnalité.

Pour s'épanouir au maximum de ses possibilités, un couple doit fonctionner en homéostasie. Chaque partenaire doit servir de stimulus à l'autre. Les forces et les désirs doivent s'échanger de l'un à l'autre, dans des psychochimies croisées, où chaque domaine sensoriel ou symbolique entre en jeu pour répartir l'équilibre.

L'ontogenèse du cri de triomphe de l'oie cendrée correspond d'abord à un besoin physiologique de l'animal. L'oie cherche l'Autre qui pourra déclencher ce cri, satisfaire ce besoin, en permettre l'expression. Dès que ce cri permet la constitution du couple, toutes les séquences motrices vont réaliser un ensemble de forces psychophysiologiques qui vont collaborer à la création d'un lien affectif.

Cette stimulation croisée, cet enrichissement mutuel expliquent pourquoi les humains mariés vivent nettement plus longtemps que les humains célibataires.

R.P. Mitchel aurait individualisé dans les sécrétions vaginales des femmes six acides gras (prosionique, isovanilique, butyrique, isobutyrique, isoproïque, acétique) qu'il a nommés « copuline ». Les hommes percevraient le message olfactif signifiant « je suis disposée à faire l'amour ». Cette information odorante, véhiculée dans l'espace intercorporel, serait clairement perçue par les rhinencéphales virils, en dehors de toute conscience.

Chez les humains, les vêtements, les rituels sociaux offrent le stade ultérieur des coordinations du couple. Les sujets de conversation permettront aux partenaires de découvrir s'ils conçoivent le monde d'une manière compatible : la parole comme un pacte précopulatoire.

Le couple humain ainsi constitué par une rencontre biologique (hormones, gestualité), rencontre imaginaire (vêtements, maquillage), rencontre symbolique (rituels sociaux, mythe de l'histoire de leurs origines) pourra synchroniser ses désirs, ses conceptions du monde et se lancer dans l'aventure à deux unités.

On voit maintenant surgir de nouveaux problèmes sur la répartition des forces et des épanouissements mutuels.

Depuis quinze ans, Mme Ag... n'ose plus sortir de son appartement. Bien sûr, elle ne formule pas sa difficulté en ces termes. D'abord, elle a des vertiges en sortant de chez elle, puis pour ne pas tomber, elle n'accepte de sortir qu'en compagnie de son mari. En quelques mois, la répartition des rôles se fait. Mme Ag... renonce aux sorties, aux promenades et même à faire le marché. M. Ag... en rentrant du travail achète les denrées nécessaires à la vie d'une maison. En revanche, Mme Ag... plus gentille que jamais fait de son mari un « homme-dieu » et de sa maison une bonbonnière. Quand la fille de Mme Ag... invite sa mère à assister à sa thèse de doctorat de science à Marseille, elle réalise que sa mère est devenue totalement incapable de mettre le nez dehors. Elle n'a pu masquer cette phobie de la foule et de l'espace que par la manière extrêmement gentille dont elle s'articule à son mari. Pathologiquement gentille.

Quelques incitations trop violentes de la fille provoquent des vertiges et des syncopes. Elle s'indigne de la tyrannie de sa mère qui oblige son père à se consacrer à sa phobie, à lui sacrifier sa vie. Ce couple paraissait étonnamment équilibré. Mais le sacrifice du mari payait l'équilibre pathologique du couple.

Après quelques semaines de traitement, Mme Ag... est de nouveau sortie. Elle m'explique alors l'énorme amputation de son existence, l'intolérable angoisse qui l'étreignait à la simple idée d'aller faire le marché, de recevoir des amis ou de leur rendre visite. Deux mois plus tard, elle me téléphone de Paris pour m'annoncer son triomphe, la vie est revenue, l'espace merveilleux, la foule excitante. Son mari est un peu fatigué.

Quelques jours après ce voyage, le mari se couche, s'enferme dans la chambre et refuse d'aller au travail à cause d'intenses vertiges !

L'homéostasie du couple permettait un équilibre pathologique. La phase phobique de Mme Ag..., prenant le devant de la scène, permettait à M. Ag... de masquer sa propre phobie. La maladie de sa femme lui offrait un équilibre amputé. Sa guérison a donné libre cours aux angoisses du mari.

Comme chez les oies cendrées ou les grillons, les humains peuvent fonder leur couple sur l'enrichissement mutuel d'être ensemble où la sexualité ne réalise qu'un des traits d'union possibles.

Comme tout champ clos, le couple et la famille réalisent un champ de forces où les conflits psychologiques fonctionnent très bien. La famille représente un système complexe composé de nombreux sous-systèmes où circulent les forces rationnelles, significatives et affectives établies entre le couple parental, le couple mère-fille, mère-fils, père-fils et enfants entre eux.

Certains systèmes familiaux sont trop rigides, stéréotypés. C'est qu'un des membres de l'ensemble y a pris trop de pouvoir et impose sa relation aux autres en les empêchant de s'exprimer. Ce type d'équilibre familial est proche de la mort. D'autres familles, sans cesse en ébullition, vivent de manière épuisante, consacrent toutes leurs forces à régler un problème de place à table, heures de sortie, répartition des tâches ménagères, etc. Ce genre de famille généralement engorgée par les problèmes qu'elle sécrète ne parvient plus à se socialiser et aggrave son ébullition en se coupant du monde. Ces conflits brûlants sont eux-mêmes stéréotypés.

Mme M... vient me consulter pour Martine, parce qu'elle débarrasse la table sans grande conviction. Ce fait a pris une si grande amplitude que toute la vie familiale et sociale en est aveuglée. A table, on chipote en se taisant d'angoisse à l'idée du conflit qui se prépare pour le dessert. Les disputes deviennent si violentes que la nuit, abîmée par les pleurs et les ruminations, n'apporte plus son repos. Le lendemain on part au travail ou au lycée, blessés par la dispute de la veille, inquiets de la prochaine.

Ce n'est pas le fait de mal débarrasser la table qui abîme cette vie familiale. Mais chaque conflit amplifie le suivant, cette corvée ménagère empêche de formuler le vrai problème : Mme M... fait payer l'humiliation qu'elle ressent à se considérer elle-même comme une annexe du fourneau. Quand je lui ai suggéré d'aborder le problème d'une autre manière, elle a quitté mon bureau, scandalisée, parce que « je prenais le parti de sa fille ».

L'enfant unique, frustré de conflit avec ses pairs, n'a pas l'occasion d'apprendre les compromis. Il arrive que la famille donne le pouvoir à un de ses enfants. On peut voir alors un enfant de dix ans, ivre de pouvoir et sans retenue, martyriser ses petits frères et sœurs qui deviennent énurétiques, anorexiques, anxieux. Parfois, ils bégayent en présence du petit tyran, mais retrouvent le sommeil et la parole souple quand l'enfant dominateur part en colonie de vacances !

Cet effet pervers des familles humaines où le champ de forces clos offre un terrain propice à l'épanouissement des névroses s'observe rarement en milieu animal où la grande intolérance naturelle mène à la mort ceux qui respectent mal ses lois.

Chez les singes, le dominant n'existe pas comme un dictateur animal. C'est le groupe qui donne le pouvoir à une sorte de collège de grands mâles. Ces mâles ne sont pas répressifs envers les petits. Au contraire, ils les sollicitent souvent et relayent les femelles pour l'éducation des jeunes. Enfin, et surtout, ils n'interdisent pas la sexualité des autres. Ce sont les jeunes eux-mêmes qui se l'interdisent en inhibant fortement toute relation incestueuse et sexuelle.

La fonction essentielle de la famille animale, c'est l'épanouissement du petit. Mais les formes que prennent ces familles pour élever leurs petits sont très variées. Chez les insectes, la famille est rare. Certains coléoptères, mangeurs d'excréments, s'associent pour creuser un terrier, le remplir de nourriture et partager une existence jusqu'à la naissance du petit. Mais la plupart du temps, la mère se fait féconder par traîtrise, pond seule, puis se débrouille pour abandonner ses larves.

A l'inverse, certaines sociétés d'insectes comme les abeilles, fourmis ou termites s'organisent selon les coordinations sociales très complexes. D'ailleurs le mot social employé pour les abeilles frôle le contresens.

R. Chauvin dit que ce n'est pas la fourmi qui existe c'est la fourmilière. Ladite société des abeilles est bien plus proche du modèle physiologique que du modèle social puisque l'individu meurt lorsqu'on l'isole de l'ensemble dans lequel la famille perd tout sens.

Chez les vertébrés, on individualise les liens privilégiés d'une famille polygame à l'intérieur d'un groupe organisé.

Certains chercheurs, comme les sociobiologistes dont un leader se nomme E.O. Wilson, pensent que l'étude des relations animales psychologiques, sociologiques et biochimiques peuvent éclairer certains de nos comportements sociaux et politiques. Mais la sociobiologie de E.O. Wilson diffère très nettement des autres travaux de sociobiologie.

On

Le problème de la sociobiologie est le plus facile à pervertir. Les raisonnements analogiques nous offrent simplement quelques trucs expérimentaux pour faciliter nos prises de conscience. Le danger consiste à trop croire à ces « trucs », ce qui nous entraîne à délaisser la connivence consciente des scientifiques pour la confusion des identités. Le modèle n'est pas l'œuvre d'art du peintre.

Victor Hugo, dans sa préface de *La Légende des siècles*, proposait déjà d'« essayer sur les faits sociaux ce que le naturaliste essaie sur les faits zoologiques ».

Engels, dans *Le Rôle du travail dans la transformation du singe en homme*, dit que « ces singes, vivant sur le sol, perdirent l'habitude de se servir de leurs mains et adoptèrent une attitude de plus en plus droite. Ce fut une étape décisive du passage du singe à l'homme ». Pour démontrer la valeur scientifique du matérialisme dialectique par des études zoologiques, il s'intéressait aux sciences naturelles.

La perversion anthropomorphique fonctionne intensément lorsqu'on parle de « guerres entre tribus de chimpanzés » parce que ces animaux se sont entre-menacés en défendant les frontières de leur territoire.

Certains sociobiologistes disent que « les gènes ne pensent qu'à défendre leurs intérêts ». On imagine alors un homme composé de milliers de gènes sans scrupules, bataillant pour survivre au mépris des individus, simples réceptacles biologiques, transporteurs de gènes à travers le temps.

La perversion théorisante est bien démontrée par Freud. Il aurait eu vent, à Londres, d'un récit de Gibert sur les comportements des grands mâles babouins hamadryas, monopolisant un harem et interdisant la sexualité aux mâles dominés. Freud ne peut s'empêcher de théoriser, à partir de ces données insuffisantes. Cet abus intellectuel, coupé des réalités pratiques, a donné l'hypothèse de la horde primitive. Si ce primatologue avait raconté à Freud la vie des chimpanzés, des entelles ou des gorilles, la théorie de la horde primitive ne serait peut-être pas née et avec elle aurait avorté une bonne part de l'anthropologie actuelle.

La perversion sémantique est la plus traîtresse. Personne ne remet en cause la société des abeilles, la guerre des fourmis. Or, P.P. Grassé et Rémy Chauvin précisent clairement que le modèle, offert par ces insectes appartient plus au domaine biologique qu'à celui du social. Les mots « société, guerre, palais » choisis pour désigner ces phénomènes viennent d'un langage sociologique où les insectes n'ont rien à faire.

Cet amalgame ontologique (où le modèle est confondu avec l'œuvre d'art) donne souvent des résultats désopilants. Au XVIIe siècle, les aliénistes influencés par le modèle anatomique inventaient la théorie des utérus vagabonds. Pour soigner l'hystérie provoquée par cette migration utérine dont les vapeurs empoisonnaient le cerveau des pauvres femmes, les thérapeutes n'hésitaient pas à placer entre les cuisses de la dame un délicieux brûle-parfum, tandis qu'ils lui collaient sous le nez une atroce odeur d'ammoniaque. L'utérus donc, chassé du haut, mais attiré vers le bas reprenait sa place dans le bas-ventre. Et tout rentrait dans l'ordre.

Je suis convaincu que cette thérapeutique devait donner des résultats comparables à ceux de nos cures de sommeil ou psychanalyses actuelles. La psychanalyse a été inventée par une hystérique (Anna O.) grande bourgeoise de la très cultivée Vienne du XIXe siècle. Freud a théorisé cette invention et effectué un travail de cohérence en puisant ses raisonnements dans le modèle de la machine à vapeur qui dominait alors notre culture.

L'avantage du modèle dans les théories scientifiques consiste finalement à favoriser les prises de conscience par l'artifice analogique. Lorsque j'ouvre quatre-vingt-dix-neuf fois la paume de ma main et que mon stylo en tombe quatre-vingt-dix-neuf fois, je peux prédire qu'en ouvrant la main une centième fois, le stylo tombera encore. Mais ce raisonnement est plus analogique que logique.C'est la comparaison avec les quatre-vingt-dix-neuf chutes précédentes qui m'autorise à prévoir la centième. Par cette méthode, j'ignore tout des raisons objectives de la chute de mon stylo.

La psychologie comparée permet cette démarche préscientifique. Mais cet artifice analogique devient dangereux si l'on en tire des théories générales : tout corps contenu dans ma main doit tomber, ou : c'est ma main qui fait tomber le corps qu'elle contient.

Il faut aborder les problèmes sociobiologiques avec beaucoup de précautions.

Un grand nombre d'informations sensorielles participent à l'établissement des liens du groupe. De nombreux signaux attirent les animaux entre eux et les maintiennent à proximité. Ces signaux qui ne fonctionnent qu'à l'intérieur d'une même espèce permettent l'isolement de cette espèce et le maintien de son patrimoine génétique.

Les babouins papio-papios se saluent par de « gros baisers ». Or, certaines zones du corps agissent comme déclencheurs de gros baisers : les mamelons des femelles, la face des jeunes déclenchent ces comportements. Ces parties corporelles caractéristiques de l'espèce (Papiocynocephalus) attirent les autres babouins du groupe et contribuent ainsi au maintien du groupe. La poitrine des femelles ou leurs régions génitales lorsqu'elles sont colorées par les hormones sexuelles jouent un grand rôle dans la cohésion du groupe.

On peut se demander si les femmes n'assurent pas la cohésion du groupe, en lui servant de repère par leurs vêtements ou leurs comportements sexuels ?

Pour laisser passer les gens, à l'entrée des boîtes de nuit, les videurs observent les femmes. Ce sont elles qui, par le style de leur robe, l'intensité de leur décolletage ou leur comportement gestuel marquent le conjoint et permettent de reconnaître s'il appartient au clan dont les comportements autorisent la fréquentation du club.

Les cérémonies d'accueil sont nécessaires lorsque les couples ou les groupes se constituent. Les grands corbeaux pratiquent intensément le cérémonial de l'alimentation mutuelle. Mais, dès que le couple est intimement constitué, dès que les deux conjoints savent coordonner leurs comportements, sans s'effrayer mutuellement, ces cérémonies d'alimentation se simplifient et se résument à un bref enveloppement du bec.

Le sourire que l'enfant préverbal agressé adresse à son agresseur ne reflète pas le plaisir d'être agressé mais la tentative de séduire l'agresseur, pour en diminuer la violence.

Le rire possède une fonction plus violente. Les pleurs succèdent souvent au rire chez les bébés. Le chimpanzé montre ses dents lorsqu'il éclate de rire. Ce mouvement de menace qui lui échappe dans sa joie révèle l'ambivalence naturelle du rire. Les psychotiques ou les mélancoliques ne s'y trompent pas. L'éclat de rire d'un groupe voisin réveille leurs émotions interprétatives. Les enfants effrayés aiment cette peur qui les fait tant rire, mais dont le sens avoisine celui d'un appel au secours.

Ces cérémonies interpersonnelles ont été décrites pour la première fois par E. Goffman. Ce sociologue a demandé à deux psychiatres de l'hospitaliser dans leur propre service, de façon à y observer « du dedans » les interactions non conscientes qui organisent la syntaxe du groupe, et la manière dont les individus coordonnent leurs échanges pour donner un sens à l'ensemble et y fonctionner.

Les petits événements quotidiens d'un service forment une sorte de matériel comportemental, fait de regards, de gestes, de postures, de trajets, d'énoncés verbaux et d'une foule d'autres signes. L'étude de ces faits finit par donner une forme visible aux relations humaines qui caractérisent la syntaxe du groupe étudié. Ce type d'observation décrit par l'extérieur ce qui se manifeste dans les conversations, dans la répartition des chaises ou dans les salles de cours.

Cette psychologie sans psychologie devient objet de science. Alors que la psychologie de l'homme seul, faite de souvenirs intimes recréant une biographie chimérique, de valeurs privées acquises au cours de notre histoire, appartient au domaine de la littérature bien plus qu'à celui de la science.

Goffman prend l'exemple d'un groupe d'hommes qui se lèvent lorsqu'une femme entre dans la pièce. Ce comportement manifeste peut se charger d'un grand nombre de significations privées, mais le dénominateur commun comportemental exprime : « Nous nous levons, parce qu'il n'est pas question que nous soyons décontractés et ignorants de votre présence. En nous levant, nous manifestons l'attention que nous vous portons, la retenue que nous nous imposons et la déférence sexuelle que nous éprouvons pour vous. » Devant tant d'humilité, la femme reconnue et flattée apaise aussitôt les hommes en leur souriant, en marquant son intérêt ou en exprimant à son tour des manifestations d'humilité. « Je vous prie, messieurs, restez assis, vous êtes trop bons. » De cet échange symétrique de rites de politesse résulte l'équilibre sexuel du groupe. Il s'agit là de rites et non de faits.

Le docteur L... refuse d'examiner une sciatique parce que les pieds et les chaussettes du malade sont crasseux. Il estime que le malade, en se lavant les pieds avant l'examen lui aurait marqué la déférence qui lui était due. En retour, le praticien aurait ignoré la position grotesque du malade pendant l'examen. Il s'agit là de rituels symétriques.

Ce même médecin, la nuit précédente, était de garde. Il n'a pas hésité à intuber un malade comateux qui lui vomissait à la figure. Dans cette situation la réciprocité des échanges n'était pas possible et le médecin avait parfaitement supporté l'agression d'un corps sali par la maladie. Alors que le même type d'agression (les pieds sales), dans une relation consciente, prenait pour lui la signification d'un malade méprisant à son égard.

Sur le plan sociologique, la comptabilité des contacts corporels sur un lieu de travail est révélatrice de la manière dont les personnes articulent leurs inconscients pour fonctionner ensemble.

Un médecin chef, dont les relations avec les internes et infirmières sont faciles, met souvent la main sur l'épaule de l'interne. Le contact se charge de sens, mais ni l'infirmier ni l'interne n'oseront en faire autant avec leur supérieur.

Les psychotiques mal ritualisés, eux, n'hésitent pas. Souvent, un schizophrène, à qui nous avons plu, nous demande gentiment de faire l'amour avec lui. Si on refuse, il s'étonne et se masturbe. Il ne perçoit pas l'assymétrie non consciente de la relation médecin-malade. Lors du refus sexuel, il effectue une réaction de déplacement, en agressant un objet ou en se masturbant.

Je connais une surveillante extrêmement gentille dans les faits. Elle passe son temps à couvrir les infirmières de cadeaux, de gentilles attentions et d'invitations à dîner. Pourtant toute l'équipe lui est hostile et exprime des reproches impalpables, trop intellectualisés, du genre « elle aime le pouvoir », ou stéréotypés du genre « elle est hypocrite ». Un jour, je me suis rendu compte que lorsqu'elle se dirige vers la salle de soins où se tiennent les infirmières, elle commence à leur parler du bout du couloir. Si bien que lorsqu'elle arrive dans la salle de soins, en continuant son discours, elle a coupé la parole aux infirmières, elle a rompu un phénomène de groupe, un échange amical, une relation intime. Je me suis rendu compte que chacune de ses interventions répète ce genre de maladresse relationnelle ; chaque fois qu'elle intervient dans l'équipe, elle brise quelque chose. Les infirmières lui en veulent confusément et cherchent, après coup, une justification à cette hostilité. Rien à lui reprocher, dans les faits, alors que subjectivement tout le monde a envie de l'agresser.

Il y a eu contresens au niveau du langage des mots, mais jamais au niveau du langage du corps. Les intrusions brutales de cette surveillante révélaient son inconscient ; comme si elle avait dit : « Je méprise vos échanges affectifs et vos existences, je suis la surveillante-chef : lorsque j'apparais, vous devez vous taire et concentrer vos attentions sur mes désirs et ma gentillesse. » Elle avait clairement exprimé son mépris et fondé une relation hostile. Les cadeaux et démonstrations affectives n'avaient servi qu'à camoufler cet inconscient.

Puisqu'on sait maintenant qu'une syntaxe du groupe est objectivable, il faudra aussi se demander quelle peut en être la fonction ?

« Comment la socialité » revient à décrire les rites d'interactions. « Pourquoi la socialité » revient à poser le problème de son bénéfice adaptatif. (On pourrait dire que la socialité, c'est ce qui nous incite à vivre en groupe ; alors que la sociabilité concerne les forces qui régissent les rapports de production et la manière de s'organiser pour en profiter.)

Dans un banc de poissons, toute déviance attire l'attention du prédateur qui en fait sa cible. Dans un vol de pigeons, l'aigle attaque d'abord l'oiseau blanc. La gazelle éclopée qui se fait remarquer par sa boiterie sera la première attaquée par la lionne.

Le groupe renforce l'anonymat, qui devient une forme de protection. Outre sa fonction d'épanouissement psychologique et celle de tranquillisation, le groupe possède une grande fonction érotique et ce qui s'ensuit pour l'élevage des petits. Les animaux coordonnent ces deux fonctions pour mieux adapter le groupe aux variations écologiques.

Chez les humains, la possibilité de rencontre sexuelle est un fantasme parfois exprimé, souvent refoulé. Avant de sortir en ville, « je me toilette pour être regardée, je me parfume ». D'ailleurs, en ville, la possibilité de rencontres présexuelles sont plus grandes qu'à la campagne. L'élégance est une valeur mieux cotée par le groupe.

Le groupe selon l'espèce participe différemment à l'éducation des petits. Cette caractérisation commence chez les animaux dès les premiers jours de leur vie. Et le bébé animal, comme chez les humains, travaille à la construction du monde dans lequel il va s'insérer. Il faut se demander pourquoi, dans une portée de chacals, nés de la même mère, au même moment, tombés dans le même milieu écologique et affectif, l'un de ces petits, dès les premiers jours, manifestera des comportements de dominance et l'autre de dominé ?

J. Goodall a observé Cinda, chacal femelle, en milieu naturel. Dès les premiers jours de sa vie, elle manifeste des comportements de soumission chaque fois qu'elle rencontre un congénère. Elle fuit les jeux qui la terrorisent. Elle n'ose pas rivaliser pour conquérir sa nourriture et, toute tremblante à l'écart des bousculades enfantines, elle attend, résignée, qu'on veuille bien lui abandonner quelques miettes. Sa courte biographie composée de conflits éprouvants, d'échecs relationnels, de défaites successives a fait de Cinda un chacal marginal. A l'âge de quelques mois, elle a été enlevée par un aigle. L'ayant mal saisie, il l'a lâchée. Cinda, malgré une chute libre de plusieurs dizaines de mètres, avait été freinée par les branches des arbres. Pendant plusieurs jours, elle s'était terrée sans manger ni boire, avant de réapparaître squelettique, plus tremblante et plus soumise que jamais, à la périphérie du groupe.

Pendant ce temps, Rodolphe prend la dominance. Dès ses premières interactions enfantines, il manifeste son esprit de décision. Le premier, il s'empare des mamelles maternelles ; il puise au contact renforçant du corps de sa mère la force tranquille qu'il exprime avec ses pairs. Il devient hardi, joueur, entreprenant et bon élève. Très stimulé, par l'excellente relation qu'il établit avec sa mère, il apprend les rituels sociaux de la domination, les techniques de chasse et les manières de se protéger contre les prédateurs.

Un interprétation anthropomorphique de ces luttes intestines entre enfants nous inciterait à voler au secours de la petite Cinda bousculée par ses méchants frères, tremblante et frêle, si attendrissante. Notre intervention empêcherait le groupe de se hiérarchiser et, à l'âge adulte, les conflits incessants épuiseraient les individus qui ne pourraient plus se coordonner par la chasse, l'alimentation ou l'élevage impitoyable des enfants.

Les zoologues ont cherché à déterminer les facteurs qui permettent aux petits d'accéder à la dominance. Chacun a découvert sa part de vérité. La génétique a son mot à dire. Les primatologues décrivent chez les singes des familles de dominants, des dynasties où l'on accède au pouvoir, de mère en fils pendant plusieurs générations. S'agit-il d'aptitudes héréditaires à la dominance ou de transmissions émotionnelles où l'épanouissement de la mère marque une empreinte épanouissante dans le psychisme du fils ?

Pourquoi Rodolphe, le petit chacal, a-t-il construit son irrésistible ascension dès les premiers jours de sa vie, alors que Cinda, née de la même mère, au même moment, dans le même milieu, manifestait, dès les premières interactions ses futures soumissions ?

Tout choix est arbitraire. Il révèle la réalité qu'on désire, bien plus que celle qui est, totale, où tous les facteurs s'intriquent pour construire un individu et son aventure vivante.

L'irrigation placentaire destinée à Cinda était peut-être de moindre qualité que celle de Rodolphe ? Si bien que dès sa naissance, Cinda fragilisée par des protéines cérébrales moins bien construites que celles de Rodolphe a manifesté une moindre vitalité. Ses mouvements déclenchaient peut-être moins de plaisir chez la mère ? Peut-être a-t-elle été moins marquée à l'odeur maternelle ? Cette minuscule défaillance a pourtant engagé Cinda dans une aventure de milieu où les empreintes incertaines, les relations affectives ratées ont aggravé ce petit déficit pour en faire une catastrophe biographique.

Les hormones jouent elles aussi un grand rôle. Harris a montré que les hormones mâles ou femelles possèdent un effet de différenciation anatomique sur les cerveaux et les glandes sexuelles des fœtus. Cette action peut ensuite se manifester chez les adultes en induisant des comportements sexualisés de type mâle ou femelle. C'est-à-dire que les hormones sécrétées par le fœtus, transmises par la mère ou injectées par l'expérimentateur, peuvent organiser les cerveaux et les comportements selon un des deux genres sexuels. Le cerveau possède une double capacité de réponse, mâle et femelle, mais les hormones vont l'aiguiller vers un sexe ou l'autre, anatomique et comportemental.

On ne peut pas dire que l'hormone mâle, à elle seule, provoque la dominance. L'individu constitué par son hérédité, sa préhistoire, ses premières empreintes, se retrouve doté d'un capital neuropsychique qui sera investi dans des déplacements plus ou moins favorables selon l'organisation du milieu, la structure de l'environnement, les valeurs culturelles. L'accès à la dominance est peut-être le résultat d'une qualité biographique, plutôt que celui d'une qualité biologique. En effet les empreintes historiques participent à la constitution du tempérament de même que la situation affective favorise ou réprime l'expression de ce tempérament.

Ce statut de la dominance subit les influences de multiples actions complexes. Le sexe génétique joue un rôle puisque, dès les premières semaines de la vie, les bébés filles privilégient les vocalisations et négligent les relations compétitives. Mais l'empreinte reçue dans la relation affective familiale est aussi primordiale. Montagner dit que lorsqu'on change un dominé de groupe, il reste dominé, alors que la dominance représente un bref épanouissement sans cesse remis en cause. Je connais beaucoup de psychotiques dominés qui se sont épanouis à l'occasion d'un changement de milieu.

Olivier, petit dominant de trente-deux mois, est devenu dominé en quelques jours parce que ses parents s'étaient violemment disputés devant lui.

Éric, merveilleux dominant modèle de trente mois, s'est éteint en une semaine : sa gestualité est devenue autocentrée, il n'a plus exploré son monde ni recherché de rencontres sociales avec les autres enfants de sa crèche. L'expérimentateur a rencontré sa mère. Il a trouvé une femme très malheureuse parce que son mari venait de mourir dans un accident de voiture. Éric recevait chez lui la transmission émotive d'une mère silencieuse et sans chaleur. Il ne pouvait plus puiser au contact de sa mère la force de conquérir son monde, le lendemain à la crèche. L'inconscient désormais éteint de cette femme déprimée avait transmis une émotion dans le psychisme du petit Éric.

Un des rouages de cette transmission émotionnelle des inconscients passe par la gestualité et un autre par la biochimie. Chaque lundi Montagner et Henry analysent la gestualité des enfants et dosent l'élimination des sécrétions surrénales en recueillant leurs urines. Ils ont ainsi découvert que certains s'éteignent chaque fois que leur mère a ses règles. Il semble, en fait, que la mère, fatiguée ou énervée par sa psychochimie hormonale, transmet non consciemment cette émotion à l'enfant et l'éteint en s'éteignant. Une patiente me confiait qu'à chaque période de règles, elle s'exaspérait parce que sa propre mère lui avait seriné pendant toute son enfance : « Faut-il que Dieu déteste les femmes pour leur infliger l'humiliation d'avoir des règles. » A chaque cycle, son petit garçon se crispe, s'irrite facilement, se bat à l'école et travaille moins bien. Si bien qu'on peut en conclure que ce petit garçon a du mal à s'épanouir parce que sa grand-mère (qu'il n'a jamais connue) était humiliée de n'être qu'une femme.

La psychologie de l'homme seul nous paraît bien désuète quand on voit à quel point le milieu présent, l'histoire et la préhistoire des individus participent à leur psychisme. Cet enfant souffre de souffrances venues d'ailleurs ; ailleurs dans l'espace, ailleurs dans son temps et dans le temps de ses ancêtres.

Les médicaments à visée psychique sont souvent très efficaces contre les mélancolies des sujets âgés. Mais cette efficacité révèle la catastrophe psychologique de notre culture. Quelle absurdité logique nous incite à donner des psychotropes à ces personnes de quatre-vingt-dix ans pour les amener à supporter la solitude qui les rend malades de mélancolie ?

Le choix est terrifiant lorsqu'on nous demande de ne plus soigner les malades âgés parce que leur vie n'a plus de sens. D'un côté, une culture qui, par la fragmentation de ses tâches, supprime le sens à vivre ; de l'autre côté, une chimiothérapie qui, en permettant à ces personnes âgées de survivre dans cette erreur culturelle, devient l'ersatz très efficace d'une défaillance socio-écologique.

D'ailleurs, dans notre pratique médicale quotidienne, réapparaissent les expressions de « vie sans valeur ». « Pourquoi vivre de cette manière... comme un légume... survivre sans sens... autant mourir avec dignité... Organiser une mort propre. » Ces arguments prennent tout leur sens inhumain lorsqu'on assiste à certains combats abusifs contre la mort, où toute une équipe médicale se bat pour offrir, à une famille torturée, le douloureux spectacle d'un être aimé à qui la technique donne trois semaines supplémentaires de coma.

Nos possibilités techniques de contrôler parfois la vie et la mort nous permettent tout juste d'exprimer nos délires logiques.

Existe-t-il une loi plus naturelle que celle qui nous condamne à mort le jour de notre conception ? Pour la respecter, faudrait-il ne pas intervenir ? Et lorsque nos progrès scientifiques nous le permettent, c'est peut-être au prix de la destruction d'un mécanisme de régulation naturelle ? Ainsi l'amélioration des conditions de vie domestique et les progrès médicaux vont créer dans les années à venir le problème du quatrième âge. Que faudra-t-il faire de ces personnes de cent ans, survivants à l'ombre de leur fauteuil, quand notre société ne pourra plus se payer d'institutions spécialisées ?

Nos groupes fonctionnent en écosystèmes et toute politique qui propose la valorisation d'un sous-système modifie l'équilibre de l'ensemble et doit dévaloriser les autres sous-systèmes pour maintenir cet équilibre. L'équilibre est une recherche constante. La lutte contre le déséquilibre donne la vie. L'équilibre trouvé mène à la mort. Quel choix impossible !

Les sociologues se sont longtemps demandé pourquoi on trouvait si peu de schizophrènes au centre des villes et une si forte concentration dans les périphéries. Les travaux dirigés par R. Bastide ont permis des interprétations très différentes. Selon certains, la dure vie des faubourgs favoriserait la schizophrénie alors que la douce vie des quartiers riches éviterait cette anomalie. D'autres pensent au contraire que la compétition des quartiers riches élimine les tendres schizophrènes vers les quartiers plus tolérants de la périphérie.

En fait chaque individu sous-système s'adapte comme il peut à l'ensemble du système. Les personnes indifférentes, mal motivées, et les hypersensibles stressés par chaque information se rejoignent dans la dessocialisation d'une culture compétitive. Le pourcentage des schizophrènes augmente à la périphérie des villes parce que les loyers y sont moins chers et que les patients peuvent y vivre à leur doux rythme démissionnaire.

La compétition valorisée par notre culture, est cause de bien des accidents psychiques. Mais le jour où une autre organisation culturelle donnera le pouvoir aux démissionnaires (pouvoir de ne rien faire), d'autres types de personnalités seront sacrifiées. Il faudra bien un jour étudier la toxicomanie du travail. J'ai connu bien des anxieux dont la fuite en avant dans le travail apporte la réussite sociale, comme bénéfice secondaire à leur névrose. Soigner ces gens mène au drame, puisqu'une fois guéris, ils se désocialisent et en souffrent. Mais la vie sociale n'est pas toujours tendre pour ces triomphateurs, qui sont en état de manque les dimanches et jours fériés ou qui deviennent dépressifs et manifestent de violentes angoisses dès qu'une promotion sociale limite l'intensité de leur travail. Ce qu'ils aiment, ce n'est pas réussir, c'est travailler à réussir.

C'est peut-être ce qui explique les étonnantes guérisons de certaines névroses d'angoisse en temps de guerre. J'ai connu un agrégé de lettres, toxicomane du travail pour limiter la torture de ses angoisses. Son triomphe social, son immense culture sont imputables à une véritable aliénation. Dès qu'il quitte ses livres, une violente angoisse l'oblige aussitôt à plonger dans les idées des autres pour s'y oublier. Cet homme, profondément gentil, n'a connu dans sa vie que quatre années de répit : ses quatre années de guerre. Dès le début, il s'est engagé dans la résistance et y a manifesté un courage, une tranquillité d'esprit et un contact si fortifiant que les témoins en parlent encore avec admiration. Quelques mois après l'armistice, il rechutait et après avoir connu la liberté de la guerre, il redevenait prisonnier de ses angoisses.

Il n'est pas rare que les anxieux m'expliquent que la peur constitue, pour eux, un excellent tranquillisant. Au moins, ils savent d'où vient le danger. Ils peuvent travailler à l'éviter ou à le contrôler. Ils connaissent l'ennemi et cette certitude les apaise.

Le combat possède chez les animaux une connotation agréable. Les éléphants de mer, les babouins ont une érection avant de passer à l'attaque. Ce plaisir éveille leur cerveau et stimule leurs glandes sexuelles. Lorsque deux singes mâles se chevauchent, il ne s'agit pas d'une tentative de sodomisation homosexuelle. Ce comportement peut exprimer une menace, permettre aussi l'établissement de niveaux hiérarchiques, mais le plus souvent il exprime l'ordre qui s'établit dans le groupe, il consolide le lien affectif entre deux individus qui amicalement se chevauchent à tour de rôle.

Les conflits n'apparaissent que lorsque les animaux établissent leur territoire, prennent leur place dans la hiérarchie ou cherchent à en changer. La plupart du temps, le groupe est paisible en milieu naturel parce que les animaux se connaissent et reconnaissent le territoire et le rang social des autres. Le principal bénéfice adaptatif de la hiérarchie animale c'est de neutraliser l'agression. Elle évite les conflits incessants. Lorsqu'une désorganisation du groupe intervient par accident, ou par intervention humaine, on observe des bagarres incessantes au sein d'un groupe auparavant paisible.

Lorsqu'un groupe s'accroît au point de former une population trop grande pour que les individus puissent s'y reconnaître, l'effet de familiarité s'établit par d'autres repères. Au-dessus d'une certaine population, les rats et les souris domestiques se marquent à l'odeur du groupe. Il suffit de laver une souris ou d'éloigner un rat pendant quelques jours seulement pour qu'il soit aussitôt considéré par le groupe comme un étranger et violemment agressé.

L'animal le plus élevé dans la hiérarchie assume une importante fonction d'unification du groupe et d'arbitrage. Les otaries mâles apaisent les conflits des femelles par quelques salutations cérémonieuses. Ils pèsent aussi quatre fois plus lourd et cela aide peut-être à l'intimidation. Les dominants travaillent beaucoup à maintenir la cohésion du groupe et sa tranquillité.

Rien n'assure mieux la cohésion d'un groupe qu'un combat mené contre un ennemi commun. Leçon tragique que les humains apprennent trop bien.

Les zoologues estiment qu'il y a trois sortes de groupes : les agrégats, les groupes anonymes et les groupes individualisés.

Les agrégats réalisent des rassemblements amicaux occasionnés par une pression écologique : comme lorsque les papillons et les mouches se rassemblent autour d'un point d'eau.

Les groupes anonymes sont constitués par des animaux qui s'attirent mutuellement mais ne se caractérisent pas. Dans un banc de poissons, le groupe anonyme est ouvert puisque n'importe quel poisson peut changer de groupe. Alors que dans les colonies d'oiseaux, les partenaires d'un couple se connaissent personnellement et s'associent pour nidifier, élever les petits ou attaquer un prédateur. Ces groupes anonymes sont clos parce que tout étranger au groupe sera vigoureusement attaqué.

Les groupes sont individualisés lorsque les animaux se remarquent individuellement. Les groupes sont hiérarchisés car chaque individu reconnaît celui qui l'a battu au cours d'une relation compétitive. Cette hiérarchie animale pose bien des problèmes. Il faut non seulement que les dominants sachent conquérir la dominance, que les dominés acceptent la subordination, mais encore que ces animaux sachent se communiquer leurs statuts hiérarchiques.

Dans l'ensemble, les femelles connaissent de grandes variations hiérarchiques au cours de leur biographie. Dans l'enfance elles sont plus soumises à leur mère que les petits mâles. Puis, battues par les mâles dans les relations compétitives, elles sont souvent dominées. Elles prennent la dominance lorsqu'elles deviennent sexuelles, mères ou épousées par un dominant. Une femelle choucas dominée devient dominante dès qu'un choucas mâle de haut rang la courtise. Elle avance aussitôt dans l'ordre hiérarchique et adopte des comportements d'animal dominant.

Un jour, Mike, chimpanzé de classe moyenne, a réussi à voler un bidon vide dans la tente des zoologues. Les autres animaux ont été impressionnés par l'acquisition de ce gage de puissance. Si bien que Mike ne se déplaçait jamais sans son bidon intimidant. Lorsqu'on le contestait, il lui suffisait de frapper son bidon ou de le traîner par terre pour que le bruit effraye les contestataires et que Mike puisse imposer ses désirs et les satisfaire. Rapidement il est devenu un chimpanzé dominant. Son poil s'est lustré, sa vie est devenue confortable, il pouvait être assuré de la considération du groupe. Lorsqu'un zoologue a réussi à récupérer son bidon, Mike avait pris les habitudes de la dominance et le groupe lui reconnaissait son statut. Dès qu'il apparaissait, les chimpanzés s'accroupissaient et lui faisaient des révérences jusqu'à terre.

Ces leurres de puissance jouent un grand rôle en milieux naturels : le plumage coloré des oiseaux mâles porte une signification de puissance dans les conflits hiérarchiques. Il suffit d'attraper une pinsonne des arbres, de lui peindre en rouge les plumes du poitrail, comme les mâles, pour la voir aussitôt grimper à toute allure les échelons de sa hiérarchie sociale.

L'environnement écologique peut participer aux modifications de structures sociales. P. Jouventin a vécu dans les terres australes et antarctiques avec les phoques de Weddell et des éléphants de mer. Ces animaux constituent des familles très variables. Parfois au contraire, un pacha mâle peut s'attribuer un harem de cent « sultanes ». Des études biologiques et géologiques révèlent que ces variations sociofamiliales dépendent du volume des espaces de reproduction. Lorsque la banquise se soude en une vaste surface, un mâle ne peut courtiser qu'une seule femelle à la fois. Un couple se coordonne pendant la sexualité et le bref élevage du petit. Si les hauts-fonds et l'excès de la chaleur fragmentent la banquise, les animaux se groupent sur des petits espaces et un mâle chassant les autres peut contrôler plusieurs dizaines de femelles.

Des pressions écologiques scientifiquement objectivables participent à la constitution de structures sociales et familiales. « La diversité de la vie sociale des phoques, dit Jouventin, n'est pas l'effet du hasard, mais d'une nécessité. » C'est pourquoi dans l'espace artificiel et réduit d'une cage, on a pu observer une coalition de femelles macaques qui attaquaient un mâle dominant pour contester son pouvoir. Alors que cet événement n'a jamais été observé en milieu naturel.

La rencontre de deux groupes peut induire de nouvelles structures sociales.

D. Ploog raconte la rencontre et la hiérarchisation de deux groupes de saïmiris, petits singes tropicaux à longue queue prenante. D'abord, ils déchargent une intense agressivité collective. Les femelles de haut rang crient, se menacent et se mordent. Les mâles se défient en violents duels. Finalement un des deux groupes se retire dans un coin et cède le terrain. Alors, dans le groupe des vaincus on assiste à des modifications de structures sociales. Les mâles se disputent et établissent entre eux une nouvelle hiérarchie. Puis, ils désignent parmi les mâles subordonnés celui qui servira de souffre-douleur. Le groupe des vaincus concentre son agressivité sur ce bouc émissaire qui rapidement va maigrir, altérer son état général, souffrir de ses blessures et parfois mourir. Mais par ce stratagème les autres mâles du groupe vont pouvoir apaiser leur tension, décharger leur agressivité qu'ils n'osaient pas orienter sur les vainqueurs et se sentir de nouveau dominants par rapport à ce singe bouc émissaire dominé. Leur moral remonte, le groupe vaincu s'apaise et la sexualité va reprendre.

Désormais en paix, les deux groupes augmentent leurs contacts sociaux et progressivement fusionnent. L'agression contre le singe bouc émissaire va s'éteindre puisqu'elle n'a plus de raison d'être.

Les pressions d'environnement participent à la constitution des gestes aussi sûrement que nos pulsions biologiques. Lorsqu'on observe en milieu spontané la manière dont les enfants préverbaux se rencontrent dans leur groupe, on se rend compte qu'à ce stade de leur formation le problème qu'ils doivent résoudre en priorité est celui du couple d'opposés agression-apaisement.

Dans les deux premières années de leur vie, il n'est pas question de jeux coordonnés, encore moins de tâches à accomplir en commun, mais déjà, le prototype de coexistence se fonde sur cette ambivalence : qui m'agresse ? qui m'apaise ? échantillon du goût du monde archaïque manichéen, bon-mauvais.

L'agression vient le plus souvent des congénères, lors de la lutte pour un objet stimulant ou un lieu privilégié. C'est un pair, un autre enfant de la même catégorie d'âge, qui par sa sollicitation posturale (tête inclinée - caresses) va apaiser l'enfant agressé. La répétition de cette séquence agression - apaisement permet l'apprentissage des rituels de communication, la redirection de l'agressivité, son détournement vers un autre, l'apaisement de l'agresseur ou de l'agressé.

Certains enfants dominés recherchent la compagnie de leaders apaisants dont ils reçoivent des caresses et des offrandes. En revanche, ils reçoivent aussi l'agression de dominants-agressifs. Ils cherchent alors à rediriger, à orienter l'agression sur un autre enfant. Si bien que ces enfants dominés, peu gestuels, parviennent quand même par cette politique gestuelle de séduction et de détournement de l'agressivité à s'intégrer dans leur groupe.

On retrouve la même description de séquences comportementales chez Montagner, psychologue pour enfants, ou Goustard, psychologue de singes. La forme de ces gestes, leur fonction adaptative au groupe est exactement la même chez les primates humains et chez les primates non humains.

Pourtant certains enfants ne savent pas découvrir ces gestes rituels qui leur permettent de s'intégrer dans leur groupe. Et d'autres enfants, abîmés par l'environnement, n'ont pas l'occasion d'apprendre à découvrir ces gestes. L'isolement social les prive de ce douloureux apprentissage aussi sûrement que l'excès de protection qui les isole et les frustre de frustration.

Rien n'intéresse plus un enfant qu'un autre enfant. Dès qu'ils se rencontrent, les coordinations nécessaires provoquent des frictions. La plupart des enfants répondent à la menace par un comportement d'apaisement évocateur : ils détournent la tête et exécutent avec leurs bras des mouvements latéraux. Soutenir le regard d'un agresseur risque de signifier qu'on accepte le combat, qu'on relève le défi.

A la moindre régression quotidienne, à la moindre frayeur, fatigue ou tension, l'étrangeté de l'Autre nous apparaît aussitôt. En cas de difficulté supplémentaire, le groupe va trouver qu'il n'a rien de commun avec cet étrange étranger. En cas de trop vives angoisses l'apaisement du groupe va retrouver ses défenses archaïques : c'est l'Autre étranger qui est coupable de nos angoisses et de nos maux.

Les humains retrouvent alors le terrible bénéfice du bouc émissaire.

Puisque nous vivons en groupes, il faut bien qu'à l'origine nous ayons orienté notre agressivité sur un Autre, il faut bien que notre cohésion se constitue au prix du meurtre d'un Autre. Dès l'instant où l'adversaire est désigné, le groupe, apaisé, assure sa cohésion. Tout groupe est donc coupable d'un péché originel sans lequel il n'aurait pu se fonder. Il va falloir expier, payer notre faute, sacrifier un membre du groupe, ou une part de nous-mêmes.

Même à l'échelon des rencontres quotidiennes, les groupes assurent leur cohésion par le processus de victime émissaire. Toutes les formes de jeux sont ébauchées dans la vie animale sauf « les jeux de hasard qui sont les seuls jeux vraiment spécifiques de l'homme », dit R. Girard. Le règlement des jeux lui-même ne constitue qu'une manière codifiée de provoquer le hasard. Ou bien l'être vivant se soumet à la dictature de son code génétique qui s'exprime comme il peut au travers des pressions du milieu, ou bien l'être vivant s'offre quelques escapades hors de ces dictatures, il fait « comme si », il joue à ne plus respecter ces règles du jeu, il triche, ce qui constitue un métajeu : un jeu sur le jeu, suprême liberté individuelle qui désorganise le fonctionnement du groupe.

Celui qui joue à ce degré de liberté pose sa candidature au rôle de victime émissaire. L'homme seul, sans groupe, ne peut devenir un homme. Mais tout groupe est normatif. L'homme dans un groupe trouve un milieu pour s'exprimer. Mais pour y vivre, il doit s'amputer d'un morceau de potentiel humain.

C'est peut-être ce qui explique que les phénomènes de masse possèdent un tel pouvoir euphorisant. La certitude des slogans, la chaleur affective du coude à coude, la puissance du nombre, l'adoration d'un délégué narcissique, ce tyran symbolisant le groupe qui s'y identifie. Mais le prix de cette euphorie est tragique car tous les individus qui s'y hypnotisent doivent renoncer à l'angoissante authenticité des hommes seuls et sacrifier les candidats à la liberté. Ces individus, en se désolidarisant de la masse, se posent en briseurs d'euphorie, en destructeurs de leurre, en agresseurs de symboles, en ennemis étranges et angoissants.

A l'échelon individuel, les mélancoliques cherchent à expier leur faute imaginaire en se mutilant. Lorsque Schumann, le musicien, se croit coupable de la mort de sa mère, il se tranche un doigt, ce qui, symboliquement, revient à sacrifier le sens de sa vie puisqu'il est pianiste. D'ailleurs, les grands mélancoliques éprouvent soudain un intense soulagement dès qu'ils décident de se tuer. C'est un des pièges que tout débutant en psychiatrie doit apprendre à déjouer.

Marcel A... est couché dans la niche de son chien. Il est anéanti, par terre, incapable de parler, de regarder, de pleurer même, car on ne pleure que pour quelqu'un. Marcel a ainsi passé plusieurs semaines avant que sa famille ne se décide à l'hospitaliser. A peine arrivé dans le service, Marcel revient au monde, sourit, parle, mange, au grand triomphe de l'interne qui trouve aussitôt une « explication ». Ses joues se colorent à nouveau et Marcel aide son voisin à faire son lit. Il se couche, lui dit bonsoir avec un très gentil sourire, rabat son drap sur sa tête et s'endort aussitôt. Le lendemain, on le trouve mort dans son lit : il avait enfilé sa tête dans un sac en plastique, noué la cordelette autour de son cou, rabattu le drap sur sa tête et suffoqué lentement, sans le moindre soubresaut.

Je me suis souvent demandé si le masochisme ne pourrait pas constituer une cicatrice de mélancolie d'enfant. Comment faire lorsqu'on est tout petit, que le milieu nous manque ou nous agresse au point de nous rendre mélancolique, comment faire pour désirer vivre quand même ? Comment expier cette faute originelle que suggère en nous la mélancolie ? Pour être si méchamment puni par la vie, il faut bien que j'aie commis un crime, ressent l'enfant dans sa pensée non verbale. Comment faire pour me racheter, me faire aimer quand même, mériter une place dans le monde ? Une série de comportements sacrificiels apparaissent alors. L'enfant soulagé par la mutilation qu'il va s'imposer se libère de sa culpabilité, comme Marcel, à l'idée de mourir, se sentait libéré de sa honte à être.

Comment faire pour vivre quand on aime la vie et que l'on a commis l'effrayant crime d'exister quand même ? Le petit masochique va apprendre à gagner l'affection des autres par le martyre spirituel, le sacrifice social ou l'excès du dévouement quotidien. Pour gagner l'affection d'un partenaire sexuel, il va devoir sacrifier un morceau de sa vie en offrande à l'être aimé ; il va être obligé de se faire infliger une humiliation sexuelle pour oser désirer l'autre. Son hypersensibilité génétique le sauve de la mort mélancolique. Mais l'agression du milieu laisse en lui une cicatrice comportementale dont le masochisme représente la défense par sacrifice émissaire.

On retrouve ce schéma chez les poules. Il y a toujours dans un poulailler un individu brimé, battu, plumé, chassé des bons endroits. Cette poule se développe mal, sans cesse agressée, mal nourrie, mal apaisée, elle maigrit, épuise ses glandes surrénales et en cas d'épidémie résiste mal à l'infection. Les autres poules en revanche se portent bien et le groupe paisiblement se coordonne. Mais lorsqu'un expérimentateur enlève cette poule émissaire, les combats hiérarchiques reprennent, les blessures abîment plusieurs individus, le poids moyen des viscères s'abaisse, les surrénales se vident et c'est le groupe tout entier qui devient sensible aux infections, jusqu'au jour où un autre individu prendra cette fonction de poule émissaire et endurera tous les maux du groupe. Alors, le reste du poulailler pourra reprendre sa croissance euphorique.

Dans une autre expérience, on décide que l'espace du poulailler sera très grand. La poule émissaire s'individualise quand même, mais elle parvient à se faufiler entre les coups de bec et les brimades sociales. L'espace représente une des fonctions biologiques essentielles des êtres vivants. Pour montrer comment il peut agir sur les comportements des individus, on peut volontairement rapprocher les parois du poulailler. On constate alors que la poule émissaire est de plus en plus souvent sollicitée. Le groupe fonctionne quand même tant qu'il parvient à décharger son agressivité sur cet individu sacrifié. Mais, lorsque pour ce même espace réduit on enlève la poule émissaire, c'est le groupe tout entier qui va exploser et s'acharner à se détruire.

Schjelderup-Ebbe a cherché à analyser les influences qui pouvaient donner à un individu cette fonction si tragique pour lui et si bénéfique pour le groupe : il semble bien que ce soit son étrangeté sensorielle ou sa bizarrerie comportementale qui pousse certains individus vers cette fonction. L'expérimentateur a fait une tâche de peinture bleue sur la crête d'une poule parfaitement épanouie. Tant que l'espace a été suffisant, les autres poules l'ont tolérée. Mais dès que les parois du poulailler, trop rapprochées, ont provoqué des conflits de surpopulation, c'est la poule à crête bleue qui a été attaquée et désignée comme victime émissaire. Une autre expérience consiste à entraver une poule de façon à rendre sa démarche boitillante ; en cas de tension à l'intérieur du groupe, c'est elle qui sera sacrifiée.

Pour vivre dans le groupe qui nous est indispensable, il ne faut pas provoquer d'« inquiétante étrangeté ». Le conformisme nous apporte le bénéfice tranquillisant du « tous pareils ». En cas de tension sociale, l'Autre, l'étrange, l'étranger, va subir bien malgré lui, le rôle de candidat au sacrifice.

Actuellement nos modèles culturels conscients nous interdisent d'agresser les faibles, les juifs, les fous et les enfants. Seuls les forts sont agressables car ils ont le savoir, le pouvoir et l'argent qui donne l'accès à toutes les jouissances. Le bouc émissaire s'est donc déplacé et ceux qui n'osent plus agresser les fous agressent les psychiatres.

Dans les années cinquante, les médecins ou les chirurgiens agressaient les suicidaires ou refusaient de les soigner. « Ils ont voulu mourir, ils se sont abîmés, tant pis pour eux, ils ont ce qu'ils cherchaient. » Je suis encore mortifié par ce chirurgien qui avait refusé de recoudre l'avant-bras profondément tranché par le rasoir d'un homme de quarante ans, qui avait voulu mourir parce qu'il était encore abasourdi par la mort de sa femme. Le lendemain matin, le psychiatre avait, tant bien que mal, recousu lui-même les nerfs sectionnés, les muscles coagulés de l'homme indifférent. L'intervention avait eu lieu dans le lit même du malade, totalement insensible aux gestes vaguement chirurgicaux du psychiatre (le chirurgien avait interdit qu'on utilise son bloc opératoire).

Depuis quelque temps, on agresse moins les suicidaires et les psychiatres. On réanime les premiers avec des gestes techniques voisins de l'indifférence. On ironise sur les seconds. Ce changement d'attitude peut servir de marqueur culturel : il révèle probablement une nouvelle manière de se désolidariser des individus, au nom de leur liberté. L'ère des mouroirs de vieux, de vies sans valeur, l'ère des réanimations indifférentes de *Farenheit 451* est pour aujourd'hui. Déjà, les médecins généralistes réaniment un grand nombre de comas suicidaires à domicile. Celui qui désire mourir avale ses cachets, le bruit de sa chute alerte la famille qui découvre son corps. Le médecin surveille le mourant à domicile et la famille retourne à sa télé, tandis que, dans la pièce voisine, le corps de la femme ou du grand-père bleuit lentement à chaque appel d'air.

La victime émissaire n'est plus l'enfant mal élevé, mais la mère abusive, ce n'est plus la femme sorcière, mais l'homme phallocrate, l'employé paresseux, mais le patron exploiteur, le juif soumis, mais le juif conquérant et sûr de lui. L'animal émissaire change d'espèce, mais le comportement émissaire, lui, reste identique : il apporte encore à ceux qui le pratiquent son même bénéfice énorme et archaïque.

Les primatologues décrivent chez les singes mâles un mystérieux comportement : quelle force les incite à quitter le groupe où ils s'épanouissent si bien ? Alors que les femelles restent attachées à leur mère, à leur famille, à leur groupe dont elles changent rarement, les mâles, eux, contre toute raison apparente quittent le groupe où ils sont dominants, pour aller tenter une aventure presque suicidaire dans un autre groupe où ils seront dominés. On les voit s'approcher des autres singes, les observer à distance, tenter une approche, subir une agression, s'enfuir, les observer à nouveau, jusqu'au moment où, ayant parfaitement appris les rituels de ce groupe, ils vont grimper dans la hiérarchie et connaître une nouvelle aventure sociale.

Dans tous les livres de psychologie on peut lire que le bébé humain, vers le huitième mois, manifeste sa peur de l'étranger. Jusqu'à cette période, peu lui importe la personne qui le prend dans ses bras. A ce stade, il se raidit, pleure et manifeste des signes d'inquiétude quand une personne étrangère tente avec lui une interaction. Les éthologues ont couru le monde et constaté que les bébés humains, boshimans, américains, européens, japonais, indiens, waïkas, lapons, et bien d'autres, tous, vers le huitième mois, se débattent d'angoisse devant un étranger et se blottissent contre leur mère pour s'y rassurer.

Les neurophysiologistes ont étudié le cheminement électrique des voies optiques et constaté que, vers le huitième mois, la maturation du système optico-cérébral se développe suffisamment pour permettre à l'enfant de différencier les caractéristiques visuelles d'un visage familier et celles d'un visage étranger. Cette maturation neurologique qui permet la reconnaissance d'un visage familier provoque, par contrecoup, l'apparition de l'angoisse pour un visage inhabituel.

Les expériences récentes de B. Schaal permettent de dire que cette angoisse de l'étranger n'apparaît chez les bébés que vers le huitième mois parce qu'elle correspond au moment où l'observateur adulte devient capable de la voir. B. Schaal découvre que, dès le deuxième jour, les bébés savent reconnaître l'odeur de leur propre mère et qu'ils y fondent leurs premières orientations sociales.

L'information sensorielle qui permet l'imprégnation, l'attachement biologique et affectif entre un bébé et sa mère, passe d'abord par le canal olfactif de l'humain avant de devenir lien affectif, puis modèle social ; alors que chez le caneton, le canal de communication qui favorise l'attachement est plutôt auditif et visuel.

Il en est de même pour les mères. Vers le troisième jour après leur naissance, les bébés manifestent une poussée sécrétoire de leurs glandes cutanées. Ce jour correspond au moment où les mères, yeux bandés, parviennent à reconnaître l'odeur de leur propre bébé, alors qu'elles répondent au hasard pour l'odeur des autres bébés.

Ce canal de communication modifie radicalement la gestualité du couple ; l'enfant s'apaise dans l'atmosphère odorante de sa mère, et la femme ne peut manipuler l'enfant avec confiance et plaisir que lorsque tous les échanges biologiques et les séquences de comportement ont pu s'enchaîner naturellement.

Lorsque pour des raisons médicales, on a dû placer l'enfant en couveuse ou l'arracher à sa mère, la gestualité maternelle prend une forme totalement différente. Les mères de prématurés qui retrouvent leur enfant le prennent du bout des doigts, d'abord. Plus tard, elles appliquent leurs paumes contre le bébé ; ce n'est qu'après plusieurs jours qu'elles oseront établir avec l'enfant ce corps à corps maternel, si important pour imprégner la confiance primitive dans l'esprit du petit humain.

Ainsi, de l'échange entre une information sensorielle venue du milieu et une période sensible de la maturation neurologique vont naître une relation typée et des comportements caractéristiques entre une mère et son enfant. L'histoire et la biologie se rencontrent pour créer une aptitude relationnelle.

Lorsqu'un étranger s'approche en silence et se place sans le toucher à proximité d'un enfant sourd et aveugle de naissance, le petit manifeste des signes d'inquiétude et d'agressivité. Il rejette la tête en arrière, fronce les sourcils, pousse dans le vide du plat de ses mains et lorsque son inquiétude augmente il essaye de mordre ou de frapper.

Il n'y a pas de fait sans signification, puisque pour observer ce fait, il faut un observateur. Or, dès qu'un fait apparaît à la conscience de l'observateur il est intégré dans sa représentation du monde et se charge d'un sens venu de l'observateur.

L'expérience suivante reflète très bien cette hypothèse.

Je m'habille d'une manière très convenable. Je m'approche d'un kiosque à journaux et je dis : « Bonjour, s'il vous plaît, je voudrais *Le Monde*. » L'énoncé est absolument correct. L'écriture des vêtements parfaitement anonyme ; une gestualité tout à fait conforme. Simplement, j'ajoute dans l'intonation de ma voix une musicalité qui crée une sensation d'étrangeté. L'énoncé est correct, mais mon énonciation, ma manière de réclamer le journal est tellement emphatique que le marchand de journaux me regarde étonné en me rendant la monnaie.

Arrivent deux étudiants, ils marchent côte à côte et ont reçu la consigne de regarder de droite à gauche en effectuant avec la tête un lent mouvement alternatif. Presque à chaque fois, le marchand de journaux les a interpellés et m'a désigné en criant : « Il est là... il est là ! »

Voilà comment l'énonciation participe à la construction du sens de l'énoncé, comment le contexte donne du sens à l'événement. Voilà comment une déviance comportementale minime alerte la conscience de l'observateur et, le plus naturellement du monde, l'incite à construire son roman délirant où l'observateur tout à fait sincère invente le sens du fait qu'il vient d'observer. « Je l'ai vu, le fou. De mes yeux, vu. J'ai bien vu qu'il parlait bizarrement. »

Les pressions du groupe sont intenses puisque nos modes vestimentaires, notre langage, la gestualité qui nous échappe s'inspirent d'un modèle commun pour le mimer. Ce mimétisme inconscient apporte à l'individu tous les bénéfices du conformisme.

Prothèse d'identité.

Lorsqu'une personne n'est pas très sûre de ses désirs, de ses pensées ou de ses projets, le conformisme lui apporte les bénéfices du prêt-à-penser culturel et des comportements conformes. Le sentiment, au fond de soi, d'appartenir à un groupe, de venir d'un couple originel étaye l'acquisition de nos comportements, l'assimilation de nos valeurs et nos manières de nous insérer dans notre monde.

Mme E... a failli mourir après le mariage de sa fille. Elle a cessé de manger, de boire, de dormir, de bouger, puis de parler. Après quelques mois de ce tableau clinique, elle est devenue comateuse et il a fallu l'hospitaliser. En quelques jours de réanimation médicale et psychiatrique, elle a pu expliquer qu'elle avait perdu la force de vivre parce que sa fille avait épousé un Chinois. Ce « Chinois » était un jeune décorateur vietnamien dont les origines, le corps et la culture n'avaient rien de commun avec ceux de la famille E... Elle disait : « Les Chinois cherchent l'argent. Ils font ça [rapports sexuels] pour me voler mon bien. Ils ont vu que j'avais de quoi. » Cette interprétation prend sa saveur quand on sait que le « Chinois », décorateur vietnamien très à l'aise, avait épousé la fille d'un immigrant, employé municipal à la surveillance des eaux de la mairie.

Il ne faut pas croire que le couple E... représentait le mariage de deux vils racistes méprisants. Simplement ils ne peuvent pas se détacher du groupe auquel ils appartiennent. Ils en assimilent les valeurs, en répètent les conformités, comme vous et moi. Mme E..., très gentiment, me disait : « C'était bien d'être raciste, il y a trente ans, maintenant, c'est mal. Alors, moi, je ne sais plus. »

« Les humains ne peuvent se soustraire à l'inégalité qui est partie intégrante de l'inné et qui les divise en dominateurs et dominés. Ces derniers représentent la très grande majorité. Ils ont besoin d'une autorité qui prenne les décisions pour eux et qu'ils acceptent le plus souvent sans condition » (Freud, *Lettre à Einstein*).

Milgram a voulu expérimenter cette aptitude à la soumission. Il a demandé à un compère de s'asseoir sur une fausse chaise électrique. Dans une autre pièce, un homme naïf s'installait derrière un pupitre sur lequel des boutons étaient censés indiquer la charge électrique qu'ils envoyaient au compère. La consigne donnée par Milgram à l'homme naïf était morale, bien sûr : il s'agissait d'envoyer des secousses électriques à l'autre, pour lui permettre d'apprendre plus vite une leçon. Puisque c'était son intérêt, il fallait envoyer une petite secousse pour les premières erreurs. Mais lorsqu'elles se répétaient, l'intensité de la secousse devait augmenter. L'homme naïf savait, puisque c'était écrit sur un cadran, qu'il envoyait à l'autre des décharges légères, fortes, douloureuses, très douloureuses et même dangereuses. Le compère voyait un signal correspondant s'éclairer et devait mimer la souffrance en rapport avec la secousse envoyée.

Moins de 10 p. 100 des hommes naïfs ont refusé d'envoyer des secousses très douloureuses ou dangereuses. L'immense majorité a obéi aux ordres moraux, malgré l'insignifiance des consignes. Le pourcentage des individus obéissants augmentait lorsqu'ils ne pouvaient pas voir directement le compère mimer la souffrance qu'ils lui infligeaient... pour son bien.

Lorenz prétend que l'atrocité des guerres modernes vient de l'absence de réalisation émotionnelle des combattants. Lorsqu'on donne un coup de poing sur le nez de son voisin et qu'on le voit saigner, l'émotion provoquée par cet événement inhibe notre agressivité et interrompt le combat. Alors qu'on peut appuyer sur un bouton qui tuera un chiffre abstrait de plusieurs milliers de personnes : ce n'est qu'un bouton qui va éliminer une entité ennemie. Ce jeu désincarné sera moral, en plus.

Celui qui tue un homme en appuyant sur un bouton ne vit pas dans le même monde que celui qui tue un homme dont il a partagé le repas. L'individu qui s'articule dans un monde technique anonyme n'exprime pas la même part de son être que lorsqu'il s'articule dans un monde sensible, humain, où les entraves émotionnelles composent des freins naturels. Il devient aussi difficile de tuer celui qu'on connaît que de manger l'animal qu'on aime.

Le triomphe de l'individu mène à la mort du groupe, aussi sûrement que le triomphe du groupe assassine l'individu. Bienfaisant conflit d'où résulte la vie d'un homme dans son groupe, car le triomphe de l'un entraînerait la mort de l'ensemble. Entre ces deux pressions contraires, l'individu se faufile comme il peut, avec parfois des adaptations surprenantes.

Michèle G... a toujours cherché à vivre une aventure marginale. Dès seize ans, elle a donc pris un peu de drogue, elle a financé ses charmes puis entrepris des études de psychologie. Elle s'est mariée, a fait deux enfants, s'est appliquée à tromper son mari et à gagner sa vie avec des métiers rares. Jusqu'au jour où, après de multiples catastrophes, elle s'est retrouvée dans un lit de réanimation après une tentative de suicide.

Il lui a fallu faire le point et constater qu'elle avait toujours cherché à réaliser le contraire de sa volonté : elle souhaitait en fait « être bobonne », mais avait honte de ce désir. Être bobonne, répéter la vie de sa mère : inacceptable pour elle. Elle avait donc recherché dans les groupes contre-culturels la force et les raisons de s'opposer à ce désir. Le groupe lui avait fourni des modèles de déraison qu'elle avait soigneusement exécutés, travaillant ainsi à sa propre déconstruction.

La normativité de son groupe contre-culturel lui permettait de s'opposer à la normativité de son groupe familial.

La normativité relève des comportements grégaires. La tolérance risquerait de nuire à la cohésion du groupe en supprimant les incertitudes et l'ennemi commun. Tolérer la différence, c'est réveiller l'angoisse grégaire, c'est prendre le risque de l'authenticité et de la solitude.

Le mythe joue un rôle de ciment. Il assure la cohésion du groupe et oriente les comportements des individus qui le composent en leur proposant des modèles de conduite et favorisant leurs identifications. Mais l'effet pervers du mythe donne la parole aux récitants de ce mythe. Tout individu qui pour son authenticité serait amené à ne pas réciter la même récitation prendrait la position de déviant et serait candidat à la fonction de victime émissaire.

La normalité est hors de prix. Elle nous ampute d'une bonne part de nos capacités pour nous donner accès aux bénéfices du groupe, ce groupe qui nous libère autant qu'il nous aliène.

Hans Kummer a pu filmer les luttes sociales et les associations politiques des babouins d'Éthiopie. Lorsque les femelles convoitent un mâle, elles établissent rarement entre elles des rapports de violence. Elles préfèrent manœuvrer pour détériorer la relation entre le mâle convoité et la femelle rivale. Parfois, elles s'interposent entre le mâle et l'autre femelle ; parfois, plus subtilement, elles entreprennent de toiletter la rivale qui sous l'effet du plaisir oublie de courtiser le mâle ; parfois, elles font intervenir d'autres singes alliés qui en agressant le couple l'empêche de copuler.

Le rôle des femelles semble plus stabilisateur dans la politique simiesque, et plus novateur dans les innovations culturelles ou culinaires. Moins tourmentées par les préséances, plus préoccupées par leurs enfants ou leurs toilettes, elles bénéficient de la stabilité des groupes et donnent volontiers le pouvoir social à un mâle qui apporterait une stabilité. D'autant qu'elles conservent toute leur vie un pouvoir affectif : comme cette vieille femelle âgée de quarante ans contre laquelle les gros mâles venaient se blottir en cas de malheur.

J.B. Wolfe et J.T. Cowles ont cherché à expérimenter la notion de valeur en créant une monnaie chez les singes, puis en observant comment ces rapports d'argent pouvaient modifier les structures sociales du groupe. Ils ont appris à des chimpanzés à discerner les valeurs symboliques de jetons dont les couleurs différentes donnaient droit à des valeurs différentes : un jeton bleu, blanc ou rouge donnait droit à 2,1 ou 0 grains de raisin. Très rapidement les chimpanzés ont réclamé avec insistance les jetons bleus qui signifiaient pour eux un plus grand pouvoir en grains de raisin. Les singes ont donc accès à la notion de valeur symbolique. Les femelles semblent plus douées que les mâles pour cette acquisition symbolique. Les mâles trop rapides, trop brutaux cherchent à établir entre eux des rapports musculaires, alors que les femelles distantes et plus paisibles analysent mieux le problème et découvrent aussitôt la grande valeur des jetons bleus.

Après avoir inventé cette monnaie de singe, il a bien fallu expérimenter sur la « lutte des classes » chez les simiens. Un mâle dominé se soumettait si souvent qu'il passait son temps à exposer son arrière-train pendant que ses compagnons s'emparaient des jetons bleus et ne lui laissaient que les jetons blancs, sans valeur. L'expérimentateur a donné à ce singe dominé un gros sac de jetons bleus. On a pu voir alors le singe dominé grimper dans la hiérarchie sociale, épanouir sa gestualité, lustrer son poil, tandis que les autres membres du groupe se soumettaient en quémandant des jetons bleus !

Terrible pouvoir de l'argent. Morceau concrétisé de valeur dont le symbole peut modifier non seulement le rang social, mais aussi le style des relations et la qualité des métabolismes.

La forme que prend l'organisation sociale chez les animaux joue un grand rôle sur les comportements individuels, sur la manière dont ils établissent leurs relations et même sur leurs fonctions métaboliques.

Calhoun a installé une colonie de quatre-vingts rats dans un appartement composé d'une enfilade de quatre pièces. Les pièces médianes 2 et 3 constituent un lieu de passage, alors que les pièces extrêmes 1 et 4 forment des culs-de-sac. Rapidement, les groupes de rats s'individualisent et se coordonnent, mais du fait de la disposition des lieux, leur organisation sociale prend une forme différente : dans les pièces 1 et 4 un mâle alpha parvient à affirmer sa dominance. Il s'installe sur la zone de passage avec la pièce voisine et filtre les congénères qui acceptent de se hiérarchiser dans son groupe. Il laisse passer librement les femelles mais attaque tous les mâles qui n'acceptent pas sa dominance. On voit donc, progressivement, se rassembler dans les pièces médianes 2 et 3 les individus bêta, qui n'ont ni les capacités pour dominer, ni celles pour accepter la soumission nécessaire à l'intégration dans les groupes des pièces extrêmes 1 et 4. On a donc pu voir, dans l'appartement de Calhoun, émerger des organisations socioculturelles différentes selon les pièces.

Dans les pièces 1 et 4 hiérarchisées, et normalement peuplées, les animaux conservent leurs relations et comportements naturels. Les femelles, excellentes mères, construisent leur nid selon les méthodes traditionnelles, puis élèvent leurs petits avec toute l'attention des mères mammifères. Les mâles respectueux des rituels d'interaction prennent leur place dans le groupe et courtisent les femelles comme tout rat convenable doit le faire. L'espérance de vie de ces groupes est très élevée, la mortalité infantile très faible.

Dans les pièces médianes 2 et 3, on note d'emblée l'ambiance bouillonnante et conflictuelle des groupes surpeuplés. La sélection des individus mal hiérarchisés, mal socialisés favorise l'installation de relations absolument différentes. En quelques générations, sont apparus des comportements de cloaque : les femelles construisent mal leur nid. D'abord, on peut noter quelques irrégularités dans la construction (des nids perdent leur rondeur). Puis les matériaux sont mal entassés et les parois s'effondrent. Le comportement maternel ne déroule plus ses séquences habituelles : les mères ne transportent plus leurs bébés en cas d'alerte. Elles les surveillent moins, deviennent moins répressives. On voit alors des petits rats, tout nus, tout roses, aux yeux encore gonflés, déambuler au hasard des pièces. Les accidents augmentent. Les vieux mâles les mangent parfois.

Les mâles de ces pièces modifient leurs comportements. Aucun rat n'exerce de domination véritable. Les blessures par combats sont fréquentes. De nombreux comportements pathologiques apparaissent. Les rats les moins touchés, qu'on pourrait appeler « rats alpha malades », deviennent particulièrement agressifs, ils attaquent les femelles, les petits et blessent souvent les autres mâles.

D'autres animaux, plus abîmés, manifestent des comportements franchement inhabituels : ils se trompent régulièrement d'objets sexuels et courtisent indifféremment tout rat mâle ou femelle, en chaleur ou pas, qui passe à leur portée. On a l'impression qu'ils ne répondent plus aux stimulations psychologiques habituelles.

La plupart des mâles renoncent à la lutte pour la domination mais leur stratégie démissionnaire est différente. Certains individus épanouis, gros et lustrés, paraissent normaux : en fait, ils consacrent leur temps à manger et à se toiletter. Véritables somnambules sociaux, indifférents à la présence des autres, ils ne répondent qu'aux stimuli alimentaires, ignorants les femelles en chaleur, les sollicitations amicales, les appels de détresse, comme si le corps des autres leur était devenu transparent.

Certains aventuriers, hyperactifs, consacrent toutes leurs forces à organiser des raids, contre les aliments, les femelles, les petits ou les autres mâles. Mais lorsqu'il arrive à un de ces rats « voyous » d'attaquer la femelle d'une pièce latérale, celle-ci se réfugie en urgence près de son alpha dominant : alors, l'aventurier abandonne la poursuite et retourne à ses comportements de cloaque.

Les femelles, qui ne peuvent s'intégrer dans des groupes stables, connaissent des biographies bien difficiles. Sans cesse attaquées, dépouillées de leurs aliments, privées de leurs petits, ébouriffées, blessées, mal toilettées, elles subissent leurs pires moments à l'époque de leurs chaleurs. Les mâles encore stimulés ne respectent plus les rituels sexuels et les grimpent à tour de rôle, sans même les laisser se reposer.

Calhoun estime avoir ainsi démontré comment l'environnement architectural par ses pressions spatiales donne une forme aux organisations sociales.

Grâce à Le Corbusier, l'expérience de Calhoun a été refaite sur les humains. Dès la charte d'Athènes, il a mis son talent au service d'une conception économique et idéologique moderne : comment utiliser l'espace au sol pour réduire le coût de la construction. Les tours qui résultent de cette démarche inspirent des fantasmes variés qui vont de la justification esthétique au triomphe métaphysique.

Le problème des tours d'habitation apporte un triomphe technique aux sociétés qui les construisent, mais un échec psychosocial pour les gens qui les habitent. Outre la prouesse technique et économique, le confort de ces tours est souvent remarquable. Elles ne semblent pas faites pour les hommes : microclimats, sources d'angines, fréquence excessive des affections O.R.L., nombreux troubles psychosociaux.

Cl. Leroy dit que les qualités objectives d'un logement s'effacent devant l'importance de la notion « dedans-dehors ». Sa qualité primitive concerne la manière dont un individu désire organiser sa relation entre l'image qu'il désire donner de lui grâce à son logement et les relations qu'il désire établir avec son groupe. On pourrait presque dire que c'est la porte qui symbolise l'essentiel du logement. C'est pourquoi certaines personnes se plaisent dans ces tours confortables et anonymes : elles s'y sentent libérées des pressions du groupe.

Mais sur le plan social, la pression de l'architecture, comme chez les rats de Calhoun, induit des conduites et des organisations socioculturelles qui favorisent les groupes archaïques et révèlent des ruptures écologiques. Les gens qui choisissent d'habiter ces tours ont souvent un niveau social comparable et une même conception de l'art de vivre en groupe. Il en résulte une grande homogénéité. Dans les tours à haut niveau socio-économique, le logement devient symbole de réussite sociale et de désir d'autonomie. Dans les tours de travail, le bureau du P.D.G. est le plus haut, près de Dieu ; la tour reproduit la hiérarchie sociale. Alors que la signification d'habiter dans les tours à bas niveau économique humilie ses habitants qui font tout pour dégrader ce lieu d'hostilité.

Or, Cl. Leroy dans son laboratoire d'éco-éthologie nous apprend qu'aucun groupe humain ne peut fonctionner au-dessus de deux cents personnes. A partir de ce chiffre, le groupe perd son identité. La communication non verbale et la parole ne peuvent plus fonctionner dans ces grands groupes. L'écriture reste le seul moyen de communication. Les réactions d'adaptation sont toujours les mêmes : fuites, opposition et démission.

La fuite se révèle dans cette impossibilité à nouer des relations stables dans une H.L.M. dont les habitants déménagent sans cesse. L'opposition est nette dans ces groupes d'autodéfense qui se donnent un simulacre d'identité et cherchent à agresser les autres groupes. L'opposition devient tragique dans ces groupes de délinquants qui cherchent à s'isoler du reste de la société pour s'autoriser à mieux l'agresser, répétant ainsi la demande groupiste où l'autre groupe va servir d'écran à nos projections fantasmatiques, de récipients à notre haine, puis de bouc émissaire.

L'hétérogénéité des groupes est nécessaire à nos stimulations intellectuelles et au développement de nos tolérances. Dans les villages, la délinquance est modérée parce que les groupes sont diversifiés. Alors que dans les villes, les quartiers sélectionnent des groupes trop unifiés et favorisent les résurgences sociales fondées sur les rapports de violence bien plus que sur les rituels.

La démission individuelle peut se reproduire sur une carte : plus on monte dans les étages, plus les enfants souffrent de troubles psychiques. Plus les espaces de la ville sont anonymes, plus ils sont souillés de graffiti. L'anomie nous angoisse. Pour apaiser cette angoisse, il faut à tout prix nommer l'objet, le lieu ou l'être vivant. Alors, on le baptise, on le marque, on le personnalise par une cérémonie rituelle, par une souillure, une giclée d'urine ou de peinture, sous peine de sentir l'anomie réveiller en nous l'angoisse de l'homme masqué ou de dédale sans repère.

Tous les psychiatres qui ont travaillé dans des centres de postcure savent à quel point un tableau clinique peut changer en un jour ou deux, lorsque le patient change d'institution ou de thérapeute. La manière d'exprimer ses difficultés, par le verbe ou le comportement, rencontre dans le milieu une manière de l'accepter ou de le refuser qui participe à l'expression clinique du patient. Le malade et le médecin sont coauteurs du phénomène psychique. C'est ainsi que des patients annoncés comme de grands agités dans certains centres de cure, se sont calmés en vingt-quatre heures du simple fait de la tolérance de l'institution et n'ont plus jamais rechuté.

H. Aubin m'a raconté l'étonnant changement des tableaux cliniques lorsque ses petits patients psychotiques changent de milieu. Et il soutient même que ces modifications réalisent des changements dans la manière d'être dont l'effet peut persister pendant toute leur vie. B. Bettelheim a obtenu plusieurs guérisons par cette méthode écologique : son institution somptueuse, son équipe soignante tolérante jusqu'à s'en rendre malade, le changement de milieu de l'enfant qui échappe au milieu psychiatrique carcéral et agressif pour entrer dans ce club sans règlement jouent à coup sûr un rôle épanouissant.

Même les événements politiques participent aux tableaux cliniques exprimés par l'individu. En 1971, la grève des postiers avait duré plus d'un mois. Grâce à quoi l'institution avait connu une paix royale. Jamais il n'y avait eu aussi peu de malentendus entre les familles et les soignants. Jamais les journées ne s'étaient déroulées aussi tranquillement. Les schizophrènes trop paisibles, comme à l'accoutumée, sortaient en ville sans incident tandis que les névrosés somnolaient au soleil ou participaient à la vie de la maison avec une gentillesse inhabituelle.

Dès que la grève fut finie, Mme H... a téléphoné à Paris pour annoncer à sa famille qu'elle était devenue aveugle et que je m'apprêtais à la faire opérer en urgence après avoir attendu un mois. Puis avec une merveilleuse résignation, elle a raccroché et demandé à sa voisine de chambre si elle voulait bien l'accompagner au cinéma. Les deux femmes, le plus courtoisement du monde, ont donc mené la vie toulonnaise, pendant que la famille de Mme H... folle d'inquiétude me téléphonait pour me reprocher mes hésitations et mon manque d'énergie médicale.

Le lendemain, les premières lettres arrivaient. La mère de Sylvie, dans une adorable confidence de trois pages, racontait sa vie quotidienne à sa grande fille, lui exprimait à chaque ligne sa tendresse et pour bien témoigner de l'amour que le monde entier portait à la patiente, racontait en deux lignes comment Hector, son chien basset, manifestait sa joie dès qu'il entendait le nom de sa jeune maîtresse. A ces lignes, Sylvie entre dans une rage folle, insulte sa mère qui ne pense qu'au chien, au lieu de plaindre sa fille qui souffre dans un milieu psychiatrique : elle se coupe les veines. On la calme, on la suture et la surveillante téléphone à la mère pour la prévenir du petit drame. Celle-ci ne peut pas comprendre que sa fille se soit auto-agressée après une si gentille lettre. Elle pense que nous lui sommes hostiles et vient arracher sa fille, contre avis médical, aux griffes de l'institution psychiatrique.

La vie quotidienne d'un milieu psychiatrique, quoi !

Cette notion de distance entre la personnalité d'un individu et les modèles de sa culture joue un rôle important dans le relief pathologique. Un délirant paraît bien plus malade dans une société au discours codifié que dans une société où tous les discours sont possibles. Un déséquilibré paraît bien plus instable dans une société ordonnée par la paix qu'en période de guerre. Le délire ou l'instabilité sont les mêmes, c'est l'apparence malade qui change. Le bénéfice de la diversification des groupes est énorme car il permet à des individus très déviants de trouver le lieu social où ils pourront équilibrer leurs différences, perdre tout relief anormal, gommer leur folie.

Lorsqu'une personnalité, même déviante, rencontre le groupe dont la structure lui convient, il s'y épanouit et perd son relief pathologique. C'est pourquoi tout groupe normatif convient à certains individus et en réprime d'autres.

Les mariages entre un individu et son groupe sont parfois nécessaires et conflictuels. Manuel C... a été hospitalisé plusieurs fois en réanimation pour diarrhée émotive, évoquant une pancréatite aiguë hémorragique. Il a failli mourir. Les médicaments psychologiques ont supprimé ces manifestations digestives dramatiques. Son médecin qui « ne croit pas à la psychiatrie » a interrompu le traitement plusieurs fois et chaque fois provoqué une hospitalisation en urgence.

Pourtant depuis que le corps de Manuel n'est plus en danger, son esprit, lui, n'est pas mieux. Il a perdu le goût de vivre. De la chaise au lit, sans manger ni parler, il se traîne et gémit. L'été dernier il est retourné en Espagne, dans le village de son enfance, il a bu l'absinthe et la bière qui le rendent si malade en France. Mais il a dû revenir à Toulon. C'est là qu'il a travaillé et cotisé à la Sécurité sociale. C'est là qu'il touche les prestations qui lui permettent de survivre, et lui coûtent sa vie.

Maured a passé trois ans à l'hôpital psychiatrique du Var. Inerte, hébété, il n'émergeait de son néant que pour exploser violemment à la grande peur de ses voisins qui exigeaient l'augmentation des médicaments pour l'abrutir. Sa famille l'a ramené en Algérie dans un village presque abandonné. Maured, depuis cinq ans, ne prend plus de médicaments. Le jour, il surveille les moutons dans les collines et reconstruit les maisons détruites. Il a réorganisé la vie du village, il a décoré les rues et ravivé l'ancien folklore. Je soigne son frère, qui travaille aux chantiers de la Seyne et souffre de séquelles de traumatisme crânien. Il paraît que Maured n'a jamais été aussi actif, travailleur et épanoui. Les paysans du village séduits par son équilibre psychique l'ont élu à la mairie.

Mme B... m'a promis de me léguer sa maison et ses économies si j'acceptais de lui faire une piqûre qui la délivrerait de la vie. Depuis qu'elle a quitté sa belle demeure toulonnaise, ses allées de palmiers et sa vue sur la mer, pour retourner dans son trois-pièces-cheminée dans la neige du nord de l'Italie, le « bon air » a supprimé sa mélancolie et sa « pulsion de mort ».

Mme R...,elle, devient aveugle dès qu'elle retourne dans sa famille à Alicante. Les médecins espagnols ignorent qu'elle recouvre la vue dès qu'elle reprend sa place derrière le comptoir de la boulangerie de son fils. Mme R... a peur des grands espaces vides. La sensation d'y être seule l'angoisse si violemment qu'elle en perd la vue. Mais, bien protégée par son comptoir, proche de son grand fils et stimulée par ses contacts avec les clients, elle se tranquillise, se sent bien et s'équilibre. Parfaitement en équilibre. Mais pas du tout équilibrée.

Comme tout système vivant, une structure est changeante. C'est-à-dire qu'il faut à tout prix revaloriser la très ancienne notion de voyage dans la folie. Dans la haute Égypte, les prêtres organisaient des radeaux thérapeutiques. Les malades s'embarquaient sur cette nef de fous pour un voyage aller-retour. On y chantait, on y priait, on y soignait le corps, on y pratiquait des danses magiques, on y interprétait les rêves. Et beaucoup revenaient guéris, parce que le processus naturel de la souffrance psychique évolue souvent vers la guérison spontanée. Cette tendance n'avait pas été empêchée par des organisations sociales qui en croyant que les structures mentales sont stables auraient empêché la guérison.

La semaine dernière, on m'a appelé dans un foyer pour personnes âgées. J'y ai vu une dame de soixante-dix-sept ans qui voulait sauter par la fenêtre parce que sa voisine de chambre lui avait volé la photo de Georges Marchais. Les médicaments stimulants de l'humeur ont fait merveille. Quelques jours plus tard, cette dame m'expliquait qu'à l'âge de dix-sept ans, un violent accès de mélancolie anxieuse lui avait fait désirer la mort. Elle avait entrepris de se scier le cou. J'ai vu la large cicatrice de l'ancienne plaie qui s'ouvrait jusqu'aux vertèbres. A cette époque les fermes étaient grandes, et dans la famille il y avait toujours quelqu'un pour garder la malade et se relayer auprès d'elle. Elle a été surveillée pendant six mois. Puis l'accès de mélancolie anxieuse s'est éteint. Elle s'est mariée. Elle a eu trois enfants qui sont devenus professeur d'anglais, kinésithérapeute et attaché d'ambassade. Toute sa vie, bien sûr, elle a été parfois pénible, soucieuse, scrupuleuse et dévouée. Mais cette manière d'être, tout de même, n'est pas une maladie. La forme de cette souffrance n'a pas déclenché l'horreur, ni l'hostilité de cette famille. L'organisation socio-architecturale de l'époque lui a permis de tolérer cette souffrance en attendant sa disparition.

Cette belle histoire n'est pas fréquente parce que notre pouvoir de systématisation et d'interprétation est si grand que lorsque quelqu'un exprime une souffrance psychique, le reste de son groupe en profite pour entrer en guerre en désignant un coupable.

On ne peut s'empêcher de chercher une cause, donc, en cas de malheur, de trouver un responsable. Les observations les plus ingénieuses se transforment en massacre comme dans la triste histoire des poissons-chats.

On savait depuis longtemps que les animaux pouvaient servir de marqueur comportemental pour prédire les tremblements de terre. Il y a deux mille cinq cents ans les Grecs avaient déjà signalé que l'affolement des poissons-chats annonçait les tremblements de terre. Les estampes japonaises dessinaient cette observation. Buffon, au XVIIIe siècle, raconte l'affolement des taupes, le désarroi des lézards précédant un séisme, l'incohérence du vol des oiseaux, l'inquiétude des chiens. Mais ce n'est qu'en 1923 que F. Omori confirme expérimentalement l'observation des anciens en montrant que les poissons-chats perçoivent avant les autres animaux d'infimes variations des champs électriques.

Il y a quelques années, les zoologues chinois ont diffusé un chant didactique pour enseigner aux populations à prévoir les risques de tremblement de terre. Les masses paysannes et ouvrières ont donc appris à chanter : « Les moutons, les chevaux ne se laissent plus enfermer - les porcs refusent de manger - les canards ne vont plus à l'eau - les serpents sortent de leurs trous - le poisson-chat s'affole et bondit par-dessus l'eau. »

Lorsque, en 1975, le poisson-chat s'est affolé, le peuple, éduqué par la chanson, aussitôt a déménagé. Et lorsque le tremblement de terre est survenu, il n'a détruit que des maisons vides. Les politiciens en ont conclu à une victoire de la pensée de Mao. Mais le bon peuple, lui, a vu, de ses yeux vu, qu'après la danse des poissons-chats, il y avait un tremblement de terre. C'était bien la preuve que les poissons-chats, par leur danse étrange, en étaient responsables. Ils furent pêchés et massacrés, car ils ne sont même pas comestibles.

Ce fait d'histoire nous permet de comprendre comment nous confondons régulièrement le symptôme et la cause. Les témoins n'ont pu s'empêcher d'établir une relation de cause à effet entre les séquences articulées dans le temps : les poissons-chats s'affolent, puis apparaît le tremblement de terre. Au lieu d'en conclure que l'affolement des poissons-chats peut servir de révélateur, ils en concluent que l'affolement des poissons-chats est la cause du tremblement de terre.

Les praticiens souffrent quotidiennement de cette erreur interprétative des témoins. Pasteur, ayant découvert le sérum antidiphtérique, était hué par les parents d'enfants atteints de cette maladie, uniquement parce qu'à leurs yeux, il en était le provocateur et non le guérisseur.

Ces causalités abusives n'empêchent pas l'existence obligatoire d'une cause. Il y a bien une origine à nos maladies, à nos souffrances. Mais cette cause peut venir de tous azimuts. La souffrance exprimée n'a peut-être rien à voir avec l'événement antérieur à la manifestation de cette souffrance. Ce qui me paraît contestable, ce n'est pas la recherche des causes, c'est la recherche linéaire des causes. Il faudrait s'attacher à la circularité des causes.

Apprendre à raisonner en termes de systèmes devrait nous permettre d'éviter ces causalités linéaires.

Les castors ont souffert de nos progrès sociaux. Ils vivaient en abondance dans la France du Moyen Age. Mais plus la France rurale se développait, plus elle exploitait ses rivières et ses forêts. Les castors s'enfuyaient, se cachaient et pour ne pas être repérés, ils cessaient de construire leurs barrages et leurs huttes. Si bien que, pendant longtemps, les témoins ont soutenu que les castors européens constituaient une espèce différente puisqu'ils ne savaient pas construire des barrages aussi solides que leurs congénères, les castors américains.

Encore une fois, nous n'avions fait qu'observer ce que nous avions imposé. Il a suffi de créer des parcs nationaux pour voir aussitôt les castors se remettre à construire huttes et barrages.

Les animaux domestiques sont bien plus intelligents que leurs congénères sauvages. Mais le prix de cette intelligence se paye en souffrances psychiques, névroses animales et maladies psychosomatiques qui n'existent pas en milieu naturel.

Il m'arrive de penser que la complexité de notre culture crée un milieu favorable à l'épanouissement des intelligences. Les enfants qui depuis quelques années réclament des psychothérapies sont ahurissants d'intelligence. Ils nomment leur angoisse et l'analysent, à peu près avec les mêmes mots que Kierkegaard et J.-P. Sartre.

Cette intelligence n'est pas l'intelligence de la vie. Ces enfants n'ont pas appris à connaître les bonheurs simples. A moins que cette forme d'intelligence désincarnée ne leur fasse justement perdre le paradis, en brisant les leurres qui donnent accès aux bonheurs simples ? On ne peut tout de même pas réinventer des sociétés archaïques fondées sur la magie et les rapports de force pour donner aux survivants un peu de plaisir aveugle.

C'est pourtant ce qu'offrent les sectes modernes à nos intelligences en mal de vivre. Les mystifications marchent étonnamment bien. J'ai vu dans des cinémas de banlieue des ingénieurs de grandes écoles se payer de longues extases devant un gourou indifférent qui descend de sa Mercedes blanche, vend ses disques à la sauvette, murmure quelques sentences divines et file vers un cinéma voisin pour y répéter son même show mystique.

Les animaux connaissent aussi les drames de changement et s'inventent parfois des gourous.

En 1952, J. Itani obtient que le gouvernement japonais lui cède la petite île de Koshima. Il y installe un troupeau de singes et les observe à la jumelle depuis des bateaux, flottant au large.

Le sol de l'île est si sec qu'Itani doit régulièrement y apporter une provision de patates douces pour que les macaques ne meurent pas de faim. Il a pu observer la première évolution culturelle de l'histoire des singes.

D'abord, les animaux se précipitent vers le tas de patates déposé dans un trou du sable. Les mâles dominants, rapides, puissants et sans manières bousculent les dominés, se servent les premiers et croquent les tubercules ensablées.

Le point de départ de l'évolution culturelle du groupe remonte à mai 1953, le jour où Imo, femelle de dix-huit mois, lave ses patates au bord d'un ruisseau. Elle tient sa patate à la main et de l'autre l'asperge d'eau. Cette innovation culinaire se diffuse d'abord à l'intérieur de son groupe familial, puisque c'est là qu'elle lie ses attachements les plus forts. Mais, dès 1962, on peut voir toutes les mères de l'île apprendre à leurs enfants ce nouveau comportement culinaire, désormais caractéristique de la culture du groupe. A cette date, les trois quarts des animaux savent laver les patates.

Par la suite, un dominé découvre qu'en les lavant à l'eau de mer, le sel en améliore encore le goût. On voit alors le groupe des jeunes manger des patates au bord de la mer, en les assaisonnant à chaque bouchée. Seuls à distance, méprisants, le groupe des dominants continue à manger ses patates ensablées.

Ces sénateurs ne peuvent pas changer de comportement puisqu'ils devraient, ce faisant, renoncer aux comportements qui leur ont donné la dominance. Un dominant, pour cette raison, n'imite jamais un dominé. Les animaux épanouis ont intérêt à conserver la stabilité du groupe ; alors que les dominés n'ont rien à perdre aux changements et peuvent sans crainte tenter l'aventure culturelle.

Quelques années plus tard, la même femelle Imo a trouvé une autre invention culinaire : elle a fait flotter les grains de blé pour éliminer le sable, et innové ainsi un nouveau comportement.

Les macaques à face rouge près de Kyoto savent se baigner dans les sources d'eau chaude qui font fondre la neige. Seuls, les dominants se gèlent encore. Les mères dominés apprennent ce nouveau comportement à leurs enfants et bientôt tout le monde saura nager. Si bien que la culture du groupe aura entièrement changé à la mort du dernier dominant traditionnaliste, stéréotypé dans son triomphe désuet, désormais inadapté.

Il s'ensuit que les structures sociales sont variées et modifiables au gré des pressions de l'environnement. Ces contraintes du milieu donnent une forme de société. Une modification de milieu peut entraîner une modification des structures sociales et des comportements des individus qui y vivent.

Ceux qui raisonnent avec ces causalités linéaires peuvent dire que les êtres sociaux sont soumis à un programme biologique. La preuve c'est qu'il existe des espèces programmées pour être grégaires et d'autres pour être solitaires. Certains penseurs linéaires soutiennent au contraire qu'il suffit de modifier le milieu pour modifier la structure sociale. Et chacun fournit ses preuves, choisies au gré de ses désirs inconscients.

Peut-être serait-il plus juste d'étudier à la fois la structure modifiante (mutation génétique ou changement écologique) et la structure modifiable (équipement chromosomique ou aptitudes sociales). Dans ce cas, on peut dire que la structure sociale programmée organise des expressions variables selon les pressions du milieu.

C'est ainsi qu'on trouve chez les singes du nord et du sud de l'Inde des cultures sociales aussi différentes que celles d'un Anglais ou d'un Portugais. Les entelles, longs singes poilus gris ou fauves, s'organisent en groupes multi-mâles au nord de l'Inde, alors qu'au sud les groupes se coordonnent autour de harems ou de vieux mâles célibataires. Il est possible que ces différences de structures sociales soient dues aux variations saisonnières. La mousson en imposant des cycles aux sources alimentaires modifie la culture des groupes animaux.

Mais la modifiabilité d'une organisation sociale animale soumise aux pressions écologiques n'est possible que parce que les individus possèdent une aptitude à construire des comportements différents. Un individu se construit dans le groupe dont il reçoit les empreintes.

Chaque individu vient au monde avec un programme social génétique. En se construisant, il va faufiler ses potentiels sociaux au travers des pressions du milieu où l'expression de ce capital prendra des formes très différentes. Une fois élaborées, les relations de l'individu dans son groupe vont se perpétuer d'une génération à l'autre sous forme de traditions comportementales, caractéristiques du groupe et soumises aux lois de l'évolution culturelle.

Ce genre de raisonnement systémique permet de comprendre pourquoi un macaque sylvana dominé qui cherche à amadouer un dominant s'empare d'un bébé pour atténuer l'agressivité du mâle. Alors que dans l'espèce voisine, macaque fuscata, ce comportement n'apparaît qu'aux périodes saisonnières où l'alimentation se fait plus rare. Ce comportement, soumis à des pressions biologiques, écologiques et relationnelles a évolué de manière différente selon le groupe. Le vol des bébés utilisé en tant que relation séductrice va prendre des formes différentes et devenir un comportement caractéristique de la culture du groupe.

Le Népal offre une étonnante illustration de la manière dont les hommes adaptent leurs organisations socioculturelles à leur environnement géographique.

Du sud au nord, les pentes de l'Himalaya sont rudes et pauvres. Avant l'intervention chinoise, certaines tribus tibétaines nomades migraient des plaines tropicales vers les sommets himalayens. Le témoin qui vivait dans ces tribus, au moment de leur saison tropicale, partageait une vie quotidienne très décontractée. Les animaux fument les champs au hasard de leurs vagabondages. Le lieu géographique n'incite pas à la contrainte car il y a peu de dangers. Les buffles et les vaches qui ne supportent pas la haute altitude doivent se cantonner vers des alpages de 2000 à 3000 mètres. Le groupe humain, dans ce nouvel environnement, doit construire des maisons et des étables. L'architecture prend une forme plus précise. Les rites sociaux apparaissent, plus rigoureux.

Seuls les yacks grimpent vers l'Himalaya. Le groupe désormais vit dans un environnement très contraignant. Les parcours sont balisés. Les gestes sont codifiés. Le groupe resserre ses liens et durcit sa culture. La cohésion familiale augmente. La division du travail, désormais nécessaire, exige la coordination des rôles sociaux et sexuels.

Depuis 1960, les Chinois ont fermé la frontière et divisé la communauté népalaise. Ces deux cultures figées par une décision politique ne sont en fait que deux expressions possibles des organisations socioculturelles d'un même groupe humain qui s'est adapté à des environnements géographiques variables.

Les réponses technologiques et les comportements culturels d'un groupe, dans cet exemple quasi expérimental, manifestent l'adaptation instantanée du groupe humain aux contraintes géographiques. Chez les humains, comme chez les entelles, on peut faire la même observation.

Les décisions politiques elles aussi participent à ces pressions écologiques. Elles privilégient certaines cultures et en étouffent d'autres, ce qui n'est pas une surprise. L'étonnement commence quand on découvre que ces pressions politiques peuvent aussi privilégier des comportements individuels et même certains types physiques ou structures mentales.

Lorsque R. Gessain a vécu en 1936 chez les Esquimaux d'Ammassalik, l'individu privilégié par le groupe, le surhomme local, avait la forme d'un Esquimau gros, chasseur, combatif, résistant au froid, capable de suivre, sans manger ni dormir pendant trois jours et trois nuits, l'ours blessé par son harpon.

Lorsque les Américains ont établi des bases météorologiques et des comptoirs commerciaux, ils ont changé l'équilibre écologique et socioculturel du groupe. La valeur privilégiée par le groupe n'a plus été l'aptitude à la chasse, mais l'aptitude à la scolarisation. Apprendre l'anglais, la comptabilité, les échanges commerciaux sont devenus les valeurs montantes pour s'adapter à cette nouvelle pression d'environnement. Si bien qu'en 1975, des valeurs comme la force physique, la graisse, la résistance au froid sont devenues des valeurs désuètes, souvent même des facteurs de désadaptation : certains Esquimaux gros et combatifs, plus aptes à la chasse qu'à la comptabilité, sont défavorisés par cette nouvelle culture à laquelle ils ne peuvent s'adapter. Ils boivent beaucoup pour supporter l'angoisse provoquée par leur désir d'action empêché. Ils ne peuvent contrôler leur combativité et leur rancœur de ne plus être des surhommes. Pour s'adapter misérablement, ils alternent l'alcool et le valium.

Les Danois apportent une aide sociale importante à ces Esquimaux. Ils y ajoutent une pointe de condescendance : « Ils ne savent pas se prendre en charge. » En fait, l'ancien équilibre écologique et socioculturel a été détruit par ce changement politique et les anciennes valeurs désuètes ne persistent que dans l'imaginaire collectif : « Je suis très habile. » « J'ai un corps épais de chasseur, je peux boire beaucoup. »

Comme toujours, en milieu naturel, les petits garçons s'éliminaient plus que les petites filles et les femmes mouraient plus que les hommes. Mais les rôles sexuels parfaitement codifiés dans cet environnement impitoyablement sélectif coordonnaient les rapports humains en limitant les conflits. Depuis quelques années les hommes déritualisés, inexpressifs et alcooliques, découvrent les rapports de violence. Ils se laissent aller à cogner sur leurs femmes qui, enfin libérées, ont désormais le droit de travailler plus que les hommes.

Seulement voilà, les Danois en assistant les Esquimaux d'Ammassalik les ont déritualisés en quelques années. Puisqu'il m'a suffi d'empêcher expérimentalement la séquence habituelle des rituels de table d'un internat en médecine pour provoquer des conflits de voyous, pourquoi voulez-vous que les habitants des glaciers d'Ammassalik réagissent autrement ?

Colin Turnbull a vécu la déritualisation des Iks, transplantés dans une réserve africaine. Le constat terrifiant révèle comment nous pourrons vivre lorsque notre environnement et notre groupe n'auront plus la possibilité de nous infliger leurs pressions.

Les chasseurs chassent en cachette et ne partagent plus leur gibier. Les jeunes n'acceptent plus l'enseignement des anciens qui n'ont plus rien à leur apprendre. Les prêtres, ridiculisés, volent leur nourriture. Les vieux, chassés par leurs enfants, cherchent un endroit pour mourir. Ils se couchent face au soleil, car ils ont moins perdu l'espoir que les jeunes qui, eux, meurent n'importe où, n'importe comment, face au soleil ou ailleurs. Les femmes s'enfuient, se cachent, abandonnent leurs cases et leurs enfants. Les jeunes filles connaissent un sursis en se prostituant. Les premières maladies les condamnent à mort, passé dix-huit ans. Même les animaux domestiques se déritualisent. Maigres, harcelés, la cohésion des troupeaux de chèvres se désintègre et les mères chassent leurs petits.

La déritualisation d'une culture, la perte de sens sont infiniment plus mortelles que le froid ou la faim.

Tous les bouleversements sociaux décrivent de subits changements d'aventures biographiques. Mais lorsque l'évolution sociale est plus lente, les cliniciens ont bien du mal à prendre conscience de l'apparition ou du changement de certaines formes de pathologie mentale. Ainsi, il a fallu à Crisp une méthode statistique très sophistiquée pour découvrir qu'il y avait seize fois plus d'anorexie mentale dans les riches écoles privées que dans les écoles publiques.

Cette maladie, qui mène souvent à la mort euphorique en temps de paix, disparaît dès les premières restrictions alimentaires en temps de guerre. Ce comportement alimentaire touche bien plus les filles des classes riches que celles des classes pauvres. Les cliniciens la rencontrent rarement dans les pays socialistes alors qu'elle occupe un grand nombre de lits des services hospitaliers américains.

Cette notion de corps social correspond certainement à une réalité encore mal perçue. La folie de la culture se marie avec la culture de la folie. De cette culture émergent des expressions cliniques très différentes dans leur forme et leur contenu, même si l'on y trouve souvent des structures comparables. Ainsi lorsque, au IVe siècle avant Jésus-Christ, le médecin grec Ménécrate commence à délirer, il se prend pour Zeus. Son environnement culturel fournit des thèmes à son délire des grandeurs. Plus tard, un délirant identique se prendra pour Napoléon, le Christ ou tout autre grand homme fourni par sa culture.

En retour, les délirants peuvent questionner la culture. On pourrait se demander pourquoi nos patients actuels ne se prennent plus pour des grands hommes, ni des rois, ni des sauveurs de l'humanité. Peut-être cette valeur culturelle est-elle méprisée par notre corps social ?

De nos jours, les ondes, les radars, la télé, la radio, les caméras invisibles, les micro-magnétoscopes peuplent nos délires. Ils espionnent nos gestes, volent nos pensées et les répandent à la face du monde. Ils commandent à nos désirs, nous imposent leurs ordres, contraignent nos actions. Les chanteurs nous envoient des ondes d'amour... à distance. Les hommes de télévision ne respectent plus notre intimité et racontent nos pensées secrètes aux millions de téléspectateurs anonymes, mais présents partout. Des instruments d'optique cachés dans les murs nous violent de leur regard technique. Des émetteurs d'ondes cachés dans les dents creuses nous téléguident et organisent sans résistance possible l'accident de voiture où mourront nos êtres chers.

Ces délires éclatés, ces hallucinations venues du dehors, ne seraient-ils pas révélateurs de la dépersonnalisation de notre corps social ?

Car les cultures ne peuvent être cause de la folie. Chaque organisation favorise certaines souffrances et en guérit d'autres. Nos délirants nous apprennent que nous vivons dans une culture fondée sur l'extérieur. Nos intérieurs sont délabrés, abandonnés aux intériorités de pacotille.

Finalement, chez les humains, comme chez les animaux, quel que soit le degré d'organisation anatomique ou sociale, l'aptitude à créer des leurres relationnels ou des mystifications culturelles explique pourquoi on ne peut raisonner sur l'homme seul. L'être vivant, lorsqu'il est seul n'est plus un être vivant. Sa préhistoire, son histoire, sa biologie, la construction de sa personne s'articulent sans cesse avec la préhistoire, l'histoire, la physique et la construction de son milieu. De cet enchevêtrement incessant, de ces multiples pressions émergera une forme incertaine et fragile : la personne.

Donc

Faut-il être atteint de la rage de conclure pour ne pas savoir terminer un livre autrement que par une conclusion ! Une conclusion d'ailleurs, c'est un travail de lecteur. Alors, si j'avais dû lire ce livre, peut-être n'en aurais-je extrait qu'une seule idée : tout ce qu'on y raconte est faux !

Ou plutôt, c'est faux comme sont vraies les vérités scientifiques. C'est-à-dire que ces misérables vérités ne sont que des vérités momentanées. Après un certain temps, au-delà d'un certain lieu, elles deviennent fausses. On peut les tenir pour vraies, momentanément, tant qu'un cher collègue ne les aura pas démolies. Dès cet instant, l'introduction de nouvelles données du savoir devra en modifier les conclusions.

Il ne faut pas se leurrer, cette modestie est éblouissante ! Les sciences ne sont pas nées autrement. Tant qu'on a posé les problèmes en profondeur, on a obtenu des réponses superficielles, naïves, amphigouriques, ampoulées et boursouflées (le mal des profondeurs, certainement).

Tant qu'on a formulé nos questions avec un pourquoi dans l'interrogation, on a obtenu des réponses mythiques. Ce n'est pas sans importance pour l'inconscient collectif, mais là n'est pas le projet d'un esprit scientifique. « Pourquoi les corps tombent-ils ? » demandait la Sorbonne. « Ils tombent parce qu'ils possèdent une vertu tombante », répondaient les scolastiques. Et ce genre d'explication fonctionne encore de nos jours. J'ai vu le mois dernier un enfant de quatorze ans qui avait essayé de se suicider à l'omelette. Il avait ramassé des amanites phalloïdes et s'en était fait une omelette pour mourir. Ses souffrances l'ont amené en réanimation. Devant les internes ahuris par l'importance des souffrances et la futilité du motif, un psychanalyste a expliqué savamment : « Il a voulu mourir à cause de sa pulsion de mort. » Remplacez le mot « vertu » par le mot « instinct » ou « pulsion », ou « force vitale », ou « force biologique », et vous obtenez, au XXIe siècle, le vieux raisonnement scolastique. La biologie peut aussi répéter cette belle histoire.

Ce n'est tout de même pas une référence au langage scientifique qui empêchera ces « pourquoi » scolastiques. Ainsi lorsque Wilson pose le problème : « Pourquoi un animal peut-il se sacrifier pour sa famille ? », il retrouve le vieux raisonnement : « Il se sacrifie parce qu'il porte en lui un gène altruiste qui le pousse au sacrifice. » Ne pas oublier le gène égoïste qui pousse à l'égoïsme. Sans compter le gène grattiste de l'oreille droite qui pousse à se gratter l'oreille droite, et son homologue le très important gène grattiste de l'oreille gauche.

Arrive un astronome qui s'appelle Galilée. Il porte une planchette, une bille et un chronomètre. Il incline plus au moins la planchette et chronomètre la vitesse à laquelle la bille arrive sur le sol. Il extrait de cette petite manipulation la loi de la chute des corps. Galilée ne s'est pas demandé « pourquoi » les corps tombaient, mais « comment » ils tombaient. Et de cet artisanat scientifique va naître l'ère technologique.

Le simple fait de passer du « pourquoi ça tombe » au « comment ça tombe » avait provoqué un virage épistémologique, une nouvelle manière de savoir. En posant la question en d'autres termes, l'artisan savant avait recueilli des données différentes de notre savoir.

Il y a des âmes affamées de pourquoi. Elles retrouvent les mythes qui nous permettent de vivre ensemble. Elles inventent les odyssées qui émerveillent nos désirs.

Il y a aussi les adorateurs du comment. Les raconteurs de tout petits récits. Les descripteurs méthodiques de morceaux de réel.

Je me suis souvent demandé comment les enfants autistes avaient pu devenir des vedettes culturelles : ils ont pris le devant de la télévision, des vitrines, des libraires et des magazines. Ils sont au nombre de sept mille en France. Pourquoi ne parle-t-on jamais du million d'enfants encéphalopathes, au cerveau malformé par des ratages chromosomiques, à la matière cérébrale écrasée, coupée, arrachée comme à la petite cuillère par des accidents de voiture, aux cortex rendus fibreux par certaines maladies, aux neurones intoxiqués par une erreur enzymatique ? Ces enfants sont laids. Ils hurlent, mordent, frappent, mangent leurs excréments et les crachent sur les visiteurs ; leur crâne est abîmé, leur visage et leurs membres sont tellement déformés qu'ils n'ont jamais pu les utiliser. Les enfants autistes sont beaux. Leur regard transparent est étrange. C'est difficile de s'occuper d'un enfant laid, couvert de merde et qui cherche à vous mordre en émettant de terribles sonorités d'idiot. En contraste, quel plaisir, quelle fascination à tenter la communication avec un bel enfant étrange.

L'autisme enfantin, fleurs du mal de la folie. La folie considérée comme un des beaux-arts, une friandise culturelle. C'est choquant comme ça à froid. Mais quand on a la possibilité de choisir ses malades, on finit par comprendre comment les soigneurs refoulent la folie organique pour se consacrer à l'esthétisme des gouffres psychiques dont certains fous sont les explorateurs.

Pourtant, le modèle médical de la maladie mentale s'accroît extrêmement vite : chaque année cinq cent mille traumatisés du crâne par voiture, vélomoteur et accidents de travail vont diminuer la sécrétion de leurs neuromédiateurs, ces substances qui circulent entre les cellules nerveuses. Ils vont fournir un nouveau contingent de déprimés, de caractériels, d'insuffisants mentaux. A ce rythme-là, en 1985, 20 p. 100 des Français seront traumatisés du crâne.

Les enfants au cerveau cassé survivent dans des institutions parfois somptueuses, parfois ignobles. Indifférents à l'environnement, ils luttent contre leurs entraves, leur voisin de lit ou l'immense torture à vivre qui vient du fond de leur biologie abîmée.

La proportion des gens âgés s'accroît régulièrement. Une personne âgée sur dix souffre d'atrophie cérébrale, de mauvaise oxygénation du cerveau ou d'hallucinations provoquées lorsqu'une artère se bouche ou qu'une zone cérébrale ne parvient plus à fonctionner. Le fondement biochimique de la psychose maniaco-dépressive est actuellement démontré par la biochimie moléculaire. Le fondement biochimique de l'aptitude à la schizophrénie sera bientôt analysé grâce aux endorphines et à la caméra à positrons.

Au total, en France, actuellement, près de cinq millions de personnes correspondent au modèle médical de la souffrance psychique. Plus de la moitié en est déjà soignable, très facilement, à domicile, avec le maximum de respect et le minimum de médicaments. Pourquoi n'en parle-t-on jamais ? Pourquoi la culture ne connaît-elle que le cas de sept mille autistes, de trente mille psychanalysés, ou des cent mille personnes chronicisées dans les asiles ?

L'autre pathologie en voie de développement sera psychosociale. Des millions d'hommes, obligés de se transplanter pour gagner leur vie, se mettent à délirer dès qu'ils perdent leurs racines. Comme le mal suisse des mercenaires du XVIIIe siècle, si courageux dans leurs montagnes, mais se laissant mourir d'anéantissement en d'autres pays. Ces travailleurs, qui n'ont le temps ni d'apprendre la langue, ni d'explorer le pays qui les emploie, deviennent mélancoliques ou hypochondriaques en quelques mois de déracinement. Leurs souffrances alimentent les fantasmes racistes : on parle avec ironie de pathologie méditerranéenne, de syndrome « Jim Allah » (J'ai mal là). On les rend responsables du déficit de la Sécurité sociale. Mais il suffit d'améliorer leurs conditions sociales, leur vie intellectuelle, leurs relations affectives pour faire disparaître la souffrance qu'ils exprimaient si mal et que nous faisions si peu d'effort pour comprendre.

Où se place l'éthologie dans cette psychiatrie d'avenir où l'on peut sans difficulté prévoir la mort des asiles et la dégénérescence verbeuse de l'impérialisme psychanalytique ? Ces institutions désuètes seront remplacées désormais par les médicaments psychiques, les psychothérapies variées et l'abstention, si souvent thérapeutique.

L'éthologie devra peut-être sa force à son incapacité de choisir. Choisir, en psychologie, c'est demander qui a fait la maison : le maçon, le décorateur, le plombier ou l'architecte ? L'éthologie répond que chacun de ces métiers participe à la construction à des niveaux différents, à des moments différents, d'une série édificatrice. Ces conflits entre la nature et la culture, entre l'organique et le psychologique, entre l'individu et la société, n'existent probablement que par la vertu des problèmes mal posés. Le militantisme psychologique appartient à la famille des hystéro-paranoïaques bien plus qu'à celle des scientifiques. Faites-moi une théorie, n'importe laquelle si vous voulez, je vous trouverai toujours le type de patients qui pourra la justifier. Mais il s'agit alors d'une démarche idéologique qui cherche à confirmer le postulat plutôt qu'à le réfuter.

La diversité des modes d'approche n'est pas exclusive : le niveau génétique fonde le niveau biochimique, qui fonde le niveau neurophysiologique, qui fonde le niveau comportemental, qui fonde les niveaux relationnels, affectifs, significatifs, politiques, noétiques. Chacune de ces perspectives se réfère à ses propres modèles. Le drame consiste à les opposer, au lieu de les coordonner.

Ce qui me plaît dans l'éthologie, c'est son artisanat psychologique. Quand on a souffert pendant plusieurs années du mal des profondeurs psychologiques, quand on a asphyxié sous le poids des livres plein de phrases lourdes, boursouflées de mots creux, quand on a flatulé des soirées entières en essayant de digérer des concepts pâteux, quand on découvre que le monde des mots risque souvent de se réduire à la forme verbale qu'on donne à notre goût du monde, quand, après quinze années de pratique peinante, on découvre avec stupéfaction que tous ces efforts ne donnent pas toujours des résultats supérieurs à l'abstention, on comprend le danger d'être profond et on aspire à l'éloge de la superficialité.

Comprendre et soigner ne sont pas nécessairement les mots d'un même langage. Je connais des psychanalystes qui depuis trente ans recueillent des confidences passionnantes. Ils comprennent très bien ce qui se réfère à leur modèle de compréhension. Soignent-ils mieux pour autant ? Dans cette relation de divan à fauteuil qui est le mieux soigné ? Le divan ou le fauteuil ? A moins que la psychanalyse soit simplement la thérapeutique la mieux adaptée à une souffrance d'enfants de bourgeois, épanouis et contraints dans un milieu stable, par des modèles fixes ?

Un de mes amis indiens se plaisait à expliquer pourquoi les sages de son pays se disputaient souvent. Ils avaient décidé d'étudier l'éléphant. L'un se fit spécialiste de la trompe, l'autre des défenses. L'un se consacra à étudier l'empreinte des pattes et le dernier collectionna les queues. Lorsque ces savants firent un symposium pluridisciplinaire sur ce thème commun, les disputes furent violentes car chacun ignorait les informations recueillies par l'autre. Tous avaient partiellement raison. Tous avaient entièrement tort. Et l'intensification de leur travail n'augmentait pas son contenu de vérité. Celui qui avait collectionné deux mille queues d'éléphants ne pouvait prétendre mieux connaître l'éléphant que celui qui n'avait collectionné que mille défenses.

Quand je travaillais dans les hôpitaux psychiatriques, je croyais sincèrement à l'incurabilité des maladies mentales et je croyais que les médicaments ne servaient qu'à soigner les soignants en tranquillisant les malades pour la plus grande tranquillité des gardiens. Puis j'ai dirigé une institution extra-hospitalière. Alors j'ai eu l'impression que les malades guérissaient ; souvent même, j'ai pensé que leur folie ne consistait qu'à faire le fou, à se laisser fasciner par la folie, comme on commande aux nuages.

Ainsi, quand les psychologues de mon équipe m'ont avoué leur sensation d'échec, j'ai été surpris. Nous avons envoyé trois mille questionnaires pour savoir ce qu'étaient devenus les patients qui avait quitté les circuits psychiatriques avec un recul de dix ans. Nos surprises ont été si grandes que cette enquête a été, pour moi, une période sensible, une plaque tournante de ma biographie de psychiatre : 80 p. 100 des névrosés avaient réglé leur problème et apaisé leurs souffrances, presque sans médicaments, presque sans psychothérapie, 10 p. 100 étaient soignés en ville, 10 p. 100 avaient évolué vers une aggravation de leur cas. Quant aux psychotiques, 50 p. 100 avaient totalement quitté l'assujettissement psychique aux médicaments, aux institutions ou aux psychothérapeutes, 25 p. 100 connaissaient un équilibre instable entre l'euphorie et la dépression, le travail et l'hôpital, 25 p. 100 avaient connu une aggravation inexorable.

Lorsqu'on fonctionne en cabinet de ville, on est tellement frappé par l'efficacité des médicaments qu'on a envie de militer pour la chimiothérapie. Mais parfois on obtient des succès psychothérapiques qui donnent envie de chanter les louanges de la psychanalyse.

Il y a quelques années, j'étais convaincu que les travaux qu'on pouvait lire sur les manifestations psychiatriques des maladies organiques du sang, du collagène ou des poumons n'évoquaient ces rares manifestations psychiques que pour justifier un fantasme organiciste. Depuis que j'ai été nommé neuropsychiatre d'un hôpital général, je baigne dans les délires des insuffisants rénaux, dans l'agressivité des hypoglycémiques, dans la dépression des circulatoires, l'hystérie des porphyriques, l'onirisme des pulmonaires et l'hallucination des cancéreux.

Tous les matins, j'ai vécu la parabole de l'éléphant.

Longtemps, j'ai cru que la folie ne guérissait jamais. Puis, dès que j'ai mieux compris, j'ai cru que la folie n'existait que par la vertu de ceux qui l'inventaient, malades ou soignants. Puis on m'a dit que la folie constituait un fait anthropologique.

A moins que la folie ne soit un fait bien naturel. Les animaux rêvent. Les poules, les reptiles, les mammifères rêvent. Le rêve est d'abord un phénomène bioélectrique avant de se prêter à l'interprétation des prêtres, des diseuses de bonne aventure et des psychanalystes.

Les animaux peuvent devenir confus d'émotion, au point d'en perdre la tête, de se blesser par désadaptation au monde réel ou de chercher à se tuer. Ils peuvent halluciner, manifester des comportements de recherche d'objets invisibles, de frayeur devant un ennemi imaginaire, ou bien de combat envers un agresseur absent. Dès qu'apparaît la relation affective, ils peuvent s'attacher, haïr, s'angoisser par la perte de l'objet d'amour, se déprimer et mourir de ne pas aimer. Ils peuvent se névroser lorsqu'une aventure traumatisante se conjugue avec un stade de leur maturation physiologique, lorsque leur histoire personnelle rencontre leur neurologie pour créer une aptitude relationnelle.

Mais en milieu naturel, lorsque l'animal connaît une souffrance psychique momentanée ou répétitive, les circonstances l'éliminent rapidement. Alors que l'humain fou, tordu ou anxieux, lui, sait qu'il souffre et craint la folie. Parfois il parvient même à transformer cette souffrance en beauté et à en enrichir les autres humains.

Les animaux m'apprennent que la folie est un fait naturel.

C'est la conscience de la folie et ses avatars culturels qui la transforment en fait anthropologique.

Les animaux qui souffrent ne connaissent que la souffrance sans sens. Pour survivre, ils n'ont pas besoin de donner un sens à leur vie. Il leur suffit de régler les problèmes du temps et de l'espace présent pour vivre en paix, équilibrés. Mais l'humain, dès qu'il a réglé ces impératifs organiques, doit en plus donner un sens à son monde sous peine de se retrouver repus, apaisé, équilibré et désespéré.

L'animal évolue parce que ses forces intérieures subissent les pressions du milieu qui le façonne. Alors que l'homme façonne le milieu qui le façonne. Il marque son empreinte dans le milieu dont il reçoit les empreintes. Par ses créations techniques, sociales et spirituelles, il forme et déforme le milieu qui le forme et le déforme.

Freud avait évoqué ces deux blessures narcissiques que la science avait infligées à l'amour-propre des humains : « La première lorsque Copernic a montré que la Terre n'était pas le centre de l'univers, mais un point minuscule dans un système de monde [...] La seconde quand la biologie a dérobé à l'homme le privilège d'avoir fait l'objet d'une création particulière et mis en évidence son appartenance au monde animal. »

Les animaux nous apprennent que le monde humain, sans cesse inventé, restera sans cesse à inventer. C'est dans ce travail de création que réside notre transcendance et notre aptitude à la folie. Car la folie, c'est peut-être le prix de notre liberté.

Il y a mille manières d'être normal. Et pour souffrir d'exister, j'en connais cent mille. Le mot « folie » nomme ces cent mille souffrances.

Alors, de quoi parle-t-on ?

Il nous faudrait l'aide des animaux pour comprendre un peu mieux les humains et faire exister quelques-uns de leurs mondes psychiques infinis.

Mais à peine ont-ils permis aux animaux d'accéder à leur culture que des hommes trop pressés les ont engagés dans leurs troupes idéologiques.

Il n'y a déjà plus d'animaux innocents.

BIBLIOGRAPHIE

ALTHUSSER (L.), 1974, *Philosophie et philosophie spontanée des savants,* Maspero.
ARDREY (R.), 1977, *Et la chasse créa l'homme,* Stock.
ATTALI (J.), 1979, *L'Ordre cannibale,* Grasset.
BACHELARD (G.), 1980, *La Formation de l'esprit sicentifique : contribution à une psychanalyse de la connaissance objective,* J. Vrin.
BATESON (G.), 1977, *Vers une écologie de l'esprit,* Seuil.
BEAUDICHON (J.), 1982, *La Communication sociale chez l'enfant,* P.U.F.
BENEZECH (M.) et NOEL (B.), 1972, « Les anomalies chromosomiques dans les services psychiatriques de sûreté », *New Press Med.,* 1972, 1, p. 2404.
BENOIT (J.-C.), 1981, *Les Doubles Liens,* P.U.F.
BERNE (E.), 1975, *Des jeux et des hommes,* Stock.
BERTALANFFY (L.), 1973, *Théorie générale des systèmes,* Dunod.
BLURTON JONES (N.G.), 1972, *Ethological Studies of Child Behaviour,* Cambridge University Press, Londres.
BOURGUIGNON (A.), 1982, « Recherche clinique en psychiatrie », publications I.N.S.E.R.M., vol. 98.
BOURLIÈRE (F.), 1965, « Réflexions sur la biologie sociale des primates » in *La Biologie des acquisitions récentes,* Aubier-Montaigne.
BOWER (T.G.R.), 1977, *Le Développement psychologique de la première enfance,* Mardaga.
BOWLBY (J.), 1979, *Attachment and Loss,* The Tavistock Institute of Human Relations, 1969. Trad. P.U.F..: *L'Attachement.*
BRION (A.) et EY (H.), 1964, *Psychiatrie animale,* Desclée de Brouwer.
BROUSSOLE (P.), 1978, *Délinquance et déviance,* Privat.
CANGUILHEM (G.), 1977, *Idéologie et rationalité dans l'histoire des sciences de la vie,* J. Vrin.

CHANCE (M.R.A.), 1964, « Convulsions dans une perspective biologique » in BRION (A.) et EY (H.), *Psychiatrie animale,* pp. *373-397,* Desclée de Brouwer.
CHATEAU (J.), *Psychologie des attitudes intellectuelles,* J. Vrin.
CHAUVIN (R.), 1975, *L'Éthologie. Étude biologique du comportement animal,* P.U.F.
CHOMBART DE LAUWE (R.H.), 1974, « Eth(n)ologie de l'espace humain » in *De l'espace corporel à l'espace écologique,* P.U.F.
COLLANGE (A.), 1976, *Essai sur les impacts comportementaux de la chimiothérapie psychiatrique,* thèse de médecine, Marseille.
CORRAZE (J.), 1979, *Les Communications non verbales,* P.U.F.
COSNIER (J.), 1977, « Communication non verbale et langage », *Psychologie médicale,* 9, pp. 2033-2049.
COSNIER (J.), 1981, « Théories de la communication », *Encyclopédie médico-chirurgicale,* Paris, 30010 A *ter* Psychiatrie 2.
CYRULNIK (B.), 1975, « Approche éthologique des comportements rituels », *Bull. Soc. Psy.,* Marseille.
CYRULNIK (B.), 1975, « Co-incidences sur l'éthologie », *Psychiatries,* n° 22, août 1975.
CYRULNIK (B.) et CYRULNIK-GILIS (F.), 1980, « Le cas Pupuce : éthologie des désirs inconscients », *Évolution psychiatrique,* n° 3.
CYRULNIK (B.) et GARNIER (Y.), 1976, « Approche éthologique des comportements d'espace chez les schizophrènes », *Bull. Soc. Psy.,* Marseille.
CYRULNIK (B.) et HUBER (J.-P.), 1976, « Pressions environnementales modifiant la prescription des psychotropes », *Instantanés médicaux,* n° 6, 1976.
DDEBRAY (G.), 1972, *Génétique et Psychiatrie,* Fayard.
DELACOUR (J.), 1976, *Neurobiologie de l'apprentissage,* Masson.
DE LANNOY (J.), 1973, « Nature et fonction de l'attachement », *Psychiat. enfant.,* 26, pp. 251-268.
DE LANNOY (J.D.) et DA SILVANES (V.), 1977, « Une analyse éthologique des interactions sociales d'enfants autistiques en situation de thérapie », *Psychologie médicale,* 1977, 9, 11.
DE LANNOY (J.) et FEYEREISEN (P.), 1973, « Une analyse d'"activités de déplacements" chez l'homme », *Journal de psychologie,* N° 3, juillet-septembre, 1973.
DEMARET (A.), 1980, *Éthologie et Psychiatrie,* Mardaga.
DESBUQUOIS (G.), 1979, *L'Enfance malheureuse,* Flammarion.
DESCAMPS (M.A.), 1979, *Psychosociologie de la mode,* P.U.F.

DESLANDRES (Y.), 1976, *Le Costume, image de l'homme,* Albin Michel.
DEVEAUX (M.), 1975, *Contribution physiologique au concept de proxémie,* thèse de médecine, Grenoble.
DEVEREUX (G.), 1980, *De l'angoisse à la méthode dans les sciences du comportement,* Flammarion.
DOBREMEZ (J.F.), « Transhumance des animaux d'élevage au Népal. Un aspect des relations homme-milieu » in *Colloque « L'homme et l'animal »,* Institut international d'ethnosciences Paris.
DUYNE (M.), 1982, *Les Enfants abandonnés : rôle des familles adoptives et des assistantes maternelles,* Ed. du C.N.R.S.
EIBL-EIBESFELDT (I.), 1972, *Éthologie. Biologie du comportement,* Naturalia et Biologia, éditions scientifiques, Paris.
EKMAN (P.), 1980, « L'expression des émotions », *La Recherche,* n° 17.
ELIAS (N.), 1973, *La Civilisation des mœurs,* Calmann-Lévy.
ELLENBERGER, 1970, *A la découverte de l'inconscient,* Simep.
EY (H.) et BARTE (H.), 1963, « L'isolement sensoriel », *Presse médicale,* juillet 1963, N° 34.
FEYEREISEN (P.), 1977, « Note sur la description des comportements d'autocontact chez les sujets humains », *Psychologie médicale,* 1977, 9, 11.
FLAMENT (F.), 1977, « Quelques remarques sur la genèse de la communication non verbale dans les interactions sociales entre nourrissons » in *La Genèse de la parole,* collectif, P.U.F.
FOX (R.), 1978, *Anthropologie biosociale,* Complexe.
FRANKL (V.E.), 1970, *La Psychothérapie et son image de l'homme,* Le Centurion-Resma.
GARRIGUES (P.), 1977, « Ethiologie sociale d'enfants handicapés mentaux vivant en collectivité thérapeutique », *Psychologie médicale,* 1977, 9, 11.
GAUTIER (J.Y.), 1982, *Socio-écologie. L'animal social et son univers,* Privat.
GESSAIN (R.), 1969, *Ammassalik,* Flammarion.
GIRARD (R.), 1978, *Des choses cachées depuis la fondation du monde,* Grasset.
GODARD (D.), 1978, *Agression et Isolement. Approche éthologique,* thèse de médecine, Besançon.
GOFFMAN (E.), 1973, *La Mise en scène de la vie quotidienne,* Minuit.
GOFFMAN (E.), 1974, *Les Rites d'interaction,* Minuit.
GOODALL (J.), 1971, *Les Chimpanzés et moi,* Stock.
GOULD (S.J.), 1979, *Darwin,* Pygmalion.

GOUSTARD (M.), 1975, *Le Psychisme des primates,* Masson.
GUILBERT (P.) et DORNA (A.), 1981, *Signification du comportementalisme,* Privat, collection Regard.
GUYOMARC'H (J.-C.), 1979, *Abrégé d'éthologie,* Masson.
HALL (E.T.), 1971, *La Dimension cachée,* Seuil.
HARLOW (H.F.), 1970, « Love created - Love destroyed - Love regained » in *Modèles animaux du comportement humain,* colloques internationaux du C.N.R.S.
HECAEN (H.), 1977, « Le cerveau et le langage » in *La Recherche en neurobiologie,* Seuil.
HEYMER (A.), 1977, *Vocabulaire éthologique,* Parey / P.U.F.
HUXLEY (J.), 1971, *Le Comportement rituel chez l'homme et l'animal,* Gallimard.
JACOB (F.), 1981, *Le Jeu des possibles,* Fayard.
JOUVENTIN (P.) et CORNET (A.), 1979, « La vie sociale des Phoques », *La Recherche,* n° 105, nov. 79.
LABORIT (H.), 1973, *Les Comportements,* Masson.
LAING (R.D.), ESTERSON (A.), 1971, *L'Equilibre mental, la Folie et la Famille,* Maspero.
LANGANEY (A.), 1979, *Le Sexe et l'Innovation,* Seuil.
LEACH (E.), 1980, *L'Unité de l'homme,* Gallimard.
LEAKEY (R.), 1981, *La Naissance de l'homme,* Editions du Fanal.
LEBOVICI (S.) et KESTEMBERG (E.), 1978, *Le Devenir de la psychose de l'enfant,* P.U.F.
LECOURT (D.), 1976, *L'Affaire Lysenko,* Maspero.
LEROI-GOURHAN, 1965, *Le Geste et la Parole,* Albin Michel.
LEROY (C.), 1979, « Urbanisme, identité, santé », *Santé et Architecture,* n° 83, oct-nov.
LEYRIE (J.), 1977, *Manuel de psychiatrie légale et de criminologie clinique,* Vrin.
LINDEN (E.), 1979, *Ces singes qui parlent,* Seuil.
LORENZ (K.), 1975, *L'Envers du miroir,* Flammarion.
LORENZ (K.), 1978, *Ecrits,* Flammarion.
LORENZ (K.), 1981, *L'Homme dans le fleuve du vivant,* Flammarion.
LOUTRE DU PASQUIER (N.), 1981, *Le Devenir d'enfants abandonnés. Le tissage et le lien,* P.U.F.
MALSON (L.), 1964, *Les Enfants sauvages,* 10/18.
MARSHALL SAHLINS, 1980, *Critique de la sociobiologie,* Gallimard.
MARTINO (P.), 1930, *Le Naturalisme français,* Armand Colin.
MATRAS (J.-J.) et CHAPOUTHIER (G.), 1982, *L'Inné et l'Acquis dans les structures biologiques,* P.U.F.

MAYR (E.), 1981, *La Biologie de l'évolution,* Hermann.
MEDIONI (J.) et BOESIGER (E.), 1977, *Mécanismes éthologiques de l'évolution,* Masson.
MONTAGNER (H.), 1974, « Communication non verbale et discrimination olfactive chez les jeunes enfants : approche éthologique. » in *L'Unité de l'Homme,* E. MORIN, M. PIATELLI-PALMARINI, Seuil.
MONTAGNER (H.), 1978, *L'Enfant et la Communication,* Pernoud/Stock.
MORRIS (D.), 1978, *La Clé des gestes,* Grasset.
MORRIS (D.), 1978, *L'Ethologie des primates,* Complexe/P.U.F.
MOSCOVICI (S.), 1972, *La Société contre nature,* 10/18.
MOSCOVICI (S.), 1974, *Hommes domestiques et Hommes sauvages,* 10/18.
MOSCOVICI (S.), 1981, *L'Age des foules,* Fayard.
MUSATTI (C.), 1968, « Les processus inconscients du comportement » in *Le Comportement,* P.U.F.
NACCACHE (B.), 1980, *Marx critique de Darwin,* Vrin.
NISBETT (A.), 1979, *Konrad Lorenz,* Belfond.
OLERON (P.), 1979, *L'Enfant et l'Aquisition du langage,* P.U.F.
PELICIER (Y.), 1981, *La folie, le temps, la folie,* 10/18.
PIAGET (J.) et CHOMSKI (N.), 1979, *Théories du langage, théories de l'apprentissage,* Seuil.
PIRET (R.), 1973, *Psychologie différentielle des sexes,* P.U.F.
POLIAKOV (L.), 1975, *Hommes et Bêtes,* Mouton.
POPPER (K.), 1979, *La Connaissance objective,* Complexe.
REINBERG (A.), 1980, *Des ruptures biologiques à la chronobiologie,* Gauthier-Villars.
RICHELLE (M.) et RUWET (J.-C.), 1973, *Problèmes de méthodes en psychologie comparé,* Masson.
RIMÉ (B.), 1977, « Les déterminants du regard », *L'Année psychologique,* fasc. II, P.U.F.
ROSE (H.), 1976, *L'Idéologie de la science,* Seuil.
ROSTAND (J.), 1959, *Carnets d'un biologiste,* Stock.
ROUBERTOUX (P.) et CARLIER (M.), 1976, *Génétique et Comportements,* Masson.
ROYER (C.), 1975, *Charles Darwin et son temps,* G.R.E.C.E.
RUFFIÉ (J.), 1975, *De la biologie à la culture,* Flammarion.
RUWET (J.-C.), 1969, *Ethologie : biologie du comportement,* Dessart.
SANNA (E.), 1976, *Cet animal est fou,* Fayard.
SCHAFFER (R.), 1981, *Le Comportement maternel,* Mardaga.
SEARLE (J.R.), 1972, *Les Actes du langage,* Hermann.

SEARLE (H.), 1978, *L'Effort pour rendre l'autre fou,* Gallimard.
SELVINI-PALAZZOLI (M.), 1978, *Paradoxe et Contre-paradoxe,* E.S.F.
SCHUTZENBERGER (A.) et SAURET (M.J.), 1977, *Le Corps et le Groupe,* Privat.
SHERFEY (M.J.), 1976, *Nature et Evolution de la sexualité féminine,* P.U.F.
SINGH (J.A.L.) et ZINGG (R.M.), 1980, *L'Homme en friche (De l'enfant-loup à Gaspar Hauser),* Complexe.
SIVADON (P.), 1965, « L'espace vécu, incidences thérapeutiques », Evolution psychiatrique, 1965, t. XXX, pp. 477-499.
STERN (D.), 1981, *Mère - Enfant, les premières relations,* Mardaga.
SULLEROT (E.), 1978, *Le Fait féminin,* Fayard.
TABARY (J.-C.), 1978, *Eléments de psychologie,* Editions médicales et universitaires.
THEWS (K.H.), 1977, *La Science du comportement,* Solar.
THINES (G.), 1966, *Psychologie des animaux,* Dessart.
THINES (G.), 1981, *Phénoménologie et Science du comportement,* Mardaga.
THUILLIER (P.), 1981, *Darwin et C°,* Complexe.
TINBERGEN (N.), 1971, *L'Etude de l'instinct,* Payot.
TINBERGEN (E.A.) et TINBERGEN (N.), 1972, *Early Childhood Autism - An Ethological Approach,* Verlag Paul Parey - 10.
TISSOT (R.), 1980, *Psychiatrie biologique,* Masson.
TURNBULL (C.), 1973, *Un peuple de fauves,* Stock.
VANLAWICK-GOODALL (J.), 1971, *Tueurs innocents,* Stock.
VETTER (H.J.), 1972, *Langage et Maladies mentales,* E.S.F.
VIDAL (J.M.), 1979, « L'empreinte chez les animaux » in *La Recherche en éthologie,* Seuil.
VIEIRA (A.B.), 1974, « De l'évolution de la schizophrénie considérée comme conflit territorial », *Acta Psychit. Belg.,* 74, pp. 57-79.
VURPILLOT (E.), 1972, *Les Perceptions du nourrisson,* P.U.F.
WALLON (H.), 1970, *De l'acte à la pensée,* Flammarion.
WATZLAWICK (P.), 1976, *La Réalité de la réalité,* Seuil.
WATZLAWICK (P.), WEAKLAND (J.) et FISCH (R.), 1975, *Changements, Paradoxes et Psychothérapie,* Seuil.
WHITE (N.F.), 1974, *Ethology and Psychiatry,* University of Toronto Press.
WICKLER (W.), 1971, *Les Lois naturelles du mariage,* Flammarion.
WILSON (E.O.), 1980, *L'Humaine Nature : essai de sociobiologie,* Stock.

WINNICOT (D.N.), 1975, *Jeu et Réalité,* Gallimard.
ZAZZO (R.), 1974, *L'Attachement,* Delachaux et Niestlé.
ZAZZO (R.), 1975, *Psychologie et Marxisme,* Denoël.

Imprimé en France, par l'Imprimerie Hérissey à Évreux (Eure) - N° 86195
HACHETTE/PLURIEL - 79, bd Saint-Germain - Paris
Collection n° 24 - Édition n° 03
Dépôt légal : 00972 - Février 2000
ISBN : 2-01-278929-3
ISSN : 0296-2063
2789295